本书出版得到四川大学2035先导计划——“区域历史与考古文明”经费资助

残翁集

柯建中史学论稿

柯建中 著

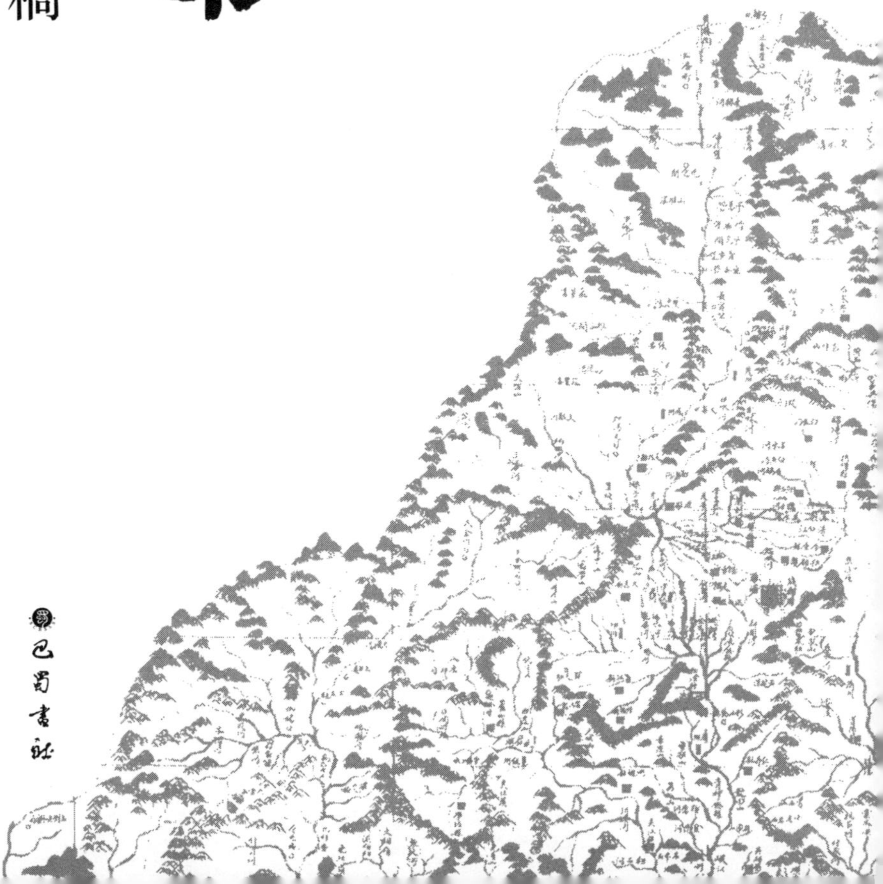

巴蜀书社

图书在版编目（CIP）数据

残翁集：柯建中史学论稿/柯建中著．—成都：巴蜀书社，2022.3
ISBN 978-7-5531-1649-5

Ⅰ.①残…　Ⅱ.①柯…　Ⅲ.①中国历史—文集　Ⅳ.①K207-53

中国版本图书馆 CIP 数据核字（2022）第 008878 号

残翁集：柯建中史学论稿
CANWENGJI KEJIANZHONG SHIXUE LUNGAO

柯建中　著

责任编辑	马　兰
出　　版	巴蜀书社 成都市槐树街 2 号　邮编 610031 总编室电话：(028) 86259397
网　　址	www.bsbook.com
发　　行	巴蜀书社 发行科电话：(028) 86259422　86259423
经　　销	新华书店
印　　刷	四川宏丰印务有限公司 电话：(028) 85726655　13689082673
版　　次	2022 年 3 月第 1 版
印　　次	2022 年 3 月第 1 次印刷
成品尺寸	260mm×185mm
印　　张	24.5
字　　数	420 千字
书　　号	ISBN 978-7-5531-1649-5
定　　价	128.00 元

序

——纪念历史学家柯建中先生

“五四”青年节那天，柯公在家中安详坐化，白彬在电话中告诉我，网上发了讣告。过两天等家属安顿下来后，他陪着我和老伴罗家容去文星花园柯公家哀悼。过去历史文化学院领导曾经向大家讲过，老先生们的东西，他们将尽力支持出版。知道柯公生前一直在家人的帮助下继续写明清史的文章，我们也都觉得，有必要将遗著整理出版留给世人。

柯公1951年上川大历史系，是比我早两届的学长。我们毕业后也都留系当教师，同学2年、共事66年，算得上地道的老川大历史系人了。他教明清史，我教考古，都是搞中国古代的，好长一段时间两个教研室合在一起活动。后来他双肩挑，做徐中舒先生的副手，当了20多年的系副主任，又多了另外一层关系。数月以来，一直沉浸在回忆之中，联系川大历史系的历史，想了许多。

柯夫人杨宗英是他的同班同学，也是我的学姐（他们1958年在川大结婚，是缪钺老师主婚，徐中舒老师证婚），打来电话，要我为《残翁集》作序。自己年龄大了，写东西速度很慢，诚惶诚恐。考虑到柯公的学问，形成文字和没有形成文字的，我们这个年龄段的人知道的情况、了解的背景多一点，有些话由我来讲，应该说又是一种责任，也就勉为其难，把手边的其他写作任务停下来，全力以赴了。

早在大学读书时期，柯公的成绩就很出色，我们在一个食堂用餐，同班同学周自强指着那位全校唯一穿旧式长袍的眼镜学长对我说“他学得很好”。那时，学得好是很受人尊敬的，给我留下深刻的印象。四年上学，工作三年，他在相对安静的环境中集中精力读了六七年书，很快就在1957、1958两年《四川大学学报》上发表几篇明清史专题研究长文，随即多次被人引用，受到广泛关注，在史学界崭露头角。其时，柯公不过才二十四五岁，就走出了自己的路子，展示出一位青年史学家的过人才识和迅猛发展势头，令人羡慕。1980年，中国社会科学院《历史研究》杂志社编辑《明清人物论集》，从1951年以来三十年各报刊发表的1000多篇论文中，遴选出34篇“代表性的论文”辑集重刊，柯公1958年发表的《从元末农民起义与明初社会状况论朱元璋的历史地位》长文入选。另外几篇50年代发表研究资本主义萌芽问题的一组论文，获1984年四川省首届哲学社会科学二等奖。其突出的学术成就，得到了进一步的肯定。

自50年代末以来，对知识分子进行“脱胎换骨”的改造，老先生们的学问被视作资产阶级唯心主义观点加以否定，政治运动不断，打破了往日的平静，“读书必须关门”成为幻影。柯公因为业务好，思维敏捷，点子多，笔头快，能说会道，组织能力强，是个能仕能学的全才，志虽在学而不在仕，却在1960年被安排做历史系副主任。双肩挑，一心多用，更加身不由己。作为系副主任，他坚持正确的办学理念，在学科建设方面，主张在平衡发展的基础上继承老先生们的学术传统，充分发挥中国古代史的学科优势，为历史系的发展做出了重要贡献，川大考古专业就是在1960年开办的。他无私付出，后来却被扣上“搞厚古薄今”之类的帽子，发表几篇良药苦口而不合时宜的历史杂文，也遭到批判。冲击之下，学术发展的大好势头受到遏阻，规模性的专题研究实际上从1959年开始就逐渐陷入停滞状态，“文化大革命”中成为“走资派”干部，完全停了下来。

1976年“四人帮”垮台后的十年，拨乱反正，学术研究在长期中断之后再度恢复，是我们这一代学人事业发展的又一关键时期。柯公满怀豪情壮志，意气风发，信心十足地重理旧业，打算顺着50年代走出的路继续发展。80年代初又发表了若干篇研究明清历史的论文，并曾去北京和中国社会科学院周远廉（川大历史系的同班同学）先生约定，两人联手合撰《明清史》专著，他写明代，周先生写清代。后来周先生按计划进行，相继出版了《清朝开国史研究》《清代八旗王公贵族兴衰史》《清朝兴亡史》等一系列很有分量的论著，著作等身，成为驰名中外的清史大家。川大历史系成立历史研究所，确定以四川地方史为研究方向，柯公系主任不做了，却又被安排去当所长，将自己的主攻方向由全国性的大历史改为四川地方史。这种被动的转型改向，让原有的学术优势难以发挥，对个人的学术发展是极为不利的。作为所长，诸事草创，运筹帷幄，策划通审，除了教学之外，几乎全部精力也都投入到集体项目中。《中国古代历史概论》（教材）、《四川古代史稿》《四川通史》《清代乾嘉道巴县档案选编》等，或主编、或执笔部分章节，其成果多以集体著作形式发表。柯公对地方史研究做出了成绩和贡献，他参编的《四川古代史稿》1990年获四川省社科研究成果二等奖，但却无法将50年代走出的路子继续走下去，《明清史》专著的宏伟计划不得不放弃。再加上眼疾加重等原因，原来准备撰写的一些地方史之外的论文，也没有时间精力去弄，最后写出的十几篇不曾发表过的清代历史专题研究论文，也是退休后在"体力不支写不出长篇就写几篇专题"的情况下，由家人协助将早年积存下来的一些思考和资料整理而成的未完稿。

这就是柯公学术发展曲折历程的大致线索，他的著作、思想和贡献，欣慰与遗憾，和川大历史系70年历史紧密相连，包含着许多深刻的历史经验和教训。了解这样的背景，对阅读文集内容，认识它的价值意义，是有帮助的。

柯公爱讲两句话："不尊重历史，将来是要遭报应的！""关门读书不对，但读书必须关门。"大抵可以概括他一生做人做学问的特点。"尊重历史"是相信历史，要有历史责任感，求真务实，以史为镜，以古鉴今。"关门读书不对"，是说不能关起门来读书不关心国家大事，失去了方向。"读书必须关门"，则是说"学须静也"，"非宁静无以致远"，搞研究做学问必须坐冷板凳，专心致志，心无旁骛，有个安静的环境，集中时间、集中精力认真读书，思考问题。把学问当作追名逐利的敲门砖，一边读书，一边想着别的门道，成天东奔西跑，是做不出真学问的。

柯公的史学著作，写成文字的可以分成两大类型，一类是"杂文式"的短文，集中在《灯下集》一书中。另一类是"非杂文式"的，主要收入这本《残翁集》。两个集子的文章形式不同，都是柯公史学研究的成果，始终贯穿着他的治学理念和学术思想。

《残翁集》所收，大多属于专题研究性质，以明清时期历史为主而不局限于明清，理论思考，研究方法，人物评论，政治、经济制度，民风民俗……长长短短，不拘一格，有的过去刊出过，有的则是首次发表。有大历史范围的，有四川地方史方面的，前者多数是80年代以前的作品，地方史性质的均成稿于80年代以后。内容丰富，有不少独到的见解和精彩的论说。我是搞考古的，无力全面评说，仅就其中两三篇文章谈一些读后感。

一篇是讲理论方法的《漫谈诗史互证》。

学界的人讲文史结合，古今通贯，各家讲法不同。柯公此文是给历史系学生讲演的内容，在指出诗史可以双向互证的同时，将重点落脚到"研究诗的目的则是研究历史"，让文学作品为历史研究服务。"以诗证史最重要的功能是透过某些诗歌作品，纠正某些历史记载的错误。""正史记载并非完全可信……正史记载的错误一般有两种情况"，一是"属于无意造成的"，二是"属故意造成的。是有意识掩盖历史真实，歪曲历史"。历史研究恢复历史本来面目，首要任务在于去伪存真，从真相中求真理。以诗证史，“难度非常之大，必须在平日多看多读……靠日积月累”的积累。一个专攻明清史的学者，脱出明清史的范围来讲史学理论，研究方法，出于心得，纵横驰骋，跨越古今，虚中有实，实中有虚，深入浅出，把一些只可意会难以言传的东西讲得实在，引人入胜，充分展现出过人的思辨智慧和深厚的学术功底。

柯公从事历史研究，特别重视文献记载可信度的鉴别，各种官私记载莫不如此，而古代官方的材料往往背景更为复杂，影响巨大，引用应尤为谨慎。《残翁集》中另一篇首次发表的《论曾静案》，就是这种思想的具体体现。《论曾静案》研究的是雍正皇帝敕编颁布的《大义觉迷录》一书，讲曾静反清活动案件的审理材料，和一些私家记载、民间流传的说法不同，其中包含各种政治势力的利害交结，真真假假，是是非非，是清代历史上扑朔迷离的著名大案，过去虽然有人讲过，仍不甚清晰。柯公广搜博集多种文献记载，宏观与微观相结合，以大观小，小中见大，比较分析，辨异载之是非，判未解之疑案，揭出雍正皇帝有意歪曲历史、掩盖历史真实的秘密。逻辑严密，考论精详，令人信服，很值得一读。

第三篇是《缅怀蒙文通先生》的短文。

该文没有泛泛地谈师恩似海，回顾如何受教获益，而是截取他和蒙文通先生两人在一种极为特殊情况下的一段特殊经历，只讲了一件事情。那样的题目，那样的篇幅，很容易被当成普通的应景文字而漠视，实际上内涵十分丰富，是一篇具有特殊价值意义的重要历史文献。

> 1968年上半年，正值“文化大革命”喧嚷甚嚣之际，先生被诬指为反动学术权威，我也成了走资派，两人先后进了“牛棚”，地点在旧文史楼二楼过道。当时规定“专政对象”每日上午都要进牛棚集中学习。去的时候……先生同时还带来了一本稿纸和一支钢笔。过道很寂静。先生一坐下来就专心致志，埋头疾书。快到十二点，红卫兵宣布可以回家了，这时我才悄悄陪先生下楼。不料一走到楼门口，他就滔滔不绝地对我讲述说，越南个别史学家故意歪曲古越历史，信口雌黄，而越史研究又是国内一个薄弱环节，所以他要根据大量文献详细考订古代越族的分布及其迁徙情况，撰写一本专著，用以批驳个别史学家别有用心的谬论。我一边听一边陪他走，一直从旧文史楼走到荷花池，才分手告别。第二天，蒙老依然如故，陪他下楼时，他依然滔滔不绝，讲述刚才写了些什么，明天还准备写什么。这样日复一日，大约经历了二十天左右，蒙老忽然缺席。……不久便噩耗传来，先生在身心备受摧折之后不幸逝世了。这件事

情告诉我们，先生最后一部传世之作《越史丛考》的很多章节都是在“牛棚”之内完成的。回想起来，我当时的心情十分矛盾。一方面，我不敢鼓励他，因为在那样的政治气氛之下，进行学术研究，是凶多吉少的。但是另一方面，我又实在不忍心阻止他。我觉得在我面前的这位蒙先生对学术事业坚毅不拔的精神和意志，已经涵养到了不以个人得失荣辱为转移的程度。身陷“牛棚”，斯文扫地，而先生却泰然处之。人皆视学术为畏途，然而先生却一如既往，求索不倦。从先生天天对我讲论越史，谈吐自若的神态来看，他对学术的忠贞和赤诚简直出于天性，或者说，它已成为蒙老品格的组成部分，因此无论是顺境抑或是逆境，他都会朝着既定的崇高目标顽强地走下去。

文章以极为简练的文字叙述了“文化大革命”中在牛棚共同度过的一段生死经历，有过程，有思想互动，朴实无华，却很传神。蒙先生在生命尽头的壮举，固然集中体现了中国学人传统的崇高精神品德，大师风范，令人震撼，流芳千古。而柯公当时的表现，也不能不令人肃然起敬。蒙老在那个时候找人诉说，是希望通过对方把信息留下来，实际上就是“托孤”，是对柯公人品学问的极大信任和考验。柯公既没有畏缩逃避而置之不理，更没有为“立功抵罪”而去告密，而是长时间在光天化日之下日复一日地和先生走在一起，陪侍倾听，铭记于心。承传责重，不顾个人安危，不负所期，这要多大的勇气，是怎样的担当！蒙老的《越史丛考》，考论之精，境界之高，价值之大，早已盖棺论定。先生的这一经历，柯公是唯一的参与者和知情人，如果没有他的这篇文字，世人也就无从了解这部光辉的遗著究竟是在怎样的生死状况下绝笔的，将永远失去它的另一层特殊价值意义。师徒二人的事迹，写就可歌可泣的壮烈篇章，让我看到了几千年中华文明传统的长寿基因，深受教育。这是他们给川大历史学人留下的一笔极为珍贵的遗产。文中讲到：“现在学校领导一再强调，大学要有大师，当年的蒙老就是一位名副其实的学术大师……薪尽火传，后继有人，这才是我们对蒙文通先生最好的怀念和纪念。”特地在蒙老的“学术大师”前面加上“名副其实”四个字，也是发人深省的。

《残翁集》的文字，应当和他的《灯下集》合起来看。

《灯下集》的文章形式是杂文，但这种杂文总是“三句话不离本行”，几乎篇篇都要引证一些“历史材料和古人古事”，一边谈古，一边论今”，“古今映照”，“让古代的历史素材为今天的社会生活服务”，我们不妨把它叫作“历史杂文”，是柯建中史学成果的重要组成部分。杂文界的人说“他有学问，有思想，文笔洗练老到，正是杂文高手”，是“西蜀一家”。文笔洗练老到、杂文高手是文字技巧，而学问和思想则是史学方面的，是作品的根基。正因为如此，《灯下集》出版后，能够“受到国内史学界的一致好评”。柯公在退休后整理他的研究成果出版，首先考虑的不是《残翁集》中的那些专题研究论著，而是《灯下集》的历史杂文。女儿柯宁回忆说：2016 年“《灯下集》整理出版，看到疾病缠身的父亲翻阅《灯下集》脸上露出的欣慰”，可见这些历史杂文是他最为看重的会心之作。

《灯下集》的历史杂文，直面现实，脱出专攻明清断代的范围，博征群籍，出入文史，驰骛古今，深思洞察，索隐钩沉，将以史为镜、古为今用的理念付诸实践。这样的文章，偶尔写出一两篇也许不难，要像《灯下集》那样一个人写出几十篇，篇篇精彩，却不多见。应当指出：这些文章大部分是在他遭受冲击之后的逆境中写出来的，强烈的忧患意识和历史责任感，不为风云变幻所迷惑，不以个人得失为弃取，坚持真理，知难而进，几十年过去了，读起来仍然能够发人深省。在我看来，高风亮节，学人本色，微言短语中透出一种磅礴大气，体现出一种可贵的时代精神，进到了史学的另一种境界，成为柯建中史学的一大特色。这种类型的文章，研究历史的也许不必人人都去多写，但它讲的道理却是必须懂得的，它的精神更不可或缺。

1962 年发表的《初唐杰出的政治批评家魏徵》，是《灯下集》中仅有的一篇不是杂文形式的史学专题研究论文，柯公特地将它作为附录收入该书，这样安排，是有深意的。除了其他方面的考虑之外，也说明了他的杂文和史学专题研究论文二者之间的交结关联。因此不避重复，将该文收入了《残翁集》中。

与其名过其实，不如实过其名，柯公是实过其名的有真才实学的大学者。柯公的淡泊名利，是大家都知道的，《残翁集》和《灯下集》两个集子，远非柯公学问的全部，许多独到的见解并没有形诸文字，除了作为教学内容口述之外，也从一些集体和私人之间的学术交流活动中反映出来。

我们那个年代的人，有的把当教师看得很重，讲课、写论文都是很神圣的事。老师常教诲我们：讲好一堂课，就好像是从一桶水中舀出一碗水，自己没有一桶水的学问，是不可能讲好的。柯公向以讲课特别吸引人而深受学生欢迎著称，这固然和他出色的口才分不开，和他渊博的学识关系更为密切。例如前面讲到的那篇《漫谈诗史互证》，就是学生将自己的听课笔记整理成文，才侥幸得以保存下来的。

“好问则裕”，“切磋相起”，“独学而无友，则孤陋而寡闻”，“学而不厌，诲人不倦”，中国人做学问，自来注重交流，相互启发。真正的切磋交流，既是一种学而不厌的虚心和谨慎，也是一种诲人不倦的无私付出。1991 年，成都市文物考古工作队在龙泉驿发掘明蜀昭王陵，邀请我去参观考察，我把柯公也约了去，现场考察后咨询意见，柯公就明代藩王问题谈了许多看法，对发掘研究工作大有帮助。如指出昭王朱宾瀚名字带水，乃从明代藩王名字必以五行中字为偏旁之例，与明代皇帝崇奉道教的信仰有关，今天看来，这也许是个常识，但当时国内道教史研究刚刚起步，却是学界还没有注意到的。后来他在写四川明清史宗教部分书稿时，又曾和我讨论过有关道教史方面的问题。我在2006年出版的《中国道教考古》一书序言中有这样一段文字：

> 按照学界某些人的观点，时代愈晚，文献记载愈详，有关历史情况在文献中大多可以找到记载，考古材料的价值已经不大了，道教史研究自然也是这样。但实际情况并非完全如此。一位对明清史很有研究的朋友承担了撰写明清四川史的任务，考虑到道教发展状况应该是书中不可缺少的一个部分，苦于文献不足征，今人有关道教史的论著没有提供多少这方面的成果可以参考，问我考古方面是否有相关的材料。因为当时我刚开始研究道教考古不久，又正在重点研究其他领域的问题，还未来得及研究这一部分内容，知之甚少，愧无以对。后来他的著作出版，对此也就只好暂付阙如了。以后随着自己研究工作的发展，对明代四川道教考古材料稍多关注，发现实际上材料是不少的，打算陆续写几篇东西，也算对这位朋友提出的问题作一个交待。

文中所说“一位对明清史很有研究的朋友”，就是指的柯公。“后来他的著作出版”，是指他参与编撰的《四川古代史稿》和《四川通史》有关部分。之所以要“对这位朋友提出的问题作一个交待”，正是因为他给我出了好题目，受到他的思路启发，得到他的激励和帮助。《中国道教考古》一书有几篇研究明代考古材料的论文，其中1991年发表的《四川平武明王玺家族墓出土部分道教文物的考察》，是我研究道教考古发表的第一篇学术论文。出于对明代藩王崇道现象的关注，搜集了不少蜀王府道教考古材料，形成若干新的思考，有的已写出初稿。有关明代道教考古材料对整个道教史研究重要作用的认识，关乎整个道教考古理论体系的建构，意义尤为重大。这些研究，也都受到柯公的影响，他的虚心谨慎和无私付出，让我学到不少实实在在的东西。像这样的材料，出现在其他场合、其他人身边的，还不知有多少。

柯公逝后，听说在川大历史文化学院的微信群里，他的学生、友人通过各种方式，纷纷发文悼念，纪念这位道德学问都堪称典范的大学者。我不会用智能手机，没有加入学院的微信群，后来从互联网上搜得相关资讯，其中，徐君教授撰写的《道德学问　垂范后人——悼念明清史专家柯建中老师》，在发表自身感受的同时，也对互联网上的材料做了综述，最具代表意义。何平教授1988年发表的《卢杨村印象》，对柯公在杂文方面的成就给予很高的评价。《导师柯公》一篇，2012年教师节发表在《成都日报》上，是柯公的研究生谭红写的，也很感人。三文的作者，也都属于文革后上学的“又一代老历史系人”，我们将这几篇文字作为附录放在《残翁集》书后。

学历史的人首先自己要尊重历史，相信任何人的言行都将受到历史的检验，无论大小官员、庶民草根，都不例外。历史就是时间，如今已是教育部长江学者特聘教授的78级学生石硕说：“当年历史系如此之牛，是因为有一批如柯公一样的大师级学者，他们的学问、人品及学术精神均令我们无限景仰！但当年少不更事，体会不深。随着年龄增长，才深刻体会到当年我们有多幸运。”对柯公的学问、人品和学术精神，四十年前还“体会不深”，四十年后“才深刻体会到”，这就是历史检验。

几十年来，无论做人做学问，在接触到的同辈中，柯公一直是我最为钦佩的人。2020年9月袁庭栋来家叙旧，我还特地向他讲起：柯建中做学问比我们都强，如果不是比常人更多的身不由己，他在学术上的成就肯定是最大的。柯公从不向人诉说委屈。2016年学院离退休人员在望江公园聚会，他在茶桌上突然摸出一张小纸片给大家看，上面写着一副对联：“喝酒抽烟打麻将，三样都会；当官发财做学问，一事无成。”自嘲中透露出身不由己，聪明才智潜能远未发挥，理想抱负未能实现，深有遗憾。当年在场的人，后来屡屡提及此事犹无不动容。然而，以孱弱之躯能获享八十八岁高寿，在“家中书桌前坐着安详离世”，这份安详和逝后网上的文字，则又向世人昭告了他一生的问心无愧！

风风雨雨，地覆天翻，七十多年过去了，柯公始终守道不移，一边打理镜子，一边对着镜子，照出自己堂堂正正的形象，让自己也成了一面明亮的镜子。《残翁集》不是普普通通的一本个人文集，它和《灯下集》一样都是川大历史系70年历史的承载，是我们这些人家国情怀的寄托！后来的人不会再见到柯建中，但读到《残翁集》和《灯下集》，却永远可以看到这面镜子。

百感交集，言不尽意，兹赋诗一首，以为结语：

卢杨才子志凌云，灯下文章泣鬼神。
蜡炬春蚕残翁集，谈今论古有来人。

张勋燎　敬撰

2021年10月21日于川大农林村

四川大学历史系第二十四届毕业师生合影（1955年6月）

第二排左一为谭英华先生，左四为卢剑波先生，左五为蒙思明先生，左六为蒙文通先生，左九为徐中舒先生，左十一为缪钺先生；第四排左一为柯建中

参观陕西西安秦兵马俑坑（1977年5月）

在湖南湘潭韶山（1978年）

赴四川石棉参加四川省纪念太平天国革命一百三十周年学术讨论会（1981年8月）

第一排左七为柯建中

四川大学历史系77级学生毕业留影（1982年1月）

第二排左六为柯建中

四川大学历史系方志培训班第一期结业留影（1982年12月）

第二排左六为柯建中

四川大学历史系体质人类学进修班合影（1983年4月）

第一排右二为柯建中

四川大学历史系第三期地方志干部培训班结业合影（1983年11月）

第二排左八为柯建中

四川大学历史系80级学生毕业留影（1984年6月）

第二排左七为柯建中

在张婉华家聚会合影（1985年10月）
第一排左一为杨宗英，左二为刘菁华，
左三为许清玉，左四为张婉华；
第二排左一为柯建中，左二为蒙默，
左三为张勋燎

柯建中夫妇在四川九寨沟
（1986年8月）

与历史系同仁留影（1986年）
左一为张勋燎，左二为蒙默，左三为柯建中

赴四川崇庆参加清史国际学术讨论会（1991年8月）

第二排右五为柯建中

赴四川邛崃参加文君笔会暨四川省杂文学会第四届学术年会（1992年4月）

第一排右一为柯建中

赴复旦大学参加国家教委高校“八五”人文社会科学研究规划项目评审会（1992年12月）

第四排右三为柯建中

1995年在书房

柯建中夫妇在甘肃敦煌

鸣沙山月牙泉（1998年8月）

在四川成都参加《移民入川与四川社会历史的发展》开题报告会（2000年7月）

第一排左三为柯建中

在四川成都参加《移民入川与四川社会历史的发展》
开题报告会上发言（2000年7月）

四川大学历史系78级毕业20周年师生聚会合影（2002年10月）
第二排右四为柯建中

四川大学历史系79级毕业20周年师生聚会合影（2003年10月）
第一排右六为柯建中

参加蒙文通先生诞辰110周年纪念暨学术讨论会（2004年10月）
第一排右七为柯建中

在蒙文通先生诞辰110周年纪念暨
学术讨论会上发言（2004年10月）

四川大学历史专业75级入校30周年师生聚会合影（2005年7月）
第一排右六为柯建中

同窗返校参加四川大学110周年校庆后在望江公园合影

（2006年8月）

第一排左二为柯建中

在四川大学参加周远廉、杨学琛捐书仪式（2010年4月）

第一排左四为周远廉，左五为柯建中

八旬同窗相聚蓉城，
摄于四川成都三圣乡幸福梅林
（2010年10月）
第一排左七为柯建中

柯建中夫妇在四川宜宾蜀南竹海与顾学稼、刘绍平合影（2011年5月）
右一为顾学稼，右二为刘绍平

八旬同窗同游四川眉山三苏祠（2011年9月）
左一为柯建中

四川大学历史系77级毕业30周年师生聚会合影（2012年1月）
第一排右四为柯建中

与四川大学历史系77级毕业30周年同学聚会合影（2012年1月）
第一排左一为柯建中，左二为冉光荣；第二排左一为黄存勋，左二为张兴

参观大足北山摩岩石刻（2012年4月）

右一为周远廉，右二为柯建中，左一为杨宗英

同窗在四川内江聚会（2012年4月）

从左至右为柯建中、杨宗英、刘文卿、周远廉

参加岳钟琪历史文化研讨会合影留念（2012年10月）

第一排右一为柯建中

柯建中及家人在四川中江仓山镇（2013年3月）

毕业60周年纪念摄于四川大学竹林村馨苑（2015年10月）

第二排右二为柯建中

在家查看资料卡片（2016年）

历史文化学院离退休教师重阳节合影（2018年10月）

第一排左三为杨宗英，左四为柯建中

在家修改文稿（2019年）

历史文化学院离退休老师在
望江公园聚会时留影
（2021年4月22日）
左一为柯建中

目　录

序——纪念历史学家柯建中先生 …………………………………………………… 张勋燎(1)

初唐杰出的政治批评家魏徵 ……………………………………………………………… (1)
从元末农民起义与明初社会状况论朱元璋的历史地位 ………………………………… (6)
试论明代商业资本与资本主义萌芽的关系 ……………………………………………… (32)
明清农业经济关系的变化与资本主义因素的萌芽 ……………………………………… (56)
略论明清时期封建地主阶级的变化 ……………………………………………………… (76)
明清封建专制特权与超经济强制 ………………………………………………………… (87)
略论明清时期小农自然经济向商品经济的转化 ………………………………………… (98)
清代的商人和商业 ………………………………………………………………………… (110)
明代的四川 ………………………………………………………………………………… (122)
清代的四川 ………………………………………………………………………………… (169)
清代前期四川的州县政权与水利建设 …………………………………………………… (246)
成都人的祖先来自何方? …………………………………………………………………… (257)
论明律与清律 ……………………………………………………………………………… (261)
论清代地方政区建置 ……………………………………………………………………… (274)
论清代州县职官 …………………………………………………………………………… (283)
论清代州县六房 …………………………………………………………………………… (292)

论清代州县政治 …………………………………………………………………………（300）
论曾静案 ……………………………………………………………………………（309）
论陋规 ………………………………………………………………………………（317）
论“县官印，不如归家信” …………………………………………………………（319）
论歇家 ………………………………………………………………………………（320）
论满人染汉习 ………………………………………………………………………（322）
论清代社会风俗习惯 ………………………………………………………………（323）
春节的历史 …………………………………………………………………………（326）
弘扬传统文化的基础工程 …………………………………………………………（327）
漫谈诗史互证——柯建中教授之讲座 ……………………………………………（329）
《宜宾市志·建置沿革》读后 ………………………………………………………（333）
新编《中江县志》读后感言 …………………………………………………………（336）
缅怀蒙文通先生 ……………………………………………………………………（339）
缅怀缪钺先生 ………………………………………………………………………（341）

附　录

卢杨村印象 ……………………………………………………………………何　平（343）
导师柯公 ………………………………………………………………………谭　红（345）
道德学问　垂范后人——悼念明清史专家柯建中老师 ………………………徐　君（347）
永远的思念 ……………………………………………………………………杨宗英（350）

柯建中论著系年目录 ………………………………………………………………（351）

后　记 ………………………………………………………………………………（359）

初唐杰出的政治批评家魏徵

唐朝是7世纪世界上最强大、最文明的国家，是中国封建社会的盛世，而太宗李世民的贞观时期（627—649）又是唐朝的黄金时代。

李世民是高祖李渊的次子，按宗法制的纲常来说是不能当皇帝的，皇位继承人根据传嫡长子的习惯应该是太子李建成。但李渊从太原起兵，转战晋陕，建立政权，统一全国，主要依靠了李世民的策划和努力。太原起兵时，世民十八岁。唐朝政权建立后，二十四岁的李世民以秦王的身份兼领尚书令（中央最高行政机构长官）的职务，左右有一批能干的臣僚，本人威望很高。李建成自己不行，又对世民猜忌。斗争暗中进行很久，终于在高祖武德九年爆发为公开的政变——玄武门之变。以太子建成、齐王元吉为首的东宫系统和以李世民为首的秦王系统，在长安宫城玄武门进行了一场武装械斗，建成、元吉都被射杀。李渊顺势立世民为太子，又于同年传位。世民当了皇帝，是为太宗，年号贞观。

李世民即位之后，对原东宫系统的属僚，除猥琐无能者外，均“弃怨用才”，分别授官。其中，特别看上了太子洗马魏徵。著名的贞观之治，一方面和世民的励精图强、采纳众议、整顿法纪分不开，另一方面也和魏徵的深谋远虑、刚正不阿、直言敢谏有很大关系。他们没有计较过去的仇嫌，而且彼此都给予了充分的信任。太宗和魏徵等人的“贞观君臣论治”，已成为历史的美谈和封建社会政治的优良典范。

魏徵（580—643），字玄成，山东馆陶人。《旧唐书》本传说他“少孤贫，落拓有大志”①。隋炀帝末年，武阳郡丞元宝藏起兵响应李密，邀魏徵参加，负责草拟书信公文。李

---

① 《旧唐书》卷七一《魏徵传》。

密很看重魏徵，但“奇之而不能用”。后徵随李密降唐，太子建成久闻其名，召入东宫，颇为礼遇。魏徵在前面提到的皇位争夺中起了什么作用，史无明文，但后来魏徵亲口向太宗说过，他曾劝建成早些动手，未被采纳，大概建成也是“奇之而不能用”吧！

贞观元年，世民任魏徵为谏议大夫，是门下省的属官，专掌对皇帝言行缺失的规正。次年，迁秘书监，同时参与朝政。贞观七年，任侍中，是门下省的长官。唐代官制承袭东汉魏晋的演变，实行三省制度：中书决策，门下封驳，尚书施行，所以门下省要负责审查诏令，签署章奏，纠弹朝政，与其他两省长官共同分担秦汉时期宰相的职权。

魏徵性格耿直，对朝政有许多中肯的批评。凡是他的意见，都当面陈述，引古证今，词强理足，毫不含糊。据说他前后言事二百余件，与太宗往复应对，有数十万言。这些政治批评的言论散见于唐吴兢《贞观政要》和唐王方庆《魏郑公谏录》，此外，《全唐文》和《畿辅丛书》都各辑有魏徵文集三卷，均可参考。

我们注意到：

第一，魏徵在唐朝国运方隆，李世民志满意得的时候，在不少贵族官僚歌颂圣德，眩迷升平的时候，独能冷静地敲起警钟：创业尚比较容易，守成还更加困难。太宗曾和侍臣们多次讨论了这个问题。魏徵认为：一个新朝代的建立，总是在社会衰乱的时候，人民都希望有更贤能的君主出来治理天下，“因乱抚定”，是不算太难的。但一经得到了政权，渐渐遗忘了创业的辛苦，守成之君便很容易日趋骄奢荒怠。百姓要劳动，君主却不停地征敛，百姓已经贫困，君主仍然独自过着腐烂的生活，于是又重新走上了败亡者的覆辙。秦朝和隋朝在统一六国和南北朝的时候，国势算得上既强且盛了，难道他们不想子孙万代，永不衰替？可是，守成难呵！到了秦二世和隋炀帝手里，曾几何时就改朝易姓了。隋朝灭亡的历史教训对唐初的政治家们的印象，是特别深刻的，所以太宗完全同意魏徵的看法，更委托魏徵编辑前代帝王成败的故事，名为《诸王善恶录》，专供王室子弟学习，要他们从中吸取教训，引为规范。魏徵在这本书的序言中指出：“功成名立，咸资始封之君；国丧身亡，多因继体之后，其故何哉？始封之君，时逢草昧，见王业之艰阻，知父兄之忧勤，是以在上不骄，夙夜匪懈……故能甘忠言之逆耳，得百姓之欢心……暨夫子孙继体，多属隆平，生自深宫之中，长居妇人之手，不以高危为忧惧，岂知稼穑之艰难……然则，祸福无门，吉凶由己，唯人所召，岂徒言哉？”①

第二，“居安思危”是魏徵经常提出的忠告。这句话的意义是不要忘记过去，所以贞观

① 《贞观政要·教诫太子诸王第十一》。

君臣屡以隋亡为鉴。魏徵还向太宗讲了一个故事：齐桓公同管仲、鲍叔牙、宁戚在一起饮酒。桓公问鲍叔牙：为何不向我敬酒呢？于是叔牙举杯，并且说道：愿您不要忘记从前在莒国过流亡生活的时候，愿管仲不要忘记在鲁国被当作囚徒而遭束缚的时候，愿宁戚不要忘记替别人牧牛车下的时候。于是桓公避席称谢，并且表示，只要我们都能够记住先生的忠告，国家社稷就不会有危险了。太宗听过故事，立刻向魏徵指出：我一定不敢忘记过去的艰难日子，希望你也不要忘记鲍叔牙的为人，我们相互勉励吧！

魏徵还告诉太宗：现在虽然国家太平无事，但我仍然以为不应该过早高兴，松懈麻痹。古来亡国的君主，就因为他们“居安忘危，处理忘乱”，希望陛下在太平环境里特别注意“安不忘危，理不忘乱”。古语说：“君，舟也；人，水也。水能载舟，亦能覆舟。”这个道理的确值得深思。太宗点头称是。

第三，什么叫明君？什么叫暗君？魏徵回答：“兼听则明，偏信则暗。”所以君主应当虚心接纳臣下的建议和劝告，是魏徵政治批评的中心论旨。魏徵主张：即使是过激之辞，或者意见不完全恰当，君主也要听取：因为忠言逆耳，良药苦口，对人对事总会有益。魏徵要求太宗，纳谏必须态度平和，如果一听到批评就红脸，旁人就不敢说话了。纳谏又必须知过必改，始终如一，才能增强进言者的勇气和信心。贞观十二年，魏徵告诉太宗：目前国家内外的形势很好，但由于承平日久，陛下听取意见的态度反而不如贞观初年那样虚心了。过去，很高兴地接受；现在，就比较勉强，甚至有点不大耐烦。例如贞观初年，你判决元律师的死罪，孙伏伽谏曰：依照法律，不应处死，为什么要滥用国家刑罚呢？陛下便立即改正，并赏赐提意见的人一座价值百万的花园。有人说赏赐太厚，但陛下认为即位以来，还没有人提过意见，赏赐厚一点，以示奖励。最近，陕县丞皇甫德参上书，说了几句激切的言辞，您便大发脾气，认为是诽谤朝廷。当时虽然接受了我的不同意见，还赏绢二十段，但陛下的内心却颇不以为然，可见纳谏是不如贞观初年了。太宗吃惊道：“你说的很对，要发现自己的过失真不容易呵。”由于太宗和魏徵的上下倡导，贞观时期政治批评蔚为风气，十分活跃。马周、褚遂良、王珪、刘洎，都是著名的谏臣，太宗在古代帝王的行列里也是最勇于纳谏的君主。

第四，魏徵特别强调选才任能，礼贤下士。他认为：君和臣的关系犹如人的头和手足，只有配合协调，同心共气，才能组成有机的整体。头虽然居高临下，没有手足就不能有效的行动。君主虽然明哲，没有辅佐，就无法治理国家。领导对于下属，首先要了解。既看到他的长处，又看到他的短处，“爱而知其恶，憎而知其善；若憎而不知其善，则为善者必惧，爱而不知其恶，则为恶者实繁”①。因此，全面地了解下属是每一个领导者必须具备的本事，只有这样，方能“因其材以取之，审其能以任之，用其所长，掩其所短”。其次要信任。如果“任之虽重，信之未笃，则人或自疑；人或自疑，则心怀苟且”，而“上下相疑，则不可以言至理矣”。再次要尊重。难道奇才异能之士只出现在尧舜禹汤的时代吗？魏徵肯定地回答：任何时代都有，关键在于君主求与不求，好与不好。如果互不尊重，君视臣为粪土，臣视君为寇仇，还谈什么上下齐心管理国家呢？最后赏罚要公。既“设礼以待之”，又“执法以御之”。在这个问题上应该看到，树总是有多余的枝丫，人总是有难免的过错，因此，君主不应“以小恶弃大善”，不要“以小过忘大功”。魏徵主张：赏要用来“劝善”，罚要用来“惩恶”，只要“赏不遗疏远，罚不阿亲贵，以公平为规矩，以仁义为准绳，若事以正其名，循名以求其实，则邪正莫隐，善恶自分”② 了。

第五，骄奢淫逸是亡国的祸根。魏徵常常拿隋炀帝这个反面典型来告诫太宗；对太宗的放纵失检，还处处加以干预。有一次，太宗到洛阳视察，住在显仁宫里，认为招待菲薄，大发脾气。魏徵知道了，立刻进言：陛下到洛阳视察，是表示对地方百姓的关怀，现在却追求个人生活的享受，丧失了视察的本意，也违反了百姓的期望，隋炀帝就是这样干的。我们应该兢兢业业，遇事节俭，给子孙树立一个好榜样。顺便指出，魏徵不仅这样要求旁人，自己的起居生活也非常朴素。当他死后，太宗亲临吊唁，陪葬十分丰富，他的妻子一概辞谢，“布车载柩，无文采之饰，申其宿志也”③。

至于魏徵坦率刚毅的批评风度，还可以举出下面两件事。

有一年，负责征兵的简点使向太宗建议，除成丁（二十一岁的男子）应征外，还要征取中男（十八岁）入伍，太宗同意后，接连颁发了四道诏书，魏徵都不肯签署。当太宗严厉追问时，魏徵奏道：“我听说把水放干了捉鱼，并非是捉不到鱼，只是明年就没有鱼可捉了；把森林焚烧了猎取野兽，并非是猎取不到野兽，只是明年就没有野兽可以猎取了。如果中男以上尽点入军，还要不要百姓种庄稼？国家租税又从哪里去取得呢？”魏徵言之有理，太宗只好取消了征点中男入伍的诏令。

原隋朝通事舍人郑仁基的女儿，容貌美艳，长孙皇后想聘为太宗的妃子，册封之事已经办妥，迎亲使者正准备出发，这时魏徵告诉太宗，郑仁基的女儿已经许嫁给陆爽，只是尚未成婚，一国的君主破坏百姓的室家之好，这不是爱护百姓的行为。但朝中大臣如房玄

---

① 《贞观政要·论礼乐第二十九》。
② 《贞观政要·论择官第七》。
③ 《旧唐书》卷七一《魏徵传》。

龄等都认为诏书已下，成命难收，区区小事，也用不着斤斤计较了。陆爽本人还上表否认曾与郑氏有婚姻之约。于是太宗问魏徵：群臣或许是曲意逢迎，但陆爽上表，又是为了什么呢？魏徵进一步指出：那是害怕得罪你啊！昔年太上皇（李渊）攻取长安，得到辛处俭的妻子，很是喜欢，后来听说处俭担任太子舍人的官职，很不高兴，便把他从东宫调到万年县做官，致使处俭日夜恐惧。我推测陆爽的心情也是这样。陛下即使在这一件事情上原谅了他，难道不会在另外的事情上加重处罚他吗？魏徵的话一说完，太宗就笑起来了。

“为君不易，为臣极难。”这句话出自唐太宗之口，真叫作深知甘苦。所以，古人把进谏称为“批龙鳞”“触忌讳”，无异虎口拔牙，随时都有被“吃”掉的危险。正因为如此，魏徵的胆识和勇气，就更加显得特别的难能可贵了。至于长孙无忌，和魏徵相比，就是另一种类型的人物了。太宗想知道过失，长孙无忌说：陛下圣德，天下太平，臣等看不见有任何过失。太宗想听一听缺点，长孙无忌又说：陛下能文能武，我们向您学习还来不及哩！

在魏徵面前不是没有困难和风险的，但他没有知难而退。当时就有人告发魏徵结党营私，又有人告发魏徵阴谋叛乱，都是杀身灭家的重罪！由于诬告者抓不到“形迹”，加上太宗信任，一场又一场的风波才宣告平息。魏徵在斗争中还是胜利了。

太宗对魏徵的评价很高。有两段话，其一是对长孙无忌说的：“朕即位之初，上书者或言人主必须威权独运，不得委任群下；或欲耀兵振武，慑服四夷。唯有魏徵劝朕偃革兴文，布德施惠，中国既安，远人自服……皆魏徵之力也。”① 这是堵塞长孙氏不满的情绪；但把贞观之治的功劳归在一个人的身上，又似乎过分了一点。另一段是对房玄龄说的：“常念魏徵随事谏正，多中朕失，如明镜鉴形，美恶必见。”② 因此，太宗要房玄龄等人向魏徵学习。魏徵死后，太宗叹曰：“以铜为镜，可以正衣冠；以古为镜，可以知兴替；以人为镜，可以明得失。朕常保此三镜，以防己过。今魏徵殂逝，遂亡一镜矣。”③

魏徵是一面镜子。这个评价不仅是恰当的，而且是意味深长的！

（原载《成都晚报》1962 年 8 月 23 日）

① 《旧唐书》卷七一《魏徵传》。
② 《贞观政要 · 求谏第四》。
③ 《旧唐书》卷七一《魏徵传》。

从元末农民起义与明初社会状况论朱元璋的历史地位

一

朱元璋（1328—1398）出身于贫苦佃农家庭，曾在“家道惶惶”的境况下“托身缁流”，做过游方僧。在大规模的反元武装斗争开始以后，破产的农民蜂起响应，朱元璋在“四境逼迫”的情况下，也卷入了这一斗争的行列，投身于郭子兴军中做了一名亲兵。这是朱元璋一生中重大转折点之一。在此之后，他逐渐蓄积力量，扩大地区，统一中国，建立起为时约三百年的大明王朝——一个家长式专制的、高度中央集权的封建国家。

朱元璋一生的经历是和元末农民大起义以及明初社会政治经济的发展分不开的。马克思主义决不否认卓越人物的作用，决不否认历史是由人们创造的。历史学家在探讨元末明初之际时，是应该给朱元璋一定的公正评价，而不能忽视和抹煞的。

但在另一方面，人们创造人类的历史，并不是随心所欲的，而人类历史又是异常复杂的。如果我们只加以简单的理论剪裁，则势必忽视历史发展的必然性与规律性的作用，势必把元末明初之际的历史纯然归结为“杰出人物”朱元璋的聪明才干。显然，这是与历史唯物主义背道而驰的唯心主义观点。

例如：有的同志过分强调朱元璋的出身和他年轻时的遭遇，孕育了他的反压迫反剥削的阶级感情和民族意识，并且认定他是天资聪颖，敏慧过人，谦虚刻苦，有善于团结群众的优良作风，有高度的军事艺术天才，在反元斗争的整个过程中，始终依靠农民士兵群众。

因此，他是一个“天才的、杰出的领袖”。至于朱元璋在明初的各项政治措施，也都是对当时社会经济的发展提供了极其有利的条件。因而，总的结论是“他的事业对中国社会的发展起了很大的促进作用”。

应该指出，这些观点是不正确的。因为它把繁复的历史事件的进程，简单化为朱元璋的个人特点和阶级出身，而没有看到：“我们自己创造着我们的历史，但是第一，我们是在十分确定的前提和条件下进行创造的。其中经济的前提和条件归根到底是决定性的。但是政治等等的前提和条件，甚至那些存在于人们头脑中的传统，也起着一定的作用，虽然不是决定性的作用。第二，历史是这样创造的：最终的结果总是从许多单个的意志的相互冲突中产生出来的，而其中每一个意志，又是由许多特殊的生活条件，才成为它所成为的那样。”① 这就告诉我们，判定一个杰出人物在历史上的作用，必须综合各方面的因素，才有可能得出比较符合实际的结论。我们的意图，正是想透过元末农民起义和明初社会政治经济状况这一广阔的历史背景，对朱元璋进行全面的估价。但我们不一定能把这件工作做好，失误之处，请大家批评指正。

二

要评价朱元璋，当然首先得从元末农民起义谈起。

横跨亚欧的蒙古帝国之勃兴及其灭亡是当时震惊世界的事件。就中国来说，它也是第一个由少数民族统治者建立起来的统一封建国家。由于蒙古族本身所处的社会阶段的低下，它对中国的统治就带有浓厚的落后性和野蛮性。

在蒙古铁骑侵入中国本土的过程中，《元史》蒙古诸将列传几乎篇篇都有“杀戮殆尽”“骸骨遍野”的记载。徐大焯《烬余录》乙编记兀术陷苏州时：

> 小儿十岁以下，男子四十以上及四十以下不任肩负与识字者，妇女三十以上及三十以下向未裹足与已生产者，尽戮无遗。尤奇者，凡有书籍之民居，有簿记之店肆，必尽火其屋，尽杀其人。

① 《马克思恩格斯选集》第四卷，第695—696页。

这种惨无人道的做法，真是历古未有，中国社会经济和文化就这样受到严重的破坏与摧残。

在元朝统治下，大批人口被屠杀或被掳掠为奴隶，大量田土落在贵族王公僧侣豪商手中，并且还有很大一部分被荒废为不耕不稼之牧场。

广大的北方地区，纯然要靠“海运”为生。据丘濬《大学衍义补》说：海运“用之以足国，则始于元”。客观事实也正是如此，故记载称其“百司庶府之繁，卫士编氓之众，无不仰给于江南”①，并且“岁以海漕之迟疾丰俭顺阻为忧喜休戚之分”②。元末张士诚、方国珍据浙江，海运阻隔，元朝京师顿然出现严重饥荒③，这一事实肯定表明当时北方农业经济的凋破，以致不得不如此严重地依赖着江南漕运。

再看看鱼米之乡的江南。至正时这一地区已经是“频岁不登……荒芜滋甚”④，而被人称为“贫极江南”了。首先，元朝政府在江南拥有大量公田，而江南豪家也广占农地，驱役佃户。问题还不仅此，这些富强豪民，隐藏田租⑤，破坏水利⑥，骚扰乡里⑦，再加上水旱灾荒，于是出现了“昔者膏土，今为陂湖”⑧ 的情况。

广大的劳动农民，在农业经济遭到严重摧残的情况下，生活境况的悲苦，是不言而喻的。他们不仅要受官私地主的剥削，而且要负担各种繁苛的徭役。当时畸形发展的商业资本与高利贷资本也是压在农民身上的两重大山。

元代商业的发展是畸形的，在政府大量发行纸币的政策下，“物重币轻，而官民困矣”。同时，“酒课、盐课、税课，比之国初，增至十倍。征需之际，民间破家荡产，不安其生”⑨。大批手工业者又沦为工奴。这些事实说明了一般的工商业者在元朝统治下的遭际仍然是不幸。

再看元朝的政治情况。一切军政机要大都操于蒙古人之手，汉族地主阶级知识分子只能在极其有限的情况下参与政治管理，民族歧视的鸿沟，堵塞了他们“学而优则仕”的传统出路，使他们处于抑郁愤懑的状况中，并和元朝政权取敌对的态度。

---

① 《元史·食货志》。
② 《海道经附录·供祀记》。
③ 权衡《庚申外史》，叶子奇《草木子》卷三上。
④ 《大元官制杂记·行大司农司条》。
⑤ 方孝孺《逊志斋集》卷二一《童贤母传》。
⑥ 《大元官制杂记·都水庸田使司条》。
⑦ 邵亨贞《野处集》卷三《元故嘉议大夫邵武路总管兼劝农事汪公行状》。
⑧ 朱德润《存复斋续集》之《平江路问弭盗策》。
⑨ 均引自《存复斋续集》之《送张德平序》《平江路问弭盗策》。

此外，蒙古贵族与元朝官吏骄奢淫逸，贪污腐化，残虐百姓，胡作非为的情况更是屡见不鲜。而在制度与法令方面，既是“天下所奉以行者，有例可援，无法可守，官吏因得以并缘为欺”，再加上“衙门纷杂，事不归一，十羊九牧，莫所适从”①，因此，其弊陋与危害也是不言而喻的。部分参加政权管理的汉人，一方面形格势禁，感慨元朝的地方行政官吏不好做②，另一方面，“充位而具员，彼食焉而怠其事者皆是也”③。有些知识分子已经看出这种情况对元政权的不利，所以他们写道“其海宇虽在混一之天，而肝胆实有胡越之间”④。在王祎《王忠文公集》卷三《送吏部员外郎月君序》一文中，就对于元末农民起义前夕的政治经济状况有一概略的描述，兹将其文摘引如下：

> 国家数年以来亦可谓多事矣。十一年，兖、济之间塞决河，十三年，京畿之内开营田，二者皆大役，其费累巨万……自十二年以来频岁用兵，天下骚动……凡转输供亿，县官不足，则尽征诸民，而所在之民，大札大祲之余，存者无几，创痍未瘳，悉刳剔脂髓以应上之科敛。又楮币者，天下之大命也，而乃沮不克行。……朝廷之上，纪纲法度，且日纷更而未已，国家之多事，莫此时为然矣。

这就是当时目击者的记录，它给我们提供了一幅政治败坏、经济残破、民不聊生的元末社会图卷。它是蒙古统治者给中国广大劳动人民带来的灾难，勤劳勇敢和富于革命传统的中国劳动人民，一直在和这种灾难进行顽强的搏斗。从忽必烈至元十六年灭南宋之日起，反民族压迫的武装力量，在整个元世祖时代，就已席卷了江南的广大地区。自此以后，大大小小的农民起义，更是一起一伏，绵延不断。到妥欢帖木儿元统至正之间，年年发生水旱虫雹等自然灾害，进一步加剧了人民的痛苦，也进一步推动了人民的反抗情绪。“山雨欲来风满楼”，大规模的反元武装斗争的条件就酝酿成熟了。飘摇欲坠的元朝政府在这股巨大的洪流面前，是经不起冲刷的。

至正十一年（1351），在韩山童、刘福通的号召下，声势磅礴的农民反元武装斗争就在淮水流域一带爆发了，并迅速地扩展到汉水流域，最后囊括了整个长江流域的广大地区。

这里不准备对起义军的斗争过程做详尽叙述，因为我们的目的在于通过这次震动大半

① 《元史纪事本末》卷十一。

② 李继本《一山文集》卷四《送内史佥院董公景宁赴河间路总管序》。

③ 杨翮《佩玉斋类稿》卷六《送袁仲实序》。

④ 《草木子》卷四下《杂俎篇》。

个中国的历史事件来探索朱元璋在这个过程中的地位。因此，首要的任务就是考察一下元末农民起义带有些什么特点。

如同许多专书与论文所指出的，这次起义是用白莲教的宗教形式组织的，它具有民族斗争的色彩，它的基本力量是贫苦农民。由于元朝政权打击了当时社会的各个阶级和阶层，也就决定了起义军成分的复杂性，除农民外，还有手工业者、商人、渔民、盐丁、个别的地主阶级分子以及从这个阶级出身的知识分子。仅凭这一点也够说明，当时反元情绪是多么强烈和广泛！

除此而外，我们还要着重探讨两点：

第一，这次起义有着惊人的发展速度，并得到广大人民的拥护支持。

可以清楚地看出，从韩山童、刘福通首事以后的几个月期间，各地义军风起云涌。贫苦农民纷纷响应，参加了起义队伍。当时的文献记述，"贫富不均，多乐从'乱'，曾不旬日间，从之者殆数万"，"红巾帕首者动数十万，所在蜂起"，"于是四境之内胥而为'盗'者十六七"①。就是那曾经恶毒咒骂过红巾军的文人李士瞻在给元朝统治者的信中，也不得不承认"不数年间，使中原云扰，海内鼎沸，山东河北，莽为丘墟，千里王畿，举皆骚动"②，这就不难看出农民队伍声势的浩大了。而迅速发展的革命形势也不能不对朱元璋发生作用。

决定农民军迅速发展的因素，首先是他们代表了人民的利益，正确的提出了"贫极江南，富夸塞北"的政治口号。其次是起义军军纪严密③，和元军烧杀抢劫的情况成一鲜明对比，也赢得了更多的农民群众参加斗争，壮大了起义队伍。

人民群众对义军的支持，大大加速了元朝政权的土崩瓦解。尽管它也调派了大量军队来镇压起义队伍，尽管它还拥有庞大的地方政权和武装，但这些都是得不到人民支持的，并常常在人民群众的压力下，使元朝将官被迫投附起义军。例如至正十九年胡深降朱元璋，王祎《王忠文公集》卷十八《故参军缙云郡伯胡公行述》记载此事时写道：

（胡深）时以假元帅统龙泉、庆元、松阳、遂昌四路兵，欲闭关为拒守计。四县士

① 《草木子》卷三上，顾瑛《玉山璞稿·铙歌十章并小序送董参政》，苏伯衡《苏平仲集》卷十二《故元中奉大夫周公墓志铭》。

② 李士瞻《经济文集》卷一《上中书丞相书》。

③ 正规的红巾军的史实，由于明初的忌讳和窜改，有的淹没了，有的歪曲了，但在部分记载中仍流露出它的本来面目，如《辍耕录》卷二八《刑赏失宜》条及《平胡录》，均称其"不杀不淫"。永乐时人李昌祺所著之小说《剪灯余话》卷二《鸾鸾传》也称毛贵军"颇知道理，凡所掠男女，出榜召人认识给还"。足见红巾军纪律严明。

民，咸请于公，愿内附以全民命。……公知时事已去（乃降）。

在王祎的集子里，还不断地感慨元朝地方官吏的“变节投降”，说什么“服节死义者……未尝多见”，而“大都小邑，弃君叛父而卖降者，何其众也”①。他不了解，在大批地方官投降起义军的背后，有一股不可抗拒的力量，那就是农民喜欢起义军，不拥护元政权，如果他们还要死心地为元朝政权效劳，就只有被群众革命的浪潮所淹没。

第二，大批知识分子参加了起义军行列，而起义军首领也主动欢迎他们，这是元末农民起义的显著特点之一。

上面已经提及，元政权的民族鸿沟，堵塞了汉族知识分子“学而优则仕”的道路。虽然部分大地主参与了元朝最高的行政机构，虽然当时的阶级压迫依旧存在，但是，汉族地主与蒙古贵族之间的矛盾，仍然是民族矛盾的一个组成部分。地主知识分子，特别是其中有民族气节的知识分子，对元政权采取了不合作的态度，这种心情，在他们的诗文中不断地流露出来。

如果把他们划分一下，则约可分为三派：一是投降派，二是中间派，三是反元派。

投降派是没有民族气节的大地主，他们中间的某些人，曾受元朝政府招抚，在元朝政府做过大官，奴颜婢膝，求得一点好处②。当元政权崩溃时，他们一方面上条陈，出主意③，另一方面则组织武装，顽固地帮助元朝镇压人民④。亲元文人张光弼的诗集中称道他们是“一死得埋元氏土，寸心无愧首阳薇”。然而，他们与蒙古统治者是一丘之貉，同是革命的对象，受到了决不留情的打击。李继本《一山文集》卷一《送李顺文》中说“‘妖盗’起潢池，跳梁袁林陬……往年大姓家，存者无八九”，就反映了这种情况。

中间派动摇于二者之间，既不满意元朝政府，又害怕农民起义。他们中的一些人，从前不愿与元政权合作，现在又避开农民革命的锋芒，过着自命清高的生活，但当革命力量强大时，其中一部分仍然充当了屠杀起义军的刽子手⑤。

最活跃的是反元派。这一派在元朝有六七十年的历史，他们一直是反抗民族压迫的力

① 《王忠文公集》卷十二《福宁王尹赞》、卷十四《书闽死事》、卷十七《刘桼孙传》。

② 《逊志斋集》卷二二《俞先生墓表》称：“元既有江南，以豪侈粗戾，变礼文之俗……为士者辫发短衣，效其语言容饰，以附于上，冀速获仕进。”或者巴结僧侣贵族，与其“称尔汝之交，居恒簪绂羽衣相错，无惭色也”（李日华《恬致堂诗话》卷四）。当农民战争爆发后，这些亲元派便纷纷投靠元朝军队，企图共同镇压农民起义。

③ 早如北士吴助教《定本十六策》（见刘埙《隐居通议》卷三一《杂录》）。又如至正时李士瞻言时政二十条（《元史》卷四六《顺帝纪》）。

④ 元末地主武装，在宋濂、苏伯衡等人文集中记述颇多，不一一列出。

⑤ 宋濂《翰苑别集》卷七《清风亭记》所载之地主武装首领邓彦诚便是一例。

量，但这个力量是消极的，有着很大的阶级局限性。早在元初，如史学家马端临、胡三省，哲学家金履祥、刘静修，文学家谢枋得、郑所南等，都在宋亡之际，隐居山林[①]。以后还有不少像他们这样的人，但他们没有与潜伏民间的反元力量结合起来，再加上汉族的高门世家，在宋亡以后受到进一步的摧折，丧失了过去那种显赫的政治地位和经济优势，因此这些手无缚鸡之力的书生，除了“欷歔乔木之下，彷徨黍离之间”[②] 而外，是找不到其他办法和出路的。

群众性的革命烽火点燃了，这一把火，有些明眼人是早就预料到的。以前不是在慨叹什么“儒生心事独良苦，皓首穷经何所补。胸中经国皆远谋，献纳何由达明主”[③] 吗？现在就正是大好时机，不能错过，所以他们表现出对农民起义军的同情[④]并在“驱除鞑虏”的口号下，走进了农民队伍的行列。

应该指出，他们是一支重要的反元势力。但是，他们之所以要反元，却不是基于“贫极江南，富夸塞北”这一鲜明的、民族矛盾与阶级矛盾相结合的政治观点，而是不满意卑贱的社会地位，所谓“寒自江南暖，饥自江南饱。物物是江南，不道江南好”[⑤]，不满意政治上没有出路，所谓“年年去射策，临老犹儒冠”[⑥]。于是不难看出，这股反元力量是带着其本阶级的政治企图的。他们虽然不可能单独发动一个武装反元的斗争，但当他们参与这个斗争以后，由于他们具有较高的文化修养，亦即是所谓的“胸中经国皆远谋”，就不能不逐渐影响农民起义军的前进方向，而这，在元末农民起义的历史上是特别显得鲜明突出的。

我们认为，全部元末农民起义的特点，决定着这个事件的特殊的进程，作为这个事件组成因素之一的朱元璋的活动，理应受到深厚的影响。只有把朱元璋置于这一特定的历史事件中，置于当时席卷全国的革命激流中，才有可能对他做出公正而确切的判断。

无可怀疑，朱元璋是元末农民起义的领袖之一。这次起义，推翻了元朝政权，打击了统治阶级，推动了社会生产力的发展。朱元璋是这次起义的中心人物，是他最后统一了全国，从历史唯物主义观点看来，“起义”和“统一”都是促进社会历史向前发展的，它的

---

① 陶宗仪《辍耕录》卷二《征聘》条记许衡于“中统元年应诏赴都日，道谒文靖公静修刘先生，谓曰：公一聘而起，毋乃太速乎。答曰：不如此则道不行。至元二十年，征刘先生至……以疾辞，或问之，乃曰：不如此则道不尊”。这种以卫道姿态出现的消极反抗，当然是没有力量的。

② 邵亭贞《野处集》卷一《一枝安记》。

③ 朱思本《贞一斋诗文稿・观猎诗》。

④ 张宪《玉笥集》卷一中有这样的诗句：“秦帝扫关东，六王家业空……胜广起田亩，一呼天下同，虽然不成事，亦足号英雄。”据《明史・文苑传》及《四库全书总目提要》卷三二所载，张曾学诗于杨维桢，后为张士诚幕僚，这首诗对秦末农民起义的估价，当是有所为而发，不是偶然出现的。

⑤ 《至正直记》卷三。

⑥ 陈高《不系舟渔集》卷三《感兴诗》。

作用是应当肯定的。但是，也不要忽视，朱元璋在元末农民起义的过程中，并不像某些同志设想的那样，有着什么鲜明的反压迫反剥削的阶级感情和民族意识。恰好相反，这样一个“杰出”的农民起义领袖，并没有提出过类似“均贫富”的反阶级剥削的政治口号，一再关心的是“安定民心，统一天下”。后来他蜕变了，这是受历史局限的必然趋势，是不可避免的。但奇怪的是，某些历史学家把他的蜕变也加以肯定，就未免显得太无原则了。朱元璋之所以蜕变，是历史给他安排好了的悲剧，我们的任务，不应该是肯定这个悲剧的正确性，而应该是研究这个悲剧的必然性，从而总结出有意义的经验教训。这个工作，毛泽东同志已经给我们提供了典范性的意见，在《中国革命和中国共产党》一书中写道：“当时还没有新的生产力和新的生产关系，没有新的阶级力量，没有先进的政党，因而这种农民起义和农民战争得不到如同现在所有的无产阶级和共产党的正确领导，这样，就使当时的农民革命总是陷于失败，总是在革命中和革命后被地主和贵族利用了去，当作他们改朝换代的工具。”因此之故，中国农民群众的历史使命，在中国工人阶级出现以前，是没有完成，也不可能完成的。

不难看出，这里包括两个方面：一方面，由于特定的历史局限性，由于农民阶级本身所固有的阶级局限性，朱元璋在当时根本不可能找到正确的出路。同时还要看到，“在社会历史领域内进行活动的，全是具有意识的、经过思虑或凭激情行动的、追求某种目的的人”①。于是，体现在朱元璋身上的历史的和阶级的局限性，以及他所抱有的一定的目的，就是这个事件演变的全部根据。至于问题的另一方面——他被地主所利用，则是促成事件演变的重要条件。

让我们用历史事实来加以论证吧。

朱元璋参加红巾军的经过是很富有传奇性的。

前面我们已经提及，朱元璋是在革命风暴的推动下“逼上梁山”，参加起义的。关于这一点，后来他还常常解释说“天下之乱，实非朕始”。事实也的确如此，许多迹象表明，朱元璋对农民革命的真正意义是没有认识的：第一，在韩山童、刘福通发动起义的前两年，以游方僧（实际上是流氓无产者）的资格出游光、固、息、颍一带的朱元璋，突然离开了“山雨欲来风满楼”的淮西地区②，返回他一无所有的老家——濠州，可见弥勒教的宣传对

① 《马克思恩格斯选集》第四卷，第243页。

② 对于元末农民起义，许多明眼人是早就预料到的，在吴海《闻过斋集》、孔克齐《至正直记》及刘基、宋濂的著作中均有所记述。淮西又是起义的策源地。身在其中的朱元璋突然于此时离开了这里，如果不是出于对革命的徘徊畏惧，那就不可理解了。

他的影响并不深刻。第二，在郭子兴起事一月以后，他几经犹豫，才投奔义军。这一个月的形势怎样呢？一方面是“定远民弃农业执刃器”，“巾衣皆绛，赤帜蔽野”，声势浩大的革命洪流。另一方面是元将彻里不花“日掠取居民，以绛系首，目为盗，献俘请功赏，居民始大惧”的混乱暴虐局面。两者加起来，形势是咄咄逼人的。用他自己的话来说：

自有元失御，中原鼎沸，海内瓜分。予时为民于淮上，进不能上达，退不能自安，是以不得已而起兵。①

上述自白，如与其他事实结合考察，我们认为是比较接近真实性，这就不难看出，朱元璋是在群众性的革命浪潮中被卷进起义队伍的。除此而外，第三，濠州起义军虽属红巾系统，但由于郭子兴出身地主，与其他几个农民出身的领袖意见也不一致。《皇朝本纪》记至正十四年时：

滁阳王名称尚微，意在据滁阳而称王号，与上（朱）虽不明言，就中觇视可否。上知其不可，乃说滁一山城也，舟楫不通，商贾不集，非古形胜，非雄所居。

可见郭子兴一开始就带有封建割据色彩，朱元璋知道这不可靠，乃于至正十三年“南略定远”，别谋出路。十五年，郭子兴死，朱“遂并其兵”，依靠郭家的武力物资，渡采石，下太平，据金陵，奠定了后来统一事业的基础。如果要说对朱元璋的影响，那第一个人就应该是郭子兴，只不过是青出于蓝而胜于蓝罢了。

朱元璋向封建割据蜕变了，这是没有人否认的。至正十六年攻下集庆，就是这一转变过程的标尺。他向集庆进军不是偶然的。在定远时，地主冯国用兄弟就告诉他说：“金陵龙盘虎踞，真帝王之都”。到太平时，陶安又说：“限以长江之险，取而有之，据其形势，出兵以临四方，何向不克”②。当朱元璋向南扩展，避开反元中心的北方时，刘福通、毛贵等红巾军正在大举北伐，进攻大都。而朱元璋攻下集庆后，一方面占据附近州县，作为屏障；另一方面垦田兴学，俨然具备了小朝廷的规模。不久，就和陈友谅、张士诚连年发生战斗，

---

① 《皇明诏令》卷一《抚谕浙西吏民令》。

② 高岱《鸿猷录》卷一《龙飞淮甸》。按冯氏兄弟和陶安劝朱进攻金陵不是没有道理的，如陈高《不系舟渔集》卷十一《送吴起元之金陵序》就说“金陵当大江以东，古称佳丽地，至今为士大夫渊薮……是故世之怀蓄知能，思自奋者，不之京师，则之金陵也”。足见进攻金陵是带有相当重要的战略意义的。

年，连续向扩廓帖木儿表示友好。从吴元年到洪武初，又一再下诏向元宗室关切致意，真是照顾得仁至义尽①。

有人要说，朱元璋这一套是策略性的，其目的是为了拉拢亲元派，削弱反对势力。但即使如此，也不能掩盖朱元璋对蒙元统治的实质的糊涂观点。我们认为，分化敌人是正确的，但是，分化也应该有原则，从上面所引述的记载看来，恰好证明朱元璋是没有原则的。他一再替元朝统治者开脱，并把它的覆亡说成是偶然因素的结果。至于"乐生有元之世"，更连他那"魂悠悠而觅父母无有，志落魄而怏佯"的贫苦生活也忘得一干二净了。如与"贫极江南，富夸塞北"的政治口号相比较，是会把问题看得更清楚一些的。

朱元璋的蜕变还表现在对农民军的态度上。应该指出，他与红巾军的关系是一直不正常的，还在郭子兴部下时，就曾打算走独立发展的道路，只是由于当时红巾力量强大，影响深厚，这一客观情况使朱元璋不得不有所顾忌。《明史·太祖本纪》记韩林儿称帝时，朱"念林儿势盛可倚借，乃用其年号以令军中"。本来元末起义军"皆以红抹额"，称红巾的到处都是，没有什么值得特别注意的。至于他对红巾军的咒骂，则是人所周知的事了。至正二十六年讨张士诚檄文中诋毁红巾是"妖术""凶谋"，自称已经"灼见妖言不能成事"，因为"妖言惑众，不能上顺天意，下悦民心"。洪武元年即位祝文中，俨然以削平红巾的姿态出现②，洪武五年，给一元朝贵族的信中，还引经据典地论证说：

> 《春秋》传曰：毋首乱，首乱者必不能享其福。若前日杜遵道、刘福通、韩山童、徐真一之徒，皆首乱者也，今此数人，果安在哉。③

是的，此数人已经牺牲了，在朱元璋看来，是很惋惜的。但是，如果从反民族压迫、阶级压迫的农民起义军的角度看来，朱元璋的蜕变不也是很可惋惜的么？

在策略方面，为古今人所称道的最主要之点，就是所谓军纪严整，不乱杀人。关于这

---

① 据《洪武实录》卷十五、卷十六、卷二十，《罪惟录·太祖纪》，姚福《青溪暇笔》，宋濂《进元史表》。

② 《洪武实录》卷二五载有朱接天子位时的祝文，其中写道："帝（指上天）赐英贤，为臣（朱元璋自称）之辅，遂勘定采石水寨蛮子海牙、方山陆寨陈野先、袁州欧普祥、江州陈友谅、潭州王忠信、新淦邓克明、龙泉彭时中、荆州姜钰、濠州孙德崖、庐州左君弼、安丰刘福通、赣州熊天瑞、永新周安、萍乡易华、平江王世明、沅州李胜、苏州张士诚、庆元方国珍、沂州王宣、益都老保等。"真是一篇血腥的账目！

③ 《洪武实录》卷七五。

年，连续向扩廓帖木儿表示友好。从吴元年到洪武初，又一再下诏向元宗室关切致意，真是照顾得仁至义尽①。

有人要说，朱元璋这一套是策略性的，其目的是为了拉拢亲元派，削弱反对势力。但即使如此，也不能掩盖朱元璋对蒙元统治的实质的糊涂观点。我们认为，分化敌人是正确的，但是，分化也应该有原则，从上面所引述的记载看来，恰好证明朱元璋是没有原则的。他一再替元朝统治者开脱，并把它的覆亡说成是偶然因素的结果。至于"乐生有元之世"，更连他那"魂悠悠而觅父母无有，志落魄而怏佯"的贫苦生活也忘得一干二净了。如与"贫极江南，富夸塞北"的政治口号相比较，是会把问题看得更清楚一些的。

朱元璋的蜕变还表现在对农民军的态度上。应该指出，他与红巾军的关系是一直不正常的，还在郭子兴部下时，就曾打算走独立发展的道路，只是由于当时红巾力量强大，影响深厚，这一客观情况使朱元璋不得不有所顾忌。《明史·太祖本纪》记韩林儿称帝时，朱"念林儿势盛可倚借，乃用其年号以令军中"。本来元末起义军"皆以红抹额"，称红巾的到处都是，没有什么值得特别注意的。至于他对红巾军的咒骂，则是人所周知的事了。至正二十六年讨张士诚檄文中诋毁红巾是"妖术""凶谋"，自称已经"灼见妖言不能成事"，因为"妖言惑众，不能上顺天意，下悦民心"。洪武元年即位祝文中，俨然以削平红巾的姿态出现②，洪武五年，给一元朝贵族的信中，还引经据典地论证说：

> 《春秋》传曰：毋首乱，首乱者必不能享其福。若前日杜遵道、刘福通、韩山童、徐真一之徒，皆首乱者也，今此数人，果安在哉。③

是的，此数人已经牺牲了，在朱元璋看来，是很惋惜的。但是，如果从反民族压迫、阶级压迫的农民起义军的角度看来，朱元璋的蜕变不也是很可惋惜的么？

在策略方面，为古今人所称道的最主要之点，就是所谓军纪严整，不乱杀人。关于这

---

① 据《洪武实录》卷十五、卷十六、卷二十，《罪惟录·太祖纪》，姚福《青溪暇笔》，宋濂《进元史表》。

② 《洪武实录》卷二五载有朱接天子位时的祝文，其中写道："帝（指上天）赐英贤，为臣（朱元璋自称）之辅，遂勘定采石水寨蛮子海牙、方山陆寨陈野先、袁州欧普祥、江州陈友谅、潭州王忠信、新淦邓克明、龙泉彭时中、荆州姜珏、濠州孙德崖、庐州左君弼、安丰刘福通、赣州熊天瑞、永新周安、萍乡易华、平江王世明、沅州李胜、苏州张士诚、庆元方国珍、沂州王宣、益都老保等。"真是一篇血腥的账目！

③ 《洪武实录》卷七五。

个问题，我们可以做两方面的分析。首先，军纪严整并不是绝对的①，其次，不杀人好不好呢？这很难抽象地加以判断。问题在于，朱元璋不杀的是些什么人，地主阶级分子称赞他“神武不杀”又意味着什么？我们知道，农民起义军是要杀人的，前面不是引过“往年大姓家，存者无八九”的诗句吗？农民起义军的刀锋当然不会指向农民而是指向地主，这个道理可以帮助我们揭开“神武不杀”的外衣，进一步抓出它的实质，那就是一句话——向地主阶级妥协，这还不是朱元璋蜕变的又一表现吗？

汉族地主阶级的经济和政治力量在宋元以后受到严重摧折，那种有着地方割据性的世代显赫的高门望族已不多见②，一般的汉族地主既没有特殊的号召力量，也不敢铤而走险，对元政权只有消极抵制。但当农民革命的烽火燃烧起来以后，他们中间的某些眼光较为远大的人，就敏感到“改朝换代”之机已经成熟，他们要物色符合自己口味的对象来达到自己的阶级目的，朱元璋就是被选中的一个——也是最后成功了的一个。

从“南略定远”开始，朱元璋一直是依靠地主武装起家的。元末各地的地主武装，除少数是维护蒙元统治者外，大多数是“结寨自保”，以抵御农民军为目的，但这些地主武装却和朱元璋结下了“不解之缘”，现在根据很有限的资料（起至正十三年南略定远迄至正十六年攻克集庆），列表于下：

时　间	纪　　事	备　　注
至正十三年	（定远）冯国用与弟国胜率众归附，二人少皆喜读书……因乱，众推为义兵，长保乡曲。	《鸿猷录》
至正十三年	合肥人吴复，以遇乱聚众保乡里，闻上至，率所部来谒。	《鸿猷录》
至正十五年	巢湖廖永安结水寨自保，于是年归朱元璋。	《鸿猷录》
至正十六年	定远人王弼因乱集乡里壮士结寨，率所部投元璋。	《鸿猷录》
至正十六年	寿州人缪美保乡里，春三月，率千余人投元璋。	《苏平仲集》卷三《缪美传》
至正十六年	濠州单安仁聚众数万，是年投元璋。	宋濂《翰苑别集》卷九《凤阳单氏先茔碑铭》

① 在朱元璋大兴文字狱的高压政策下，不利于他的记载自然是湮没了，但从胡翰《胡仲子集》卷九《吴季可墓志铭》及黄暐《蓬窗类记》卷一、《大明初略》卷三等篇中仍可窥见“游兵四出”“杀戮殆尽”的情况，所谓军纪严整并不是绝对的。

② 中国封建社会的高门世家经济，在唐宋以后，已经显著没落，就我们所见，这类记载甚多。如《苏平仲集》卷四《蔡氏重修族谱序》：“今通都大邑，故家旧族……其克保先业者，盖甚少也。”其他不备举。

此外，还有不少元朝“义兵”和地主知识分子投归朱元璋，并得到极为优渥的待遇，这是因为：

第一，朱元璋懂得“躬擐甲胄决胜负于两阵之间，此武夫之事，非儒生所能。至若流宣化、绥辑一方之众，此儒臣之事，非武夫所能也”①。故告诫他的伙伴们：

> 今居闲无事，勇力无所施。当与诸生讲求古之名将成功立业之后，事君有道，持身有礼，谦恭不伐，能保全其功名者。②

看来，他是很能理解代表封建地主阶级意识形态的儒家思想之微妙作用。全靠武力是不行的，况且武力也很危险，得加以限制，如果武人也能和儒生一样文质彬彬，自己的地位就能保守得更牢实。同时，他要“救民”，要统一天下，“图治以得贤为先”的思想早在此时就已孕育了，所以他才那样“思贤如渴”，用各种软硬的办法拉拢地主阶级知识分子。

再加上，第二，这些地主阶级知识分子给他做了不少工作，是有用处的。《国初礼贤录》记载，刘基以母丧回家营葬，就向乡人吹嘘朱“必当有天子之状”，扩大影响，效果很好。加上这些地主知识分子有一定的文化知识，可以给朱元璋提供一套取天下的策略，朱升、叶兑等人的意见，也的确使朱元璋受益不浅。但是，这些人是不是也抱有一定的目的？有的，洪武元年朱元璋授陶安翰林学士的诰文中就明白地透露说：

> 朕初渡江时，江南之士谒于军门者，陶安实先。即以帝王事功期于始见之际。③

问题异常清楚，他们是来物色“主子”的，朱元璋没有辜负他们的希望，便成功地入选了。

这里不能不指出，在阶级斗争的过程中，政权的建立是以武力为后盾，而军队又总是替某一政治目的服务的。在“赤旗蔽野”的革命风暴之下，地主阶级要想建立一个封建的政权，既能推翻蒙古贵族的统治，又不损伤本阶级的利益，最有效的途径就是在农民革命队伍中物色可以受利用的对象，这就是他们忽然对农民起义发生兴趣的原因。他们没有武装力量，却有一套“治国平天下”的“雄才大略”。这一套地主阶级的观点，和朱元璋所

① 《洪武实录》卷三一“洪武元年四月廿三日”。
② 《洪武实录》卷五八“洪武三年十一月十六日”。
③ 《洪武实录》卷二九“洪武元年正月廿九日”。

拥有的武装力量结合在一起，于是一个向封建割据的转化就开始了。当然，地主阶级观点不可能完全强加在朱元璋身上，这两者之所以结合起来，仍然是与朱对革命认识的模糊和他潜藏着的个人目的分不开的。因此，轻轻松松地用“历史局限”四个字来替朱元璋开脱，就未免过于厚爱古人了。

朱元璋接受了朱升等人的建议“高筑墙、广积粮、缓称王”，“积粮训兵，待时而动”。一切都准备好了，只是等待着时机。很想模仿刘邦的朱元璋，这时的确是“谋臣如云，武士如雨”。至正二十四年以后，长江流域地区的割据据点已先后失败，这是因为他们在策略上有不少失足之处。以张士诚为例，杨仪《金姬传序》说：

> 方其渡江而南也，吴会未下，雌雄未决，乃先自空其巢穴，以犯不测之险。及其既定吴郡也，又不能收揽豪杰，修明政令，抚民练卒，远大是图，而……以游谈之客为良平，以骄纵之士为韩白，上下昏惑，沦胥败亡。

失败者的短处，常常是成功者的优点。从杨仪这一段话至少可以看出，张士诚首先没有集中巩固根据地，没有得到地主知识分子的诚心拥戴，没有严密的政治组织和远大眼光，又不善于使用干部和观察形势。朱元璋恰好相反，“朕之用人，用其所能，不强其所不能”①，“士诚恃富，友谅恃强”，都说明他善于分析敌人的弱点，善于驾驭部属，再加上适时的注意了政治经济措施的改革，以及利用了中原红巾军这一有力的屏障，所以在最后完成了统一事业。

三

但是，当时的社会经济已经残破不堪，真是千里丘墟，耕桑之地变为草莽②。这种极目荒凉的景象，严重地威胁着明王朝的统治。同时，元末农民大起义不仅推翻了元朝政权，而且也给了朱元璋深刻的教训，那就是说，大明帝国要能维持和巩固，就必须使老百姓能够安居乐业，能够活下去，否则，“殷鉴不远”，元朝政府的覆亡就是前车之鉴。

---

① 《洪武实录》卷三一“洪武元年四月二十三日”。

② 明初人孙蕡《孙西庵集》卷三《平原行》称当时的情况是“自罹丧乱新复业，千家今有一家存”。

因此，朱元璋根据这一具体情况提出了他的“各安其生”经济政策。其主要内容是“务俾农尽力畎亩，士笃于仁义，商贾以通有无，工技专于艺业”①，并实行了如像计丁授田、移民屯垦、奖励生产、兴修水利、便商轻税、改善工匠服役制度以及调整赋税等一系列具体措施，但是，我们要指出，这个政策的实质和目的仍然在于使统治阶级能够继续保持统治地位，使被统治阶级能够喘一口气，有力量从事生产，为统治阶级提供赋税徭役。如前所述，朱元璋早在进行统一战争的过程中就已经离开了农民革命的道路而与地主阶级站在一起，成了他们利益的维护者；所以在他建立起大明帝国以后，一切措施，包括经济政策在内，就必然是从维护整个地主阶级的根本利益出发。的确他出身于贫苦佃农，幼时也受过地主的压迫剥削，在爬上了皇帝宝座后，还一再提到“朕起布衣，深知民间疾苦”，“朕起农业，深知稼穑艰难”；要儿孙臣僚“念农之劳，取之有制，用之有节，使之不至于饥寒”。我们并不否认这些话句有其合理的和值得肯定的因素，但是，所有这些都无法令人置信，朱元璋真是如像某些同志所说那样，“始终对于农民怀有爱护之情”，似乎他是在维护农民的利益。应该毫不含糊地指出，明初之所以要向人民让步，不是其他别的什么原因，而只是由于人民的强大力量在元末农民起义中充分地显示了出来，以及当时的客观环境迫使统治者不得不这样做。因为朱元璋懂得“民富则亲，民贫则离，民之贫富，国家休戚系焉”，假如“恣意奢欲，使百姓困乏”，就将“至于乱亡”②。所以要施实惠，要“阜民之财而息民之力”，假如不顾人民死活，就好比一个骑马者，“急衔勒，励鞭策，求骋不已，鲜不颠蹶；马既颠蹶，人独能无伤乎？”③ 因此，无可怀疑地，朱元璋所提出来的“各安其生”的经济政策是完全从巩固地主阶级利益着想的。基于这样一种目的，所以一方面他在告诫淮西豪强时，要他们不要再像从前一样，欺凌小民，武断乡曲，以致引起人民反抗，“富者不得自安，贫者不能自存”，只有循分守法，才能“安享富税”。④ 另一方面，他三令五申地告诫四民，务要各守其业，不许游食，特别要农民“尽力南亩，毋作非为，以罹刑罚”。⑤ 洪武十五年，他命户部榜谕两浙江西之民，要他们“奉法守分”，“应役输租”⑥。即是说，要人民安分守己地劳动，为统治阶级提供田赋力役，这才是朱元璋的真正意图。

所以，我们认为，“各安其生”的经济政策就是在维护整个地主阶级利益，特别是皇室

① 《洪武实录》卷一七七“洪武十九年四月十七日”。
② 《洪武实录》卷一七六“洪武十八年十一月十六日”。
③ 《洪武实录》卷七六“洪武五年十月二十四日”，余继登《典故纪闻》卷三。
④ 《洪武实录》卷四九“洪武三年二月十一日”。
⑤ 《洪武实录》卷一六一“洪武十七年四月十五日”。
⑥ 《洪武实录》卷一五〇“洪武十五年十二月十二日”。

统治集团利益的前提下，适当地照顾人民生活的一种含有调和阶级矛盾的改良经济政策。明初所有恢复生产的具体措施都贯穿着这一精神。

也应该指出，虽然“各安其生”的政策其最终目的只是为了维护地主阶级的利益；但在客观上它仍然促使残破的社会经济较快得到了恢复，人民生活也相应得到了改善。《明史·食货志》记载当时的情况说：“是时宇内富庶，赋入盈羡，米粟自输京师数百万石外，府县仓廪蓄积甚丰，至红腐不可食。”① 这些成绩的取得，是劳动人民流血流汗的直接结果。因此，把明初社会经济的恢复完全说成是朱元璋个人的历史业绩，这种观点，显然是不恰当的。

还应该进一步指出，如果承认朱元璋所建立的明王朝是代表地主阶级利益的政权，那么，“各安其生”的政策就不可避免地要带有极大的阶级局限性和虚伪性。

地主、官僚、士大夫可以通过“合法”的和非法的途径把自己应负的赋税徭役转嫁在人民身上。此外，在朱元璋“阜民之财而息民之力”的同时，我们仍然可以看到以下事例：处州田粮，因“军兴，加至十倍”②。苏州也是重赋之区，洪武初，知府金纲，以百姓苦官民田赋不齐，上疏请减赋额，被杀③。十三年，以雷震谨身殿，下诏免天下逋租，但不久又遣“郎礼征逋租于江西。礼以失信天下，不奉诏；固遣，固不往。上诛之”④。后来周衡也因类似事件而被杀⑤。其他如安陆知州余彦诚因征税过期被逮下狱⑥，龙阳典史青文胜因“为民请命”吊死在登闻鼓下⑦，这种敲骨吸髓的做法，就自然会使得土田虽已荒芜，有司仍然要征收赋税，尽管旱潦妨碍秋稼，也要“尽鬻裙钗输税钱”⑧。至于徭役的征发，也同样是极其繁重的。宋濂《芝园前集》卷三《义乌王府君墓志铭》记载，郡县吏胥为了征发木工石工营建朝廷及诸王府宫室，“不问老幼废疾之不可任，悉上其名，索之弗得，辄捕比邻以代”，以致“鸡犬不宁”。方孝孺《逊志斋集》卷二一《先府君行状》同样记载，济宁府当五六月时役民一万余人筑城，以致“民不得穑，哀号即工，声闻数里，旦暮不休”。“丁男当官应徭役，妇女看家种山麦”，“丁男应役不在家，常驾牛车走东道”⑨ 的情况也见

① 《明史》卷七八《食货志二》。
② 《明史》卷一二八《章溢传》。
③ 吴翌凤《灯窗丛录》卷四。
④ 《罪惟录·太祖纪》。
⑤ 徐祯卿《剪胜野闻》。
⑥ 《明史》卷二八一。
⑦ 《明史》卷一四〇。
⑧ 王恭《草泽狂歌》卷二《女耕田行》。
⑨ 《孙西庵集》卷三《虹县行》《平原行》。

之于记载。因此，当时就有人指出，“方今力役过烦，赋敛过厚”，“或卖产以供税，产去而税存，或赔办以当役，役重而民困”[①]。地主阶级的政权本来就是如此，我们对于这样的政权是不能寄予奢望的。

由此可见，“各安其生”的经济政策执行的结果，得到好处的与其说是人民，倒不如说是地主阶级特别是皇室统治集团更为切合实际些[②]。朱元璋利用罪徒、籍没、屯垦，以及各种各样的办法，控制了大量的土地和人力，这就与政治上的高度中央专制集权提供了物质力量。正如恩格斯在《反杜林论》中所说：“在任何地方和任何时候，都是经济的条件和资源帮助‘暴力’取得胜利，没有它们，暴力就不成其为暴力。”[③] 朱元璋实行的“各安其生”的经济政策，在立法定制使“富者得以保其富，贫者得以全其生”的过程中，不仅巩固了皇室统治集团的地位，而且把封建专制集权推到更高的发展程度。

明初的社会政治状况，也并不如某些历史学家所描述的那样升平宁静。

元朝政权虽然被推翻了，可是其实力并未完全消灭，对于新建立的明王朝仍然是严重的威胁，所以朱元璋不得不用很大的力量去对付，直到洪武二十年这一斗争才基本上胜利结束。

元末农民起义没有也不可能彻底摧毁封建的生产关系，因此地主与农民之间的阶级矛盾仍然存在。根据许多记载看来，在明朝初年，经过战后保存下来的富户仍然是很多的，特别是江南，不仅数量多，而且富可敌国的也不是仅见。因此，元末农民起义虽然推翻了元朝政权，可是新政权仍然不能不使农民感到失望。斯大林在《土地问题》一文中说：“农民要土地，他们做梦也梦见土地，显然他们在没有夺得地主土地以前，是不会安静下来的。”[④] 只要现存的剥削制度未消灭，人民起义就将会不断地爆发。

记载表明，洪武时期人民起义的次数既多，范围也分布很广。如洪武三年，青州孙古朴等起义，自号黄巾。六年，湖州罗田县有王佛儿自称弥勒佛降生，聚众起义。十二年，四川彭普贵的起义曾经占据十四州县。十四年，浙东有叶丁香起义。十五年，东莞人民起义。被俘者一万余人，惨遭杀戮者两千余人。同年，广东有号铲平王者起义。被俘者一万七千余人，“招降”者一万三千多户。二十一年潮惠等州人民起义。二十三年，烘撒卫军士

---

① 《明史》卷一三九《周敬心传》、卷一四九《解缙传》。

② 我们认为，不能对明初恢复生产的成效估计过高。例如，在洪武十六年时，民间尚有衣食不足的情况（《洪武实录》卷一五六），直到洪武三十年武陵等十县仍“土旷人稀，耕种者少，荒芜者多”（《洪武实录》卷二五〇）。相反，明朝皇室用各种形式控制的官田数字却是非常巨大的。

③ 《马克思恩格斯选集》第三卷，第211页。

④ 《斯大林全集》第一卷，第195页。

马四儿与朱黄头聚众起义。三十年，汉中府沔县高福兴田九成等起义[①]。这种情况大大地影响了统治基础的巩固，也显示了明初阶级矛盾的紧张。

至于在统治阶级内部，他们剥削压榨人民的立场是一致的，可是他们彼此之间的经济利益也不完全相同，因此矛盾还是比较尖锐的。当时，田连数千亩，以至数万亩的大地主不仅把自己应负的差税转嫁与贫苦人民，而且一有机会做官，便尽量贪赃枉法，“掌钱谷者盗钱谷，掌刑名者出入刑名”[②]。洪武十八年，全国布政司按察司及府州县朝覲官四千一百一十一人中，称职的仅四百三十五人，不称职以及贪污阘茸者就达七百八十五人[③]。地主、官僚的贪暴，既加深了人民的痛苦，同时也与朱元璋万世一统的打算发生了冲突。封建皇权的利益是整个地主阶级的阶级利益的集中体现，为了维护这种利益，朱元璋就不得不采用“政治暴力”的手段来打击和限制一部分地主官僚的“犯上罔法”的活动[④]。

当时，朱元璋不仅要对付陈友谅、张士诚和方国珍的残余势力[⑤]，而且还要对付元朝的残余势力。一批元朝遗留下来的官僚士大夫，特别是其中的亲元派，他们不愿与新王朝的统治者合作，采用自杀、逃往漠北、放浪山水等方式进行抗拒，即使在新朝做了高官，也是“身在江南，心思塞北”。至于中间派，他们则以为新王朝并不如自己的理想，或者害怕严刑酷法，保不了身家性命。因此，尽管朱元璋一再下诏并遣使求遗贤，指出“天下之治，天下之贤共理之”，表示“愿与诸儒讲明治道”，但收效不大，于是只好如捕罪囚，趣迫上道，甚至定下“寰中士夫不为君用”的法令强迫他们出仕[⑥]。这些人在朱元璋看来是不可靠的，对于他们不肯为自己尽力，只有用猜忌和愤怒来对付，只有用流血的恐怖手段来强迫他们服从。这样的事例是很多的。

---

① 吕毖《明朝小史》卷一载有洪武诏书：“避兵人民，团结山寨，诏书到日，并听各还本业，若有负固执迷者，罪在不原。”这些“团结山寨”“负固执迷者”，为数似乎不少，它们严重威胁着明王朝的巩固，并且表明阶级斗争仍然在继续着。

② 《大诰·谕官毋作非为第四十三》。

③ 《洪武实录》卷一七〇。

④ 徐一夔《始丰稿》卷一三《故元仙居县税务副使张君墓志铭》：“当大朝更化之初，凡仕胜国者例徙他郡。”黄佐《广州人物传》卷一一：“凡元朝皈降之臣，始虽荣遇，终必摈辱。”又《逊志斋集》卷二二《采苓子郑处士墓碣》：“当是时浙东西巨室故家，多以罪倾其宗。”足见朱元璋用心之深和防范之密。这是在高度中央专制集权的特殊条件下，统治阶级内部矛盾急剧尖锐的表现。《大诰·民不知报·第三十一》：“民有不知其报而恬然享福，绝无感激之心，因不知其报，不知其感激，一日天灾人祸并至，茫然无知其由。……方今九州之民，有田连数万亩者，有千亩之下至千百十亩者，甘于利其利而不知其报者多矣。”这就是说，在高度专制的封建国家里，皇权是唯一合理的，除此而外，都应该是为皇权供“差税”的奴才。一个要“报”，一个要“甘于利其利”，于是，在主子独占和主奴共享之间，就决定了明初社会统治阶级内部矛盾急剧增长的必然性。

⑤ 《明史》卷一四〇《赵庭兰传》《王士弘传》。

⑥ 《明经世文编》卷十一解缙《大庖西封事》，又《逊志斋集》卷二一《先府君行状》。

当时，与朱元璋一同起事的元功宿将在天下已经平定后，也骄恣跋扈起来。这些功臣在成为新贵后，占有很多良田美宅。政治上和经济上的扩张便与皇室统治集团的利益发生了尖锐的冲突。此时的朱元璋已经不再是从前的朱元璋了，他已经成了国家的最高统治者，而且又是全国最大的地主，因此，关心和维护其子孙帝王万世之业，便超过了维护个别贵族地主的利益，对那些不利于自己统治的人，便毫不例外地大加杀戮。明初的几次大狱，株连甚广，元功宿将们得保其天年者，为数不多，当朱棣发动“靖难之役”时，为朱允炆效命于疆场之上的人物，已经只有六十五岁的耿炳文和“纨绮少年”李景隆之流了。这应该是朱元璋始料所不及的。

统治阶级总是不断地使国家机构适应变化着的政治斗争的条件，适应在国家及个别机关面前所产生的新任务。明初国家机构的一系列改革都是为了适应高度中央专制集权的需要，废中书、升六部就是这个改革的中心环节。

君权与相权，在封建统治阶级内部是两种不同势力的代表，他们相辅相成，共同统治人民。不过他们之间也经常有着矛盾和冲突，而且随着中央专制集权的日益发展，这种矛盾和冲突就愈来愈加尖锐。君权和相权要同时扩张而又并行不悖是不可能的。朱元璋要集权，他也看到君权与相权的矛盾是相当严重的，他认为“设相之后，臣张君之威福，乱自秦起。宰相权重，指鹿为马。自秦以下，人人君天下者，皆不鉴秦设相之患，相继而命之，往往病及于国君者，其故在擅专威福”①。这种情况，在朱元璋看来是绝对不能容许的。

与元朝一样，明初中书省是总揽全国政务的机构，其职权很大。朱元璋当然不愿意“垂拱而治”，从龙凤十年建立百司官属起到洪武十三年废除中书止，先后做左右丞相的都是他的亲信，但君权与相权的矛盾并未因此解决。洪武十年，命李善长、李文忠共议军国重事，凡中书省、都督府、御史台皆归其统率，这就相应地削弱了中书的职权。十一年更“禁六部奏事不得关白中书省”，中书竟成了有名无实的衙门，废除中书也成为必然的趋势。洪武十三年，胡惟庸等被杀，归其政于六部，历代所谓宰相之官由此遂废不设，君权最后战胜了相权，皇帝成了名副其实的国家最高独裁者。这是明初高度中央专制集权的重要标志，也是中国政治制度变迁史上重要的一页。

废除中书后，洪武十五年设置殿阁大学士②，仅备顾问，不能处决军国重事，也没有僚

---

① 黄佐《南廱志》卷十《谟训考》下。

② 明代的大学士，后人多称其无宰相之名而有宰相之实，但情况并非如此，例如严嵩入阁时，一切大权仍操于世宗之手，《名山藏》称其只有奉命行事，无所可否。又如张居正之显赫尽人皆知，然黄宗羲认为他不过是“听指使于仆妾”。此二人尚且如此，其他可以想见。

属，一切威福都操自朱元璋本人，这与过去中书省的丞相比起来真是不可同日而语了。

在废中书的同时又提高六部职权，使吏户礼兵刑工六部分管全国事务，互不相统，总隶属于皇帝，向皇帝负责。政归六部以后尚书职权虽然增大，然而决策的仍是皇帝，尚书只不过奉行意旨办理行政事务。从此形成了名副其实的“礼乐征伐自天子出”的政治局面。

法权是统治阶级意志的表现，并借助国家权力强制其执行，同时又调整着阶级社会中的社会关系。在剥削阶级国家中，法权就是少数剥削者意志的表现，它是强加于劳动者的暴力，并企图以此来制止劳动人民的反抗。由此可见，法律是具有强烈的阶级性的，朱元璋所制定的大明律自然也不例外，它是以朱元璋为首的整个地主阶级特别是皇室统治集团意志的集中体现，并为高度发展的中央专制集权服务的。

我们知道，《唐律》是中国封建社会的一部著名法典。在表面上，《明律》“篇目一准于唐”；但在事实上，它既有所承袭，也有所损益。如以唐明律相比较，我们就可以清楚地看到，《明律》不仅是以朱元璋为代表的明代地主阶级的阶级意志的体现，而且是高度发展的中央专制集权的产物。关于职官犯罪，《唐律·名例律》规定有议、请、减、荫、除、免、当、赎之法，属于“八议”以及七品官以上包括其亲属犯罪，都可以减等，或者赎免。《明律》在这个问题上，只规定了不许擅自勾问，先奏请议，取自上裁，而没有减等及准赎之文。清人钱大昕已经指出，明代虽有“八议”之条，但实际上不许引用。这说明贵族官僚的地位在下降，君权在进一步加强。《唐律·职制律》规定“诸官有员数，而署置过限及不应置而置，一人杖一百，三人加一等”，但律文尚留有余地，“量事权置者，不用此律”。到了明代，《明律》规定“凡除授官员，须从朝廷选用，若大臣专擅选用者，斩”。这种条文又显然是《唐律》所没有的，它标志着明代的中央专制集权在向更高的程度发展。至于“谋反”及“大逆”，《唐律》规定，首犯处斩，父子年十六以上皆绞，但母女妻妾祖孙兄弟姊妹俱无死罪，而且律文对不同情节尚另有轻重之分。《明律》则不然，“凡谋反及大逆，但共谋者，不分首从，皆凌迟处死。祖父、父、子、孙、兄弟及同居之人，不分异姓；及叔伯兄弟之子，不限籍之同异；年十六以上，不论笃疾、废疾，皆斩”。这不仅没有情节轻重的区别，而且上及于祖，下及于孙，旁及叔伯，网罗之广，实在骇人听闻。由此可见，明王朝用政治暴力手段对人民群众的控制和镇压超越了它以前的任何时代。

统治阶级利用法权来加强统治，与反抗自己的人进行斗争。在这一点上，根据朱元璋自己的经验，最可怕的就是人民起义。所以，民间私藏军器的都要犯罪。同时，本来擅调军官是有罪的，但如遇有所谓“反叛”“贼寇”等事时，便须火速调拨军队“剿捕”，否则也要犯罪。另外，元末农民大起义是由弥勒教、白莲教等宗教组织发动起来的，而且他们在明初还有很大的潜在势力，还在不断地进行活动，朱元璋曾经利用过他们，可是当他爬上了皇帝的宝座以后，对他们却怀着异常畏惧的心情，千方百计地加以打击，并企图将其完全根绝。大明律规定：

凡师巫假降邪神，书符咒水，扶鸾祷圣，自号端公太保师婆及妄称弥勒佛白莲社明尊教白云宗等会一应左道乱正之术，或隐藏图像，烧香集众，夜聚晓散，佯修善事，煽惑人民，为首者绞，为从者杖一百，流三千里。

就连民间迎神赛会也被禁止，至于“造谶纬妖书妖言及传用惑众者”，当然更要处以死刑了。

此外，所有国家官吏的权限、任务及其相互关系，在朱元璋制定的法律里都有明确的规定，而其特点则是在于把所有权力都集中在他的手里，所有官吏都得绝对服从他的命令，无条件地效忠皇室。这是朱元璋对于自己所豢养的大小官吏的要求，而法律正好与这一要求提供了有力的保证。朱元璋要集权，因此对于妨碍专制集权的“党比之私”更是深恶痛绝，绝不容许其存在。大明律规定，凡是“上言宰执大臣美政才德者”，“交结朋党紊乱朝政者”，“与内官及近侍人员互相交结，漏泄事情，夤缘作弊，而符同奏启者”，都要处以重罪。“诚惶诚恐”地为封建统治者剥削压榨人民，这就是一切官吏的唯一职责，任何“非分”的行为都将受到法律的严厉制裁。

大明律是朱元璋与群雄斗争，统一天下过程中“劳心焦思，虑患防微近二十载”的切身经验的总结，是经过多次修改的“不刊之典”。在他看来，这真是维持朱家万世一统的有力工具，所以他在“祖训”里说：“凡我子孙，钦承朕命，勿作聪明，乱我已成之法，一字不可改易。”①

极端的君主专制不仅与人民处于尖锐的对立状态，而且在统治阶级内部也存在着严重的矛盾，在这种情况下，只依靠公开颁行的法律和法定的司法机关，还满足不了高度强化君主独裁的政治需要，于是，朱元璋进而采取了公开的特务恐怖统治。

明代的锦衣卫就是受朱元璋直接指挥的惩罚机关和侦探机关，它是一个凌驾于法律之上的特别法庭，同时也是一个黑暗的监狱。

锦衣卫所用酷刑，如刷洗、抽肠、剥皮、锡蛇游等等，有几十种之多。锦衣卫的特务

---

① 《洪武实录》卷八二“洪武六年五月一日”。

专门在大街小巷，进行秘密侦查、缉访“妖言”和逮捕所谓“盗贼奸宄”。由于这样严密的监视，因而引起许多人内心上极大的恐惧，他们对于国家大事，不能讲话，也不敢讲话。如《明朝小史》卷一记载：“宋濂家居，置温树二字于居第，人问及朝中事者，辄指示，终无一言。”在朱元璋看来，“今之人臣，蔽君之明，张君之恶，邪谋党比，几无暇时，凡所作为，尽皆杀身之计，趋火赴渊之筹”①。这就说明，在高度集权的国家里，只有君权才是唯一合理的与不可侵犯的。所以我们看到，自正统以后，明代社会的阶级矛盾就愈益尖锐了，明代皇帝不理朝政和昏庸嬉戏也是空前的，宦官如王振、魏忠贤，权臣如严嵩、张居正，其势要也是惊人的，但从未发生“割据”与“篡夺”的事件，这也说明中央专制集权的成效和淫威。然而，这种黑暗专制统治的时间维持得愈长久，人民所受的痛苦也就愈深厚。

还必须指出，利用特务的恐怖活动，丝毫不能说明封建统治阶级力量的强大，而是恰恰相反地说明了封建统治阶级的腐朽和没落，也说明了朱元璋在维持其统治时已经智穷力竭，传统的封建统治术已经不济事了，所以才不得不实行公开的特务专政。

文化教育必须为政治服务。在剥削阶级的国家政权里，它就为剥削阶级的利益服务，这是无可辩驳的事实。

明初学校有国子监和府州县学两种，都是培养新官僚的场所，是统一和限制儒生思想的有力机构，它的政治目的是非常鲜明的。

明代的科举，在考试内容上与以往不同，专取四书五经命题试士，士子只消代古人语气敷衍成篇，而不能有所创造，这就是后来所谓的“八股文”。

虽然自朱元璋下诏开科取士之后便出现了“家有弦诵之声，人有青云之志”的情况②，可是这样的考试制度怎能得到“贤人君子”？他们读书和应试的目的只是为了做官，宋濂说他们只知道“以摘经拟题为志，所最切者，唯四子一经之笺，是钻是窥，余则漫不加省，与之交谈，两目瞪然视，舌木强不能对”③。这样的学问，这样的人才，怎能“济世安民”？这种情况朱元璋本人也是清楚的，洪武六年他下了一道诏书说：

> 朕设科举以求天下贤才，务得经明行修，文质相称之士以资任用。今有司所取多后生少年，观其文词，若可与有为，及试用之，能以所学措诸行事者甚寡。朕以实心

---

① 《大诰·君臣同游第一》。

② 《始丰稿》卷五《送赵乡贡序》。

③ 宋濂《銮坡后集》卷七《大明故中顺大夫礼部侍郎曾公神道碑铭》。

求贤而天下以虚文应朕，非朕责实求贤之意也。[①]

其实他何尝要“实心求贤”？还是让我们用他自己的话来说明其真实意图吧。《罪惟录·科举志总论》曾引他的话说：

吾强之而天下不约不争，吾柔之，吾不使与彼争，然则争我者亦寡矣。吾有法以柔天下，则无如复举制科。

此外，廖燕《二十七松堂文集》卷一《明太祖论》更一针见血地揭露了明代科举取士的真面目，他说：

明太祖以制义取士，与秦焚书之术无异，特明巧而秦拙耳，其欲愚天下之心则一也。……诗书者，为聪明才辨之所自出，而亦为耗其聪明才辨之具，况吾有爵禄以持其后，后有所图而前有所持，人日腐其心以趋吾法，不知为法所愚，天下之人无不尽愚于法之中，而吾可高拱而无为矣，尚安得而焚之杀之哉？明太祖是也。……明制：士惟习四子书，兼通一经，试以八股，号为制义，中式者录之。士以为爵禄所在，日夜竭精敝神以攻其业，自四书一经外咸束高阁，虽图史满前皆不暇目，以为妨吾之所为，于是天下之书不焚而自焚矣。……他日爵禄已得，虽稍有涉猎之者，然皆志得意满，其不遇者，亦已颓然就老矣，而欲何为哉？

朱元璋要的只是奴才，焚书也罢，坑儒也罢，只要有利于自己的统治，可顾不得这样多了。

在八股取士以及高度中央专制集权政治的影响下，明代的士风和官风具有非常突出的特点。自洪武十七年以后，荐举渐轻，专重科举。所以凡是想做高官，贪图厚禄的，都把科举作为进身之阶，一切为了登第做官，竟连封建的道德也一概抛弃了。明代士大夫的浅薄和贪鄙也就达到了惊人的程度。

学校在专重科举以后就慢慢地失掉了它的重要性，后来甚至没有生徒在校肄业，“入其

① 《洪武实录》卷七九“洪武六年二月二十三日”。

庭，不见其人，如废寺然”①。自永乐十五年统一以五经、四书、《性理大全》作为教本后，士子自传注以外一无所知，甚者不知经史为何物。但他们反而以此自傲，并且互相吹捧②。明代士子的丑态是很多的，“称前代为本朝，称前君为四圣”，毫无己见，很像一个应声虫③。考试时的要挟、倩代以及其他五花八门的事，真是举不胜举④。

明代的官僚固然也有个别是“清廉”的，然而一般说来，贪鄙的则比较多，他们在候选时关心的是某处地方好，某地有出产，从不谈施政方略⑤。只要做了官就盖高楼大厦，衣必文锦，食必粱肉，大臣中“崇构室宇，巧结台榭，以为他日游息宴闲之所”的每每皆是，人民的血汗，被这批如狼似虎的官僚吸吮殆尽⑥。

由于官风士气的鄙薄，再加上朱元璋的屠刀，“直言诤谏”之臣就逐渐减少，而更多的是阿谀逢迎。解缙在当时就曾经指出：“祸不止于一身，刑必追乎亲友，谁肯舍父母妻子而批龙鳞，犯天怒者哉？”⑦ 以后各朝，这种情况基本上没有改变。《春明梦余录》卷四十五《刑部二》记载，崇祯时给事中龚鼎孳在《请罢诏狱廷杖疏》里说：“不肖者乐于阿比而贤者开习于敛藏，其始或存乎怀刑，而其后必尽趋于持禄，波流莫砥，可为深忧。”主子和奴才的关系本来就是这样，他们做的是朝廷的官，就得绝对听朝廷的话，只有这样才能保持禄位，过着奢侈淫乐的生活，国家安危，人民的痛苦，他们是用不着操心的。甚至有的大学士也怕得祸，模棱首鼠，只图恩荫，根本不讲什么经国远谋⑧。明代的言官在表面上显得非常活跃，其实无聊的很多，为了奏牍上一字之误，他们就会连篇累牍，喋喋不休，借以沽名钓誉。或者互相排斥攻讦，成为政争的工具。这是明代政治史上既热闹而又奇特的现象。这个现象就是在当时的科举和铨选制度之下形成的。

礼教——封建社会的道德，是在封建经济基础之上的上层建筑。它反映着统治阶级的地位与利益，并巩固其经济统治与政治统治。

在中国整个封建社会里，统治者不仅用刑和法来维持其统治，而且也非常看重礼教，因为它能使人民从思想上安于被统治状态，认为是“理”应如此。正如戴震所说，人死于法，犹有怜之者；若死于理，其谁怜之？朱元璋曾告诫他的臣僚们不要以礼乐为虚文，在

---

① 陆容《菽园杂记》卷六。
② 叶盛《水东日记摘抄》卷一。
③ 田艺蘅《留青日札》卷四。
④ 李调元《制义科琐记》。
⑤ 彭时《彭文宪公笔录》。
⑥ 朱承爵《存余堂诗话》。
⑦ 《明大政纂要》卷八。
⑧ 黄尊素《说略》。

他看来，礼乐是治平之膏粱，刑政不过是救弊之药石而已。礼法是立国的纪纲，是维持世道的工具，只有礼法立，才能“辨上下，定民志，秩然而不紊”[①]，元朝就是因为纪纲不立，因此“主荒臣专，威福下移，由是法度不行，人心涣散，遂至天下骚乱”[②]。所以，早在北伐时，他就在檄文中提出要“立纲陈纪”，“复汉官之威仪”。不难看出，朱元璋之所以非常强调礼法，其根本目的就在于维持他的统治。

他在大诰和续诰里，按照自己的需要来阐述封建的伦理道德，例如他把孝推衍为“事君以忠，夫妇有别，长幼有序，朋友有信，居处端庄，莅官以敬，战阵勇敢，不犯国法，不损肤肌”[③]。他以为这才是真正的孝，这样的人，才是他所要求的忠顺之民和忠顺之臣。为了使这种思想深入人心，他苦心孤诣的想了很多办法，比如在每里置一木铎，使老者于黄昏时沿路边敲边喊“孝敬父母，恭敬长上，和睦乡里，教训子孙，各安生理，毋作非为”[④]，为了使老百姓知“礼”，又把古代的乡饮酒礼搬了出来。另外，房舍服色也规定了贵贱之间的等第，丝毫不能逾越，否则就是“僭礼败度”。朱元璋在临死时说他是“忧危积心，日勤不怠”。的确，他在维持和巩固自己的统治这点上是无所不用其极的。

总如上述，就不难看出朱元璋时代的高度中央专制集权有着一套完整的体系。当然，这都不可能是朱元璋凭空创造的，一方面，他总结了历代统治者的经验（许多记载证明，他是很注意这个问题的），并继承了宋代以来的“一兵之籍，一财之源，一地之守，皆人主自为之”的中央集权的发展趋势，高门世家经济的没落，在客观上也就等于消除了妨碍中央集权的社会阻力；另一方面，专制权力的高度集中，是阶级矛盾愈加尖锐的产物，统治者愈加感到人民革命力量的强大和可怕，就愈加要集中权力进行镇压，以至于达到野蛮和疯狂的程度。马克思说：“专制制度的唯一原则就是轻视人类……专制君主总把人看得很下贱。”又说：“哪里君主制的原则是天经地义的，哪里就根本没有人了。”[⑤] 因此，对明代中央集权的价值估计过大是不恰当的。与此相反，我们应该看到皇帝宦官的昏聩，官风士气的鄙薄，矿监税使的搜刮，地主乡绅的恣横，以及这一切给贫苦人民带来的灾难和对当时社会经济的桎梏。当然，这并不是说要把明王朝的一切罪过都写在朱元璋身上。但是，这一切都是高度中央专制集权制度下的产物，难道身在其中的朱元璋没有一点责任吗？

指出这一点并不意味着否认朱元璋参加了元末农民起义，在完成统一大业和恢复社会

---

① 《洪武实录》卷一七七“洪武十九年二月二十一日”。

② 《洪武实录》卷十四“甲辰年正月三日”。

③ 《续诰·明孝第七》。

④ 董泌阳《碧里杂存》卷下。

⑤ 《马克思恩格斯全集》第一卷，第411页。

秩序方面所起的一定的作用。这是应该给以肯定的。不过，根据我们考察的结果，他在这些方面仍然有很大的局限，值不得过分的夸张颂扬。从总的历史发展过程来看，残暴的集权统治是和商品经济的高度发展不相称的，明代后期和清代前期的许多事例都证明了它是束缚新经济因素萌芽的枷锁。在这里，仍然找不到属于朱元璋个人的“伟大业绩”。

因此，我们认为，朱元璋曾经是元末农民起义的领导者，并且最后完成了统一，但这只是问题的一面；同时还应该看到他是一个蜕变者和暴君，这是问题的另一面，而且是更主要的一面。如果忽视了这一点，就将违反历史的真实性，得出缺乏阶级分析的论点，片面歌颂朱元璋个人。显然，这种歌颂是不恰当的，也是应该批判的。

（与郭厚安合作，原载《四川大学学报》1958 年第 2 期，后收入历史研究编辑部编：《明清人物论集》，四川人民出版社，1983 年，第 1—40 页。此据《明清人物论集》一书录入）

试论明代商业资本与资本主义萌芽的关系

中国明代社会的资本主义萌芽是历史学界正在探索和讨论的新问题，由于发掘的资料还不十分充足，迄今尚未得到一致的意见。在这些分歧的意见中间，商业资本与资本主义萌芽的关系是其中主要的争论之一。近年来我也接触到一些与此有关的文献记载，从而也积累了一点粗略的看法，现将其综合整理为以下几个方面，提供出来并希望得到批评指正。

一、从明代商业的高度发展谈起

中国历史上的商业资本正如马克思所说的一样，是“历史上最古老的自由的资本存在方式”①，它在漫长的封建社会历史中，除个别短时期例外，都一直保持着较高的发展水平。特别在唐宋以后，因社会生产的进步，国内外商品流通市场的扩张，城市经济的愈加繁荣以及金融汇兑事业的兴起，都促使商业资本走向更大的规模与更广阔的范围之中去活动。当时有所谓“乡民勤农业，市民勤生业”② 的说法，就正好反映出城市工商业日益独立发展的客观的社会现实。

到了明代，虽然明初经济曾经因战争而遭到严重破坏，但在朱元璋“各安其生”③ 的

① 马克思《资本论》第三卷，第401页。

② 姜准《歧海琐谈》卷四。

③ 明《洪武实录》卷一七七记载朱元璋说：“朕有天下，务俾农尽力畎亩，士笃于仁义，商贾以通有无，工技专于艺业，所以然者，盖欲各安其生也。”

休养政策下也迅速地得到了恢复，并在元明之际的废墟上重新向前发展。故《明史·食货志》称洪、永、熙、宣时期，“百姓充实，府藏衍溢”，社会生产力有着显著的提高。

从农业生产方面看，灌溉与种植技术均有所改良，水力也和人力畜力一样广泛的被利用，江浙与广东农户所使用的耘荡、水砻、水翻车用以锄草、碾谷和吸水，都相当的提高了农业生产的生产效率。手工业中如纺织业使用的织机、纺机、搅车的改进，以及纺织、冶铸与制瓷工业内部生产过程的细致分工，都标志着明代手工业生产是大大的向前迈进了一步①。

此外，明朝政府还进行过有关驿道与运河的修理②，当时贯穿南北的漕河与内河运输均非常顺畅。江浙地区还流动着为数不少的靠驾船为生的“浮居户”，他们专门揽载往来客商的货物至各省交卸③。在运输工具方面出现了“一舸能容三百斛”的“马船”④和“量可载五十石”的四轮大车⑤。因而，从明初迄至明末都不断的有人称道交通往来的便利无阻，如元末明初人孙作《沧螺集》卷二《送淮南省掾梅择之序》一文中便写道：

> 自杭走汴，水陆二千里，如游乡井，如入堂奥，如息卧内。

明代后期宋应星《天工开物》序亦称：

> 滇南车马，纵贯辽阳，岭徼宦商，衡游蓟北，为方万里中，何事何物不可见见闻闻。

而交通往来的畅利无阻是与商品贩运的频繁紧密联系在一起的，明代社会的商品生产以及商品贩运有着高度和普遍的发展，这已经由很多同志做过比较详尽的探讨了，现在只举出几条还未见引用过的资料稍加简单的分析。

例如，在丘濬《琼台诗文会稿重编》卷一二《送琼郡叶知府序》一文中描述说：

---

① 据《天工开物》《农政全书》，又参看韩大成《明代商品经济的发展与资本主义萌芽》，中国人民大学中国历史教研室编《明清社会经济形态的研究》，上海人民出版社，1957 年，第 2—6 页。

② 《洪武实录》卷二五，《明史》卷一五三《宋礼传》。

③ 李东阳《怀麓堂文后续稿》卷一《浮居户》，《警世通言》卷二十二。

④ 《怀麓堂文后续稿》卷一《马船行》。

⑤ 宋应星《天工开物》卷中。

琼郡自昔号称乐土……奇香异木，文甲氄毳之产，商贾贸迁，北入江淮闽浙之间，岁以万计，其物饶也。

又，李维桢《大泌山房集》卷二七《少师张公寿序》记载湖广的情形：

其所产丹垩金锡，羽毛鳞介，松柏杞梓之属，使天下取之无嫌而用之不匮。

此外，郑晓《皇明地理述》卷下记四川：

长川沃野，谷粟、山林、竹木、蔬果、织染之饶，自足周赡。

我们知道，生产和交换是两个不同的职能，生产品的交换必须以交换品的生产作为前提条件，而商品生产又是以交换作为出发点的，所以，如果没有大规模的商品生产就不可能有大量的商品交换出现。上引资料恰好说明，由于明代社会生产的进步提高，使各种奢侈品、手工业品和农产品都能因"其物饶也"而进入流通过程，不仅"自足周赡"，并能"使天下取之无嫌而用之不匮"。根据这个事实我们就可以认定交换品的生产和生产品的交换同时在明代社会得到了相当高度的发展和非常广阔的活动领域。

当然，金属货币的使用也是值得注意的，因为"商品交换越是打破地方的限制，商品价值越是发展成为人类劳动一般的体化物，货币就越是归到那种天然最适于担任一般等价物这种社会机能的商品，那就是贵金属"①。在中国历史上，白银扮演了这个重要的角色，可以判定它最迟在元代就已经广泛的执行着流通手段的职能了。到了明代，人们更把它看成天然合适的货币材料，王世贞《弇州史料后集》卷三七《笔记上》：

凡贸易金太贵而不便小用，且耗日多而产日少；米与钱贱而不便大用，钱近实而易伪易杂，米不能久；钞太虚亦复有浥烂，是以白金之为币长也。

因此，明人的大小贸易都使用银两，官僚富室要贮存财富也窖藏银两，中叶以后一条鞭法的实施，白银更成为人民缴纳国家货币税的不可缺少的东西。

---

① 《资本论》第一卷，第75页。

这就不难看出，白银的大量使用，交通运输的便畅以及商品生产广泛的发展，都会把明代商业推向一个更新的阶段。历史资料也能充分地证明当时豪商巨贾的煊赫声势，“商贾挟赀，大者钜万，少者千百”[①]，这是说其财富的不可胜计；“嵯峨大舶夹双橹，大妇能歌小妇舞，旗亭美酒日日沽，不识人间离别苦”[②]，又称其生活的极端挥霍奢侈。而明代商人的富豪的确为许多记载所津津乐道，从这些记载中我们可以看见“牟利恒百余倍”[③] 的闽粤海商，藏镪至百万的新安盐商[④]，以及“积金如丘山”[⑤] 的江浙丝商。其中，横行东南的海商还具有一定的组织形式与武装力量借以自卫[⑥]，盐商大者有盐艘几百号，僮奴数十人[⑦]。明王朝北方依以为生的漕运，更成为商人走私贩运的最便利的工具，从事走私的商人，只要把货船包揽一位官吏乘坐，便可假其名号，沿途不上一个课税[⑧]。往来江浙河道的马快船只也是“官家货少私货多，南来载谷北载盐，凭官附势如火热，逻人津吏不敢诘”[⑨]。至于贩卖私盐的豪猾之民，“昏夜操戈，虞有不测”[⑩]。而闽粤米商“盗载谷米者，岁以千余艘计”[⑪]，江西赣州私贩“肩负而入来他境，昼夜蹄踵相接……其舟装叩关者仅十之二三”[⑫]。

同时，在明人文集和笔记中，关于商人发家致富的记载更是屡见不鲜的，这些“明万货之情”[⑬]，“预料盈缩，终始不爽”[⑭] 的豪商巨贾是明代社会经济生活中极为活跃的人物。商人罗长公罗次公弟兄足迹几半天下，江浙客商“佥睨公来，上下其价如律，世称罗氏兄弟为贾雄”[⑮]。商人沈廷器“日课僮仆坐列肆，视人所弃者取之，人所取者与之，操有余以

---

① 林希元《林次崖先生文集》卷二《王政附言疏》。

② 张羽《静居集》卷二《贾客乐》。

③ 周玄暐《泾林续记》。

④ 谢肇淛《五杂俎》卷四。

⑤ 王稚登《客越志略》。

⑥ 据《泾林续记》及明《万历实录》卷二。

⑦ 据《石点头》卷二及《徐祚花当阁丛谈》卷四。

⑧ 有关明代商人走私贩运的记载甚多，如余继登《典故纪闻》卷十三、卷十四，杨士聪《玉堂荟记》卷下，萧良干《拙斋笔记》，《警世通言》卷第十一。

⑨ 《怀麓堂文续稿》卷一《马船行》，又，明代贵幸勋戚也经常与商人勾结从事贸易，请参看康海《对山先生集》卷四十一《中顺大夫知岳州府刘君墓志铭》，陈有年《陈恭介公文集》卷八《铜陵令陈见山墓表》及龚立本《松窗快笔》，兹从略。

⑩ 穆文熙《归德府改盐停运碑》，引自康熙《商邱县志》卷一五。

⑪ 屈大均《广东新语》卷十四《食语》。

⑫ 艾南英《天佣子集》卷十七《平粜或问》。

⑬ 黄汝亨《寓林集》卷十二《汪存砚封翁传》。

⑭ 张瀚《奚囊蠹余》卷十七《唐府典仪正柴淳齐行状》。

⑮ 黄汝亨《寓林集》卷十八《处士罗长公行状》。

待不足，不数年遂以财擅一郡间”[①]。而明代大商人的经营规模也是相当可观的，陆师道《陆尚宝遗文·紫芝胡君墓志铭》记吴县商人胡紫芝：

君有心计……富商钜客争任君，而四方贾贩亦多归君，君所得乃倍于厚赀者。君则益择市人之长于智算者，令列肆贩易，君固游闲自如而家日以起。

又李维桢《大泌山房集》卷一〇六《赠罗田令王公墓表》记商人王敦夫：

从族人贾江陵……其族能任贾者，与之本业，不问子钱，凡数十人皆以赀雄楚蜀间。楚蜀人有所乞假，无不立应，待以举火者数十百家。

以上说明巨商拥有庞大的经营机构，并控制着许多小商品经营者供其驱使，为其奔走四方，往来贸易。当商品流通市场扩大以后，这显然是很有利的一种经营形式。

其次，明代商品流通市场的扩大，也远远超越了它以前的任何时代。曾经宦游四方，并习闻商贾盈缩的张瀚根据他自己的实际见闻写了一篇综合报道，从他这篇报道的描述中看出，除开某些“非商贾出入之地”而外，商业城市基本上遍及全国，城市之间“车马之交，达于四方”。所“贸易者，匪仅田亩之获，布帛之需”，而是“器具充栋，珍玩盈箱……凡山海宝藏，非中国所有，而远方异域之人，不避间关险阻，而辚次辐辏”。商人“则操巨万之赀，以奔走其间，其利甚钜”，“良贾近市利数倍”，只有“最下无能者”才“逐什一之利”[②]。

没有必要在这篇文章中详尽地罗列明代商业的繁盛面貌，但根据我所见到的资料，可以断定张瀚的描述是符合当时客观情况的。以明代南北二直隶为例，南京在明初就是一个五方辐辏、歌舞繁华的商业都市，自南京以下，维、扬、苏、松，有的是水陆要会，有的是手工业中心，都成为富商巨贾出没之地。苏州洞庭山商人与徽州商人更常见于各种记载[③]。至于北直隶，自北京以下，保定清苑与河间景州，因地濒漕河而“商贾肩相摩”[④]。

① 丁养浩《西轩效唐集》卷十《明故存济沈公夫妇墓志铭》。

② 张瀚《松窗梦語》卷四《商贾纪》。

③ 参看傅衣凌《明清时代商人及商业资本》。

④ 据查志隆《金台郡城西北二桥记事》（民国《清苑县志》卷五），瞿景淳《瞿文懿公文集》卷十一《敕赠文林郎长治尹李公墓志铭》。

远处北边的宣府也是两淮长芦大盐商人聚集点之一[①]。

此外，在山东济南，“远方之货至，富人争市以博利”[②]。济宁是明朝官僚从事商业活动的中心[③]。河南郑州有全国最大的庙会，每年四月，江浙、陕西、山西的富商都捆载各种手工业品与农产品“入城为市”[④]。中小城镇如陈州沈丘，记载亦称其“无论寒暑，舳舻络绎相望，四方之货尽致之目前，土产之良可达之千里”[⑤]。

江西赣州是两广商人的出没要路，庾岭也是“两广往来襟喉，诸夷朝贡亦于焉取道。商贾如云，货物如雨，万足践履，冬无寒土”[⑥]。其他如饶州、吉安、抚州、临江均“行商往来，通货南北”[⑦]。湖广岳州当川广云贵之冲，“市货咸凑，烟火相接”[⑧]。荆州襄阳为西南木材商人的活动聚散点[⑨]。四川保宁各县“家植桑而人饲蚕”，所产丝织品除自给外仍由商人向四方贩运[⑩]。

明代商业的高度发达地区集中在东南沿海的浙江、福建、广东等处，浙之嘉兴和温州永嘉，闽之福州福清、漳州龙溪均是“长筏巨舶”出入的商业港口[⑪]。广州据明初的记载，就是一个“岢峨大舶映云日，贾客千家万家室”[⑫]的海上要会。此外如浙之嘉兴、湖州的丝织品，温、处、严各州的漆器瓷器，以及绍兴金华的茶酒均驰名四远，行销中外[⑬]。杭州“舟舰上下，绡帆云布”[⑭]，城中民庐比凑如栉，“街居之民用贫求富……者家相望”[⑮]。福建出产的丝绢、荔枝、食糖，据王世懋《闽部疏》称，也由商人向各方贩运，并且“衣被天下”。

综括上述，一方面丰富了上引张瀚的报道；另一方面又证实了明代商业不是在一个城市的垣墙内，或者一个地区的局限内活动着的实际情况。我们不惮繁杂的罗列出许多资料，

---

① 吕柟《泾野先生文集》卷七《赠秦宣府序》。
② 《明文奇赏》卷二四王维桢《赠济南太守项君序》。
③ 陆师道《陆尚宝遗文·明故承直郎工部都水司主事周君墓志铭》，又程敏政《篁墩程先生集》卷二五《赠工部主事程节之序》。
④ 沈德符《万历野获编》卷二四。
⑤ 乾隆《陈州府志》卷二五刘汉儒《沈丘县宗侯修河记》。
⑥ 雍正《江西通志》卷一三〇《桑悦重修岭路记》。
⑦ 雍正《江西通志》卷四六，《天下郡国利病书》卷十九。
⑧ 李东阳《怀麓堂文稿》卷十二《岳州府新筑永济堤记》。
⑨ 据赵宽《半江赵先生集》卷十一《送冬官副郎张君序》，又李东阳《怀麓堂文稿》卷九《送傅工部督税荆州序》。
⑩ 《八编类纂》卷一〇六章潢《图书编》。
⑪ 据《肇域志》（四川省图书馆藏钞本）浙江、福建，陈全之《蓬窗日录》卷一。
⑫ 孙蕡《西庵集》卷三《广州歌》。
⑬ 邓原岳《西楼集》卷十二《送张大夫守嘉兴序》，又王士性《广志绎》卷四。
⑭ 唐龙《渔石集》卷一《菊圃记》。
⑮ 徐一夔《始丰稿》卷三《序灌园生》。

就是因其能够充分说明当时商业资本已经冲破了自然经济地方性的藩篱，把大批大批的手工业品和农产品卷进了广阔的流通市场，明朝人李鼎《李长卿集》卷十九《借箸编》记述这一情形时指出：

> 燕赵秦晋齐梁江淮之货，日夜商贩而南；蛮海闽广豫章南楚瓯越新安之货，日夜商贩而北。

于是随着商业资本的活跃，地区与地区之间在经济上的相互联系便表现得更加显著了[①]，孤立性的地方市场也适应着商品经济的推进而开始走上统一的国内市场的道路。正如列宁在《俄国资本主义的发展》一书中指出的，“当商品经济出现的时候，国内市场也就出现”（38页）了。

至于国外市场主要是在南洋各国与日本，闽粤人“以舶海为恒产”，富商豪贾“左右视指南车，望星斗日月，浮重洋”，贩易珠具、布帛、粮食、铁器、瓷器诸般货物。江西饶州的瓷器，福建漳州的丝绸，江浙松江的棉布尚远销日本，“为彼国所重”[②]。

由此可见，从国内到国外到处都有着商业资本的活动场所，而市场的广阔，贩运的频繁，商人的富有，经营规模的巨大，都肯定的标志着明代商业高度发展的面貌。这样高度发展的商业无疑的是明代社会经济生活中的重要因素，因而，它对当时正在滋长的社会经济变革也就必然要起着巨大的积极作用。

二、正确理解商业资本与资本主义萌芽的关系

马克思《资本论》指出，尽管“生产物会在各种各样的社会生产有机体中表现为商品”，但商品生产却只能“在资本主义生产的基础上，方才表现为生产之标准的支配的性

---

① 由于商品经济的发达，地方经济联系的加强本是意料中事。以其产品与原料的交流而言，王象晋《木棉谱序》称：“北土广树艺而昧于织，南土精织纴班而寡于艺，故棉则方舟而鬻于南，布则方舟而鬻诸北。”（引自《元明事类钞》卷二四）又以其地区与地区在经济上的依存关系而言，王士性《广志绎》卷五称：“广东用广西之木，广西用广东之盐，广东民间资广西之米谷东下，广西兵饷则借助于广东。”此外，交通道路是加强联系必要的条件，故聂心汤万历《钱塘县志》（纪胜）记明御史车梁请疏西湖时曾指出：“若西湖占塞，则运河枯涩，所谓南柴北米，官商往来，上下阻滞，而闾阎贸易苦于担负之劳，生计亦窘矣。”这都是地方经济联系加强的表现。

② 据周玄晖《泾林续记》，黎遂球《莲须阁文钞》卷七《新安乌父母奏最序》，姚叔群《见只编》卷上。

质”①。这就是说，从历史上来看，生产物的商品形态早在古代社会便已出现了，然而，大规模的商品生产以及伴随而来的大量的商品交换终归是和封建自然经济形态互相排斥的。商品经济总是要对于以使用价值为出发点的自给自足的经济形态给予或多或少的分解作用，特别是在封建社会后期因商品经济力量的增长而对自然经济分解的破坏就会更为剧烈。当自然经济一旦受到强烈的分解破坏时，原有的那种自给性会逐步地为商品性所代替，以使用价值为出发点的生产也会逐步取得以交换价值为目的的性质，于是自然经济就走上了自己的解体的过程，同时在这个过程中游离出了新的经济因素——资本主义生产关系的最初萌芽。

自给性经济的分解固然是社会生产发展的必然趋势，但商业资本却是推进它分解的巨大力量。只有自然经济分解了，资本主义生产关系才可能取得必要的养料，资本主义的幼苗才可能滋生茁壮，而明代的商业资本正是从各方面分解着与它并存的自然经济，并由此而给资本主义的萌芽提供出前提，因此我们认为商业资本的作用是积极的而不是消极的。

应该指出，这不只是一个理论问题，而且是个事实问题，我们不仅仅从理论上探讨，还必须从史料上分析，始能得到正确的结论。但在有些史学家那里，引用了马克思的“商人资本的独立发展与资本主义生产的发展程度成反比例”这一句话，就不加推敲的得出了忽视或降低商业资本作用的结论，显然，这种引述是不能同意的。

第一，马克思明明说道，这个法则只是在纯粹的贩运贸易的历史上表现得最为突出，因为那时候，商业资本的职能只是单纯的贩运，流通过程与生产过程是相互分离的，商业资本与其所媒介的各个生产部门也是相互分离的。由于流通并不隶属于生产，故商人资本能够得到独立的发展地位。但在资本主义社会里，流通成为生产的一个单纯要素，商业资本也成为产业资本的一个附属部分，如果资本主义生产的发展程度愈高，商人资本独立发展的地位就要愈加削弱。马克思的这句话正是以商人资本独立发展的地位来与资本主义生产的发展程度做比较，说明它们两者是成反比例的，引述者简单地把它理解为商业的发展与产业的发展是成反比例的，这就大错特错了。

第二，恩格斯在《反杜林论》中说：“交换……没有生产便不能存在。”（150 页）商人资本是媒介商品交换的，不能设想没有大规模的商品生产而能有大量的商品交换。

第三，马克思自己也说，“在高林兹和欧洲小亚细亚的其他希腊城市内，商业的发展却陪伴有高度发展的产业”，可见商业与产业的发展在资本主义前期是可能并同前进的。

---

① 《资本论》第二卷，第 120、16 页。

因此，正确的理解应如马克思所说，商业资本的存在及其一定的发展是资本主义生产的前提，它在封建生产的最初变革时期，亦即资本主义生产关系的萌芽时期，曾经起过压倒一切的影响。《资本论》第二卷中说：“为要使资本能够成立并支配生产，商业必须已经发展到一定的阶段，商品流通和商品生产也必须已经发展到一定的阶段。因为，非以出卖为目的、不当作商品来生产的物品，也不能当作商品加入流通。”（16 页）所以，“商品经营，即商业，当作商业资本的机能，是资本主义生产的前提，那会随资本主义生产而益形发展”（114 页）。

应该承认，商业资本的本身是不能独创任何生产方式的。但资本主义生产关系的萌芽总是意味着封建自然经济向商品经济的转化；意味着小商品生产向资本主义商品生产的转化；意味着资本雇佣关系的出现，亦即劳动力成为商品而进入交换市场，这些都是和商品生产与商品交换发生联系的，因之，媒介商品交换的商业资本就不能不在资本主义萌芽过程中发生应有的前提作用。

如何来理解这个前提作用呢？

第一，马克思指出，商业资本的发展，对于各种以使用价值为目标的生产组织，都或多或少地要给予分解破坏。我们知道，资本关系不是开始孕育于农村而是开始孕育于城市手工业，但城市手工业的发展要仰赖农村为它提供原料与市场，这就有待于自然经济自给性的分解，商品经济分解了自然经济，就给城市手工业的更高发展与资本主义萌芽提供了前提。

第二，由封建生产方式向资本主义生产方式的推移，一方面是因小商品生产者的竞争而分化出雇佣劳动者与资本家，但另一方面，商人也能直接支配生产，当商人资本与手工业生产相结合的时候，商人就成为最早的资本家了。这也是商业资本推进资本主义萌芽的作用之一①。

以下就根据这两个问题结合明代实际情况做进一步的探讨。

① 以上除注明引文来源者外，均系据《资本论》第三卷第二十章关于商人资本的史的考察。

三、商业资本对自然经济的分解

生产的发展使人们的生活需求不断增长，特别是城市经济的繁荣，更促使大量的农业经济作物与商品粮食进入流通。

明代城市有这样一些特点：首先，它与商品经济有极为密切的联系，可以说它就是商品经济发展的直接结果①；其次，明代城市具有了新的生产的物质内容，它是商品生产的集中地，是商品交换活动的据点②；最后，这些聚集“四远之货”与“五方之民”的城市拥有相当的规模和众多的人口。蒲秉权《硕薖园集》卷八《西游记》描写武昌城“周遭几廿余里，长衢蜒蜿，曲巷逶迤，道上行人习习如蚁……每一闀之市而百货罗列”。王士性《广志绎》卷四称“杭城北湖州市，南浙江驿……井屋鳞次，烟火数十万家”。又称“樟树镇，在丰城清江之间，烟火数万家”。至于杭州、赣州等大城市，记载称其居民也不下百万③。

手工业者与商人是城市的主要居民。他们的生产需要各种原料，日常生活需要大批商品粮食，这都将仰赖于商品化的农业生产来供应。例如甘蔗盛产于闽粤之间，用以制糖。万历时，漳州泉州已开始种植烟草，明末就遍及内地（据方以智《物理小识》，王逋《蚓庵琐语》）。而棉花更是“地无南北皆宜之，人无贫富皆赖之”（《农政全书》），除小农业生产者种植外，还出现专门种植棉花千亩以至数千亩的大地主（张履祥《近古录》卷一，李维桢《大泌山房集》卷一〇五）。明代中叶以后，西洋商人十余万聚居澳门，其所需要的粮食由广东输给（《粤剑编》卷三）。杭州也因生齿繁茂，每年约需商品粮食三四百万石（李鼎《李长卿集》卷一九《借箸编》）。在福建则由于蔗田增多而稻田减少，致使人们生活所需的粮食只得仰食四方（《泉南杂志》卷上），农业生产的主要产品就这样源源不断地进入了流通市场。

经济作物与商品粮食的种植显然是为了交换而不是供自己使用的，如果这种以售卖为出发点的生产得到了普遍发展，那就会导引旧有的自给性农业向商品性的农业推进，使农业生产与商品交换市场发生直接联系并日益取得以交换价值为目的的性质。所以说，农业

---

① 清源的兴起随是一例，见周思兼《周叔夜先生集》卷五《二城记》，原文从略。

② 如邵经邦《弘艺录》卷十八《林益庵先生传》称杭州“其地东滨海，斥卤之兴不啻万斛焉；南通闽广，货贝不啻万钧焉；西震泽之墟，蚕妇红女所积不万啻箱焉；北接苏松毘陵，红陈飧白不啻万庾焉”。

③ 据李鼎《李长卿集》卷十九《借箸编》，曾灿《六松堂集》卷十二《送邑人杨君序》。

生产的商品化过程同时就是自然经济的分解过程，它是在城市商品经济繁荣发展的浪潮中间发生的。其最突出的表现可以分为下列三个问题：

（一）经营地主的现出

明代的地主阶级基本上仍然是兼并土地，剥削农民，过着骄横淫奢生活的统治阶级。但仅仅看到一面是很不够的，由于当时政治上的高度中央集权以及经济上商品经济的活跃，这个阶级也随着自然经济的受分解而发生震动。从元到明的记载都不断指出，那种世家大族蝉联不绝的声势已经很难看到了，因为“缙绅家非奕叶科第，富贵难于长守”[①]，不过，在高度中央集权的专制统治之下，“奕叶科第”又谈何容易，宁波人周容就说“自宣德以来，吾郡公卿辈出”，但不到多少时候，这些公卿们的田园家宅早就“业易几姓”[②] 了。在商品生产发达的地区，情况可能更加严重一些，文学家归有光指出“吾观吴中无百年之家者，倏起倏仆，常不一二世而荡然”[③]，这些耳闻目睹的记载应该是真实的和可靠的。

但另一些资料却报道出与此相反的情况，如岐阳人樊世珍，仅“有屋半间，不蔽风雨”，他自己耕田经商，其妻纺纱织布，终于由贫而裕，成为“巨家”[④]。嘉靖时人沈鲤，自述在二十年前“尚不能……皆称饶足”，以其“诸子能自运用”，二十年后便是“连数井之壤”的大地主了[⑤]。

为什么不事家人生产，挥霍无度的富翁不到一两辈人就成了破落户？而那些“能自运用”的破落户又会很快地由贫而裕？要回答这个问题最好是着眼在“不事家人生产”和“能自运用”这两点上，因为前者是坐吃山空的，后者是善于居积的，前者仅仅做到了“守财”而后者却在“守财”的基础上进一步“生财”。当商品交换关系普遍发展之后，单纯的“守财”是很难守牢靠的，也是很难满足奢侈生活的需求的。这就在地主们的面前提出了一个现实问题：仍然照老样子因循的生活，让它很快的败亡下去呢？还是要在适应新的经济发展趋势的基础上把经营方式（甚至于生活方式）改变一下呢？

经营地主的活动对这个问题做了肯定的回答，他们沿着商品经济的方向找到了新的生财之道。

明代中叶以后，由于赋役剥削的繁重，曾经出现过“弃田如敝屣”的现象。但这并不

---

① 王士性《广志绎》卷四。

② 周容《春酒堂文存》卷三《陈公初牡丹记》。

③ 《震川集》卷十四《王氏寿宴席序》、卷二五《敕封文林郎分宜县知县前同州判官许君行状》。此外，在《苏平仲集》卷四、卷十四，《九灵山房集》卷七，《沧螺集》卷三，《半江赵先生文集》卷九中均有与此相关的记载，不一一列出。

④ 康海《对山先生集》卷三九《扶风耆宾樊翁墓志铭》。

⑤ 沈鲤《亦玉堂稿》卷九《垂涕衷言》。

是普遍的和经常的，相反，在商品生产高度发达地区，土地的价值和使用率都是很高的。如张羽《张来仪文集·芙蓉庄记》：

吴兴为东南沃野，山居竹木材章，水居菱芡芰荷，田畴粳稌，陆地桑麻菽荬蔬果，此其利皆可致千金。故富民率好为兼并，爱地重于金玉，虽尺寸不以假人。其为卉木花草、芬葩艳丽，可以娱耳目而妨地利者，悉弃不好。

足以补充这条记载的资料还多，姑举一例以资佐证，王鏊《王文恪公文集》卷二六《陈封君墓表》：

封君讳輿字朝庸……课僮仆力耕稼，久之，收入滋多，开辟浸广。……予尝过其家，见其栋宇联延而无丹雘之饰，池馆清幽而无声妓之奉。

于是，这些“爱地重于金玉”的地主便不再像过去那样的默守陈规了，不仅仅满足于“田连阡陌”的状况了，所谓“以谷则丰，以果则硕，以畜则蕃”[①] 就勾画出明代经营地主的一个类型的特征。例如：

（何良俊兄弟）殖丰美田产，多卖奴仆，芟辟灌莽，广其水利，无风雨寒暑，身自临视，其下人人效功能，生息遂十倍于昔。[②]

（许乐庵）居家树艺蔬果鱼畜，凡百经用，咸有法度。

（洪彬）力树艺，躬节俭，厚积薄费，营运矻矻，无稍懈纵，遂致充裕，十倍前人。[③]

根据上述记载可以看出，第一，他们从事着大规模的、井井有条的农业经济，充分发挥了地力与人力的作用，这在当时是一种进步的经营方式。第二，他们用“厚积薄费”的办法居积财货，生产营利，并且收到了显著的成效，农业生产从此带上了企业的性质。第三，和那些坐不垂堂的封建地主不同，他们亲自参与生产管理，指挥着直接从事劳动的

① 《篁墩程先生集》卷四四《处士高公墓铭》。
② 顾璘《顾华玉集》卷三四《华亭何隐君墓志铭》。
③ 以上两条均见《林希元林次崖先生文集》卷三《许处士墓志铭》《洪处士墓志铭》。

“奴仆”。应该说明，这些“奴仆”和主人之间一般是没有人身依附关系的，而有的经营地主更是“茅蒲褦襶，率佣保力作”①，直接剥削农村的雇佣劳动者了。

其实，这种尽地力、节衣食、勤垦殖的经营形式，早在元末明初之际就见诸记载了，谢肃《密庵藁壬集·余姚周处士墓志铭》记称这位于洪武六年逝世的处士是：

善理生业，率子姓，役僮隶，出入阡陌，戮力树艺而地无遗利。其配率子妇议酒食，治麻枲丝茧以为布帛，而机杼无虚日。内外早夜，不倦以勤，赀产以裕。

不过，从这位周处士的经营活动中还能够嗅到自给自足的气味，但随着时间的进展，自给自足的气味便被商品交换的气味代替了。所谓“课耕贸易”，并且“耕有积，贾有羡”②，就标志出明代经营地主的另一个类型。乔世宁《丘隅集》卷十四席隐君墓表：

（席承章）益田至千余亩，庐舍数十间，而场园树木牛羊车马器物，视昔种种盛矣。又时察百物丰俭而贸易其间，故生计日益大起。

更有地主而兼备商人和高利贷者三重身份的，如吴国伦《甔甀洞稿》卷三六《明荆府典膳徐君墓志铭》：

（徐子义）从长老辨土谷之宜，兴场圃之利……间以余粟易金逐什一，辄致赀累过其所算。以故田宅甲里中，而子钱行于旁邑。

于是农业生产与交换市场的距离缩短了，农业商品化的面貌也更显著了，经营地主生产营利的情况也看得更清楚了，所以我们认为，明代经营地主的存在是完全可以肯定的。

而且，明代地主经济变化的动向还不单是表现在上述两方面，因为元末明初的著作早

---

① 引文见赵南星《赵忠毅公文集》卷七《西渠吴公墓表》。此外，根据我的认识，明代的“主奴”“主佃”与“主佣”之间，一般的都没有人身依附关系，例如吴蕃昌《祇欠庵集》卷五《沈林圹志》：“予之仆沈林者……力耕渔于乡，归兄之弃产十余亩，娶兄子之妇数人，形黧然瘠小，而所至踞上席，尊为长者，人不敢慢。”许元溥《吴乘窃笔》：“吾昆七保有李魁者，生于正德间，至万历甲寅年百有二岁，以田为生，每岁以输租一至业主家。”何乔远《名山藏·本行记》：“姚伯华，桐庐人……家倩工发直，平约不爽。”又吕坤《实政录》卷三“佣佃者主家之手足也”，张履祥《初学备忘》卷下“僮仆佃户庶民也”，均可佐证。

② 以上两条见《篁墩程先生文集》卷四九《孙处士春殷传》、卷四八《项孺人墓碣铭》。

已指出“十室之邑必有数家通货财，而无数人能文学”[①]，明人记载也告诉我们，只有“家资殷裕者始令子弟就学”，但也“不过十之一二”[②]，其余的人便朝夕奔走，以治生为要务。因此，从明代的地主知识分子中间流露出一种对商业活动非常热衷的强烈情绪，他们不愿“从事呫哔，以家计遗老人忧”[③]，认为“学先治生，亦前贤所教，吾何避”[④]，并由于“为士不振，惧失养”[⑤] 而走进了商人的行列。从此商业成了他们解决“家计”的方式和“不失养”的手段。这些“游太学”“为儒业”的地主，已经“渐知趋向”，又博得了“隽声”，但仍以“不相入，去为商”[⑥]，插足于两千多年不为圣贤所齿的末业。弃儒为商的事例屡见不鲜，说明地主阶级的知识分子在耕（田连阡陌）读（学而优则仕）传家两条传统的出路旁边找到了另一条新的资生之道，这条道路也显然是在自然经济分解的过程中铺平的。

（二）与小农业相结合的家庭副业带上了小商品生产的性质

以上算是粗略的探索了地主经济分化的动态，但是，自给性农业的解体不能只从这一个方面体现出来，因此我们有必要再考察一下与地主阶级相对立的小农业生产者，看看他们在商品经济冲刷渗透下的景况又是怎样的。

不难看出，这个时期的农民是正处在封建经济仍然延续、商品经济又日益抬头的交错过程中的，所以他们真正地成为一切社会阶级的实际担当者。据《明臣奏议》卷二一嘉靖六年李承勋奏称：

> 去岁所收已空，今岁农功又误，或有本色而责其输银，不得不半价以求售；或厢愿输银而责其本色，又未免称贷而取盈。

从上述过程中，农民身受地主、商人和高利贷者的三重剥削，迫使世代因袭的小农民在残酷现实面前不得不去和商品市场打交道。丘濬《大学衍义补》卷二五中有一条资料是值得重视的：

---

① 叶子奇《草木子》卷四。

② 蔡叆《汶滨文集》卷二《新建贪生三小学记》。

③ 郑敷教《桐庵文稿》之《处士宾真顾公墓志铭》。

④ 《林次崖先生文集》卷十三《益斋钟公墓表》。

⑤ 顾璘《顾华玉集》卷三五《长洲杨处士顺甫与其配李孺人墓表》。

⑥ 据张瀚《奚囊蠹余》卷十六《仲兄双洲公墓志铭》《明处士李君彬齐墓志铭》，缪昌期《从野堂稿》卷四《故光禄丞敬一程翁墓表》，胡缵宗《鸟鼠山人小集》卷十一《序规赠梁生》，原文不一一列出。

> 后世田不井授，人不皆农，耕者少而食者多，天下之人食力者什三四，而资籴以食者什七八矣。农民无远虑，一有收熟，视米谷如粪土，变谷以为钱，又变钱以为服饰日用之需……天下之民莫不皆然。

应该指出，小农业与家庭手工业的结合，是中国农业经营方式的典型特征，这种自给自足的形态是排斥商品交换关系的。但当农民的“服饰日用之需”都要在市场上才能取得的时候，原来的自给自足的性质就被破坏了。

而且，明代农村中农民靠副业为生的情况是很普遍的。

如在江南地区，松江以纺织业为最盛，乡村农户大都经营这种副业生产；湖州嘉兴则以种桑养蚕为要务，当每一年饲蚕的季节（俗称蚕月），亲朋好友之间都禁绝来往，不通庆吊；苏州洞庭山人又以种橘为业，“不留恶木”①。

在闽粤地区，甘蔗棉花的种植排斥了粮食生产；而“莞人多种香”，一亩地可种三百余株，比种稻的收入更为有利；“从化有流溪纸”，造纸就成为恒业，“男女……取给篁箐，绝无外务”②。

山东小农户编荆为筐，织苇为席，或拾山茧作绌，养蜂收蜜，农闲时，男人入山采樵烧炭，女人纺纱织布，“每夜纺车之声，比屋相闻”③。

此外，周用《乞专官分守地方疏》（乾隆《吉安府志》卷六六）称江西吉安等处农民“搬运谷石，砍伐竹木，及种靛栽杉，烧炭锯板等项，所在有之”。何景明《西乡茶论》称：“汉中之茶产于西乡……其民昼夜治茶不休，男废耕，女废织。”

在边远区域，《西园闻见录》卷九二称：“洮兰之间，气塞土薄，小民无计为生，则织造绒布，货贩以糊其口。”

尤其值得注意的是这些副业生产业已成为农民的主要生活来源，仍以江南为例，它是明代田赋最重的地区，农民在封建政权高额的剥削之下，“尚僅存视息者，全赖此一机一杼而已”④，如果受到意外的天灾，使“是岁木棉枯槁”，便立刻会发生“杼轴为空，民皆束手待毙”⑤ 的景况。可见江南农家的劳动所入，只够应付缴纳国家的田赋，一家衣食则完全仰赖纺纱织布养蚕缫丝等副业生产。有资料指出，当时北方的百亩之家仅能勉强过活，在

---

① 据陆容《菽园杂记摘抄》卷六，又黄省曾《吴风录》。

② 《广东新语》卷二六、卷十五。

③ 《肇域志·山东》，又《天下郡国利病书》卷三八。

④ 《农政全书》卷三五。

⑤ 冯汝弼《祐山杂记》。

南方也不过是温饱而已，小农业的经营，花气力最多，获利最少①。但明末清初的《广东新语》与《沈氏农书》都曾为家庭纺织手工业算了一个账，《广东新语》卷二四认为，一个十亩地的小农户，“以桑以蚕”，便能维持八口人的生活，《沈氏农书》也称其“实有三十两息”，两相比较，副业显然比本业更加有利可图，这就是它之所以成为农民的主要生活来源的原因。

其次还要注意，这种有利可图的副业生产又已经破坏了旧有的男耕女织的自给性，它是为了售卖而进行生产的，张宣《青旸集》卷三《染丝行》：

吴蚕吐丝白于银，染丝上机颜色新。往来抛梭不停手，及时花样随他人。

既是“及时花样随他人”，当然就不可能是自给自足的了。又如雍正《浙江通志》卷一〇二引《涌幢小品》称嘉兴：

地产木棉花甚少，而纺之为纱，织之为布者，家户习为恒业，不止乡落，虽城中亦然。往往商贾从旁郡贩棉花列肆吾土，小民以纺织所成，或纱或布侵晨入市易棉花以归，仍治而纺织之，明旦复持以易。

同上书引万历《嘉善县志》：

至于棉纱，穷民无本，不能成布，日卖纱数两以给食，故谚云：买不尽松江布，收不尽魏塘纱。

上引资料正说明由于商业资本向农村的渗透，使农民可以把自己生产的东西通过交换售卖给商人，再由商人向更大的市场转运，这样一来，小农民所经营的家庭副业就带上了小商品生产的性质，它为扩大了的流通市场提供卖不尽、收不完的商品。同时，农民本身也要在市场上购买为他自己所不能生产的各种日用之需，照丘濬的说法，这是“天下之民莫不皆然”的，因此，我们可以认为，小农业经济自给性的分解程度是显著的，随着自然经济分解的逐步加深，农业生产就丧失其作为国内经济生活的唯一的主要来源的地位，《图

① 《石点头》卷三，又《天下郡国利病书》卷十六。

书编》称“民无常产，则本于末业……遂致不耕之民，多于南亩”① 便是一条最好的注脚。

（三）“重农抑商”思想的改变

我们同时认为，自然经济的解体是明代社会经济生活中的巨大变革，因之，它在人们的思想意识上不能不引起反应。但从事这方面的探索是非常困难、也是非常复杂的，现在只准备谈一个与本文有关的问题，即“重农抑商”思想的改变。

“重农抑商”是封建统治阶级一贯奉行的政策，从公元前四百多年起，商业就开始被认定是末业，由于它在社会生活中作用还不太大，人们在观念上总是轻视它的。但当历史进入明代的时候，情况就大大的不同了，这时，交换成为人们经济生活中不可缺少的一环，有资料指出“世之人凡卜居者，或喜近城市而取便于贸易”②，便说明了人和交换市场的关系是亲密无间的。如果这种关系一旦中断，就可能发生最重的经济后果，例如曾于崇祯十一年重建之苏州城外的虹桥，明人牛若麟记述该桥毁时，“城内外从桥而达者日不下亿万，众悉呼艇争渡，负贩窭夫则望洋而叹，何以得食？”③ 与此相类的事例在福建也发生过，如汀州永定城东之飞虹桥于嘉靖十三年被洪水冲坍，孔庭训《旧修飞虹桥记》描述其情况是“农阻于耕，旅阻于途，商贾阻于贩，民皆嗷嗷”④。为什么桥梁的坍毁能够招致“何以得食”“民皆嗷嗷”这样严重的后果呢？那就是因为它割断了人们与商品交换市场的联系，从此可以看出商业在人们的经济生活中占有多么重要的地位。

所以说，商人社会地位的提高，社会舆论从轻视商业转变为重视商业，地主知识分子愿意违背圣贤的教导而弃本从末，这一切都是可以理解的了。

因此，各种具有代表性的人物都开始对这套传统观念表示怀疑，从不同角度提出了新的见解。首先是明王朝的第一个皇帝朱元璋，他虽然也“重本”，但并没有“抑末”，他对当时南京的富商非常优待，为他们修建货栈，还大办酒席表示“招徕”，并公然对两汉以来的传统政策提出不同的看法：

> 昔汉制，商贾技艺毋得衣锦绣乘马，朕审之久矣，未识汉君之本意如何。《中庸》曰来百工也，又古者日中而市，是皆不可无也，况商贾之士皆人民也，而乃贱之，汉

---

① 《八编类纂》卷一〇二章璜《图书编》。

② 《篁墩程先生文集》卷十八《古城书屋记》。

③ 见同治《苏州府志》卷三十三。

④ 康熙《福建通志》卷五三，按以上二例系言桥梁坍毁后给经济生活带来了坏影响，但在《林次崖先生文集》卷十《钦州平安桥记》与熊廷弼《熊襄愍公文集》卷九《邑南堤桥记》二文中又记有另外两座桥梁的新建，其四周便“旬月间列肆七八十”，“而一时鱼鳖之乡顿化为康衢奥壤之域”，以两者相较，更足以见其并非偶然。

君之制意，朕所不知也。[1]

真难为这位皇帝如此的引经据典，有根有据，是不是自汉高以下的那些“圣明贤君”都不懂得这个道理？其实，思想是客观现实的反映，刘邦之所以禁止商人衣锦绣和操兵骑马，朱元璋之所以说出上面那些话来，正是反映了明代的商品经济远远地超过了汉代，它们各自代表着封建社会的两个不同的发展阶段。

把农商放在平等地位来考察，不仅是朱元璋这样做过，还有其他的人也这样做过，由于这是商品经济的发展在人们思想面貌上留下的一个显著痕迹，故不惮繁杂，一一述列于后。

明代鼎鼎有名的政治家张居正，在《张文忠公全集》文集卷八《赠水部周汉浦榷竣还朝序》这篇文章中说：

商通有无，农力本穑，商不得通有无以利农，则农病；农不得力本穑以资商，则商病，故商农之势常若权衡然。……故余以为，欲物力不屈，则莫若省征发以厚农而资商；欲民用不困，则莫若轻关市以厚商而利农。

这是从政治家的立场，分析出农业与商业的相互关系是“常若权衡然”。另外，理学家胡敬齐在《居业录》卷五中也指出，天下最没有用处的是“俗儒”，农民、手工业者和商人都是对社会有用处的，他认为，“天下之衣食尽出于农工商，不过相资而已”，这就意味着，如果缺少其中的一项，就可能要出现衣食无所资的情况。

也听听商人自己的声音，曾经足迹半天下而老死于外的山西商人王文显尝训诸子曰：

夫商与士异术而同心，故善商者，处货财之场而修高明之行，是故虽利而不污。[2]

“虽利而不污”确属新颖的说法，谁认为商人下贱，他与读书人只不过“异术而同心”罢了。

明朝人还喜欢写一些家规家训，这无外乎是告诫后人如何牢牢守住前辈的基业，其中

① 《皇明文征》卷二三朱元璋《问文学之士》。
② 李梦阳《空周先生文集》卷四六《明故王文显墓志铭》

经常是充满着一些具有伦理性的传统训条，然而，在这些家规家训中也可以看到这样的话：

今人知出而不知处，知进而不知退，凡读书不遂，即鄙农工商贾之事而不屑为，所以有济世之才，而无资生之策者多矣。

这篇家规告诫他的子孙“男子要以治生为急，于农工商贾之间，务执一业”①。

明末清初之际，大思想家黄宗羲在《明夷待访录·财计三》中提出“工商皆是本业”的论点，侯外庐先生在《中国早期启蒙思想史》一书中，把这称为“珍奇”的思想，这是可以的。但思想不仅有产生它的社会根源，也有其自身发展的脉络，其实，比黄宗羲的时代还稍早一些的赵南星，就表述了类此的看法，《赵忠毅公文集》卷四《寿仰西雷翁七十序》：

士农工商，生人之本业，治古之时，何人不贤，修好之人，何所不勉，岂必仕进而后称贤乎。

同书同卷的《贺李汝立应乡举序》也说：

农之服田，工之饬材，商贾之牵车牛而四方也，其本业然也。

与黄宗羲约略同时的金敞，在其“宗约”（《课子随笔》卷三）中也说：

恒业耕读为上，商贾次之，工技又次之。

这都是把手工业与商业看成本业（或恒业）的，我把它列举出来，并不是说黄宗羲的思想不足珍奇，而是想更加证明这种珍奇的思想出现在明代绝不是偶然的。它告诉我们，商业资本活动在社会经济生活中的地位重要了，社会舆论才相应的给它以新的认识估价，而这些认识估价同样是自然经济受到深刻分解的标志。

综括上述表明：第一，商品经济和商业资本由城市向农村的扩张，分解了农业生产的

① 张师载《课子随笔》卷二。

自给性，从而分化出为市场进行生产的经营地主与农业小商品生产者。他们给城市手工业提供原料，给包买商人提供副业产品，同时他们又是销售市场的购买者，其中有一部分人还亲自参加了商贩贸易，这对市场的扩大有显著的积极作用。第二，小农业自给性的解体，游离出了为数甚多的小商小贩，这是破产农民的一条新的资身生计。无论在大商业城市中，或者靠近农村的墟集市镇上，都有他们活动的足迹，并成为腐蚀自然经济墙脚的一支巨大的队伍。更值得注意的是，在他们中间分化出了早期的雇佣劳动者，农村中他们以长工和短工的形式出现，记载称长工一名每年大约得工资银五两，短工一日能获钱三十文上下①；在商业运输线上，他们以脚夫的形式出现，“农忙时归家，暇则裹粮负担”，“索雇直以糊其口”②；其余的一部分就流入城市手工业生产部门，如“都建之民，佣工于浮梁之景德镇……者，往往而是”③。雇佣劳动在城乡之间的普遍利用是扩大再生产与资本主义萌芽的必不可少的要素，前面曾经指出说，商业资本一定程度的发展为资本主义萌芽提供了前提，这个前提的内含就是指上述两方面（市场的扩大与雇佣劳动的出现）而言的。当然，商业资本并不就是“前提”的本身，而是作为促使这个“前提”迅速从封建经济内部分离出来的力量，因为没有这个力量，自给性农业便无法走上商品经济的道路。问题很清楚，如果仅仅只有贩运贸易的单纯发展，或者仅仅只有农业生产的单纯提高，农业商品化的过程是不会出现的，这好比资本雇佣关系要在货币与劳动力两个前提条件同时具备以后始能确立一样，农业商品化过程也应该生在高度的商业和农业相互渗透结合的基础之上，因之，商业资本这个力量是不容忽视的。至于“重农抑商”思想的改变又是从观念形态的角度证明这个力量的重要和强大，它可能而且已经分解着明代社会的农业自然经济，所以我们重复的指出：商业资本为资本主义的萌芽提供了必要的前提条件。

四、商业资本与手工业生产的结合

最后还必须探讨一下商业资本与手工业生产相结合的问题。

我们知道，从历史上来看，中国封建专制国家是拥有组织完整的手工业生产部门的，不过这些手工业部门生产的目的仅仅供皇室奢侈生活与庞大国家机构的消费，而不是为了

---

① 据《沈氏农书》及张镇言《洎水斋文钞》卷一《本末兼治仰赞国计疏》。

② 光绪《城固县志》卷九《席增光鸠谷茅沟山记》，又《肇域志·江苏》。

③ 李应昇《落落斋遗集》卷八《上按院张见平》。

交换与扩大再生产。劳动力的来源是一些没入官府的奴婢与“役皆永充”的工匠人夫，他们没有人身的自由，尽管唐宋以后的和雇招募要在形式上给他们以一定的报酬，但这仍然不是出卖劳动力的自由的雇佣关系，而是在劳役制之下工匠对政府必然要负担的一种徭役。当匠籍没有彻底废除以前，他们不是或者不完全是商品生产者，因而，这些工匠户籍的世代传继就决定了他们在手工业生产技术上的局限和保守，生产既然只能像户籍一样的因袭下去，要想在他们之间产生竞争分化，那就是根本不可能的事了。

其次，明代以前基本上没有什么独立的规模比较大的私人手工业，虽然个别地方也偶尔出现了一点，但倏起倏灭，极不稳固。因为整个经济领域中自给自足的性质还占着绝对统治的地位，不可能给这种手工业提供扩大再生产的必要保证，积累的资金无法使用在扩大再生产上，唯一出路便是流入农村。元朝人安熙《安默庵先生集》卷二《寿李翁八十诗三首并序》中说道：

> 翁名椿……以陶为业，器不苦窳，有约必信，远近化之。中年以后，买田力穑，不二十年，为里巨族。

而且问题还不仅仅在于客观上没有给它们提供出扩大再生产的物质条件，就是小生产者内在的特性也妨碍了它自身的发展，元稹《织妇词》称“东家头白双女儿，为解挑纹嫁不得”，明人周高起《阳羡茗壶系》也说：

> 造壶之家，各穴门外一方地，取色士筛捣，部署讫，弇窖其中，名曰养土。取用配合，各有心法，秘不相授。

又如项元汴《蕉窗九录》称制笔业：

> 国朝有六继翁、王古用，皆湖人，住金陵，吉水有郑伯清，吴兴有张天锡，惜乎近俱失传其妙。……画笔以杭之张文贵为首称，而张亦不妄传人。

这样顽固的保守性和封建性只能使生产局限在极端狭隘的基础上，他们把独特的技术视为传家宝，固然保证了“只此一家，别无分号”的优势，但生产却是像子子孙孙一样的世代传袭，如果后继无人，就只好“俱失传其妙”。因为它是排斥第三者参与劳动的，当然就没有扩大再生产的可能。因此，要想从这里发生资本雇佣关系也是非常困难的事情。

不过，小生产者垄断生产技术（这是一种封建性的垄断）只有在流通市场尚未充分扩大以前才是有利的，流通市场扩大以后，不仅需要生产得好，而且需要生产得多，扩大生产就显然比垄断技术来得强，因为后者始终会把生产停留在个体劳动的形态上，而前者却可以采取协作与手工作坊等进步的形式。

关于手工作坊，明初就已经在杭州出现过了①。这与自然经济的分解从而提供出市场与劳动力有着很大的关系。同时，这种建立在雇佣关系上的手工作坊是资本主义生产的萌芽形式，它与上述造壶制笔等技术上保守的个体生产单位是绝不相同的。

跟随着手工作坊的出现，一部分商人资本也会从流通领域进入生产领域，“例如商人委托一些前此以农村副业的形式从事纺织的织工及纺工替他工作，而他们的副业就变成他们的主要行业；结果，商人为自己把他们固定起来，并且把他们当作雇佣者处于自己的支配之下”②。

农民把副业当作主要业务并使之带上小商品生产的性质，这是前面已证明了的，他们依附着商业资本，只有仰靠商人的收购，才能把自己的生产品送进扩大了的流通市场，才能取得货币和其他日用之需，于是，他们的命运就操在拥有货币财富的商人手中。徐献忠《布赋》曾经形象地刻画过这种关系：

> 织妇抱冻，龟手不顾，匹夫怀饥，奔走长路，持莽莽者以入市，恐精粗之不中数，饰粉傅脂，护持风露。摩肩背以授人，腾口说而售我，思得金之如攫，媚贾师以如父，幸而入选，如脱重负。③

既然小生产者对商人有如此深厚的依赖，商人就有可能进一步支配他们。例如：

> （胡友松）世农业，父殁，困于繁役，因以先世田庐悉让兄弟，脱身来居苏。崇德业种蚕而长洲织工为盛，翁往来二邑间，贸丝织缯绮，通贾贩易，竟用是起其家。④

---

① 《始丰稿》卷一《织工对》。
② 马克思：《资本主义生产以前各形态》，人民出版社，1956 年，第 54 页。
③ 光绪《嘉定县志》卷八。
④ 《陆尚宝遗文·友松胡翁墓志铭》。

这就是商人支配“前此以农村副业的形式从事纺织的织工及纺工”的典型例证，商人资本的职能从此超出了单纯贩运的范围，他把流通与生产结合起来，使崇德的蚕农与长洲的织工都直接为他的经营贩易而劳动，在他们中间就必然要产生资本与雇佣的性质。

应该估计到，这是明代商业资本与资本主义萌芽的关系的另一方面的表现。因为商人直接从事手工业生产的事例还并不是个别的，如在纺织业中，《闽部疏》记称“闽人货湖丝者，往往染翠红而归织之”，可见福建丝商就支配有一定数量的染工和织工。

此外，在矿冶业中，萧近高《乞禁开采疏》称：“据吉安泰和县土民段永等首称，本县官山一座，名姥山岭，出产石膏，欲要自备资本，立厂招商开采，岁可得万石。”① 又如湖广耒阳上堡市产锡，“四方之贾群萃其中，操其奇赢，役使大众开坑三十余场”②。

在制盐业中，据霍韬淮《盐利弊疏》：“贫民卖私盐人即捕获，富室卖私盐官亦容隐，故贫灶余盐，必积富室乃得私卖。富室豪民，挟富负险，多招贫民，广占卤地，煎盐私卖，富敌王侯。”③ 这种“煎盐私卖”的富室，实际上也就是大盐商人。

在酿酒业中，如吴门人汪显良“买宅树业，自居其冲，时择南北之会而趋之，吴又宜酿，因岁稔秫，召酿佣为美酒，转之他郡，赢羡蓰倍”④，这是商人从事酿酒工业的例证。

当商业资本直接支配产业的时候，商人就把买、生产和销售三个过程连为一气，直接与原料生产者、劳动力出卖者和消费者发生关系，他是商人，又是产业家，二重身份是很难分开的，如《马自强文集》称商人李太朴：

> 其商也，物有易其材质于市，而成之于家而后售者。其始易也，公宁多其值以取良，而其成之于家也，又倍其功以要其必适用……市人见物之坚好也，则争诣公，公竟以是积累起家。⑤

应该指出，在流通市场扩大以后，商品生产者完全要受商品生产的自发性与市场的自发性支配，只有具备优越的生产条件和销售条件的生产者，方能在市场的竞争中取得优势。显然，小生产者是很难把两个条件都具备齐全的，即使他们有优越的生产条件，也无法避免市场自发性对他们的影响。但是，由商人来从事手工业生产，就有可能既具备优越的生产

---

① 乾隆《吉安府志》卷六六。
② 《肇域志·湖广》。
③ 《明文奇赏》卷十七。
④ 郑若庸《蛣蜣集》卷五《紫崖君传》。
⑤ 马自强《马文庄公文集》卷八《李太朴公传》。

条件，又具备优越的销售条件，商人李太朴就是这样积累起家的。

商业活动可以保证并扩大产品的销路，这为手工业生产的进一步发展所迫切需要，因此，马克思指出，在前资本主义时期是商业的至上权带来产业的至上权[①]，亦即是说，商业上的优势可以带来产业上的优势，从这一个认识出发，就应该充分理解商业资本与手工业生产相结合的积极意义，其意义在于，商业资本得到了一条新的出路，它不仅在分解自然经济的过程中为资本主义萌芽提供了前提（市场与雇佣劳动），而且它自身还是形成资本的要素之一，这就在更大的程度上加速着资本主义的萌芽。

以上仅仅是就明代商业资本与资本主义萌芽的关系问题，提供出一些探索性意见与资料，由于自己力量有限，不可能在论述中广为涉及，漏误之处，希能在批评与讨论中得到补正。

（原载《四川大学学报》（社会科学版）1957年第3期）

① 《资本论》第一卷，第952页。

明清农业经济关系的变化与资本主义因素的萌芽

本文的目的在于论述明清时期农业经济的变革，自给自足的自然经济的解体，为资本主义生产关系的萌芽提供了重要的历史前提。但囿于笔者的见识，仅能涉及以下几个方面，不当之处，请批评指正。

一、土地自由买卖和农业的商品生产

封建的中国是一个以农业为基本生产部门的长期统一的专制主义国家。在这样的历史环境里，如果幅员辽阔的广大农村始终是一片冰封冻结的自然经济的汪洋大海，那么，任何新的社会经济因素的出现，都将要碰到难以超越的障碍。可以肯定，没有自然经济的解体，资本主义的萌芽是不可能破土而出的。

自然经济的基本特征是自给自足。这种生产组织既不进行商品生产，也不需要和它的外部世界发生更多的社会交往，买卖关系仅仅是偶然的、局部的和孤立的存在，而且要受到许多干扰。但另一方面，资本主义萌芽迫切地需要市场，不仅需要城市这个市场，而且更需要农村这个市场；也就是说，需要农村自然经济逐步地向商品经济转化。在这一转化过程中，应当首先注意：土地所有者用什么方式得到土地，又用什么方式去处理土地上的生产品。也就是说，在土地关系上，主要是依靠特权，还是依靠买卖？在生产目的上，主要是生产使用价值，还是生产商品？这两个问题是我们判断自然经济牢固程度及其内部结构变化的重要依据。

从土地关系上看，我们注意到，在中国封建社会，地主经济是和土地买卖同时出现的，所以地主经济一开始就表现为土地个人私有制。但中国古代的土地私有制经历了一个很长的发育过程，直到明清时期才进入它的成熟阶段。《金史·食货志》称“民，田业各从其便，卖质于人无禁，但令随地输租而已”，应该是唐代均田制破坏以后的情况[①]。故《唐律·户婚》中尚有“占田过限”的禁令，并规定基层地方官有“依令授人田”的职责，若应受而不授，或应还而不收者，都要得到相应的法律处分。唐中叶以后，均田限田之法，皆废而不行。故《明律》虽本于《唐律》，并从《户婚》中另立《田宅》一门，但以两者相比较，《明律》却完全删去了占田过限的条文，而对欺隐田粮做了详细的量刑规定，这与上引《金史·食货志》卖质无禁，随地输租的精神是基本一致的。《唐律》重在过限，《明律》重在欺隐，这是一个很大的区别，它从法权关系上区别出了土地私有制发展过程中两个不同的历史阶段。

封建国家政权曾经通过限田、均田等法令，力求限制土地的自由买卖，但都以失败而告结束。从此以后，就“别是一乾坤矣……上之人……只是任他自贫自富，自有自无，惟知有田则有租，有身则有庸而已。田连阡陌由他，无置锥之地亦由他也”（张萱《西园闻见录》卷二五《治生》）。而从土地占有者方面来看，一旦取得了土地的所有权，即使改朝换代，天灾人祸，背井离乡，“事定归来，室庐蓄聚一无可问，独此一块土，张姓者仍属张，李姓者仍属李”（张英《笃素堂文集》卷一四《恒产琐言》）。为什么私有制的印记深刻到这种程度？明人张居正的回答很有道理，他说：“人所以能守其富，而众之莫敢攘者，恃有朝廷之法故耳！”（《张文忠公全集》书牍九《答应天巡抚胡雅斋》）封建国家保护由买卖关系而形成的土地占有，占有又表现为一种排他性的垄断。土地买卖是完全合法的，这种合法性又是得到社会舆论公认的。“田宅无分界，人人得以自买自卖”（《海瑞集》下编《使毕战问井地》），既无数量的约束，又无等级的限制，这就丝毫也嗅不到“占田过限”或“田宅逾制”的味道了。从这个意义上讲，土地买卖才是完全自由的。而土地买卖的自由化，实际上就是土地的商品化，“听人划界分疆，立书契，评价值而鬻之”（张英《恒产琐言》），土地被赋予商品的性质源源不断地进入了流通领域，就连张英在《恒产琐言》中也不得不承认“余既言田产之不可鬻，而世之鬻产者比比而然”。所谓“田是主，人是客”（牟允中《庸行编》，见张又渠《课子随笔》卷四），“千年田，八百主”（《天下郡国利病

① 参见薛允升《唐明律合编》卷一三。

书》第7册《江南》），“百年田地转三家”（钱泳《履园丛话》卷四《水学》），都证明地权转移的确是大量而又经常的现象，土地买卖关系成为当时普遍的社会存在。所以，明清的土地私有制，无论从法权关系上看抑或从经济关系上看，都是一个成熟的形态；而土地买卖自由化，则是成熟的土地私有制的产物。

其次，还应该注意到，在唐代以前，高门郡姓是地主阶级的主体。他们多为累世公卿，“世禄之盛，习为旧准”（《南齐书》卷二三《褚渊王俭传论》），形成了“上品无寒门，下品无世族”的政治垄断局面。在经济上，他们营立屯邸，封占山泽，越界禁断，这种土地占有形式也具有浓厚的垄断色彩。他们的政治特权往往凌驾于经济手段之上，制约和破坏着正常的买卖关系，这就是土地买卖在中国历史上起源甚早而又发展甚慢的重要原因。虽然高门郡姓在唐以后急剧衰落，但明清缙绅地主仍旧采用巧取豪夺的办法兼并土地，或者“皆系门生故吏代为经营，非尽出己资也”（顾公燮《消夏闲记摘抄》卷一）。不过，以明清缙绅地主与高门郡姓相比较，前者已经明显地丧失了政治和经济的持久的垄断地位①，这一变化反映在土地关系上，就是封建特权的作用日益缩小，自由的买卖关系日益扩大。例如，王侯勋贵可以通过乞请占有土地，但其数量毕竟有一个限制，而且“功臣家除拨赐公田外，但有田土尽数报官纳粮当差。是功臣田土系钦赐者，粮且不纳，而况于差？……若自置田土，自当于齐民一体纳办粮差，不在优免之数也”（《张文忠公全集》书牍十三《答山东巡抚杨本庵》）。据此可见，政治特权与土地相结合的只是“公田”部分，其余自置田土（无论其谋求的手段正当与否）在法律性质上都和普通民田没有区别。明人记载称，扬州大姓卞氏、潮州陈氏和一杨姓阁老，“恃其富盛，凌吞乡里”，半价强占人田，“为众所弃，为法不容”，“被人讦讼”；而“官司见告占田，即追田契，见告半价，即则退田给主，算递年所收租利准还半价，今家产尽绝”（《西园闻见录》卷四，又卷二四）。所以张居正指出“是人也，在治世则王法之所不宥，在乱世则大盗之所先窥”（《张文忠公全集》书牍九《答应天巡抚胡雅斋》）。缙绅地主谋田夺产的活动在法律和舆论面前都逐渐丧失其存在的合理性，土地也就在更大的范围内从封建特权的禁锢中解脱出来。

在这种情况下，土地仍然是地主的兼并对象。但是，第一，由于土地日益脱离封建特权的羁绊，地主对土地的集中也就更加要通过买卖（交换）过程才能实现；第二，这种兼

---

① 据乾隆时著名学者全祖望估计“百年以来，一门祖孙父子相继官翰詹坊局者，天下之大，不过十家”，所以他指出“余尝谓自科举之制行而求世禄如六朝门第之盛，已不可得”（见《鲒埼亭集》卷二六《杨企山文集序》《赠馆中央侍郎归思诗序》），便是一证。

并又主要是形成相对分散的中小地主，大地产是有的，但只占很少数①。明末李琎请括江南富室，钱士升疏称“就江南论之，富家数亩以对，百计者什六七，千计者什三四，万计者百中一二耳”（《明史》卷二五一《钱士升传》）。万历时，李日华称嘉兴地区，“田多至数千亩者，不过二三家，其千亩以下，或不满五百亩者，往往而是”（《味水轩日记》卷二）。陈懋仁也说“泉南富家田不过五顷，至十顷极矣”（《泉南杂志》上）。可见钱士升的估计基本符合当时的实际状况。至于清代，一位在四川做官的山东人王培荀指出：“今吾淄及邻邑富室无至五十顷者，人户日稠，田土日窄，金钱亦日乏，举一隅而其他概可知矣。”（《乡园忆旧》卷一）

为什么明清两代土地兼并的结局会形成更多的中小地产呢？从经济领域中考察：第一，这显然是和土地买卖关系的错综复杂分不开的。“西里孙丙有地一顷，卖与北里李丁二十亩，卖与东里周戊三十亩，卖与南里吴己二十五亩；此三人者，又转卖与东里三家；此三家者，俱卖与西里一人。数年之间，地分几里，卖经几人矣。”（郑端《政学录》卷三）地权转移的纷繁错乱，使地主的兼并过程很难保持一贯和连续，客观上限制了地产的过分集中。第二，尤其重要的是，在土地买卖自由化浪潮的冲击下，不仅小农经不起风吹浪打，要发生贫富两极的分化，就是地主，也同样产生了急剧的动荡。明清人早已觉察出了这个引人注目的事态，“大凡人家兴旺，每一二世必衰”（吴庆坻《蕉廊脞录》卷八引《行廨札记》）。试以吴中地区为例，明人记载称“田园之美……每患于易失而难久”，“数十年之间……几易主矣”（赵栗夫《半江赵先生集》卷九《慎庵记》），故“罕有百年富室，虽为大官，家不一二世辄败”（归有光《震川集》卷二五《敕封文林郎分宜县知县许君行状》）。直到清代，记载仍称吴中大姓“未一再传而败其家者，多矣”（汪琬《尧峰文钞》卷一六《金府君墓志铭》）。于是我们看到，衣冠氏族，有沦为“若敖之馁者”（张玉书《张文贞公集》卷一一《诰授奉赠大夫内弘文院侍读田公墓志铭》），富家巨室，有一败涂地，“肖然悬磬”者（鲁超《康熙上海县志序》），地主变为佣工②，主人降为奴仆③的事例，也并不少见。“人之贫富不定，则田之去来无常”（《清经世文编》卷三〇李光坡《答曾邑侯问丁米均派书》），就揭示出了土地买卖自由化和地主经济起伏动荡之间的内在联系。地主已经不是唯一的买者，又不能长期保持只买不卖的地位，现实的经济条件使他们既是买者，同

① 明代江南豪家有田七万顷者，见张居正《张文忠公全集》书牍六《答应天巡抚宋阳山》；清代事例，见李文治《中国近代农业史资料》第一辑，第69页。

② 《道光重修新城县志》卷八《保甲》。

③ 谢肇淛《五杂俎》卷一四。

时又是卖者，买卖过程的周期随着地主经济的急剧波动而缩短。在地主经济内部，土地买卖关系这样频繁反复，不仅限制了大地产的出现，而且预兆着宗法式的封建土地关系开始面临崩解的危机。

土地是一种自然资源，是农民的劳动才使它变成财富，并大量为地主阶级所垄断。因之，在封建社会，财富主要表现为土地，只有在资本主义社会，财富才主要表现为商品。商品固然是财富，但财富却不是在任何时候和任何地方都可以取得商品的形式。一旦“土地所有者可以像每个商品所有者处理自己的商品一样去处理土地”（《资本论》第三卷，第696页）的时候，土地作为一种财富的社会属性就被注入了新的经济内容，而土地关系的变革，又必然为其他经济的变革打开绿灯，铺平道路。田宅无分界，贫富无定势，说明地主经济失去了传统的稳定性，而地主（当然也包括小农）经济的不稳定，又使封建自然经济旧有的孤立静止状态受到了前所未有的震动。明清时期，和土地买卖自由化同时出现的还有农业生产的商品化，于是土地连同它的产品一起都进入了流通领域。只有在这个时候，农业经济才不是偶然的、个别的而是必然的、大量的突破了自给自足的藩篱；也只有在这个时候，农业生产才真正具有广泛的社会性，农村才会成为名副其实的市场。所以我们认为，成熟的土地私有制以及随之产生的土地买卖自由化和农业商品化，构成一个整体，为中国的资本主义萌芽提供了重要的历史前提。

本文不打算对农业商品化的一般概况做过多描述，但提供一幅鸟瞰式的画面，还是有必要的。今以山东为例，取明清人记载各一段如下：

> 农务蚕织，作绸绢。山居者或拾山茧作绸。……亦颇种棉花为布。西南乡以果树致饶益多。麦收者好造曲，交易以为利。亦或养蜂收蜜。怀资者或辇其土之所有，走江南回易以生殖；或贩鱼盐。其西南山社无业者，或伐木烧炭，烧石作灰，陶土为器，负贩以给徭役。近社之贫者大抵以菜为业，又或织苇若秫为席薄，或编荆为筐筥，以供衣食。饼师酒户，则鳞次于市，鲜不勤生者。古称通工商之业，便渔盐之利，至于今为近之。（《嘉靖临朐县志·风土志·民业》）

> 山东滨海，渔盐之利甲天下。……即日用所需，如青城之桑，连阡接陌，皆桑条，不成树，叶可饲蚕，蚕老伐条，编筐筥之属，皮可为纸，其利甚溥。兖州亦如之，抬蚕簇茧，俱有良法，供其事者，不独妇人。沂水一带，山多槲叶，养蚕大于常蚕四五倍。……兰山则茶樗蚕，其地种樗成林，弥望皆是。乐陵田皆树枣，行列如阵，枣之名甚多……以车贩鬻四方。……太安之枣去皮核而培以糖，名糖枣，而莫盛于东昌之

熏枣……每包百斤，堆河岸如岭，粮船回空，售以实舱。……产玫瑰之乡，连田数里，支架相接，花开如锦，清香扑鼻。花时贩者自远而至。产葡萄处亦如是。其利倍于五谷。济宁环城四五里皆种烟草，制卖者贩郡邑皆遍，富积百万。……曹州牡丹花五色俱备，可敌洛阳，客商载其根株，售于园亭之主，以必活为期。（王培荀《乡园忆旧》卷三）

选取这幅以农业商品化为题材的社会生活图卷，意在说明，山东并不是当时商品经济水平最高的地区，因而这幅画面具有一定的代表性，能起到举一反三的作用，有助于我们推断和衡量整个明清时期农业商品化的发展程度。

中国的特点之一是幅员辽阔，但各地情况悬殊，在不同的自然条件和社会条件的影响下，经济发展存在着明显的地区差异。以一个地方论，同是临朐，近郊、山地、平原，经营的重点各有不同。以一个地区论，同是山东，或蚕，或棉，或烟，或水果花卉，也因地而异。又如，不仅临朐近郊"以菜为业"，登州亦然①；不仅登州、杭州，无锡亦然②。另据记载，湖州归安"东乡业织；南乡业桑菱，蓄鱼；西乡业薪竹；北乡业蔬靛"，杭州临安"妇女缫丝，北工于南；商贾贸茶，南多于北"（均见《浙江通志》卷九九）。再从更大的范围看，"淮北多兽，江南多禽，湖广多鱼，云南多花，广西多树，川蜀多茶"（陈全之《蓬窗日录》卷一），还有丝、棉、麻、烟、蔗等，也都出现了一些比较集中的产地。"荆襄伐竹木，三吴出布帛，西江擅陶埏，两浙供蚕织"（《清诗铎》卷三彭元瑞《粮艘》），就是这种地区经济差异性的真实写照。

这种差异，古已有之，但在自然经济居于绝对优势的条件下，差异只能在自给自足的范围之内发展，如果过多地超越了这个范围，社会生活就将失去平衡。明清时期的情况不同了。仍先就一个地方论：江西瑞金有田二千八百顷，"连阡累陌，烟占其半"，"城郭乡村，开剉烟厂不下数百处，每厂五六十人，皆自闽粤来。凡米盐鸡豚蔬果油炭之属，尽皆腾贯。……二十三年前，下流米无运至上流者，瑞米斗不过四五分，未为空乏；今则下流之米一不至，即皇皇不能终日"，这只是一个方面。另一方面，同一记载又说"岁增数万剉烟冗食之人，且日引领仰食于数百里外下流之米……习以为常"（《光绪瑞金县志》卷一一谢重拔《禁烟议》）。烟田占可耕面积之一半，农业商品化的程度是很高的。粮田减少，粮食产量下降，又增加数万非农业人口，粮食供求必然紧张，"皇皇不能终日"，说明旧的生

① 《古今图书集成·职方典》卷二七八《登州府·风俗考》。
② 厉鹗《东城杂记》卷下，黄印《锡金识小录》卷一。

活平衡被破坏了；但是，油盐柴米的价格虽然上涨，所产之烟，卖于“富商大贾”，其利甚厚，消费与生产并没有脱节，而是相互制约着的；“下流之米”源源不断，需求关系也没有脱节，也是相互制约着的；“习以为常”，恰好说明，新的生活平衡又出现了。再就一个地区论，江浙等处丝棉布帛的生产大大超过了自身的需求，要向外地输出，被形容为“衣被灭下”，但同样由于粮田面积减少，鱼米乡成了缺粮区。可是，“楚中米谷之利”，也“散给天下几遍”（包汝楫《南中纪闻》），故明代就有“湖广熟，天下足”的谚语（见沈一贯《敬事草》卷二《救天下灾荒揭帖》），而两湖、江西甚至四川，每年都要运出大量粮食，沿江而下，运销江浙。农业商品化的进展，不仅加深了地区之间的经济差异，更为重要的是，它还使这种差异转化为地区之间的经济交往，形成一种区域性的经济分工。“川米易苏布，衣食各有惬”（李鼎元《师竹斋集》卷六《重庆府》），人们的社会生活就不再从一家一户，一村一镇，而是从一个地区，甚至从全国范围内来求得平衡，地区之间的经济差异性和经济依存性，作为矛盾的统一，互相补充，更互相促进，于是地区之间经济联系的范围就更加扩大。列宁说过“小生产只能与生产和社会的狭小的原始范围相容”（《列宁全集》第一卷，第151页），但扩大的社会经济交往必然要突破这种自给自足的狭小范围，并迫使小生产者改变旧的经营面貌，以适应不断扩大的商品市场的需要。

所以，农业商品化的程度越高，农业生产就越要受市场供求和价值法则的支配。以棉花和蚕丝相较，前者要经济实惠得多。“遍体罗绮者，不是养蚕人”，但棉花的种植却解决了千百万普通老百姓的穿衣问题①。因此，棉花的需求量大，价格上涨快②，棉田收入比稻田高，在这些因素的刺激下，棉花种植面积迅速扩大。洪武年间，上海已有很多棉田。（见《同治上海县志·补遗》引顾彧《竹枝词》）到了清代，更“遍地皆是”（褚华《木棉谱》）。乾隆四十年，松江太仓通州地区，“每村庄知务本种稻者不过十分之二三，图利种花者则有十分之七八”（高晋《奏请海疆禾棉兼种疏》，引自李文治《中国近代农业史资料》第一辑，第83页）。烟草的需求量也很大，记载称：“崇祯末，嘉兴遍处栽种，三尺童子，莫不食烟。”（俞正燮《癸巳存稿》卷一一）另一记载描述杭州嘉兴地区：“壮者日食米不过一升，食盐不过一钱，酒有饮至盈斗者，烟有吸至数文者。”（宋咸熙《耐冷谈》卷

---

① 《国朝中州文征》卷一宋锦《重棉说》。

② 汪辉祖《病榻梦痕录》卷下称：乾隆初年，棉花斤值三十文，五十六年，涨至斤百文。由于商品经济活跃，明清物价普遍上涨，但数字散见各书，不易整理。谈迁于顺治十年从嘉兴至北京，同舟宁海葛生示以天启初年从镇江入京之费用册，前后相距三十年，旅途开支增加了十倍（《北游录·纪程》）。又黎遂球《莲须阁文钞》卷六《二驴举篮舆南还记》亦有类似记载。以上二例，可见一斑。

三）福建大约在万历时开始种植烟草，清初的材料说“种禾只收利三倍，种烟偏赢十倍租”[①]，所以乾隆时有人估计，福建烟田已占可耕土地十分之六七，如再加上甘蔗、水果、茶、蜡、麻、苎等，粮田面积就更形缩减[②]。

上述情况表明，农业生产已经不是按照自给自足的原则来决定生产什么和生产多少，而是根据市场的需求来调节生产的内部比例。哪里的需求量最大，利润最高，土地、资金和劳力就会随之集中。这样盲目集中的结果，一方面，农业生产，特别是经济作物的生产表现出对商品市场极大的依赖性，要以流通渠道的畅阻为荣枯；而另一方面，如前所述，社会生活的平衡也往往要被这种生产的盲目性所破坏。但是，有“一种内在联系把各种不同的需要量连结成一个自然的体系”（《资本论》第一卷，第394页），例如经济作物区和产粮区互为市场，甲地之有余补给了乙地之不足，就使不同的生产领域在价值法则的支配下又总是经常保持着一种平衡的趋势。这样看来，经济作物区扩大的直接的经济后果，与其说是排挤了粮田面积，倒不如说是大大促进了粮食生产的商品化。

列宁说过：“无论何时何地粮食卷入商品流通之中总是最迟最慢的。”（《列宁全集》第一卷，第98页）这不仅由于男耕女织的状态使生产者不需要大批买卖粮食，而且在商品经济蓬勃发展以前，即使要这样做也是不可能的。但明清时期刺激粮食进入流通领域的因素很多。工商业重镇汉口，“日消米谷不下数千”，以致“粮食之行，不舍昼夜”（《清经世文编》卷四〇晏斯盛《请设商社疏》）。徽州口粮“十九需外给，远自江广数千里，近至苏松常镇数百里”，沿赣江、桐江两条运输线上，贩运粮食的商队“舰相接，肩相摩”，络绎不断，江南米价，也以徽州最为奇昂（见江天一《江止庵遗集》卷一《厘弊疏商稿序》，《天下郡国利病书》第9册《凤宁徽》）。有些手工业要用粮食作为原料。例如酿酒，清代山东“酿户大者，池数十，小者三四。池日一酿，酿费粟一石二斗。今十室之聚，必有糟房，三家之村，亦有酒肆，计人之所食不能居酒酤之半”（《道光滕县志》卷一二孔广珪《上邑侯彭少韩书》）。河南每年耗于酿酒的粮食也不下数千万石[③]。于是粮食生产同样要受到市场供求的制约，“盖自酿之利一昂，而秫者几十之四，粳者仅十之六”（徐渭《徐文长集》卷一八《会稽县志诸论》），就是一证。这样大规模的粮食贩运是农业生产从自给性过渡到商品性的必然结果。按照列宁的说法：“为出卖而生产粮食……这是旧制度崩溃的先声。”（《列宁全集》第三卷，第158页）农业生产的商品化替封建自然经济的瓦解敲响了丧钟。

---

① 《国朝全蜀诗钞》卷八张翔凤《种烟行》。作者康熙时官福建。
② 《清经世文编》卷三六郭起元《论闽省务本节用疏》。
③ 尹会一《尹少宰奏议》卷二。

二、缙绅地主的衰落和经营地主的兴起

明清时期地主阶级内部两个不同的类型——缙绅地主和经营地主的不同面貌，是随着商品经济的不断发展而日益明朗的。

缙绅地主由拥有政治特权的官僚、聚族而居的大姓和武断一方的乡官组成。这个社会集团的基本特征是富贵合一，贵比富更重要①。因此，他们多是由于政治上的飞黄腾达促成经济上的急剧扩张，而政治上的失意又往往导致经济上的迅速败落②。特权使他们处于特殊地位，而特殊的社会地位又决定着特殊的社会职能。缙绅地主的政治特权愈大，和生产实际的距离就愈远。“富家巨室……足不及田畴，面不识佃户。”“燕息深居，坐资岁入，几不知稼穑为何事。”（张履祥《杨园先生全集》卷五〇《补农书》下，又卷一九《赁耕末议》）“彼豪贵之家……所食之粟，不由稼得，所服之帛缎，不由蚕得，所御之器物，不由市得。”（唐甄《潜书·为政》）不仅远远脱离农业生产，也远远脱离商品交换市场。此外，缙绅地主的政治特权愈大，超经济剥削就愈重，直接生产者的封建依附关系也就愈强。清初孙元衡记新城地区：“钱粮官族居半，率皆称大户。……甲首之视大户，不啻奴仆之于家主。”（《民国重修新城县志》卷一一）明代甚至有这种情况：锦州“多势豪，私役州民，乃其常俗”，一日有称尚书家人征州夫栽田者，知州问：“公田乎？私田乎？”其人曰：“虽私田，旧规也。”（《西园闻见录》卷一一《刚方》）明人小说还记载，盛寡妇的田产被其侄儿投献给一陈姓乡宦，佃户们议论道：“归了城里乡宦，管家出来催租收租，都要酒饭。……少了一石两石，一年一个对合，有田产，写田产，没田产，写本身。……写本身，一年还要纳邦银。邦银欠缺，拿回吊打，打死只是家主打死义男，空丢性命。如今我们这村里也种田不成了。”（《醉醒石》第十回）这个故事反映的社会现实说明，缙绅地主的佃户在生产条件上比普通地主的佃户要恶劣得多。明清缙绅地主还沉溺于声色之好，园林之

---

① 《石点头》第二卷书记都卢南村，其子上京应试，讹传已死，本地因灾荒派大户平粜，“卢南村家事已是萧条，还列在大户之中。若儿子在时，还好去求免，官府或者让个情分，既说已死，便与民户一般。卢南村无可奈何，只得变卖完这桩公事”。这个故事反映的生活现实说明，政治身份（特权、地位）才是缙绅地主的命根子。

② 以清代苏州徐氏家族为例。《郎潜纪闻》卷十称：“昆山巨族，在明时推代叶王顾李五姓，迨入本朝，东海氏兄弟贵而前此五姓则少衰矣。”东海，指徐乾学，兄弟三人，顺康间皆以高第居要职，仅乾学一家在无锡即占田万顷。但徐氏家族的大量田产多半是凭借政治特权，通过各种不正当手段得来的。（蒋良骐《东华录》卷一五）随着徐乾学在政治上的失势，徐氏家族也迅速败落，雍正时，乾学的后代已穷困到无以为生的地步（朱翔清《埋忧集》卷七）。可见徐氏家族的骤盛和骤衰，都主要是由于政治上的原因。

美。例如北京张公园“牡丹芍药各数百，放花时，主人制小竹兜供游客行花塍中”（吴长元《宸垣识略》卷一三）。所以这类别墅山庄“恒不治生产，即岁入租税……悉以供一园之费。”（范濂《云间据目抄》卷五《土木》）园内修建亭台楼阁，列植奇花异草，甚至“一木一石，费中人数家之产”（徐昆《遁斋偶笔》卷上）。本来可以用于扩大农业经营的人力物力，被缙绅地主的寄生生活耗蚀殆尽，这种消极作用，的确不可低估。

从广泛的社会范畴上看，缙绅地主的政治色彩浓于经济色彩。但阶级毕竟是一个经济范畴，因此，我们在对任何社会阶层和集团进行阶级分析的时候，都不能不着重考察他们和实际生产活动的关系以及他们在生产过程中的地位和作用：是剥削者，还是被剥削者？是生产者，还是生产的组织管理者？或是既不生产，又不经营管理的寄生者。正是从这一点出发，我们对缙绅地主的基本特征和社会职能做了如上的描述。也是从这一点出发，我们才认为有必要从地主阶级中划分出一个新类型——经营地主，并把它和缙绅地主区别开来。

那么，又怎样认识经营地主的基本特征和社会职能呢？现在就借用《庞氏家训》的记载，并参证其他材料，来回答这个问题。

《家训》作者庞尚鹏，广东南海人，生活在明朝嘉、隆、万时期。其父为木商，因“造战船，坐名督责，几于破家”①，故尚鹏少时“昼习章句，暮归灌园”，“秉耒躬耕”。后曾巡按浙江，出抚福建，和乡官（缙绅地主）吕希周、严杰等人做过斗争，又是早期一条鞭法的积极推行者。可见他是一个具有开明思想的人物。

首先，《家训》指出：“士农工商，各居一艺。士为贵，农次之，工商又次之。量力勉图，各审所尚，皆存乎其人耳。”读书做官，以“儒”为“世业”，不是人人所能。“力不能，则必亲农事”，但力农也不是唯一的，“民家常业，不出农商”，所以“《家训》首着士行，余多食货农商语，皆就人家日用之常而开示涂辙”，对商业活动采取了比较现实的态度。农商皆本，各审所尚，就是庞尚鹏的经营思想。贵士而不抑末，就是《家训》的特点。至于按照传统习惯排列士农工商的顺序，则不必引起更多的关注，这是因为商品经济的发展，使“士与农商常相混”（《震川集》卷一三《白庵程翁八十寿序》）。阶级矛盾的日益深化，又使封建政府只能推行重本而不抑末，或者本末皆抑的政策。事实上，随着人们社会交往的不断扩大，在本末之间，究竟重什么，轻什么，就更加取决于社会生活的实际需要，而不会取决于某种空谈和具文。乾隆时人纪大奎在《敬义堂家训录》中说：“士为四民之首。然世间农工商贾都是真的，士却大半是假的。如农所作真是五谷，工所作真是器用，

① 此处据《广东通志》卷二八〇《庞尚鹏传》。

商贾所交易真是货物，士所读书，却只做时文用。”（引自徐桐《课子随笔续编》）就是着眼于“人家日用之常”，即衣食住行等物质生产活动，并以此作为判断利害是非的依据。这种实用的功利主义思潮，才是明清社会商品经济高度发展的时代产物，它和《庞氏家训》重在食货农商的指导思想是一脉相通的。

其次，《家训》规定：“田地土名丘段，俱要亲自踏勘耕管”，不能“倚他人为耳目”。只有“旷远不能尽耕”者，“方许招人承佃”，并“置田租簿，先期开写某佃人承耕某土名田若干，该早晚租谷若干”。此外，还要“通查男妇仆几人，某堪稼穑，某堪商贾……各考其勤能果否相称”，要做到“人无遗力”“地无遗利”，“审己量力，常取决于老农”。池塘养鱼，园畦种菜，某人管某处，某人种某物，也都要开列日期，随时考察，“以验勤惰”。我们知道，“一个单独的提琴手是自己指挥自己，一个乐队就需要一个乐队指挥”（《资本论》第一卷，第367页），而在一个协作劳动的场合，经营地主为了提高劳动效率和占有剩余产品，就需要执行管理、监督和调节的职能，需要有一套与其生产条件相适应的经营方法。总之，直接参加农业生产的组织管理，就是《家训》所概括的主要的经营特点。以明代材料为证：一张姓地主，占地千亩，“辟田治圃，豢鱼牧豕，树桑沤麻……尺布斗粟皆登而授之籍”，“操家政严若朝典”（费尚伊《市隐园集》卷一八《外舅张公小山翁墓志铭》《故张母史孺火墓志铭》）。另一程姓地主“男僮女仆，各理其业，不三十年而耕有积，贾有羡”（程敏政《篁墩程先生文集》卷四八《项孺人墓碣铭》）。这和缙绅地主只问收租，不问耕耘的状况，形成了鲜明的对照。

最后，在剥削关系上，《家训》提出对佃户“如遇荒歉，慎勿刻意取盈”，“雇工人及僮仆，除狡猾顽惰斥退外，其余堪用者，必须时其饮食，察其饥寒，均其劳逸”，“其有忠勤可托者，尤宜特加周恤”。与此相类的言论，在明清人著作中颇不少见。但我们绝不是用玫瑰色彩给地主涂抹“仁慈”面貌，因为这里涉及的人，都活动在一定的而不是抽象的生产关系之中。用什么方式和在多大程度上占有农民的剩余劳动，才符合最有实效的经济利益，这个问题，雍容高枕的缙绅地主是理解不到的，只有直接参与生产管理的经营地主才会有真切的感受。“调停力仆私加酒，护惜耕牛少种田”（《明遗民诗》卷四钱澄之《田家苦》），这种“仁慈”就不是从良心出发，而是从生产的经济效果出发。明人王叔英指出“后世田有官民之分，故赋有轻重之异”，但是“其入有可输租赋之余，而又有可酬其力者，民然后可得而耕；其不然者，则民不可得而耕矣”（《静学先生集》卷三《资治策》）。在我们看来，农民的剩余劳动转化为地租之后，还能不能用必要劳动“酬其力”，以维持自身的再生产，可得而耕和不可得而耕的基本分界就在这里。地主经济以佃农经济的存在为条件，所以必要劳动不仅对生产者是必要的，对地主也同样是必要的。其必要性就在于，只有农民可得而耕，才能保证地主经济的连续性。清人张履祥解释说："有土不能自垦，贫户为之垦……则是豪家之命悬于贫户也。""彼贫户……亦欲资其利为父母妻子计。若多其力，寡其利，何乡不可施耒耜而独恋兹土乎？"（《赁耕末议》）而当时确有佃户弃地不租，田主即告绝粮的事例[①]。所以张履祥极力主张实行地主出资（土地、工具），佃户出力，田收租米，地收银两，或稻麦平分，致使"主客俱利"（《赁耕末议》）的租佃关系。不管怎样，这和缙绅地主"杀鸡取卵"的办法总是有明显区别的。

综如上述：不是从事单一的农业生产，而是以农为主，兼及工商和其他副业的多种经营，并在经营过程中注意经济实效，关心扩大生产，发挥管理职能，对于这种类型的地主，我们就称之为经营地主。

需要说明，庞尚鹏是官，但这并不是我们判断缙绅地主和经营地主的唯一标志。《家训》也反映出某些自然经济色彩，唯其如此，我们才把此类型仍称之为地主，而不叫作农业资本家。

还需要说明，中国古代的缙绅地主从来都是把占有土地当作压榨高额地租的手段，所以土地直接表现为财富，兼并土地就等于积累财富。但一味地猎财自厚，不仅不能刺激生产的发展，反而招致生产的破坏，自食其果，缙绅地主也一并走上了衰落的道路。

明初，贝琼曾记载嘉定地主秦文刚的自述，"吾视三吴巨姓，享农之利而不亲其劳，数年之中，既盈而覆，或死或徙，无一存者"。与此形成对照的是，秦氏一家，农时"父子毕出，耕之欲勤，播之欲时"，"时至而熟，则其入必倍"，故"吾以业农独全"（《清江贝先生文集》卷一九《横塘农诗序》）。材料中的三吴巨姓，实属缙绅地主这一类型，他们的衰落景况，自明迄清，历久未变。这一点，我们在上面论到地主经济的起伏波动时已经证明过了。至于秦文刚现身说法，认为三吴巨姓衰落的原因是"享农之利而不亲其劳"，这虽然不是问题的全部，但也一语破的，抓住了缙绅地主脱离生产实际，坐而待收的基本特点。无怪乎顾炎武在盛赞张安世、樊宏等人善于经营，善于货殖之后，深有感慨地说："今之士大夫知此者鲜，故富贵不三四传而衰替也。"（《日知录》卷一三《家事》）所以，经营地主和缙绅地主各有其不同的生财之道和不同的生活方式，他们的兴衰成败，归根到底，反映了商品经济和自然经济之间的竞争。从社会发展的总趋势上看，商品经济必然战胜自然经济，这就是缙绅地主必然衰落的历史意义。

① 见方孝孺《逊志斋集》卷一〇《与郑叔度》。

经营地主的活动改变了农业生产的经营面貌。朱国祯说：

堤之功莫利于下乡之田。……明农者因势利道，大者堤，小者塘，界以埂，分为塍，久之皆成沃壤。今吴江人往往用此法力耕，以致富厚。余目所经见，二十里内有起白手致万金者两家。(《涌幢小品》卷六)

可惜此两家姓名失载，兹另举数例为资佐证：

谈参者，吴人也。……居湖乡，田多洼芜……参薄其直收之。佣饥者，给之粟，凿其最洼者，池焉。周为高塍，可备坊泄，辟而耕之，岁之入，视平壤三倍。池以百计，皆畜鱼，池之上为梁，为舍，皆畜豕。……塍之平阜，植果属，其污泽，植菰属，可畦植蔬属，皆以千计……视田之入复三倍。(李诩《戒庵漫笔》卷四)

(归天秀）初为农。……白茆在江海之堧，高仰瘠卤……无善田。府君相水远近，通溪置闸，用以灌溉。其始居民鲜少……田又日垦，人稍稍就居之，遂为庐舍市肆如邑居云。……其治数千亩如数十亩，役属百人如数人，吴中多属水田，府君家独以旱田……曰：顾吾力可不可，田无不可耕者。(归有光《震川集》卷一九《归府君墓志铭》)(又同书卷一六《常熟县赵段墟堤记》记归雷事，亦与此相仿。)

华会通，家饶于赀而智略过人。见东乡水田千亩啮入鹅湖，遗税累民……会通具呈当事，愿为代税，收入己户，逋税者皆复业，群尸祝之。会通畚土筑堤，以捍湖水，田皆成膏腴，岁收以倍。又告收胶山荒麓，募众垦耕，弃地皆生植矣。(黄印《锡金识小录》卷七《稽逸》)

很明显，缙绅地主以单纯集中土地为能事，经营地主却在土地上投入了较多的生产资金和劳力。缙绅地主以坐而待收为能事，经营地主却注意到了诸如平整土地，兴修水利设施，提高土壤肥力，进行合理安排等措施，获得了更大的经济效益。在这里，人和自然的关系并没有掩盖人和人的关系，直接从事生产并身受剥削的仍然是佃农和雇农，但上述“岁收以倍”“岁之入视平壤三倍”的记载，肯定地说明生产已经成为一个扩大和积累的过程，说明劳动者在单位劳动时间内所生产的产品数量的增加。马克思指出：“超过劳动者个人需要的农业劳动生产率，是一切社会的基础，并且首先是资本主义生产的基础。”(《资本论》第三卷，第885页）从这个意义上讲，经营地主的出现，无疑是一个对资本主义萌芽有促进作用的新因素。

多种经营的特点也使经营地主的活动突破了自然经济的狭小天地。明清两代，士商相杂，亦农亦商的情况非常普遍。这些人还没有完全脱离土地，还不是纯粹的商人，但他们把从土地上积累的财富转而投向商业，这对于商品市场的扩大，还是有促进作用的。更值得注意的是，清代休宁一江姓地主，“治铁冶于苏，遂用冶铸起其家”（《尧峰文钞》卷一五《江太一墓志铭》）。江西新城一饶姓地主，至福建沙县经营铁矿，其弟则“督理家政”，招佃收租，以助其兄。（见《道光续修新城县志》卷九《人物》）此外，汪琬记洞庭东山席舍人，谓：“山中妇女……织作声殷殷然接衢巷，问谁为之，则又曰舍人募邻郡女工所教也；问絮本及纺车织床诸具安所取乎，则又曰舍人所给也。”（《尧峰文钞》卷一五《席舍人墓志铭》）又如，明清两代许多州县官吏都奖掖当地人民养蚕植棉，缫丝织布，作为增加地方财政收入和富国利民的手段，并有“桑局”“织局”一类机构的设立。乾隆十八年，淮安知府募织工，设局裕民，“绅衿耆庶，亦皆鼓舞，有自募纺人在家学习者”（《清高宗实录》卷四三七）。这两个事例很有意思，但可惜文字都失于简略，不过基本点是清楚的，就是地主提供生产工具和原料，让生产者分散（如前例）或集中（如后例）进行生产。我们知道，脱离一定的生产关系的生产活动是不存在的，不承担一定的经济效益的生产活动也是不存在的，虽然我们不宜于依据简略的记载做出武断的结论，但这些地主在商品经济已经高度发展的条件下投资于矿冶和纺织部门，那么，他们朝着早期资本家形态转化的可能性，就不能说是不存在的。

三、农村人口的流失和雇佣劳动的产生

农村人口的流失主要指小农，但也包括一部分富裕农民在内。小农主要指自耕农和佃农，他们占人口的大多数。封建社会农村人口的社会结构状况是我们考察一切经济矛盾的重要依据。

关于人口数量。清代激增，这没有疑问。至于明代，《明史·食货志》记洪武二十六年户 1066 万，口 6054 万；弘治四年，户减 150 万，口减 720 万；以后增减不一，但皆呈下降趋势，这个问题就值得研究。弘治十八年，“孝宗览天下户籍数，乃视国初反减……敕（何）鉴……往河南湖广陕西阅实户口，得户二十三万五千有奇，口七十三万九千有奇”

(《明史·何鉴传》)。这说明减的是户籍数而不是实际人口数①。费经虞《剑阁芳华集》卷四《赵官小传》记赵为南京户部给事中，“奉敕管黄册”。现在就将赵官所见黄册中四川户口数及《明史·地理志》所载四川户口数合为一表如下：

年 代	户 数	口 数
洪武二十六年	215719	1466778
弘治四年	253803	2598460
弘治十五年	257357	2668791
嘉靖二十一年	260885	2809170
万历六年	262694	3102073

《明史·食货志》称弘治时全国口减720万，但据上表，在同期内四川一地的人口数就增加了120万左右。《食货志》称“正德以后又减”，但从嘉靖到万历，四川的人口数却比洪武时增加了一倍左右。可见人口递减之说，颇不足信。嘉靖时胡世宁估计，“今天下生齿繁于国初数十余倍”（《西园闻见录》卷三五《盐法》）。万历时人谢肇淛也估计“奕世承更，户口数倍”(《五杂俎》卷三《地部》)。前者过甚其词，后者较为切近。总而言之，所谓户口递减不过是户籍混乱和农民流亡的反映。无论清代抑或明代，人口的总趋势都是上升而不是下降，这是和它的社会经济水平有所提高相一致的。

关于人口的社会构成。试举例以供分析。乾隆三十八年鲁仕骥在江西新城中田编审保甲，得户1400户，按职业统计如下：

> 其为士者二十之一，为商贾者亦二十之一，为农者十之三，农而兼工者十之二，其专为工而游艺于闽越吴楚者亦十之一焉，其余则皆所谓闲民，转移执事者也。……为商贾者多假贷以为生，为农者皆佃主租。(《道光续修新城县志》卷八鲁仕骥《中田保甲图说一》)

三年以后，鲁仕骥再次编审，仅得1300户。从中田的材料看，“为农者皆佃主租”，说明小农的比重很大。如将为士者和为农者都作为纯粹的农业人口，则农业户为490户，占

① 明代实际人口数与户籍数之间存在着很大的差距。如徐渭《徐文长集》卷一八《会稽县志绪论》说：“今按于籍，口六万二千有奇，不丁不籍者，奚啻三倍之。”又《海瑞集》上编《兴革条例》称淳安在洪武初为77307口，嘉靖三十一年，“册止四万六千口……自国初至今，人口不啻数倍之矣，而以渐减额，何欺隐之蔽也”。海瑞历任知县，关心民务，其说更为可信。“三倍”“数倍”之估计，亦与下引《五杂俎》同。

三分之一强。如加上农而兼工者280户，农业户也只有55%。纯粹工商户为总户数的15%，如加上农而兼工者，比例上升为35%。对于上述记载，我们一方面承认，中田的情况可能相当特殊；但另一方面也不能不承认，通过编审保甲所得出的户口统计，可靠性应当是很大的，因而又不能不看到纯粹农业人口比重较低，以及三年减少100户，人口流失速度较快这样一个值得注意的事实。试问：中田的工商户（包括半工商户）高达15%—35%，这还能说明自给自足的自然经济居于绝对统治地位吗？

列宁曾经指出，农业人口的减少以及这些人口向城市工商部门的转移，是形成国内市场和产生资本主义的重要条件，“因为它既与工业的发展有着密切的联系，也与农业的发展有着密切的联系；工业中心的形成、其数目的增加以及它们对人口的吸引，不能不对整个农村结构产生极深远的影响，不能不引起商业性农业和资本主义农业的发展”（《列宁全集》第三卷，第20页）。列宁还把农民外出谋生和农村中的“非农民化”看作是资本主义发展过程的“萌芽”和“开端”（见《列宁全集》第一卷，第105页；第三卷，第143页）。这些论断都提醒我们，要充分注意在明清时期特定的经济条件之下出现的农村人口的变动，并足够估计这一变动的社会经济意义。

现在，我们把农村人口的流失分为两个类型。

第一是流亡。流亡的人口通常称之为流民。流民的主体是小农，但也有一些破产的中小地主在内。水旱灾荒，赋役繁苛，是封建社会不可克服的天灾人祸，也是流民多次反复出现的根本原因。但是，流民的出路要取决于两个条件：一是社会经济状况能不能给他们提供新的谋生之道，二是社会政治状况能够给他们以多大的“自由”，以便让他们去取得新的谋生手段。商品经济的发展对前一个条件做了肯定的回答；至于后者，我们知道，在经济状况改变之后，政治状况也要随之调整，这本来是一件不可避免的事情。

户口和土地都是封建赋役的征收对象，虽然土地大部分为地主所有，但农民作为地主的“私属”却被束缚于土地上，并成为人头税和力役的主要承担者。封地国家重视“民数”，重视户口编审，就是为了控制人口以保证税收。晚清法学家薛允升指出“古人最重户口，故脱漏之法亦严”，可是，“《唐律》家长及里长州县俱拟徒罪……《明律》家长里正罪止杖一百，官吏罪止杖八十，后则并此法亦成虚设，户口籍书之不清，吏治所以日偷，而民散之所以日甚耳”。薛允升又说：“《明律》重于《唐律》者居多，而此等类则轻于《唐律》，至今日而并无此等罪名，人亦不知有此等法令矣。古今之不同如此。”（《唐明律合编》卷一二）这表明，由于长期阶级斗争的影响，使有效的户口编审愈来愈难以实现，而封建国家对人口的控制（其实质是对农民的人身束缚）也就日趋松弛，所以，唐明清三代户口政策的显著差异，恰好从一个重要的角度揭示出了“民散之所以日甚”的社会政治背景。我们知道，封建国家的户口政策是和赋役制度密切相连的，以土地关系为核心的封建经济关系的变革最终要体现在相应的政策和制度上，其结果，就是封建赋役的征敛从以户口为重逐步过渡到以土地为重，从一条鞭法到摊丁入亩，就标志着赋役制度进入了一个从职役过渡到雇役，从地丁户并征过渡到地丁合一的新时期。这一变革使严密的户口编审（它和单纯的户口统计是有区别的）逐渐失去了经济意义，也失去了政治上存在的必要性。如果把流民这个社会问题提到一定的历史范围内，也就是说，提到户口政策和赋役制度发生重大变革的历史范围内进行估量和分析，那么，我们就必须承认明清流民比以前的任何时代都有了更大的可能和更多的“自由”，摆脱封建束缚，在转死沟壑这条绝路之外，去取得新的谋生之道。

正是在这样的背景之下，明代襄樊汉沔之间的大量流民，几乎成为既不纳粮，又不当差的“编”外之民。所以明朝人一再指出，这批流民：“始因躲避粮差、终至违背德化，食地利而不输租赋，旷丁力而不应差徭。”（《明经世文编》卷二四孙原贞《大戒疏》）“在原籍则称逃户而久废公家之供，在各属则称客商而不认民间之役。”（《明经世文编》卷三四二吴桂芳《条陈民谟疏》）在长兴，“有深山有户，终岁不听拘摄者”（《震川集》卷九《回湖州府问长兴土俗》）；在大同，“山中聚结，俱系各处流民，大约不止万家”，“地不属于有司，人不入于编户”（吕坤《去伪斋集》卷一《摘陈边计民艰疏》）；直到清代，记载仍称流民“千百为聚，不隶州县”（《湖海文传》卷五二汪由敦《张廷玉墓志铭》）。均说明这些人基本上游离于户口编审之外，僵化的地方官僚机构已经在事实上对这部分人口失去了有效的控制。流民在经历了生产者和生产资料相脱离的艰辛过程之后，多数仍然重新回到了土地上，但是，他们之中的相当一部分，已不是用原来的名称和按照原来的形式把自己再生产出来。例如，江西各地棚民多半经营种麻业，聚集在川陕楚地区的数十万棚民，也多半依靠木厂、铁厂、纸厂、煤厂，佣工生活。“一厂群工备，大者屡千人……工徒半流徙，亿万传以生”（严如熤《三省边防备览》卷一四），当时的社会经济和政治状况允许他们向小商品生产者转化，向雇佣劳动转化，他们找到了新的生活出路。

人口流失的另一个类型是移徙。流亡也是移徙，但产生流亡的主要原因是赋役繁苛，而出现移徙的社会背景比较复杂，有：1. 土地兼并；2. 地狭人稠；3. 商品经济的影响，即城市工商业对农村人口的吸引。其中，因“1”“2”项而失去土地和得不到土地的农村人口，多半要转入到城市工商业中来，所以第“3”项既是农村人口流失的原因，又是流失的农村人口的归宿。

明人林大钦指出："游民众则力本者少，异端甚则务农者稀。……盖起于不均不平之横征，病于豪强之兼并，小民无所利于农也，以为逐艺而食犹可以为苟且求生之计。……大率计今天下之民，其有田者一二，而无田者常八九也。"（《皇明文征》卷二八林大钦《嘉靖十一年三月制策》）无田者必然是逐艺而食之人。十之八九，乃大约言之，所以这种估计也往往因人而异，如有说"今天下之民从事于商贾技艺游手游食者，十而五六"（林希元《林次崖先生文集》卷二《王政附言疏》）；有说"大抵百姓以十分言之，已六七分去农矣"（何良俊《四友斋丛说》卷一三）；有说"天下之人食力者什三四，而资籴以食者什七八矣"（丘濬《大学衍义补》卷二五）；有说"农一而供十人"（《西园闻见录》卷一四）。综合上述估计可以证明，前引新城中田的人口社会构成状况不是孤立现象。我们的结论仍然是，纯粹的农业人口在减少，农村人口在外流。

从土地与人口的比例关系上看，"国初地余于人……承平既久，人余于地"（《清经世文编》卷三九赵锡绂《陈明米贵之由疏》），这种看法，大致是不错的。但南方和北方还有不同，"东南有可耕之人而无业田，西北有可耕之田而无其人"（左光斗《左忠毅公集》卷二《足饷无过屯田疏》），所以明初的材料称浙江仙居"田为亩仅二十余万，而民为户几三万，均而计之，户不满十亩"（《静学先生文集》卷二《书硫硿子碣文后》）。清初的材料也说，"苏松土隘人稠，一夫所耕，不过十亩"（《国朝中州文征》卷二汤斌《详陈苏松逋赋》）。至于徐渭记会稽有人20余万口，有田40余万亩，平均每人2亩，然"富人往往累千至百十，等其类而分之，止须数千家而尽有四十余万之田矣。合计依田而食与依他业别产而食者，仅可令十万人不饥耳，此外则不沾寸土者尚十余万人也"（《徐文长集》卷一八《会稽县志绪论》）。又祁彪佳记邻近之山阴有田62万亩，有民庶124万人，"以二人食一亩"（《祁彪佳集》卷六《救荒杂议》），人口密度就相当大了。这又证明，我们在前面提出的明清人口量不是下降而是增加的说法是有充分根据的。在商品经济发达地区，因人口增加而出现的狭人稠，又因地狭人稠而出现人口移徙，也是完全可以理解的。例如："江浙闽三处，人稠地狭……故身不有技则口不糊，足不出外则技不售，惟江右尤甚。……江右又莫如抚州。"（王士性《广志绎》卷四）又如江西金溪："土狭民稠，为商贾三之一。"（见道光《金溪县志》卷三）因此，明末的祁彪佳指出："重农固为务本，但今人稠地窄处，竟有无田可耕者。因其土俗，各有食力之路，但占一艺，便非游手。"（《祁彪佳集》卷五《救荒全书小序》）这些观察和见解是符合实际状况的。所以我们认为，明清时期的人口移徙有着鲜明的商品经济背景，它主要不是破产农民从农村（甲地）流亡到农村（乙地），而是随着人口的移徙，在整个社会生产中出现了资金和劳力的重新分配，沿袭传统的说法，就叫作“弃本逐末”。“古之剂农与末也，恒在上；今之剂农与末也，恒在下。即有然与蠢，其人将安所用乎?”(《徐文长集》卷一八《会稽县志绪论》)上述议论指出了一件十分重要的事实：“恒在上”——由国家行政权力控制本与末的比例关系，这在明清时期已经行不通了；“恒在下”——依照我的解释，弃本逐末的趋势，在什么地方出现和按什么速度发展，都要受经济法则的支配，任何人为的干涉都是徒劳。

于是我们看到，海商有利可图，广东和福建人“辄弃耒耜而从之”(屈大均《广东新语》卷一四)，或“以舶海为恒产”(王世懋《闽部疏》)。盐商也有利可图，淮安扬州一带，“民厌农田，惟射盐利”，“荒弃农亩，专贩私盐”(引自《八编类纂》卷三六《图书编》)。据明人陆深的记载，徽州地狭人众，逐末者多，“视国初徽户口耗且半”(《明经世文编》卷一五五《徽守南侯复役记》)。但这些人口并没有从社会生活中消亡，记载称“州县有土著人少而客居多者……山东临清十九皆徽商占籍”(《五杂俎》卷一四)。当时还流行着“遍地徽州”等口号①，可见徽人外流数量之大和移徙范围之广。不仅如此，还有记载指出，徽州商人“初娶妇，出至十年二十三十年不归，归则孙娶妇而子或不识其父”(魏禧《魏叔子文集》卷一七《江氏四世节妇传》，又《广志绎》卷五)。又如：“吾里俗，十七服贾，贾稍起，即同产辄析箸。”(温纯《温恭毅公文集》卷一一《明寿官峨东王君墓志铭》，又《日知录》卷一三《分居》)婚姻家庭关系的变化，反映了商人外出谋生的经常性和持久性。特别值得注意的是，“江西大贾，强半无田”(《五杂俎》卷四)，泽州“高赀贾人，冶铸盐筴，曾不名尺寸田”(李维桢《大泌山房集》卷一五《泽州志序》)。和上文提到的亦农亦商的经营地主不同，这些商人，或者如徽州地区“以商贾为第一等生业”(《二刻拍案惊奇》卷三九)，或者如龙游地区，“挟资以出，守为恒业”(《浙江通志》卷一〇〇)。他们已经基本上不属于农村，因而也不再把土地当作资本的最后归宿。于是在商品经济逐步发展的条件下，在人口不断移徙的过程中，一部分商业资本就完全从土地上游离出来，而成为一个独立的、稳定的形态。

另一方面，数量更大的破产或半破产农民，就移徙为早期的雇佣劳动者。处在资本主义萌芽阶段的雇佣劳动的社会面貌，当然是比较复杂的，这需要另做深入的研究，现在仅能指出以下几点：第一，记载称江西有“为客店浮家者……其人或肩挑卖酒，工匠营生”(艾南英《天佣子集》卷五《上蔡太尊论城守书》)。又如江苏地区，“贫者依负担剥载，索雇值以糊口，弗事农”(顾炎武《肇域志·江苏》)。既然是“客店浮家”而又“弗事农”，

① 见《醒世恒言》第七卷，杜纲《娱目醒心编》卷一第二回，又《归庄集》卷七《洞庭三烈妇传》。

就足以证明上述工匠和搬运夫已经失去了土地，成为脱离了生产资料的“自由”人。第二，记载称松江鞋袜业雇佣男人制鞋①，而“机织本女子之事，今机匠以男为之”（胡敬斋《居业录》卷五）。妇女的家务劳动一变而为男人的谋生之道，又证明雇佣劳动的形态已开始突破了小农业与家庭手工业相结合的形式。第三，记载称“工匠佣力自给，以无田而免差”（《典故纪闻》卷一八）。又根据海瑞在江南张贴的《保甲告示》：“甲内有新来人户，增入；新去人户，开除。旬日雇工人止觉察来历，不书；论年月雇工人，书入，去则出之。”（《海瑞集》上编）来去听便，确无人身限制，因此可以认定脱离了生产资料的雇佣劳动者在政治上也应当是“自由”的。第四，道光十二年，嘉定水灾，赈灾方案规定：“本无产业，租种田亩，收成既薄，棉价复贵，极力纺织，率艰糊口者为极贫；如有艺营生，及诸佣雇于人者为次贫。”（黄汝成《袖海楼文录》卷五《附贡生损之府君行状》）这样看来，雇佣劳动者的经济地位似乎比佃农还要略胜一筹了。

在农业生产中，特别是在经济作物的经营中，出现了一批早期的农业工人。苏州虎丘有 10 多家经营花卉业的园场，“种植之人，俗呼花园仔，营工于圃，月受其值，以接萼、寄枝、剪缚、扦插为能”（顾禄《桐桥依棹录》卷一二）。因其有专门技术，雇值都高于普通的农业雇工。又如四川内江，“以艺蔗为务，平日聚夫力作，家辄数十百人……其壅资工值，十倍平农”（《道光内江县志要》卷一《物产》）。更重要的是，农村把大批失业农民源源不断地输送到城市工商业部门和交通运输线上，他们原来都是农民，但现在已经无法在土地上生存下去，只能依靠挣“外水”过活。明人称“瓜州水陆之冲，商贾骈集，挑负盘剥之徒，不止万众”（《明经世文编》卷三五一万恭《建瓜州闸疏》）。清人材料也说“南雄为入广冲衢，商贾络绎，肩货者日以万计”（《广东通志》卷二六〇）。这支庞大的搬运工人队伍，是当时雇佣劳动的重要组成部分。而“都（昌）建（昌）之民，佣工于浮梁之景德镇，卖艺于扬州南京之间者，往往而是”（李应升《落落斋遗集》卷八《上按院张见平》）。上述情况当然不止于江西一处，凡是自然经济遭到破坏而出现农村人口变动的地区，都“往往而是”。明清农业经济的变革，最终使雇佣劳动得以从土地上游离出来，这就为资本主义萌芽提供了必要的前提。“农民——这是中国工人的前身。”（《毛泽东选集》第三卷，第 1026 页）而中国工人“从破产农民出身的成分占多数”（《毛泽东选集》第二卷，第 607 页），这正是中国早期无产阶级从开始孕育的时候就形成了的历史特点之一。

（原载《社会科学研究》1981 年第 6 期、1982 年第 1 期）

---

① 见《云间据目抄》卷二《风俗》。

略论明清时期封建地主阶级的变化

中国古代地主阶级在封建社会的历史长河中有其自身的运动过程，所以，它的阶级特征必然随着历史阶段的不同而在表现上有所差异。明清时期是中国封建社会的“末世”，地主阶级内部结构及其社会职能的变化就更加引人注目。但上述问题牵涉到诸多方面，而本文的主旨仅在于说明：第一，专制主义统治的高度加强和商品经济的空前活跃，是影响明清地主阶级发生变化的主要因素；第二，变化的主要表现是缙绅地主的衰落和经营地主的兴起。

一

地主阶级是封建社会的当权阶级，在政治上居于统治地位。但在各级政权组织中实际参与统治活动的只能是这个阶级的部分代表人物，所以地主也有官民之分①。在这里，我们把宋以后的官僚地主称之为缙绅地主，以表示他们和宋以前的门阀地主是有区别的。

封建国家是地主阶级的政权组织，因之，参加政权组织的活动就是地主阶级最基本的政治职能。隋唐以后，科举制成为入仕的正途。开初，这个制度具有双重作用，既有利于削弱门阀地主的势力，又有利于中央专制集权的加强；到了明清时期，前一个作用随着历

① 此即通常所谓官僚地主与庶民地主之分。地主不由科举，无从做官；反之，做官也并不就直接等于地主。仅以明人为例。工部尚书宋礼，卒之日，家无余财。礼部侍郎邹师颜，死后贫不能归葬。户部尚书师逵，有子八人，无以自赡。林鹗、吴讷、段民，皆然。均见《明史》各本传。

史任务的完成而逐渐消失，于是科举制的基本精神就纯粹体现在后一个作用上了。大量材料表明，这时的科举制已经失去了昔日的光彩，士子丑态，科场丑闻，层出不穷，弊端丛生，秀才们事实上把它当成“涂饰有司耳目”以猎取功名富贵的一块“敲门砖”（焦循《雕菰集·先考事略》）。所以明人指责“天下之人才皆误于科举”（《明经世文编》卷一五五陆深《国学策对》），清人概叹“只因八股文章，耽搁了多少学问”（魏象枢《寒松堂集·庸言》）。科举八股能不能造就出经邦济世的人才，从唐以后，历代都有人对此表示过怀疑，当然，也有人为之辩护①，但值得注意的是，明清人屡屡把科举制度与农工商贾相对照，并且一针见血地指出“后世天下之溺于利者莫烈于庠序科举之士，而农工商贾不与焉”，因为农工商贾“固曰惟利是求，顾其所利者犹皆以利天下之日用而不自私。……士则不然，其所业皆曰圣贤之书，而所趣无异乎市井之行”（陈寿祺《左海文集·科举论》）。拟此分析，科举有利，是对少数跻身高位的缙绅地主而言，但科举又无用，这是对广大农工商贾而言，因为它对社会毫无补益。十分明显，这种批判是从社会功利观念出发的，它具有鲜明的时代特征，也更加接触到了问题的本质。所以我们认为，缙绅地主政治职能的落后性和腐朽性，沿着科举制这条升官发财的必由之路确实得到了淋漓尽致的演示；而另一方面，这种对科举制社会效用的否定，实际上也就是对缙绅地主政治职能的一种“亵渎”。

科举制有利于中央集权，但在此过程中，封建国家既需要地主阶级发挥其行使政治职能的积极性，而专制集权的强化又必然反过来给这种职能以巨大的制约。“大小之官，悉由吏部，纤介之迹，皆属考功”（《隋书·刘炫传》），就是这种制约作用在制度上的体现。如果从君臣关系方面看，海瑞说得明白，“一仕于人，则制于人，制于人则不得以自由，制于人而望于人者惟禄焉”（《海瑞集·孟子为贫而仕议》）。“禄”即富贵之意，缙绅地主的特征就是富贵合一。如果认为，在科举制的条件下，天下官员皆归部选是封建国家制约地主阶级政治职能的表现之一，那么，这种制约的另一表现就是“缙绅家非奕叶科第，富贵难于长守”（王士性《广志绎》卷四）。我们曾经说过，缙绅地主的政治身份比经济地位更重要，设若祖孙父子，蝉联高第，以贵守富，经济地位就相对稳定，但科举制与世禄制相抵牾，奕叶科第在客观上是很难的，在事实上是少见的，“眼看他起高楼，眼看他楼塌了”，缙绅地主不断浮沉起落，这才是比较普遍的社会现象。

王朝在易姓，君权在扩张。自秦汉以来，专制主义强化的过程就是沿着扩张君权的轨

---

① 参看叶子奇《草木子》卷四上《谈薮》，钱大昕《十驾斋养新录》卷十《科举之弊》，俞正燮《癸巳存稿》卷十二《科举之学不坏人材论》。

迹而进行的。在统治阶级的内部关系中，君权和士权的变化是成反比例的，“古之取士，以上而求下，故士日贵，今之取士，以下而求上，故士日贱”（凌扬藻《蠡勺编》卷二五），所以君权愈加尊荣，士权就愈加卑下。明清时期，君权以外的各种曾经与君权抗衡过的政治势力（诸如外戚、宗藩、方镇、宦官[①]之类）都已削弱，君权就更成为名副其实的至高无上的权力。我们知道，汉代郡守皆可以自辟属吏，魏晋实行的是九品中正官人法，尔后产生了科举制，从此开始，官员的铨选才全部为中央王朝所直接掌握，也从此开始，在士权与君权的相互关系中才产生了“以下求上”的新格局。但以唐明两代相较，对官员铨选的控制程度仍然有明显的轻重之分。《唐律》规定“诸官有员数，而置官过限，及不应置而置，一人杖一百，三人加一等，十人徒二年”，但是，“军务要速，量事权置者，不用此律”。与此对照，《明律》非常干脆，“凡除授官员，须从朝廷选用，若大臣专擅选用者斩”。又如清代法学家薛允升指出，唐代“职官犯罪，既有议、请、减、荫之章，又有除、免、当、赎之别……其优礼臣下，可谓无微不至矣”，但这些“优待群僚”的规定，“《明律》一概删去，古谊亡矣”（《唐明律合编》卷二、卷三）。究其实际，这恰好表明，明代专制主义强化的程度大大超过了唐代。

必须指出，每一个封建王朝，从对立的阶级关系上看，它是整个地主阶级对劳动人民实行统治和剥削的专政工具，但从统治阶级的内部关系上看，它又是皇帝一家一姓的私产。唐甄在《潜书·鲜君》中写道：“治天下者惟君，乱天下者惟君，治乱非他人所能为也，君也。”当不断强化的中央专制集权发展到治乱系于一人的时候，一家一姓的得失就更成为不可触犯的最高利益，而所谓“天下”也就更成为皇帝个人的私有物，进而言之，百官供职，从根本上讲，就不是为天下，而是为一姓一人了。在这样的形势下，缙绅地主的政治地位就从“君之师友”下降为“君之仆妾”，而上述君臣关系的变化，即统治阶级内部关系的变化，势必迫使地主阶级的政治职能出现畸形状态：一方面，封建专制主义在加强；另一方面，为这种专制主义服务的缙绅地主的政治地位并没有得到相应的提高。这是一个错综复杂的矛盾。地主阶级的当权势力和上层人士在这个矛盾面前，就大体而论，多数顺受，少数抗争，抗争者成为异端，而顺受者“不出夫奔走服役，一时免于寒饿，遂感在上之知遇，不复计其礼之备与不备，跻之仆妾之间而以为当然”（《明夷待访录·原臣》）。习

---

① 王世贞《中官考序》总结明代宦官之祸时指出：“然而不为汉唐之季者，高皇帝收天下之权以归一人，即狼戾如振、瑾者，一嚬而忧，再嚬而危，片纸中夜下而振就缚，左右无不鸟散兽窜。是以能为乱而不能为变也。”《明经世文编》卷三三四收录王文时又有旁批云：“本朝宦官能以人主之喜怒为威福，而不能以威福移人主之喜怒，所以屡振而屡绌也。”上述两段议论对明代宦官的考察可谓由表及里，因而我们把明代的宦官看作是扩张和加强君权的一个工具，这也就是本文把宦官与外戚、宗藩、方镇并列的原因。

以为常，也就不以为怪了。

还必须指出，高度集权的封建专制主义对地主阶级政治职能的制约作用愈加强，封建官僚机构就会愈僵化，上下左右，互相牵制，既勾心斗角，又因循苟且。大臣们“揭帖一纸，长跪一诺，北面一揖，周旋进反，祗毕朝仪”，有人形容这好比是“傀儡之登场”。(《明经世文编》卷五〇〇文震孟《国步綦艰疏》)。一份崇祯元年的材料写道：“闻新上聪明天纵，其视臣下每有不足之意，召对既行，诸臣无一语当圣心。上曰：这就是召对了么？”(刘荣嗣《尺牍新钞·与成先生》) 还有材料追述清代六部，“每遇公事，堂官下之司员，司员委之书吏，书吏检阅成案，比照律例，呈之司员，司员略加润色，呈之堂上，堂上苟无驳斥，则此案定矣”(震钧《天咫偶闻》卷二)。又如内阁批本，“每题一事，必先引例载若何，而今此事若何，查与某例相符，或事与例虽未符，而有某例可援，且查曾有某事即照此例办理，今此事与此例相合与否。凡题一事，必引例数次，声叙亦数次，初视似繁文，然苟少与例不符，即无办法”(震钧《天咫偶闻》卷一)。官僚们亦步亦趋，墨守成规的办事程序，和秀才们按“套子”撰写八股文章，如出一辙，而上述那种僵化得令人窒息的文牍习气与官场作风，同样是缙绅地主政治职能落后性与腐朽性的深刻暴露。

明清两代，科举都最重资格，而高官又首推甲科，虽然“良吏不专在甲科，甲科未必皆良吏”(张居正《张文忠公全集·书牍》卷二《答两广李蟠峰》)，但积重难返，使许多有用之才找不到用武之地。即使有了用武之地，也往往形格势禁，事与愿违。“尝闻周文襄巡抚江南时，作感怀诗云：‘法在恤民民反病，事因除弊弊愈增。’以此老尚尔云然，而后生初仕，可以妄道邪？”(《古今图书集成·官常典》卷七《汤沐公余日录》) 正是在这样的历史背景之下，使我们听到了异常的声音。一如海瑞：“这等世界，做得成甚事业！”(《海瑞集·复吴悟斋操江都院》) 又如于成龙：“书生终日苦求官，及做官时步步难，窗下许多怀抱事，何成行得与人看？”(《清诗铎》卷十八《有感》) 这不是无病呻吟，因为他们都是比较接近社会实际和比较关心国计民生的人物，所以，他们的愤懑和自嘲，正好反映了这个时代的封建地主阶级在政治上已经陷入了无所作为的困境之中。

二

在经济上，地主阶级是剥削阶级。在一般情况下，封建国家的地方政权是不敢触犯本地官绅集团的经济利益的，特别是东南地区，“巨族大家，冠盖相望，州县每有兴举，凡不便于绅士者，辄倡为议论，格而不行”（黄六鸿《福惠全书》卷二三）。但是，这绝不意味着地主政权就不会在经济上制约地主阶级了。明朝初年，“凡大族皆诛且徙”（《西园闻见录》卷四），特别是“浙东西巨室故家，多以罪倾其宗”（方孝孺《逊志斋集·采苓子郑处士墓碣》）。顺治时，根据福州地区的材料报道，清王朝规定，赦免钱粮，“只赦小民，绅衿不赦”，而且“催粮于生员家，十倍凶狠”，如拖欠不完，立即要“解京定罪”（海外散人《榕城纪闻》）。康熙初，据陈鸿、陈邦贤《莆变小乘》的记载：“欠在民者准免，欠在绅衿者不准。绅不完者，不论在任、在家，但革职追比；衿不完者，黜退，解京凌迟。”清政府推行此项政策的高潮就是顺治十八年的奏销案，株连“江南缙绅一万三千余人”（褚华《沪城备考》卷六）。谁要触犯到中央专制集权的根本利益，即使是缙绅地主阶层，也同样要遭受到政治暴力的残酷镇压。

不庸讳言，明初和清初对某一特定地区的地主阶级采取反常的压制措施，多半是出于政治上的需要，这种做法，也不经见。至于赋税制度，它关系到国家的财源，也关系到地主的纯收入，所以双方在这个问题上存在的矛盾，就更加持久，也更加深刻。征收钱粮，是州县官的一件大事，也是一件苦事。他们职位的升擢，往往要取决于钱粮的分数，此外，这也是他们贪污中饱的重要渠道。繁多的赋役，不仅是农民无法摆脱的枷锁，同时也是一部分地主身上沉重的负担。在明代，“家有千金之产，当粮长一年，有即为乞丐者矣”（张萱《西园闻见录》卷三二）。康熙时，山东“济宁张秋挑河夫，岁佥富民四十五人充之，家无不立破者”（陈仪《陈学士文集·易轩杨公墓志铭》）。事实上，明清各地赋税徭役的编佥收解，情况相当复杂，有的人享有优免特权，有的人可以飞洒转嫁，各级吏胥，又层层需索，还有一批寄籍客户和转运商贩，他们也会占有部分土地。但往往由于来去自便，或者没有编入当地里甲户册，因此也就没有“一例当差”，总而言之，这种混乱状态，固然对农民不利，但对地主也同样没有好处。据归有光记载，昆山一龚姓地主，“以编户长乡赋。正德庚午，岁大祲，县官不为蠲贷，尽责之长赋”，乃“罄其产输，不足，则尽室以逃”（《震川集》卷二一《龚母秦孺人墓志铭》）。清朝初年，有的州县，谎报荒地，以求蠲免，有的地方官又谎报垦荒数字，以图升迁，三五年之后，又谎报垦复，起征钱粮，于是成为地方一大灾难。例如琼州临高，歉收丰收年代都有人逃亡，不仅小民，“贡矜”也要逃亡，这种情况就是上述灾难造成的（见道光《琼州府志》卷四〇罗启相《指陈利弊书》）。但是，封建专制政权通过赋役制度对地主经济的制约，还要产生另外一个更为重要的情况。不少记载指出，粮长对地主不利，于是“人惩其累，皆不肯置田”（俞弁《山樵暇语》）。明代的养马也是一项重役，它同样迫使“富贵者不敢多置租”（陈鸿、陈邦贤《康熙莆靖小纪》)。身为地主而不肯多置租，和上文提到的地主因赋役过重而破产逃亡，都是地主阶级中的局部现象，不宜过分夸大，但是这种极不正常的现象之所以产生，同样有其复杂的社会背景。把大规模的农民起义这种特殊情况除外，在一般情况下，如果地主阶级在客观上具有持久稳定发展的社会条件，那么，在主观上，他们是不会对土地丧失兴趣的。

在这里，只谈赋税制度还不足以说明问题，赋从租出，所以，地主不仅和封建国家发生关系，还要和他的对立面——租佃农民发生关系。从历史上看，封建地主曾经通过多种特权方式兼并土地，但在明清时期，地权转移的基本途径是自由买卖，“土地所有者可以像每个商品所有者处理自己的商品一样去处理土地”（《资本论》第三卷，第696页），这就意味着土地从封建特权的桎梏中解脱出来，这是土地私有制成熟的标志。人与物的关系反映着人与人的关系，随着土地买卖的自由化，“抑配租佃”和“随田佃客”的情况在明清两代已经基本上不存在了，佃农取得了最基本的人身自由，这又是租佃制成熟的标志。具体分析，北方和南方还有不同，“北方有田者，纵使富饶，多系自种……南方之人，田与佃种，坐享其成”（《五种遗规·训俗遗规》卷四）。所以顾炎武称“吴中之民，有田者十一，为人佃作者十九”（《日知录》卷十）。这说明南方租佃经济的发展程度高于北方。“北方佃户居住业主之庄屋，其牛犁谷种，间亦仰资于业主，故一经退佃，不特无田可耕，并亦无屋可住，做佃户畏惧业主，而业主得奴视而役使之。南方佃户，自居己屋，自备牛种，不过借业主之块土而耕之，交租之外，两不相问，即或退佃，尽可别图，故其视业主也轻，而业主亦不能甚加凌虐。”（《朱批奏摺》,《康雍乾时期城乡人民反抗斗争史料》第11页）由此可见，佃农的人身自由是和租佃经济发展程度的高低成正比的，这一差异显然是和商品经济发展的不平衡有关。南方高度繁荣的商品经济为自由租佃制提供了社会物质基础，明清时代的租佃农民并不完全是一个脆弱的、孤立无援的社会力量，指明这一点是十分必要的。

地主经济的存在要以佃农经济的存在为条件。但是，佃农又与农奴不同，不可能通过自身的再生产为地主提供源源不断的劳动力，一旦佃农可以来去自由，依附关系就被经济关系所取代，主佃矛盾便会出现新格局。

第一，早在明初，据方孝孺自述：“有田数十亩，小民见其不足轻重，弃不为佃，莱棘盈畴，家人报绝粮。”（《逊志斋集》卷十《与郑叔度》）尽管从阶级斗争的意义上看，这个记载提供的信息比较模糊，但它作为一个实例，却明白地证实了“佣佃之人至与田主相抗衡”的说法是有根据的。必须看到，地主夺田另佃，是一种压迫形式，但农民罢佃不耕，也同样是一种抗争形式。明朝末年，宜兴大姓陈于太周延儒两家，横行乡里，易代之后，

“豪强皆失势，而乡曲奸诈之民，起而乘之。禁其乡之愚民不得耕缙绅之田，以窘辱其子孙”（《清经世文编》卷三四储方庆《荒田议》）。上述记载的作者认为，这是造成宜兴大量土地荒芜的原因之一。地主的经济职能就是收租，但荒芜的土地是不会产生地租的，所以，宜兴出现的情况不仅显示了鲜明的阶级斗争色彩，而且同样作为一个实例，证实了我们上面的论点：地主经济的存在要以佃农经济的存在为条件。当然，还必须补充指出，有了佃农经济的存在，并不等于说地主阶级就一定会顺利地实现其经济职能，因为佃农还可以抗租。关于抗租的材料很多，说明这已经成为一种普遍的斗争形式。我们还注意到，明代有过“佃户只还应纳钱粮，不得还租”和“禁索私租”（《西园闻见录》卷四〇）的议论，清代也有佃农援例不起租谷的记载（见龚炜《巢林笔谈续编》卷下）。详细内容，不太清楚，但至少说明抗租已经引起了社会人士的关切，连清代皇帝蠲免钱粮，都明文规定“主七佃三”的比例（蒋良骐《东华录》卷二一），由此看来，围绕地租而展开的矛盾，就不是一个无足轻重的问题了。

第二，佃户与田主抗衡，这是前引材料提供的一个重要情节。明初和清初，土旷人稀，稍有力者，“募佃以垦”，有些地区的永佃权就是在上述过程中产生的，它不仅使土地所有制关系复杂化，而且也限制了地主夺佃和加租。这一状况还提醒我们必须注意到这样一个事实：佃农在生产过程中超额支出的劳力和费用，地主已经不可能再全部地、无偿地占有了。例如香山之潮田，可以浮生，面积扩大之后，需要耗费更多的工本，这部分超额支付转化为经济权益，从而决定了潮田佃农的特殊地位：“以故田主寄命于田客，田主不知其田之所在，惟田客是问，礼貌稍疏，其患有不可言者。田客者何？佃人也。”（屈大均《广东新语》卷二）又如，当时有大批移徙人口靠租佃为业，这些人的传统宗法观念特别薄弱，但讲团结，敢斗争。清初瑞金的佃农十分之六七来自广东、福建，他们“时平则结党称雄，岁欠则乘风鼓浪，竖旗抗租……揭竿聚众”，“主弱佃强”（光绪《瑞金县志》卷一六朱三锡《严禁退脚科敛名色示》）。据此可见，这类客籍佃户的增多，不仅使佃农的社会结构发生了变化，而且还给主佃矛盾带来了新特点。另外，再从地主阶级方面考察，自由的土地买卖加速了地权的转移，“百年田地转三家”，说明当时土地集中的趋势主要是形成中小地主。我们并不否认大地主的存在，但像徐阶、徐乾学那样的人物，毕竟是少数，而且在政治斗争的风浪和农民斗争的风暴面前，这类人物都首当其冲，他们的经济地位也不是长期稳固的。所以，当估量整个地主阶级时，必须看到中小地主是多数，并同时估计到这一状况给主佃矛盾带来的新特点。

第三，清人李兆洛又指出：“佃人田者，牛种皆田主给之，收而均分之，岁稔……无立锥者或致千金。”（《凤台县志·论食货》，《清经世文编》卷三六）明清以前，地主也有兴有衰，但明清人文献中屡屡提到地主之家“易兴亦易替”（汪琬《尧峰文钞》卷二二《尧峰山庄记》），“未一再传而败其家者，多矣”（汪琬《尧峰文钞》卷一六《金府君墓铭》），因此，我们把这种急剧而又大幅度的起落看作是明清时期地主阶级——特别是缙绅地主的新动向。至于佃农上升为地主，明清以前也是有过的，但同样可以肯定，随着小农经济的解体，小生产者分化的速度是更快了，佃农上升为地主的可能性也更大了，虽然数量不会很多，但与过去相比较，无疑是一个更为常见的现象了。秦蕙田的《经筵讲义》承认，有的地主因催租不得，乃减价售田于佃户，佃户得业之后，就由抗租发展到抗粮。或者，有些中小地主，出租土地时曾经收取高额押租，当佃户退佃时，地主往往不能如数退押，便只好将其土地转当或转卖与原来的佃户。这种事例在清代一些档案材料中也屡见不鲜的。

三

在封建社会末期，资本主义萌芽的出现和地主阶级异端的出现是相呼应的。这是因为，商品经济是自然经济的对立物，前者的发展必将引起旧的生产方式和传统习惯的解体。于是，一方面，封建宗法的家族统治，盘根错节，似乎是根深蒂固；但另一方面，据魏禧实地考察：“余数游江南，世家大族广园囿第宅而无宗祠以安先祖，合其族人。著书汗牛马，于谱系则阙然，自高曾以上，有不能举名氏者。”（《魏叔子文集》卷一七《吴君幼符家传》）一方面，别籍异财，《唐律》科以重刑，宋代屡有禁令；但另一方面，据张澍在四川的见闻，“今川中诸郡，其家饶裕者，早分金诸子。其父母分食诸子，按月计日，不肯稍逾期。死者殡葬之资，公出，有贫不能偿者，至争讼不已”（《蜀典》卷六）。一方面，地主阶级的宗法性和地主经济的自然性合为一体，自给自足，闭地自守，不与商品市场接人间之烟火；但另一方面，无孔不入的商品经济仍然把流通“这种炼金术”传送到宗族经济这个顽固的封建堡垒之中。清代，据方苞报告：“繁昌徐季子，同产五人，兄弟有子二十余。……兄弟之子，耕者、贾者、授徒客游者，丝粟不入私室，男女少长近百人无违言。”（《望溪先生集》卷一七《甲辰示道希兄弟》）这个现象看起来是对立的，但事物总是在矛盾中变化，事物的两重性也只有在矛盾达到深刻的程度才会更清楚地显示出来。而且，商业资本居然能在典型的宗法式家族内部占有一席之地，这使人立刻联想到封建地主对商业活动的一贯的排斥态度。但是，这个问题也在发生变化。一方面，仍然有人把重本抑末奉为金科玉律，但另一方面不少正视现实的明智之士对这个金科玉律的合理性与必要性表示了各种怀疑："商不得通有无以利农，则农病；农不得力本穑以资商，则商病。故农商之势，常若权衡。"（张居正《张文忠公全集·文集》卷八《赠水部周汉浦还朝序》）所以，"昔之抑末以重农者，今且病商而困农矣"（蒋伊《条奏疏稿·救荒第四疏》）。为什么？因为农产品需要进入流通，农村需要市场。明清两代，商品经济向农村的广泛渗透加快了农业商品化的进程，极大地改变了农村的经营面貌。城乡商品生产的发展，交换方式和消费方式的变化，都是瓦解封建自然经济结构的巨大力量。上引诸例表明，连传统的宗法家族制受到商品经济的冲击，在很多方面都被打开了缺口，那么，它对一般地主阶级的影响，就更加不可忽视了。

"满路尊商贾，穷愁独缙绅。"（孙枝蔚《溉堂后集》卷四《过仪真有感》）诗人的感叹是有根据的。归庄的朋友严舜工是江苏洞庭的大地主，其地"四民之业，商居强半"，舜工又士而兼商，但由于我们在上面分析过的那些社会的和政治的原因，归庄告诫他的朋友"盖今之世，士之贱也甚矣"，因而最好的出路是"专力于商"（《归庄集》卷六《传砚斋记》）。这种现象的产生当然还有经济方面的影响，直截了当地说，就是由于商品经济的发展"使享受和生活日益依赖于出售，而不是依赖于产品的直接消费"（《资本论》第三卷，第369页），所以即使是地主阶级，也不能指望一味依靠特权身份和传统观念过日子。汪琬的族叔"有陂田三顷，虽丰年，然悉所入以佐徭赋，供子钱，犹不给。阖门食指数十，或正昼忍饥相视"（《尧峰文钞》卷一九《闵宜人墓志铭》）。方苞也说，其"先世有遗田二百亩，在桐江之阳，岁入与佃者共之，故不足给衣食"（《望溪先生集外文》卷五《与刘言洁书》）。和这种情况相反，明清两代的棚民，既是佃农，又是商品生产者，据乾隆时的记载称，福建建宁、延平、邵武三府厂户，"大抵皆江西广东及本省汀、漳等郡无业游民，十居七八，租山盖厂，开垦播种，出资不多，糊口颇易"（《保甲书》卷二叶世卓《为编审保甲事》）。又如广东葵田，"岁之租每亩十四五两，中人之产，得葵田十亩，亦可以足衣食矣"（《广东新语》卷一六）。葵农也是商品生产者，获利甚大，所以葵田的租额很高。这样比较，绝不是说佃农比地主还优越，因为在这里，除开主佃的对立关系外，还存在一个商品经济与自然经济的对立关系，佃农当然比不上地主，但商品经济在经济能量和生存能力方面却比自然经济优越得多，这也是毫无疑问的。"天下有有田而富之家，有无田而富之家，有田而富者，其利虽自田而得，然每岁入官，兼之差遣，一遇饥馑，则租耗力乏矣。无田而富者，其利自商贩中而得，既无输官，亦无差遣，虽或征税，所伤几何？贫富之分，无所稽验，差发多致隐蔽。是无田而富犹不若有田而富者之可悯也。"（李豫亨《推蓬寤语》

卷八）具体的对比如实地概括了双方的长短优劣，在现实的利害关系面前，明清地主阶级——不是全部，而是相当一部分开始逐步抛弃他们从前赖以生存过的那种传统的生活道路，同时，阶级面貌和经济特征也在逐步发生变化。“古者四民异业，至于后世而士与农商常相混”（归有光《震川集》卷一三《白庵程翁八十寿序》），这就超越了单纯买田讨租的限制，而地主经济也就从单一的自然经济结构发展为二元的或多元的综合结构了。我们把这种不是从事单一的农业经营，而是亦农亦商，或者兼营手工业和其他副业的地主称为经营地主。他们不再闭地自守，自给自足，一般讲来，也不再沉溺于八股时文之中，不再主要依靠政治特权过日子，因而他们和传统的缙绅地主是有明显区别的①。

林希元记载一黄姓地主，“其物产：桑麻之衣，竹木之材，姜芋蕈笋芹苹之蔬，丹荔碧眼黄弹之果，蔗糖蜂蜜之甘，禽鱼獐鹿之鲜，被及四方，岁时不断也。黄氏居之，世专其利，为长兴巨族”（《林次崖先生文集》卷一三《质庵黄处士墓志铭》）。在这里，生产的特点是多种经营，名目众多的产品“被及四方”，是要拿到市场上去出售的。所以经营地主的经营活动缩短了农村与市场的距离，使原来封闭的自然经济突破了自给自足的形式而进入到广泛的社会交往之中。经营地主也是剥削者，但和那种完全脱离生产实际的寄生性极强的缙绅地主相比较，还是不可同日而语的。

沈炼记载歙县一郑姓地主：“家于邑之岩镇里。桑梓翳翳乎若萦云烟，子姓昆弟联室而比居，于是人称巨族矣。挟数千金，负剑，驰良马，遨游吴会间，人且称巨商矣。”（《青霞集》卷一《赠两松郑君五十序》）在这里，他既是地主，又是商人，不仅出卖自己的产品，还把在土地上积累的财富转化为商业资本，投放到更大的市场中去，这不仅有利于商品流通的扩大，也有利于商人阶层的稳定。

地主阶级不像小农那样缺少自卫能力，它的变革必然是迂回曲折的。当时许多著名商人，追根溯源，其先世多为地主，成为商人之后，许多人仍然和土地保持着联系。有的人做了官，厕身于缙绅地主的行列。有的人还可能从商品经济倒退，重新回到自然经济的老路上去。这是毫不足怪的。在中国，此后的民族资产阶级对“耕者有其田”的主张也有赞成和惧怕之分，因为他们既“需要市场”，“又多半和土地联系着”（《毛泽东选集》第三卷，第1076页）。“在英国，现代社会的经济结构无疑已经有了最高度的、最典型的发展。但甚至在这里，这种阶级结构也还没有以纯粹的形式表现出来。”（《资本论》第三卷，第1000页）而明清时期的经营地主是商品经济渗透和分离地主阶级的成果，是和资本主义因

---

① 关于经营地主的论述，请参看拙作《明清农业经济关系的变化与资本主义因素的萌芽》。

素开始萌芽的水平相适应的，这就更不能苛求它的社会形态一定要达到规范化的程度。我们知道，“任何领域的发展不可能不否定自己从前的存在形式”（《马克思恩格斯选集》第一卷，第169页），而经营地主的出现就标志着商品经济对自然经济的否定，尽管这个否定是局部性的，但它作为整个封建经济走向崩解的不可缺少的一环，这就表现出了历史的进步意义。此外，无论是地主经商，或者是职业商人，这些商人资本在一定的条件下都可能从流通领域进入生产领域，这对于方兴未艾的资本主义萌芽，又必将是一个有力的支持和促进。这同样说明，经营地主的产生是有积极作用的。

（原载《社会科学研究》1984年第3期）

明清封建专制特权与超经济强制

超经济强制是封建剥削的本质特征。在中世纪西欧的领主庄园内，农奴的“人身作为土地的附属物”（《资本论》第三卷，第 891 页）和土地同属于主人的财产。领主对土地的等级占有为封建等级制度提供了条件，而农奴对领主的人身依附、土地依附和司法依附关系则成为封建领主对农奴实行超经济强制的基础。

在中国，“海内为郡县，法令由一统”，专制性和统一性高度结合的中央集权的政治结构，从秦汉一直保持到明清，土地所有权同行政司法权在一般情况下是严格分离的。由于土地可以买卖，既不可能形成地主对土地的稳定的等级占有，也不可能形成地主对农民的稳定的人身占有，直接生产者不是向领主领取份地的农奴，而是具有一定独立性的自耕农和由自耕农转化的租佃农。但封建依附关系是封建制度存在的必要条件，“如果地主没有直接支配农民个人的权力，他就不可能强迫那些得到份地而自行经营的人来为他们做工”（《列宁全集》第三卷，第 158 页）。所以，我们一方面肯定中国封建社会同样存在着以人身依附为基础的超经济强制；而另一方面，又必须从中国的历史实际出发，进一步证明这种强制的特点和特殊形式。超经济强制在封建社会始终是存在的，但笔者只接触到一部分明清时期的材料，因此本文也只能就这一历史阶段的情况谈一些粗浅的看法。

一

中国封建社会，一家一户，自给自足的小农经济是一片汪洋大海。“这种完全隔绝的状态，在全国造成虽然相同但绝非共同的利益，这就是东方专制制度的自然基础。”（《马克思恩格斯选集》第二卷，第624页）生产的孤立性和分散性，使小农经济在客观上需要有一个凌驾于社会之上并能维持社会稳定的政治力量，把各种虽然相同但又绝非共同的利益均衡在一定的秩序范围之内，以求得自身的存在和发展。分散的经济为集中的政治提供了自然基础；反之，小农经济的成长和衰落，又几乎在任何时候和任何地方都不可能排除政治因素的干预。从人与自然的关系看，小农收成的好坏取决于天气的好坏，但从人与人的关系看，小农收成的好坏又取决于政府的好坏。清人王原曾令茂名，其地“旬日不雨，则市谷腾值，二旬不雨，则讹言兴；三旬不雨，则盗风炽，民人窜，不可遏止。故民生系雨最亟，令亦托命焉”（《西亭文钞》卷八《雨舫记》）。可见政府也关心天气，这是因为小农的收成不仅影响农民的生活（这是社会安定的重要条件），也影响国家的税源（当时地方官的优劣一般是以征收钱粮的多少来判定的），“令亦托命焉”——农民收成的好坏和政府的好坏在社会的现实性上被结合在一起了。我们看到，诸如垦荒、赈恤、招抚、蠲免、兴修水利、发展地方实业、进行社会救济，都不是个体小农一家一户的力量能够实现的，在这里，国家权力的干预是必要的。马克思极为中肯地指出：“归根到底，小农的政治影响表现为行政权力支配社会。”（《马克思恩格斯选集》第一卷，第693页）所以小农自身的生产条件决定他们不能不依赖于政治权力，总是盼望一个好政府，而又无法摆脱一个坏政府。史载：“杨天民……除朝城知县，调繁诸城，有异政。……初，天民去，诸城民为立祠，其后长吏不职，父老率聚哭祠下。”（《明史》卷二三三）就是这一历史矛盾的写照。

中央专制集权是中国封建社会政治结构的基本形态。每一个统一的中央王朝都严密控制着上下各级官僚机构和全国的土地人丁。佃农输租，地主纳赋，农民的剩余劳动要全部转化为地租，地租的一部分又转化为赋税，“佃户不还米，捉将官里打欲死；粮户不纳粮，知县索米坐大堂；帮费无着落，军船开迟官祸作”（《清诗铎》卷二郑璜《催租行》），说明剩余劳动地租化和赋税化的全过程都是在中央专制集权的控制和干预下进行的。这种特殊的政治关系和经济关系，使小农主要不是依附于一个主人，而是依附于一个政府；不是束缚在一块固定的土地上，而是束缚于整个封建制度。

这当然不是说农民和地主之间没有依附关系。大体上讲，唐宋以前，许多小农还处于徒附、部曲和随田佃客的地位，人身不是完全自由的。唐宋以后，地权频繁转移，高门郡姓急遽衰落，此即“井田废而天下无世业”（张萱《西园闻见录》卷四）。科举制固然为地主分子开辟了入仕的途径，但青云直上的机会并非人皆有之，此即“自科举之制行而求世禄如六朝门第之盛，已不可得”（全祖望《鲒埼亭集外编》卷二六《馆中赠史侍郎归里诗序》）。从这个意义上讲，官不等于地主，地主也不等于官，这就决定了在农民和地主之间不可能存在严格的司法依附。世业与世禄的衰落，说明小农的土地依附也在不断削弱。但是，由于地主阶级和封建国家在政治上和经济上的同一性，又使地主阶级（主要指缙绅地主这个阶层）始终保持着富贵合一的特点。例如，清代有“张姚二姓占半部缙绅”（《清史稿》卷三〇二《刘统勋传》）之说，这两家都是桐城官僚地主，而且又世为婚姻。另据山东人王培荀自称：“尝见吾族分产之券，载管家者为首，皆从九县丞。”（《乡园忆旧》卷一）而“陆氏为甬上四姓之一……鄞人各以其房别之：曰尚书房，曰副使房，曰都御史房，曰布政房，曰榜眼房，曰翰林房”（全祖望《鲒琦亭集》卷一四《中条陆先生墓表》）。这些达官贵人的特殊身份，使他们在政治和经济领域中都居于特殊地位，然后再通过盘根错节的社会联系，形成为一股特殊的社会势力。清人沈悫在控告昆山大官僚、大地主徐乾学的诉状中揭露：“有缙绅，则有缙绅之宗族姻戚；有缙绅，则有缙绅之狼仆打降；有缙绅，则有缙绅之门生清客，以及附势趋炎之土官猾吏。”（《清代档案史料丛编》第 5 辑，第 39 页）吴县土豪徐掌明与昆山徐氏联宗，因为有了徐乾学作为靠山，势可炙人，当地就流传着这样的民谣：“长、吴两县印，不及掌明一封信。”（钱泳《履园丛话》卷一七）而且，此种事例，还绝非个别，早在明代，并没有跻身高位的归有光家族，时人也为之语曰：“县官印，不如归家信。”（《震川集》卷二八《归氏世谱后》）这一类和护官符如出一辙的社会口碑就形象地证明，武断一方的确是土著大姓的阶级本能。他们既是地主，又是官，或者和显宦有瓜葛。他们拥有大量土地，所以财产也是一种权力；但是，他们的权力并不完全来自土地，也就是说，并不仅仅具有财产的属性，“乡官之权，大于守令”（《明史》卷二四三《赵南星传》），“素封之家，方之封君”（张履祥《赁耕末议》），在这里，行政司法权同土地所有权的分离又通过地主阶级的富贵合一取得了一种变态的结合，大大小小的缙绅地主按照各自不同的结合程度，都取得了一份与其地位相适应的特殊权力。这就是封建特权。它是构成中国古代小农人身依附的实际内容。

人身依附关系的存在使剥削带有强制性，这种强制又建立在封建特权的基础之上，而特权是没有界限规定的，因此，利用特权对农民进行超经济强制并利用这种强制手段对农民施加超经济剥削，也同样是没有界限规定的。王亚南先生指出：“中国农民困苦的基因，与其说是由于正规租赋课担太重，毋宁说是由于额外的、无限制的、不能预测到的苛索过于繁多。他们不像欧洲中世纪农奴只有一个‘顶头上司’，即领主直接对他们行使剥削；他们中间除了奴隶或隶农外，为了取得形式上不属于任何一个封建头目的一点‘自由’，却得支付这样一种大的代价：即所在社会的一切大小官僚封建豪劣，乃至与他们夤缘为奸的商业、高利贷业者，都能找到机会和口实，个别地或联合地予他们以社会经济的损害。”① 明白了这一点，我们才可能足够的估计到压在广大农民身上的社会负担有多么沉重。

中国封建社会是有法权规范的。但是，从本质上讲，专制主义政治就是特权政治，所以，和法权并行的还有另外一种权力准则——特权。所谓特权，是超出一般经济关系和一般法律规定之外的专制权力。特权也是一种“法”，即法外之“法”。以明代实行的名为价买，实为掠夺的买办为例，据汪应轸记述，永乐时“奉太宗皇帝圣旨……着应天府知道，今后若有买办，但是开铺面之家，不分军民之家，一体着他买办，敢有违了的，拿来不饶”。此后，“宪宗皇帝、孝宗皇帝、武宗皇帝皆申明旧章，未曾改革”。但汪应轸认为，买办“本非常赋”（见《明经世文编》卷一九一《恤民隐均偏累以安根本重地疏》）。海瑞任南吏部时，更指明这是一种积弊：“一部之官上而下，正用、私用、妄用在焉，出何典故？出何年律令？”（《海瑞集》上编《禁革积弊告示》）由此可证，买办既非正供，又于律无据，汪、海二人是不会信口雌黄的。但买办之成为“旧章”，乃因其出于“圣旨”，“前主所是著为律，后主所是疏为令”（《汉书》卷六〇《杜周传》）。而且在律令之外，还有例可援，有故事可循，有陋规可守，皇帝可以买办，京城内外各级官僚机构也可以援例买办，于是拥有大小特权的人，都可以上下其手，在瓜分直接生产者剩余劳动的过程中分配到与其特权地位相适应的那一部分；因此，在实际上参与剥削活动的就不是一个主人，而是一个特权网。所以我们认为，封建专制主义对经济领域的权力渗透，使政治上的强制转化为经济上的掠夺，其残酷程度远远超过了封建剥削的常规。

二

封建地主有官民之分。地主称为大户，富贵合一者，为大户中之官户；富贵不合一者，

---

① 王亚南：《中国官僚政治研究》，中国社会科学出版社，1981年，第129页。

为大户中之民户。官民之分，也就是特权的有无之分。遂昌“民负者，非尽穷极无所还，多故大姓而落者，耻去其名，留所卖去田，或反益收人田自实”（《汤显祖诗文集》卷四五《复项谏议征赋书》）。说明有的缙绅地主，即使已经败落，也不愿意放弃缙绅的名号，还要保留“绅粮”的资格。这样的名号和资格标志着一种特殊的社会地位，“市廛富贾不得与孝廉庠生齿，吏掾以下不敢呼缙绅名号，盖安于习惯，非强之也”（光绪《应城志》卷一引明府志）。所以海瑞理词讼，“事在争产业，与其屈小民，宁屈乡宦，以救弊也；事在争言貌，与其屈乡宦，宁屈小民，以存体也”（《海瑞集·兴革条例》）。但事实上，争言貌和争产业并不相左，官户优于民户，缙绅高于小民，此乃天下之通例，那么，政治上的强制转化为经济上的掠夺，也就会成为天下之通病。海瑞巡历松江期间，小民告“乡官夺产者几万人”（《海瑞集·被论自陈不职疏》），便是一个突出的例证。

在地主和农民之间，一方有特权，另一方就不会有完整的人身自由。明人说部记载一则故事：盛寡妇的田产被其侄儿投献给乡官，佃户们议论说：“归了城里乡宦，管家出来催租收租，都要酒饭。……少了一石两石，一年一个对合，有田产，写田产，没田产，写本身。……写本身，一年还要纳邦银。邦银欠缺，拿回吊打，打死只是家主打死义男，空丢性命。”（《醉醒石》第十回）这里，所谓催租酒饭，实即农民在正租之外对地主的超额贡献。《明史》卷一六五《丁瑄传》称“佃人输租外，例馈田主”，这种现象，十分普遍。佃户欠租，以人身作抵押，称为“写本身”。按律准折他人子女，是要犯法的。但特权地主可以绕过法律禁令，而在政治上和经济上无权无势的普通佃户，又“惧其失业，所以俯首听命，至于准折其子女而无告”（《康雍乾时期城乡人民反抗斗争资料》，第 10 页）。乞养义男，在不少地区“直以奴仆待之”（《兴革条例》）。此处用义男来比拟佃户，正好说明，普通佃户一旦被乡官所掌握，他们的社会身份就要下降到和奴仆同等的地位上去。

有必要顺便提示一下明代的皇庄。史载：“王府庄田亩征银三分”，“兖州庄田岁亩二十升”，清河庄田仅“岁亩五升”（《明史》卷一一九《诸王传》）。应当承认，这样的剥削量并不是很重的，但由于主人的特权地位太高，以至仪封之田，因明初与周府护卫屯田相杂，小民畏惧兼并，宁肯抛荒，也不敢耕种（见《明经世文编》卷一四九王廷相《与开封赵二守书》）。这又正好说明，地主的特权地位愈高，农民承受的超经济强制的枷锁就愈重。明代皇庄的管庄管校和庄头伴当“占地土，敛财物，污妇女”（《明史》卷七七《食货志》），农民为此而付出的代价，同“岁亩二十升”这个法定的剥削量相对照，无论如何，两者也是不可能等量齐观的。

所以，特权地主的存在必然意味着封建剥削要超过一般租佃关系（即买田讨租）的常规，“小者勒其酒食，大者逼其钱财妻子，置之狱讼”（张履祥《补农书》卷下）。此外，缙绅地主依仗特权，不支付地价就直接占有土地，或者用其他方法巧取豪夺，此即“吞并之谋，多起于势豪……往年起家甲科者尝有之，今则幸厕名乡荐者亦肆志侵占”（谈修《呵冻漫笔》卷上）。又如，明清王朝规定，从生员到品官都享有钱粮优免权，无锡生员无田可免者，还每年另给“免粮银五分”（计六奇《明季北略》卷一八）。从制度上讲，针对特权地位的高低，优免是有不同限额的，“非谓一丁既免而百役尽无也”，但以后“毫厘重差不坐，通加之小户贫民”（吕坤《去伪斋集》卷一《摘陈边计民艰疏》），“或一人而免数十丁，以一户而免千百亩，甚至包揽姻亲，受人投靠，概入己户，竟不循例当差”（蒋良骐《东华录》卷一三）。而且，所谓优免官户本指现任官员，但官户死亡，又立“子户”（《皇清奏议》卷二一赵弘文《请定江南赋役疏》），于是优免不仅旁及亲党，还可以贻利子孙。这种优免已经是一种特权，但是封建国家和特权地主还要利用特权手段，一方面无限制地扩大优免范围，另一方面，“官户丁米不差，民户料差必重”（《明经世文编》卷二二二聂豹《应诏陈言以弭灾异疏》），又把被优免的这一部分负担通过强制手段完全转嫁到一般民户身上。于是，我们看到，“有田连阡陌，户仅斗米，家徒四壁，粮拟中人，故豪家多轻徭，寒门恒重役”，这种特权利益进一步恶性扩张的后果就只能是“富益富，贫益贫”（嘉靖《惠州府志》卷七）。

必须指出，地主对农民的阶级压迫是产生农村贫富对立的社会根源。在高度中央专制集权的历史条件下，农民束缚于封建制度，人身自由受到封建特权的剥蚀，因而受到各种变相的和超过常规的掠夺，诸如逼占土地，侵吞财物，准折人口，以及优免钱粮，都是封建专制主义对农民施加的超经济强制的具体表现，而这一切，就构成为广大农民很难摆脱穷困境地，也很难改善生产条件的基本原因。农业是封建主义的基础，因此，农民群众在经济和社会生活方面长期陷于穷困和落后的状况，就势必从根本上影响到整个封建社会的发展进程。在这里，中国封建社会停滞不前的状况是和小农长期穷困落后的状况密切相关的。

还必须指出，由于封建的统治关系始终和宗法关系交织在一起，所以族权也成为特权。从政治上看，“族人有讼，不鸣之官而鸣之祠”（刘继庄《广阳杂记》卷四），“虽祖父行，亦俯首听命于宗子，而不至受罚于公庭”（尹会一《健余先生文集》卷四《健余堂宗法记》），尽管这不是普遍现象，但仍然表明，宗法势力的封建特权的确带有浓厚的政治色彩。从经济上看，清代学者焦循在《雕菰集》卷一七《朱登三兄弟同寿序》中指出：“晋宋后，人避户役之严，往往累世不肯别爨，岂皆友悌之谊使然?”但就在这个问题上，同宗共姓的外衣掩盖着经济剥削的实质。例如，族长以优免特权把族人田产并收入户，或由族长包纳钱粮，从中渔利，是两种常见的逃避户役的手法。族内绝产，为族长变相侵吞，这也是屡见不鲜的。另一方面，族权作为政权的补充，族长又有权“讥察正供”，族人拖欠钱粮，族长可以“具呈首告”，甚至凭借宗规家法，有权“押之速完”（《五种遗规》之《训俗遗规》卷二王孟箕《讲宗约会规》）。在宗法势力内部，经济强制和超经济强制都表现得十分突出。聚族而居，还带有浓厚的地方色彩，一村一姓，使“旧家率以其地显名邑中”（程敏政《篁墩程先生文集》卷三〇《庆云源王君夫妇六十寿序》），而闭地自守和安土重迁的特点，又使这种家族经济成为封建经济地方性和自然性相结合的典型。封建族权对小农人身自由的剥蚀和对社会生活发展变革的阻碍作用，同样是不可低估的。

三

“国家存在的经济体现就是捐税。”（《马克思恩格斯选集》第一卷，第181页）在中国，地主政权对赋税徭役的征敛，是在生产领域之外用政治强制的手段来进行的，特别是徭役制的存在，不仅反映了社会分工的不发展，而且成为小农被束缚于封建制度的重要标志。赋税有等则，其危害程度基本上有一定的限制；差徭无定额，或轻或重，主要取决于政府的好坏。如果“凡百用度，取给而止”（《明经世文编》卷一四四何瑭《民财空虚之弊议》），国家权力对于社会经济就可以沿着同一方向起作用，在这种情况下，人民的负担较轻，生产的发展也就较快。如果“因事编佥”，“杂派夫役纷纷而出”（同上），国家权力就会沿着相反的方向起作用，在这种情况下，政治就会“给经济发展造成巨大的损害，并能引起大量的人力和物力的浪费”（《马克思恩格斯选集》第四卷，第483页）。综观明清时期，前者总是暂时的，后者才是经常的。不少资料透露，“正供外有杂派，新增外有暗加，额办外有贴助”（《明史》卷二五五《叶廷秀传》），而且“私派倍于官征，杂项浮于正额”（《清史稿》卷二六二《熊赐履传》）。所以有人估计“附余包赔之数，往往十倍常供”（《明经世文编》卷五三七许瓒《陈言六事疏》）。其中，既包括各种名目的附加税，也包括在钱粮征收解运过程中大小官吏进行的额外苛索。不少材料还透露，一些中小地主，困于重役，倾家败产者也大有人在。至于普通自耕农民，更是难以抵御这种社会灾难。在明代，“粮外之役，尤能破家，东南之竭，大率缘此”（《祁彪佳集》卷五《救荒全书小序》）。在清代早期，许多地方沿袭明之旧规，差役“派无定额”，“民不堪命，逃亡过半”（阮元《广东通志》卷二五八）。这就很难保证社会生产的稳定。所以，从总体上看，中国古代农业是在进步，但进步的过程又时起时伏和时断时续，重要的原因就在于，小农经济无法排除封建专制特权的干预，经常要受到来自相反方向的政治因素的冲击，迫使正常的生产进程发生中断。小农生产活动的社会基础不稳定，在很大程度上决定了农业经济不可能持续发展，而农业经济不能持续发展的状况，又是和包括明清时期在内的中国封建社会停滞不前的状况密切相关的。

清人有诗写道："我行半天下，到处采风俗。非官嫌民顽，即民怨官酷。"（李鼎元《师竹斋集》卷八《曲阜县》）洪武二十一年，朱元璋自述："近者送至'降寇'，特命法司讯之，咸言有司贪墨……群聚为'盗'。"（《明太祖实录》卷一九〇）嘉庆时，勒保俘王三槐至京，"廷讯时，言：官逼民反。仁宗诘之曰：四川一省官皆不善耶？对曰：惟有刘青天一人"（《清史稿》卷三六一《刘清传》）。这种官民之间的广泛对立深刻地反映了明清时期社会阶级矛盾的普遍紧张。很明显，这是和当时普遍存在的贪污现象分不开的。

封建官吏贪污是封建特权政治的必然产物。封建特权源于封建私有权，人君，"视天下为莫大之产业"，等而下之，各级官司所守，都可以看作是属于自己的一份私产，敲骨吸髓，猎财自厚，"此我产业之花息也"（黄宗义《明夷待访录·原君》）。所以，在封建社会，贪污不完全是一个道德问题，我们必须把这种普遍存在的贪污现象和封建制度对劳动人民的超经济强制联系在一起考察。首先，相当大一部分贪污活动是封建官僚机构通过对剩余劳动产品再分配过程的控制来实现的。清代直隶钱粮每两附征火耗二钱至五钱不等，是"正赋一百万两，百姓多费三五十万矣"（魏象枢《寒松堂集》卷四《君心仁爱无尽督抚实政当修疏》）。于是大小官员竞相提取个人应得的产业花息，始而额外加耗，进而耗羡变成正项，最后又耗外加耗，"雍正年间无清官"（《清经世文编》卷二七孙嘉淦《办理耗羡疏》），就是针对上述情形而产生的一句民谚。"民不苦正供而苦杂派"（《清史稿》卷二六三《王弘祚传》），这无穷的杂派，实质上就是无穷的贪污。其次，对商品流通过程的控制也成为官吏贪污的重要渠道。康熙时，张汧任湖广巡抚，凡盐引、钱局、船埠，无不搜括，连汉口市肆招牌，也当作征收对象，逐一清点，按数派钱（见《清史稿》卷二八二《陈紫芝传》）。法外之"法"替额外苛索铺平了道路，于是贪污就成为变相的常规，"凡商贾须县官给凭引者，例入钱于官，为堂食费"（嘉庆《山阴县志》卷一四），以至"盐商给引，舟师告邮，民间请示请照，皆有常例"（《国朝中州文征》卷三四孙奇逢《明江西道监察御史吴公墓表》）。所以，我总认为，不能笼统议论明清两代的重税政策。明代已有人指出："皇上之税，十之二三；而税官之取，则十之八九。"（《明经世文编》卷四四四王德完《四川异常困苦乞赐特恩以救倒悬疏》）虽然对上引材料的数字比例不能作绝对理解，但一部分纳于公家，一部分落入私囊，却是一个毋庸置疑的事实。而且，公家正额，每年有奏销簿册可稽，官吏私取，则漫无节制，它们的剥削性质相同，但在社会效果上似乎不应当等同看待。清朝政府规定，粮商运米至灾区，给其印照，不纳课税，既可以刺激商品粮食流通量的扩大，又可以平抑灾区的市场价格；但推行的结果，“地方官钤印一节，即官长不敢留难，而胥吏随处需索，往返再三，视纳税费增数倍”（方苞《望溪先生集外文》卷一《请除官给米商印照札子》）。这个例子就清楚地表明了所谓重税的真正内涵。

前面讲到买办，因为这种制度属于坐派，所以不是自由贸易；官府又常常低于市价，或者干脆就不给钱，所以又“名称买办，无异白取”（《明经世文编》卷五八戈谦《上言二事疏》）。但明清时期还另外有许多名目连买卖的痕迹都不存在，例如，丹徒是水陆要冲，送往迎来，络绎不绝，“厨传日费数十金，谓之班支”，其余官私酒席，“岁费且数千金，谓之坊支”（《古今图书集成·职方典》卷七三七唐顺之《镇江丹徒县洲田记》），这就是说，上述开支一律要坊班轮流负担。有的地方更加爽快，例如安定，“县二十里。故事：坊郭一里，免其杂徭，以供令之私用”（赵南星《味檗斋文集》卷一二《明故安定知县敬庵王公墓志铭》）。广州各县“相沿岁派数千金，纳之令，为雇役直，不其问出入，号曰均平。非功令也”（赵执信《饴山文集》卷八《福建台湾知府退庵冯君墓志铭》）。又据记载，惠州和平在很长时期内存在着这样一种陋规：“地方日晨柴薪夫役，一皆民间供应，有六行八科之名，有纸张饭食之费。”（光绪《惠州府志》卷一八《郡事》）六行八科的具体内容不得其详，但可用湖南鄙县的例子作参证：“鄙故规：凡官食鱼，取给鱼舟，食器，取办窑户，而官长有事乡村，归即具仪以谢，名曰过山礼。”（《国朝中州文征》卷三四刘清芝《鄙县知县公觃刘公墓表》）这真是就地取“财”，靠山吃山，靠水吃水。还有比过山礼更为奇特者，如在惠州归善，“值年里排向遇县主生辰，例有祝寿屏金，每图五两”（光绪《惠州府志》卷一八）。这些材料都是由于颂扬好政府取缔陋规的德政才被记录下来的，其他未遭禁革而视为当然，也不见诸记载的，肯定还为数不少。

四

在这种情况下，后果是非常明显的。

首先，落后的生产关系在封建特权的保护下，顽固不化，极难消失。宋人袁采《世范》卷下曾经引述士大夫们的治家格言：“蓄仆不厌多，教之耕种，则足以饱其腹。”尔后直到明清，督僮仆力稼穑的记载，仍然时常可见。清代某些地区还盛行佃仆制，“耕种鲜佃户，大户多用价买仆以事耕种，长子孙则曰世仆”（《古今图书集成·职方典》卷一一七八）。萧奭《永宪录续编》曾记雍正六年规定“小户附大户之村，佃种大户之田者，本系良人，不得拘世仆之例”，但在嘉庆年间，徽、宁、池一带曾葬主山，佃主田，住主屋，尚未开豁佃仆身份者，还有数万人之多（见高廷瑶《宦游纪略》卷上）。自由的租佃关系和地主的封建特权互不兼容，这种具有依附农民性质的佃仆制长期保存，以及在农业生产中长期使用奴隶劳动的现象，恰好反过来证明，封建专制特权是自由租佃制走向成熟发展阶段的主要障碍。

其次，在手工业中，用强制手段剥夺工匠人身自由的情况也相当严重。康熙时，户部宝泉局匠人“不听自出入，日用百需，一切取办炉头。头恣侵克，物价较市中皆倍蓰，工匠无不负债者；既无以偿，则锢身为质，至老死不能出”（陈仪《陈学士文集》卷一〇《胡屾斋传》）。至于和铸钱有直接联系的采矿业，在明清时期大体上有民采、官采与官监民采三种形式。清代人说“官开则必派取，民开则自雇觅”（《清经世文编》卷二六蔡毓荣《筹滇理财疏》），从原则上点明了特权经营（派取）和自由经营（雇觅）的基本区别。经济领域受超经济强制的控制，封建特权的官场作风就排斥了价值规律的作用，“官采之，则中使所至，有司奔命，供帐舆马之费，骚动数百里”（嘉靖《临朐县志·风土志》）。但民采也并不走运，因为官府同样要靠山吃山，所以民采同样避免不了派取之害。例如广西贺县有金银铅锡等多种采矿业，上官按例檄取，“每锡百斤，折银百两，皆派于矿户”（阮元《广东通志》卷二八三），其结果是官民两伤：官采之，“所得不偿所费”（《明经世文编》卷七二丘濬《山泽之利》）；民采之，“获利者十之一，败产者十之九”（《乡园忆旧》卷三）。所以在明清时期，受封建特权束缚较轻的私人纺织业，发展就比较顺利，而上述采矿业的不正常状态，在我们看来，显然是和封建专制主义的严重干预分不开的。

此外，商品流通过程中的私赋和私税的情况，也十分引人注目。私税之例，如康熙时上海“海滨芦柴多以牛车装卖，土豪把持，每车索钱”（同治《上海县志》卷二〇）。私赋之例，如：“昆山县离城五十余里有歇马桥镇……周围盛产棉布，俱由本镇贸易。……突出光棍邹君恒恃昆山大宦（引者按：指徐乾学一家）为太山……造违制之竹筹，乡民卖布，止付一筹，执筹领银，八折秤发，冤焰震野。”（《清代档案史料丛编》第5辑，第28—29页）这种私赋，在广东更加突出。据王临亨《粤剑编》卷二记载，广东商税，大者归政府征收，各墟各集则为当地特权势力所侵占，如果“属之宦家，则春元退舍”，“属之春元，则监生生员退舍”，“亦有小墟远于贵显者，即生员可攘而有之”。这是政治上的特权强制转化为经济掠夺的又一表现，它对生产和流通的封建性垄断，非常不利于工商业的自由发展，也使新的阶级分化很难摆脱旧生产关系的桎梏，而且对当时正在萌芽的资本主义因素，这无疑是一个不小的羁绊。

最后要指出，明清时期，特别在南方，租佃制经济发展很快，在一定的条件下，佃农的处境比自耕农还要好一些，而且由于土地依附关系不稳定，实物地租又占主导地位，所以租佃农民的必要劳动和剩余劳动在时间上和空间上都不是分开的。马克思把徭役劳动看成是一个“不变量”，而把“直接生产者自己支配的每周其余几天的生产效率”，看成是一个“可变量”，如果小农经济的独立性愈强，愈能自由地支配自己的全部劳动时间，就会大大刺激小农“提高自己劳动力的紧张程度”，在这样的情况下，“这个可变量必然随着他的经验的增多而得到发展”（《资本论》第三卷，第 894 页）。所以，从徭役地租到产品地租是一个历史的进步；在这一点上，应当承认租佃制比农奴制具有更大的优越性。但是，中国古代小农没有稳定地束缚在土地上，却稳定地束缚于整个封建制度，一方面，我们看到，小农的社会地位可以是自由的或半自由的；但另一方面，在新的社会阶级——无产阶级登上历史舞台以前，即使是自由的小农也因其自身生产条件的局限而不可能形成一个独立的政治力量，因之，也始终不可能摆脱封建专制特权的束缚。在剩余劳动地租化和赋税化的过程中，田赋和地租，一般讲来，也是一个“不变量”，所以我们把它看作是封建剥削的常规。但普遍的封建特权导致广泛的超经济强制，并转化为无限制的超经济掠夺，这却是一个不可低估的“可变量”。由此看出，在超经济剥削的“可变量”和小农经济生产效率的“可变量”之间，如果后者大于前者，不言而喻，生产的增长和经济的发展就得到了社会的保证，这种有利的局面在一定的历史阶段内是存在过的；但在较多的时候，政治上的腐败又总是不可改移地要成为经济恶化的社会根源。在这个时候，我们就会看到这样的情况：“明之百姓，税加之，兵加之，刑加之，力役加之，水旱灾祲加之，官吏之贪渔加之，豪强之吞并加之，是百姓一而所以加之者七也。”（侯方域《壮悔堂遗稿·正百姓》）小农经济生产效率“可变量”所取得的成果在这么多的社会负担的压榨之下被吞噬殆尽，使这种经济结构本身具有的优越性得不到充分的发挥，经济发展的生机遭到窒息，社会生活的变革就只能十分缓慢，这也是不言而喻的事情。为什么中国封建社会和明清资本主义萌芽都迂回曲折，停滞不前？我个人认为，从以上的分析中间，是可以找到部分（我们最好不要轻易说全部）答案的。

（原载《四川大学学报》1982 年第 4 期）

略论明清时期小农自然经济向商品经济的转化

小农自然经济向商品经济的转化是明清时期农村经济关系的重要变革。我们知道，中国封建的小农经济是个体经济，它的个体性是生产自然性的表现，但个体经济不一定都是自然经济，从历史上看，自然经济小生产和商品经济小生产都属于个体经济的范畴，而后者是前者的转化物。规模细小，经营分散，是它们的共通特征；自然经济和商品经济则是它们的本质差别。

但是，封建自然经济的存在和延续也不是一个孤立现象。雍正初年，韩良辅奏称："广西土旷人稀，多弃地，其故有六：山溪险峻，瑶僮杂处，田距村远，谷熟虑盗割，一也；民朴愚，但取滨江及山水自然之利，不知陂渠塘堰可资蓄泄，二也；不得高卑宜植粮种，三也；不知耕耨，四也；所出只米谷，纳赋必用银，且徭随粮起，恐贻后累，五也；良懦垦熟，豪猾势占，六也。"（《清史稿》卷二九九《韩良辅传》）上引材料使我们注意到，社会经济结构不仅是一个自然历史过程，而且还是一个整体性的系统，有许多因素在制约着它的变化和发展。土旷人稀，田距村远，说明人口密度很小，土地利用率不高。不知蓄泄和不知耕耨，又说明生产技术水平相当低下。至于豪猾势占，则是土地兼并的反映。地主不会兼并不毛之地，总是生产条件愈好的地方，土地兼并的程度愈高；兼并的结果，又使人口流亡，土地荒芜，农业生产的正常进程又被迫再次中断。这种生产状况的落后性和生产过程的不稳定性，对于小农经济的发展和分化都显然是一个不利因素。

另外，"不得高卑宜植粮种"，故所出只米谷。在这里，小农经济的自然性就不仅表现在生产组织的个体性上，还同时表现在生产内容的单一性上。这是古老的历史传统。"先帝禁人二业”（《后汉书》卷五八《桓谭传》），“农不敢行贾”（《吕氏春秋·上农》），于是男耕女织，世代因袭，直到明清，“百姓……有终身不识城市者”（何良俊《四友斋丛说》卷一三）。职业的单一和生产的单一都把小农的生产和生活局限在狭窄的社会环境之中，“地狭而瘠，民啬而野，舟车不通，商贾不行；俗俭而易足”（《古今图书集成·职方典》卷七七八）。在这样的情况下，农村就不会有真正的商品市场。尽管小农也是小私有者，但他们既与外界隔绝，而且所出只米谷，拿不出更多的东西来进行交换。尽管男耕女织也要互通有无，调剂余缺，但这种使用价值和交换价值的分离，“是历史上完全不同的社会经济形态所共有的”（《资本论》第一卷，第193页）。在我国古代，战国秦汉之际，商业发展程度较高，但当时进入流通的商品主要是山泽渔盐之利，商业资本在农村并没有多大的活动地盘。自东汉末至南北朝近四个世纪内，商品货币经济又基本上销声匿迹。唐后期至宋元，商业再度繁荣，商业资本的活动才逐步从城市延伸到农村。这个变化是十分重要的。因为在我们看来，如果没有商品经济向农村的渗透，没有农业商品化和农村商品市场的出现，如果商业资本仍然徘徊在农村之外，个体经济的小农要进入商品经济这个“天赋人权的真正乐园”（《资本论》第一卷，第199页），的确是很难想象的。

明清时期是中国封建社会的“末世”，由于社会发展不平衡，一方面，自然经济在某些地区还居于统治地位，这是没有疑问的；另一方面，在另一些地区，“五家之堡必有肆，十家之村必有贾，三十家之城必有商”（《龚自珍全集》第1辑，《平均篇》），商业资本比较普遍地深入到了农村，这也是必须肯定的。由于南方的农产量和人口密度都比北方高，所以南方的商业也比北方繁荣。顺治时，姚延启从社会治安的角度做了一个对比：“西北地广人稀，镇店市会有常期，商贩歇宿有定所。……南方庐舍稠密，人烟辏集，贸易者趾接于途，往来者肩摩于道。”（《皇清奏议》卷一〇《广责成以靖盗贼疏》）商业活动的频繁，特别是商品经济向农村的渗透，这就迅速地改变着农村的经营方式和生产面貌。明人沈榜有一段宏观性的叙述：“即使国门之外，画地而畦，围堑而庄，疑于业农矣；而所植非珍果奇花，即兰蓼卉草，何者？彼一畦之入，货之固抵阡陌也。山壑之民，岩居谷汲，披裘舐犊，疑于业农矣；而所治非薪厂煤窑，则公侯厮养，何者？彼丝毫之利，岁计固致倍蓰也。”（《宛署杂记》卷一）李日华还描绘其目睹之具体情状：“一过老竹，即为歙地。……土人工殖利，山下开塘蓄鱼，虑人窃取，则作砖墙围之，每垣数十百步。以杂树与柏子利薄，多改植桐子榨油转售，故无红叶点缀。凿石锻灰，多作窖穴，白垩淋漓可厌。”（《味水轩日记》卷二）实际上，封建的士大夫们不可能理解，以谋利为生产目的，那种旧有的自给自足的田园风光在商品货币经济的冲刷之下是注定要遭到破坏的，这是历史的进步。所以，

“商人对于以前一切都停滞不变、可以说由于世袭而停滞不变的社会来说，是一个革命的要素”（《资本论》第三卷，第1019页）。

如所周知，小农的经济地位极不稳定。不稳定就必然出现分化。但分化有两种含义：一是自然经济条件下的分化，二是商品经济条件下的分化。前者表现为个别人可能发财致富，上升为地主；多数人则贫无立锥，颠沛流离。但是，农业生产的破坏不可能导致生产结构的破坏，只有当自然经济小生产不断转化为商品小生产者的时候，贫富分化才会具有新的社会内容。两种小生产在经济条件上有优劣之分，在分化速度上也有明显的快慢之别。清代的材料指出，西乡人姚粹天，先世本无恒产，他的祖父买荒地垦田七八亩，到他的父亲时，“耕织交勤”，“置田至四百亩”，到姚本人，又以“耕织致饶”，“益家至八百亩”（岳震川《赐葛堂文集》卷四《西乡黄池姚氏祭田记》）。这个事例说明，从七八亩（小自耕农）到400亩（小地主）和800亩（中等地主）经历了两三代人的时间，小农用“耕织致饶”（在自然经济下的自然积累）的方法向上发展，真是一条漫长的道路。与此对照，钱泳记板村蔡翁仅有田一二亩，后因卖松花菌，十余年即积千金，田数百亩，“为小富翁”（《履园丛话》卷五）。又乾隆时孔坊人江上锦，“年十六即佣工以育二弟，后与其戚客信之焦坞，结茅种竹……寻与友某开纸厂”（道光《金溪县志》卷一七）。当时的记载还指出：“中人之家，有田百亩……十余口之户，支给不易。”（汪辉祖《梦痕录余》）也与此对照：“家有十亩之地，以桑以蚕，亦可充八口之食矣。”（《广东新语》卷二四）这种差异只能从农业和商业的交互关系中去理解，商业以农业商品化和农村经济的增长为基础，保证了商业不会是畸形状态，同样的，商业对农业的吸引和渗透也不是一个消极的过程。明代嘉靖万历年间，湖南湘潭拟在南湖开港通商，知县唐源总结这样做的好处是“本港开成，可容百船，每船可余十人，日用柴米蔬菜称是，则一日有千人之费也，小民贩鬻者，不日增千人之售乎？”“今此肩脚之民，不过竹木砖瓦而已，虽有余力，无所用之，此港开而担负累累，是贫人衣食之薮也”（《古今图书集成·职方典》卷一二一五唐源《湘潭开河通商议》）。由此可见，商品化的程度愈高，经济循环过程给社会人口提供的生活门路就愈广泛、愈多样，相对地说，也愈有保障。例如，乾嘉之际，洋县人岳震川记述：“村中乏食，人望麦秋，雨不止，麦不实。……凡农人皆困，惟兼商贾者无恙。”（《赐葛堂文集》卷一《雨中记墙阴草木》）再以广东蔗农的生活境况为证，“蔗产于荒区，闽人辟草莱而莳之。他流寓多为盗囮，种蔗者独安其业，食力而易赡也”（乾隆《博罗县志》卷九）。其原因就在于，商品经济的发展“使享受和生活日益依赖于出售，而不是依赖于产品的直接消费”（《资本论》第三卷，第369页），从而决定了商品经济小生产在经济能量和生存能力方面的优越性都使自然经济小生产望尘莫及，这对于那些力图进入商品经济这个“乐园”的个体小农来说，无疑是一个十分有利的信息。

从明清时期农业生产的内部考察，有大量文献材料告诉我们，旱地高产作物（如红苕、玉米）和经济作物（如棉花、烟草）的种植，在一定程度上解决了“不得高卑宜植粮种”的矛盾和提高了小农自身的生存能力，并且扩大了农业生产的范围，还为农产品直接或间接地进入流通领域提供了可靠的物质条件。据记载，川陕楚交界的定远、洋县、略阳、商南地区，玉米杂粮称为“正庄稼”，因其产量在供生活消费之外还有剩余，农民用以养猪，然后运猪出售，“猪至市集，盈千累万，船运至襄阳汉口售之，亦山中一大贸易”（严如熤《三省边防备览》卷八）。又如烟草，山东“滋阳，旧无其种，自皇清顺治四年间，城西三十里颜村店、史家庄创种，相习渐广，至今遍地栽焉，每岁京客来贩，收卖者不绝，各处因添设烟行”（《古今图书集成·职方典》卷二三八）。必须指出，像滋阳地区这样快速度和大面积推广经济作物的事例，在明清两代都不是个别的。而且，我们认为，经济作物的经营从根本上改变了农业生产的单一性，农业的多种经营从农村经济结构的内部为商人资本的渗透奠定了广阔的基础，而商人资本向农村的扩张，又促使农业生产越来越具有以交换价值为目的的性质。这一变革的意义是不可低估的。

事实表明，农业商品化使农村出现了市场。“在这里，一方面，我们看到，商品交换怎样打破了直接的产品交换的个人的和地方的限制，发展了人类劳动的物质变换，另一方面，又有整整一系列不受当事人控制的天然的社会联系发展起来。”（《资本论》第一卷，第131—132页）清代学者陆彦若已经注意到，经济作物的栽培，“有百尺之土，役于圃一人，役于市一人，为天下养二人，千尺者，役于圃三人，役于市三人，为天下养六人。以是为差”（《龚自珍全集》第3辑，《陆彦若所著书序》）。不言而喻，个体小农的产品不会在任何时候和任何地点都无条件地成为商品，所以，有“役于圃”者，还不一定必然产生“役于市”者；但是，经济作物的生产要引起相应的加工工业的出现，棉花要纺织，布匹要印染，外销需要运输，而运输又需要包装，这一类农产品进入流通，又会刺激另一类农产品也相应地进入流通，而整个流通过程又都需要商人的媒介——只有在上述情况下，“役于圃”者和“役于市”者才可能相对应地发展起来。广东产香，“有香而地无余壤，人无徒手。种香之人一，而鬻香之人什，爇香之人且千百”（屈大均《广东新语》卷二六）。崇阳产茶，“四山俱种，山民借以为业”，粗者名黑茶，由山西商人贩往西北各地；精者名红茶，道光末，由粤商运销外洋。“凡出茶者为园户，寓商者为茶行。……自海客入山，城乡茶市牙侩日增，同郡邻省，相近州县，各处贩客云集，舟车肩挑，水陆如织。木工、锡工、竹工、漆工（按：红茶出口，贮以木箱，外包锡皮，故需以上各工）、筛茶之男工、拣茶之女工……加以贩客搬运，茶来米去，以致市中百物，一切昂贵。”（同治《崇阳县志》卷四）明清社会农村的经济生活受到了农业商品化倾向的震动，从不同角度引起了回声，此呼彼应，其结果就是农业和市场的距离日益缩短，供求关系的层次日益复杂。在此过程中，不同部门和种类的生产因社会分工而各自独立，但又作为生产总过程的不同部分和不同环节而彼此联系。和封闭的、孤立的自给性农业不同，商品性农业的发展的确是许多经济因素交织而成的一种共同活动方式。当个体农民把自己的部分或大部分产品直接或间接地投入商品市场的时候，他们自身也就随之进到了广泛的社会交往之中，从而实现了自然经济小生产向商品经济小生产的转化。

现在，试从以下三个方面对实现这一转化过程的具体途径做一些初步分析：

第一，在自然经济条件下，个体生产者的劳动产品不需要“采取与它们的实际存在不同的虚幻形式”，亦即产品不需要交换的中介就直接进入了消费，因此，我们通常所说的自给自足就是指生产和消费的这种自然联系。只有在商品生产的基础上，劳动的共性才“是劳动的直接社会形式”（《资本论》第一卷，第 94 页），个体经济的私人劳动也只有在交换过程中才能转化为整个社会劳动的一部分，在这个时候，个体农民生产和消费的自然联系就被切断了。明人丘濬有一段总括性的议论，对我们是很有启发的。他写道：“后世田不井授（土地关系变化了），人不皆农（人口结构也改变了），耕者少而食者多，天下之人食力者什三四，而资籴以食者什七八矣（消费结构也和过去不同了）。农民无远虑（应该看作是农民要受到各种无法控制的天然联系的支配），一有收熟，视米谷如粪土，变谷以为钱（于是农民既是商品的出售者），又变钱以为服饰日用之需（又成为商品的购买者）。”（《大学衍义补》卷二五）很显然，这不是一般生活习惯的改变，是因为生产和消费自然联系分离的结果，首先改变了生产目的——从为个人消费而生产转变到为市场出售而生产，同时也改变了小农的经济地位——从自给自足的个体农民转变为小商品生产者。他们的产品在不同程度上成为商品。

首先是自然经济的剩余产品。恩格斯指出，在小农的生产还基本上是为了供自己消费的条件下，“只有当他们在满足自己的需要并向封建主缴纳实物租税以后还能生产更多的东西时，他们才开始生产商品；这种投入社会交换即拿去出卖的多余产品就成了商品”（《马克思恩格斯选集》第三卷，第 312 页）。所谓“输纳毕然后市其余，易布棉御冬，有婚丧亦借此举之”（《古今图书集成·职方典》卷一五五）就属于这一类型。剩余产品的交换是有限度的，不经常的，应当看到它还没有完全脱离自然经济体系；但是，我们也不能脱离整个明清时期商品经济已经高度发展的社会环境，而看不到它的特殊意义。实际上，这些农产品并不是在交换价值形式下生产的使用价值，因为它们并不完全是由于偶然的因素而进入流通的。在川陕楚交界的某些地区，“有田地数十亩之家，必栽烟草数亩，田则栽姜或药材数亩。烟草亩摘三四百斤，卖青蚨十千以外，姜、药材亩收八九百斤，卖青蚨二三十千，以为纳钱粮，市盐布庆吊人情之用”（《三省边防备览》卷八），可见这些产品本来就是为出卖而生产的。正如恩格斯所说：“这些私人产品不是为自己的消费，而是为他人的消费，即为社会的消费而生产时，它们才成为商品。”私人产品不是直接进入私人消费，而是“通过交换进入社会的消费”（《马克思恩格斯选集》第三卷，第 345 页），这就是它的特殊意义。

其次是多种经营的产品。湖北崇阳，“国（清）初邑东南隅种姜芎地黄红花芥穗之属，延及平坂十之三，西南隅种兰蔗山药瓜子烟草之类，夺去五谷十之七”（同治《崇阳县志》卷四）。又如苏州，“滨河近山，小民最力穑，耕渔之外，男妇并工捆屦、缉麻、织布、采石、造器，梓人、甓工，垩石工终年佣外境”（《古今图书集成·职方典》卷六七六）。农业、家庭副业和外出帮工等诸种形式都纳入了多种经营的范围，小农的生活就更加依赖出售而不再是完全仰给于生产品的直接消费了。

最后是专业化农业的产品。农业生产的专业化是一个十分引人注目的事态。“太仓、嘉定、上海三地，俱三分宜稻，七分宜木棉。凡种木棉者，俱称花以别于稻，有花田、花租之名。”（张大纯《姑熟采风类记》）又如：“珠江南岸有村曰庄头，周里许，悉种素馨，亦曰花田。”（李调元《南越笔记》卷一五）此外还有“桑田”“香四”“蔗田”之称。专业化经营是和传统的单一粮食生产相对立的，所以不少记载指出：“粤中诸茶，其在珠江之南有三十三村……而西樵号称茶山……今山中人率种茶”。（李调元《南越笔记》卷一六）龙岩“出郭南五里，有乡曰塘北，居人不种五谷，种花为业。花之利视谷胜之”（《古今图书集成·职方典》卷一一〇一）。于是我们看到，在很多地区出现了以某一类农产品为专门对象的生产集中点，仅以果树经营为例：广东顺德之陈村，“周回四十余里……居人多以种龙眼为业，弥望无际，约有数十万株”（《广东新语》卷二）。番禺之李村，方圆百里，皆种荔枝，“无一杂树掺其中”（《广东新语》卷二五）。苏州洞庭，“山地沃，一亩千缗。族植而颗者，曰涵村梅、后堡樱、东村橘、天王寺橙，其他杨梅、枇杷、林檎、鸭脚之属，弥野皆是”（《袁宏道集笺校》卷四《锦帆集》之二《西洞庭》）。此外，浙闽交界处之梨岭，“民以种梨为业”（杜臻《粤闽巡视纪略》卷五）。河北涿州之桃屯，“桃栽万万株……秋碧饱京都”（程恩泽《程侍郎遗集》卷五《桃屯》）。又“崔庄多枣，动辄成林，俗谓之枣行”（纪昀《槐西杂记》卷三）。江西“临川惟柑橘最盛，自西津折而稍南，阮坊、龚渡、白虎、龙顿之间，青林绿荫，熟时弥望累累，青黄杂糅，文章灿然。惟阮坊为最”（《古今图书集成·职方典》卷八八八）。毫无疑问，这些果农的产品是要投入市场的，经营者的生活资料（服饰日用之需）和生产资料（种子、秧苗、工具）也要借助于流通，没有市场条件是不行的，像这样集中的大规模生产，光是依靠集市贸易和地方小市场，也是不行的。我们从“秋碧饱京都”的诗句得知，涿州的水果售于北京。另据汤显祖《送人去吴下卖橘》诗“此地荣千橘，他乡富八蚕”（《问棘邮草》卷二），又可看出，江西临川的柑橘是要远销于江苏一带的。水果生产的季节性强，装运不易，尚且如此，其他农产品远销的可能性就更大了。所以，农业的专业化经营是农业生产内部的一种特殊分工，生产专业化的实质是劳动的社会化和农业的商品化，在这里，生产者基本上突破了自给自足（即生产和消费的自然联系）的自然经济外壳，使我们看到了个体小农向商品经济小生产转化的成熟形态。

第二，在自然经济条件下，小农的劳动过程是“从采掘各种原料开始，直到最后把这些原料制造成消费品”（《列宁全集》第三卷，第17页）为止，原料的生产和成品的生产是在同一个生产单位内完成的。这两种生产的结合——我们通常称之为农业与家庭手工业的结合，同样是一种自给自足，而它们的分离，也就同样表现了自然经济结构的解体。商品交换使“人与人的互相独立为物与物的全面依赖的体系所补充”（《资本论》第一卷，第126页），从而在生产领域内出现了新格局，“地不宜桑而织纴工，不宜粟麦而粳稻足，不产漆而器用工致”（光绪《永嘉县志》卷六引《永宁编》）。

上述状况，正好反映了商品经济与自然经济的不同之处。我们知道，在自给自足的范围内不可能存在发达的商品生产，而原料和成品在地域上被分离开来，各自成为单独的经济部门，这就意味着商品生产的基础——社会分工在不断扩大。所以，“不产漆而器用工致”，采掘原料、原料加工和制造成品等各个环节的劳动成果就都要突破地域的限制，取得商品的形态，并在它们之间建立一种相互依赖的供求关系。景德镇“瓷器悉籍青料，采绍兴金华诸山”，所用陶土，购自祁门，而“釉贵纯粹，无灰不成，灰出平乐”（李调元《童山文集》卷五《凫塘集序》）。制墨用烟“烟非桐油不黑，墨工在徽歙而烟则产于楚地，彼处产桐子故也”（纳兰性德《渌水亭杂识》卷三）。江西造纸，“楮皮出自湖广，竹丝产于福建，竹帘产于徽州”（雍正《江西通志》卷二七）。这些手工业部门的部分原料虽然要仰给于农业生产，但已经不是就地取材了。与此相类，桑叶是养蚕的原料，从养蚕到缫丝还要经过很多手续，蚕丝才成为绫罗绸缎的原料“地不宜桑而织纴工”，种桑者不必养蚕，养蚕者“则豫租别姓之桑”（朱国祯《涌幢小品》卷二）于是蚕桑就析为两途。李剑农先生认为，丝织业与个体农户的分离，其端倪已见于晚唐（《宋元明经济史稿》，第45页）。到了明清，东南丝织业“取给于湖茧”，西北丝织业“取给于阆茧”（《农政全书》卷三一郭子章《蚕论》）。漳泉生产的倭缎，原料“来自川蜀”（宋应星《天工开物》卷二）。“闽人货湖丝者，往往染翠红而归织之。”（王世懋《闽部疏》）贵州遵义在乾隆七年从山东引进山蚕，次年，民间获茧至800万，此后“遵绸之名竟与吴绫蜀锦争价于中州”。但遵义的织户并不皆是蚕农；即使是养蚕者，也不完全是自给自足。或“售卵于市”，“卵者，已布卵之筐也”；或“售蛾于烘户”，“烘户者，专烘种待售，凡村落皆有之，便人亦自便也”。蚕茧要用火炕，炕毕，“盛于篼，售则肩诸市，非强有力者，不胜三万也”（郑珍《樗茧谱》）。于是，植桑、育种、养蚕、缫丝、染色、机织都在不同程度上分离开来，家庭手工业与农业的结合就不再是唯一的普遍形式了。“雷人善织葛”，但原料产于“高凉硇洲而织于雷”，农业商品化使家庭副业转化为小商品生产；“为絺为绤者分村而居”（《南越笔记》卷五），社会分工又使小商品生产走上专业化经营的道路。在棉织业中，据王象晋《木棉谱序》：“北土广树艺而昧于织，南土精织纴而寡于艺，故棉则方舟而鬻于南，布则方舟而鬻于北。”（《元明事类钞》卷二四）明代嘉兴，“地产木棉甚少……往往商贾从旁郡贩卖棉花”，列肆市中，而农民纺纱织布，“家户习为恒业”，每入市，皆以纱布“易棉花以归”（《浙江通志》卷一〇二）。清代崇明棉农又只出售棉花，外来的闽广商人，也“只买花衣”，“盖彼中自能纺织也”（褚华《木棉谱》）。所以，棉和布在商品形态上的分离，实际上反映了棉织业与个体农户的分离。丝棉纺织业都开始突破了男耕女织和自给自足的传统形式，就为商人资本从流通领域进入生产领域创造了有利条件。例如苏州商人胡友松，原为地主，后弃本逐末，“崇德业种蚕而长洲织工为盛，翁往来二邑间，贸丝织缯绮，通贾贩易，竟用是起其家”（《陆尚宝遗文·友松胡翁墓志铭》）。商人资本的活动从此超出了单纯的贩运贸易的范围，当崇德的蚕农和长洲的织工都接受同一个商人的支配的时候，资本和雇佣的关系也就从这里产生了。

第三，在自然经济条件下，小农闭地自守，农恒为农，世不改业，农村人口的社会构成长期凝固。这种局面，既和小农生产的自然性分不开，又和封建国家推行“人户以籍为断”的政策有关。但由于阶级斗争的影响，使日益僵化的官僚机构和日趋变动的社会经济生活之间的矛盾冲突愈加尖锐，从而也使有效的户口编审愈加难以实现。万历初，江西新建的鱼鳞册已无一字可考（见《明经世文编》卷四三八张栋《因事陈言疏》），黄册不足为据，不少州县征收钱粮又另立“白册”（张萱《西园闻见录》卷三二）。嘉靖时人朱衣还针对汉阳的情况写道："三壤之则，负版之式……藏以至密之地，示以至严之法……于今日名存实亡。"因为汉阳170多年的户籍档案仅余9册，根据朱衣鉴定的结果，其中又只有1册还可资"凭信"（嘉靖《汉阳府志》卷五），明代户口图籍的混乱，于此就可见一斑了。有趣的是，刘邦到咸阳，萧何便首先收藏秦代丞相御史的律令图书，而清人入关，玄武湖所存明代户口田亩册，却在南京大街上论斤出卖。方文有《负版行》一诗"官价每斤钱七十""十四万金可立得"（《嵞山集》卷三），足证其数量之大。此后，脱漏户口之法废而不行，再加之农业商品化给农民开辟了广阔的生活门路，这就从政治上和经济上给农民外出谋生提供了更大的自由和更多的可能，于是原来那种和自然经济相吻合的凝固的人口状况显然适应不了商品经济发展的需要而不能不在新的历史形势之下产生新的变革。

经济活动是通过人来实现的。自给自足导致小农安土重迁，各种经济联系的加强则使人们的社会交往不断扩大，而扩大的社会交往又必然导致小农突破闭地自守的藩篱。记载称湖广地区，"东南之人以觅利至，西北之人以避地至"（《古今图书集成·职方典》卷一一一四），这种五方杂处的状况和历史上常见的人口逃亡是不同的两回事情。为了和单纯的流民相区别，我们把这一新的社会动向称之为经济性的人口移徙。它的出现主要是商品经济对农村的渗透和城市工商业对农村人口吸引的结果。它的特点，从户口制度上看，表现为"客无定籍"（嘉靖《沔阳志·食货》）；从经济能量上看，表现为"客强于主"（《古今图书集成·职方典》卷六五九）；从移徙数量上看，表现为"客处浮于土著"（代金《嘉靖汉阳府志序》）。

这样讲并不是没有依据的。例如在襄阳谷城是"土四而客六"（同治《谷城县志》卷二引《冯荐纪事》）；在荆州远安是"主客相半"（《古今图书集成·职方典》卷一一九三）；在处州云和是"流移侨居者什六"（《古今图书集成·职方典》卷一〇二九）。现在要问：大约十之五六的流移侨居人口究竟主要属于什么社会成分呢？许多材料告诉我们：在大同，"工匠半属外方流寓"（《古今图书集成·职方典》卷三四六）；在安陆，"地多异省之民，商游工作者"（《古今图书集成·职方典》卷一一四二）；在徐州，"凡百工技艺之徒，悉非土著"（《古今图书集成·职方典》卷七七一）；在海州，"虽本土贸易之事，亦皆外来人为之"（隆庆《海州志》卷二）；在瑞金，"土著之人为士为民，而农者、商者、牙侩者、衙胥者，皆客籍也"（同治《瑞金县志》卷一六杨兆年《上督抚田贼始末》）；在香山，"织缝贸贩，东莞之民也，耕获版筑，新会之民也，斧斤木石，顺德之民也，皆雇觅为之，无务工商者"（康熙《香山县志》卷一）。据此可见，这批移徙人口的基本成分是商游工作者，即商人、小商贩和各色手工业工人。这和普通流民显然是有区别的。

应当研究一下这批移徙人口的社会意义。首先，他们向四方扩散，带来的是商品和工技。例如在河北宣化，“其土木工自山西来，巾帽工自江西来，及他匠出自外方者种种有之”（《古今图书集成·职方典》卷一五五）。松江本地，过去没有木器店，但“徽之小木匠争列肆于郡中”；过去也没有蒲鞋店，而“宜兴业履者率以五六人为群，列肆郡中，几百余家”（范濂《云间据目抄》卷二）。这就使一些地区旧的生产状况得到了调整和更新。其次，他们所到之处，促进了各地的物资交流，使商品市场不断扩大。湖北巴东“治临大江，舟楫如织，上通川贵，下达吴越，四方之民，杂居萃处，负贩茶盐，而居民亦赖以贸易饶给”（《古今图书集成·职方典》卷一一九三）。又如黄梅，“其工匠无土著，率四方来者，取相通而食，凡开张百货、通盐利者，又皆西吴徽歙之人”（光绪《黄州府志》卷三《风俗》）。恩格斯曾经说过：“直接的社会生产以及直接的分配排除一切商品交换。”（《马克思恩格斯选集》第三卷，第347—348页）但是，商游工作者的活动对这种直接的生产和直接的分配起着腐蚀和瓦解的作用，他们的足迹愈向社会的各个角落深入，间接的社会交往的内容就愈丰富，就愈能刺激产品向商品的转化，因之，一旦某些地区生产者的生产与消费的自然联系在不同程度上被切断之后，这个作用也就会愈来愈显得重要。主客之间，“取相通而食”，乃至“百工末艺，尽出游民”（《古今图书集成·职方典》卷八〇七），“器用货物，悉资他邑”（《古今图书集成·职方典》卷一三四九），或“服食器用鬻自江南者十之六七矣”（《古今图书集成·职方典》卷二三八）。百工器用和日常生活资料的谋求，已经在相当程度上不是依靠直接的自然交换，而是要通过间接的社会交往的方式来获得，这一事实的本身就证明，商游工作者的移徙活动已经成为经济生活中一个不可缺少的重要因素。

还必须指出，在这批移徙人口之中，一部分当为原有的城市商人，他们要跟随贩运贸易的路线而游食四方，但另外一大部分肯定是从农村家庭副业中分离出来的。由于小农生存能力的提高，农村人口密度增大，不少地区已不是土旷人稀，而是“尺寸无弃土”但人口和土地比例关系的变化，又使很多小农难以在一小块土地上自给自足。江西“吉安南昌等府之民，肩摩袂接，地不能使之尽农，贸易不能使之尽商，比比游食他省”（《海瑞集》上编《兴国八议》）。又如贵溪，“乡之民力田而外，籍资生理，工其一焉，或陶于饶，或楮于铅，或效技于本邑他郡”（同治《贵溪县志》卷一之八引《康熙志》）。所以，明清时期“客浮于主”的现象是有其深刻的社会经济根源的，这不是单纯的人口流动问题，而是在中国特定的历史条件下，个体农民向商品经济小生产转化的一个特殊形式。

还应当看到，一方面，随着商品生产门类的增多，流通渠道的顺畅，以及消费水平的提高，必将促使商人资本进一步向农村深人，选择生产和转运条件较好的地方建立新的经营场所；而另一方面，繁荣的商品经济作为一股巨大的吸引力，又必将促使农村家庭副业进一步与农业相分离，明清时期广大农村中出现的工商业市镇，就是上述两个方面交互作用的成果之一。当然，首先出现的还是一些专业化的手工业生产据点。例如安徽繁昌的红花山和高塴二处就有“纸户造纸”（《古今图节集成·职方典》卷八一五），而广东“从化有流溪纸，纸出流溪一堡。有上流纸渡，下流纸渡二渡，专以运纸，故名。……男女终岁营营，取给篁菁，绝无外务”（《广东新语》卷一五）。细审以上材料，这类纸户应试是属于脱离了农业生产的专营手工业者。同上引《职方典》还记载，繁昌的徐冲产席，俗即称为徐冲席。又张春华《沪城岁事衢歌》也说：“布之精者为尖，有龙华尖，七宝尖名目。龙华、七宝，皆吾邑镇名。”上述产品都以其产地之名呼之，正好反映了这一地区已经成为生产这种产品的集中据点。人们熟知的枫泾、新泾、安亭、魏塘，都与棉织业有关，盛泽、双林、菱湖、南浔，都与丝织业有关，可以肯定，这些江南著名市镇都是由一些村落式的生产据点逐步发展起来的。从农村家庭副业到比较集中的生产据点，再到人烟辐辏的手工业市镇是一个历史过程，也可以肯定，一大批个体农民向商品生产者转化，就是循着这一历史过程的轨迹逐步实现的。

此外，在仍然以农业经营为主的广大农村中，人口的社会构成状况也不是没有变化的。江苏洞庭是一个小小的山水之区，其地“四民之业，商居强半”（《归庄集》卷六《传砚斋记》）。江西靖安的龙丘也是一个小山村，其地“男子半耕田半负贩”（《古今图书集成·职方典》卷八五三）。湖南龙阳，“耕织负贩相半”（《古今图书集成·职方典》卷一二五九）。湖北黄冈，“其地以耕与他业半”（《古今图书集成·职方典》卷一一八三）。山西泽州，“男多商贾，女多纺织”（《古今图书集成·职方典》卷三六一）。这和农恒为农，世不徙业的状态也是大相径庭的。

前已指出，封建经济的自然性表现在生产的单一性上，农业是主要的生产部门，粮食是农业生产的主要内容，手工业是作为农业的副业而出现的，男耕女织的自然分工又决定了农民职业的单一性，所以家庭手工业与农业的结合成为农村中普遍的生产形式。现在我们从上述材料中看到的却是另一景象：农村中商品经济的比重增大了，外出谋生的农民更多了，副业生产的地位重要了，某些家庭副业还趋于逐步与农业分离而成为单独经营的手工业，一部分农民已相应成为农而兼工或农而兼商的小商品生产者，一部分人更脱离土地，直接转入城市成为小商贩和雇佣劳动者。明人丘濬正是在观察到“江右之人大半侨寓于荆湖”地区的实际状况之后，主张把有田产的人称为“税户”，把佃农称为“承佃户”，而把“专于贩易佣作者”称为“营生户”（《大学衍义补》卷一三）。这批“专于贩易佣作者”

亦即在经济性人口移徙过程中形成的商游工作者，其数量和能量已经引起了时人的关切，所以，除“营生户”这个称呼之外，明代的著作中还一再出现过“市民无田，其乡民有田”（王琼《双溪杂记》）和“市民勤生业，乡民勤农业”（姜准《岐海琐谭》卷四）的说法。我并不认为这里的市民就完全等同于西欧中世纪晚期的市民；但是，无论如何，上述市民和营生户的概念都应当是部分农业人口与自然经济分离和某些家庭副业与农业分离这一客观现实在人们思想认识中的反映。小农自然经济向商品经济的转化同样在农村人口社会构成的变革上得到了证实。

列宁曾经说过：“在资本主义的历史发展中有两个重要关键：（1）直接生产者的自然经济转化为商品经济，（2）商品经济转化为资本主义经济。”（《列宁全集》第一卷，第77页）这两个转化过程是不可截然分开的，自然经济小生产向商品经济小生产的转化直接为商品经济向资本主义经济的转化提供物质基础，所以，在第一个转化过程开始以后，第二个转化过程就具备了产生的现实性。这就是明清小农自然经济结构解体的历史意义。

（原载《四川大学学报》1983年第4期）

清代的商人和商业

一、商人阶层的基本概况

明末清初，由于战乱频仍，各地商业活动都受到不同程度的影响。

康熙中叶，清朝的政治统治全面稳固，社会生产也从恢复期转入迅速发展的阶段，清代商业资本的活动领域也逐步开拓，经历了一百年左右的时间，进入乾隆盛世，才出现全国性的商业繁荣。嘉庆、道光之际，虽然外国资本主义的“洋货”源源不断地输入中国，但在鸦片战争以前，国内市场并未发生太大的变化，当时的情况，正如龚自珍所概括的“五家之堡必有肆，十家之村必有贾，三十家之城必有商”①，城乡人民的日常生活与商品市场的关系是愈来愈密切了。

商业的持续繁荣是商人阶层日趋稳定的表现。

最活跃的是徽商。徽州人外出贸易的传统根深蒂固，“其俗，男子受室后，尊者即督令行贾，无赢折皆不得速归，久者数十年，近亦逾纪”②，故“起家至陶猗者不可指屈”③。其经营的种类很多。

其次是晋商。康熙二十八年（1689），玄烨南巡途中的上谕指出：“夙闻东南巨商大贾，号称辐辏，今朕行历吴越州郡，察其市肆，贸迁多系晋省之人。”④ 然而晋商的活动地区也

---

① 《龚自珍全集》第1辑《平均篇》。

② 方苞《望溪先生文集》卷一三《王彦孝妻金氏墓碣》。

③ 全祖望《鲒埼亭集外编》卷六《宗征君墓幢铭》。

④ 《清圣祖实录》卷一三九。

并不限于吴越。

再次是陕商。“陕地繁华，以三原、泾阳为第一，其人多服贾吴中。”[①] 陕商在江浙地区经营棉布业，历史悠久，规模并不亚于晋商。此外，陕西邻近四川，当时蜀中移民，首推湖广，陕西次之，因而陕商在四川颇有势力。清代前期，四川井盐发展较快，但“川省各厂井灶，秦人十居七八，蜀人十居二三”[②]。自流井的钱庄业肇始于雍乾之际，大半为陕商操纵，著名的西秦会馆（今自贡盐业历史博物馆），亦为陕商集资修建，捐银商号多达152家。他们既投资盐井钻凿，又从事井盐贩运，两者皆获利甚丰。

江苏的洞庭商人别具一格。乾隆初年，有记载称，西洞庭三十余湾，居民万余户，东洞庭二十余湾，约三万余户，“乡里之间，衢巷曲折”[③]。翁氏、席氏，均为洞庭望族，不仅广占田园，而且累世货殖。清人文献，或称“山中大姓，类以商旅纤啬起家”[④]；或称其地“人多饶于财，四民之业，商居强半”[⑤]。

浙江的宁波商人很有特色。一方面，宁波地理位置优越，水陆交通方便，民物殷阜，本身就是一个繁华的商业区。“鄞之商贾，聚于甬江。嘉、道以来，云集辐辏，闽人最多，粤人、吴人次之。旧称鱼盐粮食码头。”[⑥] 另一方面，“巨艘帆樯高插天，危楼簇簇见朝烟，江干昔日荒凉地，半亩如今值十千”[⑦]，说明经济发达，吸引了大量客商，同时也刺激了土地价格的上升。这些因素又促使宁波商人把目光转向外地，利用积聚的货币财富去开辟新的市场。福建、广东、江苏、山东各省，都有宁波商人的足迹。乾嘉时期，北京著名钱庄恒兴、恒利、恒和、恒源，统称“四恒”号，“均系甬商经纪……信用最著，流通亦最广”[⑧]。京中洋货庄、粮食铺、典当铺以及九城富户、政界显贵，都和四恒保持金融来往，因其“资本雄厚，市面繁荣萧索与有关系”[⑨]。

商人多是从农村中分化出来的。例如徽商，“徽州富甲江南，然人众地狭，故服贾四方者半土著”[⑩]。江苏吴江，“人浮于田，计一家所耕，不能五亩，以是仰贸易工作为生”[⑪]。

---

① 屈大均《翁山文外》卷一《宗周游记》。
② 刘锦藻《清朝续文献通考》卷三七。
③ 《皇清奏议》卷四三陈大受《备陈太湖情形疏》。
④ 汪琬《尧峰文钞》卷一五《席舍人墓志铭》。
⑤ 《归庄集》卷六《传砚斋记》。
⑥ 光绪《鄞县志》卷二。
⑦ 光绪《鄞县志》卷七四胡得迈《甬东竹枝词》。
⑧ 陈夔龙《梦蕉亭杂记》卷一。
⑨ 崇彝：《道咸以来朝野杂记》，北京古籍出版社，1982年，第104页。
⑩ 魏禧《魏叔子文集》卷一七《江氏四世节妇传》。
⑪ 《皇朝经世文编》卷三九张海珊《积谷会议》。

至于地主弃农经商，往往兼有商人和地主双重身份。洞庭严舜工，“严氏之先，则士商相杂，舜工又一人而兼之者也”①。刘秉恬，洪洞人，以举人官四川总督，其家系布商，资财巨万，人呼之为“梭布刘”。邵厚庵，大兴人，乾隆初，以拣选出任黄陂知县，后官苏州知府，其家于北京开设银号，都中呼为“邵行”。毕沅，镇洋人，乾隆二十五年状元，官湖广总督，他的先世也以经营棉花起家②。张集馨，仪征人，道光九年进士，曾署理陕西巡抚，其父于嘉庆十九年开设公正米行，二十四年又开设棉花店，并兼营绸缎③。在学者中，钱塘姚敬恒，曾“隐于市廛，稍营什一之息以养家”④。有些人既擅长营运，又精通文墨。杭州汪氏，世代经营盐业和典当业，号称汪百万，同时藏书甚富，闻名浙西，四库进呈本中，有不少即为汪氏振绮堂所献⑤。程晋芳、江鹤亭、马曰璐等，也一面经商，一面附庸风雅，广泛结交文坛名流。工于算计的商人，“一缕一丝，一粒一粟，弗敢轻费。其有以缓急告，虽义不可已，亦忍而弗之割。其居货也，雠过其值，犹不以为慊也。其道务求赢余，而俯拾仰取，低昂盈缩，皆有术数，而忠信之说用之于货殖，则以为立穷”⑥。这才是商人形象的真实写照。可惜这样的材料比较稀少，也许它正好表明，日益壮大但仍旧处在过渡阶段（即资本主义萌芽时期）的清代商人阶层还没有找到一种“纯粹的形式”把自己充分地表现出来。

二、国内市场的发展

国内市场包括农村市场和城市市场两大类型。农村市场是以集镇为活动场所的基层市场。至于城市市场，康熙时，刘献廷指出：“天下有四聚，北则京师，南则佛山，东则苏州，西则汉口。然东海之滨，苏州而外，更有芜湖、扬州、江宁、杭州以分其势，西则唯汉口耳。”⑦ 大城市是区域市场的中心。中小城市的水平参差不齐，有的接近大城市，有的和集镇相去不远，但它们作为地方市场的中心，介于农村基层市场和城市区域市场之间，

① 《归庄集》卷六《传砚斋记》。

② 见批本《随园诗话》批语。

③ （清）张集馨：《道咸宦海见闻录》，中华书局，1981 年，第 6—9 页。

④ 全祖望《鲒埼亭集》卷二六《姚敬恒先生事略》。

⑤ 据《汪穰卿先生传记》卷一。

⑥ 《戴名世集》卷九《郑允惠墓志铭》。

⑦ 刘献廷《广阳杂记》卷四。

是双方不可缺少的纽带。因此，从城乡差别方面看，清代的国内市场包括两大类型，而从市场的结构方面看，又可区分为三个不同的层次。

第一，以农村集镇为活动中心的基层市场。集镇有固定市期，为了给购销双方提供更多的接触机会，邻近集镇的市期又彼此错开。在这里，分散的农村集镇由于市场功能的一致而互相联结，就好像一个分布均匀的流通网络。

集镇作为农村市场的实体，它的交易内容必然要受到所在地区农业商品化程度的制约，因而农民根据各自的经营状况投入市场的商品也必然表现为几种不同的类别。

首先是小农经济的剩余产品。它主要指农民全部生产品中自给有余的部分。即“日用常物”，“粟米酒脯菜炭而已”①。

其次是农村多种经营直接向市场提供的农、副业产品。清代的商品性农业广泛采用多种经营，它主要指农民因地制宜，发展经济作物和家庭副业。这种方式改变了农业生产的单一性，在不同程度上带有商品生产的性质。川、陕、楚毗连各县的山区农村，“有田地数十亩之家，必栽烟草数亩，田则栽姜或药材数亩。烟草亩摘三四百斤，卖青蚨十千以外，姜、药材亩收八九百斤，卖青蚨二三十千，以外纳钱粮，市盐布，庆吊人情之用”。另一方面，城市产品也源源不断地输入农村。四川境内的大竹河，“商贾聚集，为太平（今万源县）通水程之所。自东而西，可行船，山内所产药材、茶叶，由此顺流而下，至陕西紫阳任河口，计程三百六十里，合汉江，直达襄樊。襄樊花布等货，泝流至此起，旱运发各处”②。城乡互为市场，形成了固定的商品转运路线，分布在线路上的集镇就担负着装卸和集散商品的任务。

最后还有农村经营专业化产品。一个地区，有较多的农户，专门（或主要）经营某一项农副产品的生产，并把产品的全部（或大部分）投入市场，是商品性农业向高层次发展的结果。这种经营方式和集镇的关系非常密切，形成了一批以集散本地大宗商品（如茶叶、烟草、水果、药材、鱼苗、猪、牛、丝、麻、花、布、粮食等等）为主要任务的专业性集镇。江西分宜盛产苎麻，“苎商云集各墟市，桑林一墟尤甚”③。宜黄棠阴，“人烟稠密，买卖亦繁，该处向出夏布，闽省贸易之人每于春夏之交，纷纷往来”④。上述集镇自身特点是和当地农村生产结构的特点相一致的。但还有另外一种专业性集镇，它们主要是在商品转

---

① 乾隆《富平县志》卷二。
② 严如熤《三省边防备览》卷八。
③ 道光《分宜县志·物产》。
④ 钱宝琛《存素堂集续编》卷四《复奏查明江西地方尚无烟贩折》。

运过程中形成的。例如河北地区棉花与棉布业发展迅速，大宗产品远销山西境内，而山西“高县镇，镇为曲沃县所辖，直隶省滦城、获鹿所出棉花布匹，贩运者卸集于此，商旅甚多”①。这一类集镇和所在地区的生产结构不发生直接关联，但是大宗产品的外销必须依靠流通路线的延长，所以从整体上看，两种专业性集镇又是相互配合，并行不悖的。

在清代前期，江、浙两省商品经济的发展速度仍然居于全国的领先地位，农村多种经营和专业化水平很高。粗略言之，苏州、松江两府是棉花、棉布的集中产地，太仓、嘉定、上海三县，“俱三分宜稻，七分宜木棉。凡种木棉者，俱称花以别于稻，有花田、花租之名”②。杭、嘉、湖三府是蚕茧丝绸的集中产地，而“吴兴桑田之多，与稻相半”③。上述地区，由于生产结构的大幅度调整，不仅加快了农业商品化的进程，而且出现了一批专业性很强的手工业生产基地，集镇的市场功能和专业分工的特点显得非常突出。华亭、嘉定两县，四乡农民恃花布为生计，著名的棉布业市镇有朱泾、枫泾、南翔、罗店、安亭、娄塘等处。上海所产，据当地人记载：“有小布、稀布。小布以十九尺为率，稀布亦不过廿三尺。布之精者为尖，有龙华尖、七宝尖名目。龙华、七宝皆吾邑镇名。”④ 南浔是湖丝重要集散地，所以“南浔一村当一县，财货云屯商贾便”⑤。在秀水，“绸之类佳者曰濮院”，“布之类佳者曰陡门”⑥。而濮院于乾隆时号称日产万绸，“练丝熟净，组织亦工，是以濮院一镇之内，坐贾持衡，行商麇至，终岁贸易，不下数十万金”⑦。它的商业水平显然已经超过了某些州县城市。

综上所述，农村市场是在农业商品化的进程中出现的，商品的不同类别，反映了农村商品经济发展的不平衡，个体小农的剩余产品只能满足初级市场的需要，多种经营则为多数商业集镇创造了繁荣的条件，江浙地区的情况更充分表明，生产专业化的程度愈高，集镇的市场规模就愈大。

第二，以中小城市为活动中心的地方市场。

中小城市介于农村集镇和大城市之间，但一般讲来，它和集镇的关系更密切。山西介休，嘉庆时，共有集镇七处：西关，每月四、八日为集期，每年二月初六至十五日，七月

---

① 祁韵士《万里行程记》。
② 张大纯《姑熟采风类记》。
③ 阮元《研经室四集》卷三《秋桑诗序》。
④ 张春华《沪城岁事衢歌》。
⑤ 方文《嵞山再续集》卷二《南浔叹》。
⑥ 项映薇《古禾杂识》卷二。
⑦ 雍正《浙江通志》卷一〇二。

十六至二十五日为会期；张兰镇，每月单日为集期，每年三月一日至十日，九月二十一日至三十日为会期；另外五个集镇有会期而无市期，但会期均彼此错开。其中，张兰镇“城堞完整，商贾丛集”，是“山右第一富庶之区”①。县境之内，“北乡芦苇，西南煤炭，辛武盐场，义棠铁器，洪山磁器，一邑之利溥焉”②。从这里可以看出，地方市场的流通网络是由中小城市和农村集镇两个部分结合而成的。

此外，中小城市和大城市的距离远近不等，当地生产水平有高有低，所以商业状况很不一律。无锡、芜湖、济宁各地，手工业发达，交通便利，商品集散功能显著，在国内市场占有重要位置。另一些中小城市，因其分布在商品转运路线上，成为长途贩运不可缺少的桥梁和纽带。例如湖北云梦：“城中宽闲屋宇，多赁山西布商作寓。闻之故老云，凡西客来楚贩布，必经云城捆载出疆，历远布不变色，若不由云城改捆，一至河南，渡黄河，布多倏黯。故西商于云立店号十数处，本地贸易布店亦借以有无相通”③。还有一些中小城市，主要依靠输出本地产品进入区域市场。这种情形，在东南沿海一带相当普遍。在北方，河北涿州盛产桃、梨，献县广植枣树，产品皆运销北京④。在西南，四川綦江的枳壳和桐油，首先集中于重庆，然后沿江而下，销售于汉口⑤。乾隆初，山东蚕种传入遵义，发展甚快，“遵绸之名竟与吴绫蜀锦争价于中州”⑥。另如河南巩义，地处黄河与洛水之间，可种棉花，“巩民资生之策，强半以棉花为主，多则贸易他乡，少则自行纺织”。土产柿饼，亦“贩鬻通江淮”⑦。湖南宁远，“县在山乡，土宜粟米苎麻之外，惟产茶桐松杉，日用百需，皆资外来，境虽褊小，商贾颇多”⑧。它们和区域市场的中心城市距离较远，但是为了满足自身的需要，仍然在有限的范围内同其他地区保持着一定的交往。

第三，以大城市为活动中心的区域市场。

在北方，北京是清朝的首都，达官贵戚丛集，人文荟萃，商旅络绎，市肆繁丽，从衣食诸物到古玩书画，凡“人生日用所需”，“精粗毕备”⑨。巨大的和多层次的消费需求，使北京商业形成独特风貌，并长期保持着茂盛的局面。天津乃畿南重镇，“水陆交会，又东邻

① 祁韵士《万里行程记》。
② 嘉庆《介休县志》卷四。
③ 道光《云梦县志略》卷一。
④ 程恩泽《程侍郎遗集初编》卷五《桃屯》，纪昀《槐西杂记》卷三。
⑤ 道光《綦江县志》卷十。
⑥ 郑珍《樗茧谱》。
⑦ 乾隆《巩县志》卷七。
⑧ 汪辉祖《病榻梦痕录》卷下。
⑨ 潘荣陛《帝京岁时纪胜》。

大海，饶鱼盐之利，四方商贾往往占籍而居”①。“百货懋迁通蓟北，万家粒食仰关东”②，京津两大城市，不仅与河北各州县，而且还通过海上和陆路，与山东以及东北各省建立了广泛的市场联系。

广州和佛山位于富饶的珠江三角洲，是南方最大的工商业城市。佛山在明景泰时，有“户万余家”，康熙二十三年，便“楹逾十万”③。冶铁工业，技艺精湛，规模巨大，质量优良，铁锅、铁线等铁器产品，畅销中外，记载称其“冠履川楚”，“货贝华夷”④，“四方之贾，走赴如骛”⑤。广州还是著名对外贸易商埠，国内的茶叶、丝绸、土布，国外的香料、毛织品，皆由此进出。这个地区商品生产的内容十分丰富，不仅“广货”驰名遐迩，而且“广州望县，人多务贾与时逐，以香、糖、果、箱、铁器、藤、蜡、番椒、苏木、蒲葵诸货，北走豫章、吴、浙，西北走长沙、汉口，其黠者南走澳门，至于红毛、日本、琉球、暹罗斛、吕宋，帆踔二洋，倏忽数千万里”。与此同时，外省豪商大贾也来到广州，“各以其土所宜相贸，得利不赀”⑥。

江浙地区，商业大城市更加密集。江宁“机业之兴，百货萃焉”⑦，绸缎花色齐全，远销北京、辽沈、闽粤以及川黔各省。苏州“郡城之户，十万烟火”。“山海所产之珍奇，外国所通之货贝，四方往来千万里之商贾，骈肩辐辏”⑧。城中“洋货、皮货、绸缎、衣饰、金玉、珠宝、参药诸铺，游船、酒肆、茶店，如山如林”⑨。杭州南连闽粤，北接江淮，丝绸贸易的盛况，与江宁、苏州不相上下。扬州既是漕运咽喉，又是淮盐供应中心，这两个因素极大地刺激了商业的繁荣。上海的兴起更值得注意。陈文述《嘉庆上海县志序》称：“闽广辽沈之货，鳞萃羽集，远及西洋暹罗之舟，岁亦间至。”“诚江海之通津，东南之都会也。”

在长江中、下游，汉口是最大的商品集散市场。康熙二十三年（1684），徐炯路过此地，称其“万艘云集，帆樯蔽江，市廛鳞次栉比约三十里。风景繁庶，民不事田产，惟趋贸易，百货会集，商贾辐辏”⑩。乾隆时期，盐、当、米、木、花布、药材发展成为六个最

① 乾隆《天津县志》卷二一陈宏谋《天津府志序》。
② 同治《续天津县志》卷一九崔旭《津门》。
③ 道光《佛山忠义乡志》卷一二《祖庙灵应祠碑记》《修灵应祠记》。
④ 冼沂《佛山赋》。
⑤ 陈宗炎《佛山镇论》。
⑥ 屈大均《广东新语》卷十四、卷十五。
⑦ 甘熙《白下琐言》卷二。
⑧ 《皇朝经世文编》卷二三沈寓《治苏》。
⑨ 顾公燮《消夏闲记摘抄》卷上。
⑩ 徐炯《使滇日记》。

大的行业，各行皆有商总，各省客民皆有客长，“经理各行各省之事”[①]。这里集散的米、盐、木材，都是长途贩运的大宗商品。例如粮食，货源多半来自四川、湖南，川米经重庆、宜昌、荆州，湘米经长沙、岳州，汇总以后，再向江苏、浙江运送，所以汉口地区“粮食之行，不舍昼夜”[②]，“米往下载，无日无之”[③]。而且，除川、湘两省外，云南、贵州、广西、陕西、河南、江西等处货物，也“皆于此焉转输”[④]。

总的说来，区域市场是国内市场的主体，它有如下两个基本特征：第一，大宗商品的贸易跨越了省区界限；第二，形成了多层次和多渠道的供求联系。后者主要指城乡市场的结合。因为，在中国，如果没有农村市场，传统的郡县城市很难单独发展持久而稳定的商品经济，所以农村市场的出现显示了非常特殊的意义。简单地讲，农村市场是城市市场最坚实的物质基础，而国内市场则是在城乡互为市场的过程中确立和完善起来的。

三、市场交换

市场的交换功能必须通过商人的活动才能实现，所以商人的经营方式也在一定程度上反映了市场规模的大小和商业水平的高低。

农村集镇因受集期的限制，铺户商人的数量不会很多，在这里，最活跃的是流动商人。一片地区内若干集镇的集期相互错开，给流动商人提供了广阔的回旋余地。道光年间，四川有一首竹枝词：“流流场赶一肩挑，上灏下府过毛桥。”自注：“日日赶场曰流流场，言如川流不息也。”[⑤] 赶场，北方叫作赶集，岭南谓之趁墟，因地异名，但地不分南北，流动商人都可以根据错开的集期预先安排日程，在集镇组成的市场网络中川流不息地周转循环。

流动商人没有固定的门面。四川另一首竹枝词曾描述过他们的经营方式：“赶场百货压街檐，北集南墟名号添。”[⑥] 具体言之：“凡城市临街……支棚摆摊卖杂货生理者，晚则收归，早则铺设。”[⑦] 方式灵活简单，易于循环奔走，日用杂货的品种还可以随着季节的变换

① 《皇朝经世文编》卷四十晏斯盛《请设商社疏》。
② 《皇朝经世文编》卷四十晏斯盛《请设商社疏》。
③ 裕谦《裕忠节公遗书》卷四《会议筹借本银循环籴粜详》。
④ 刘献廷《广阳杂记》卷四。
⑤ 民国《南溪县志》附《南溪文征》卷二万清涪《南广竹枝》。
⑥ 民国《南溪县志》附《南溪文征》卷四翁霈霖《南广杂咏》。
⑦ 黄六鸿《福惠全书》卷八。

而调整，非常切合农村的实际需要。

庙会（或香会）是集镇贸易的传统方式，相沿成俗，而各地习惯又并不完全相同。山西介休的西关和张兰镇，每年各有两次庙会，每次会期长达十天之久，它的特点是围绕一个既定的交易场所，吸引外地流动商人参加，因此会期持续的时间较长。另如四川“遂宁县二月香会，商贾辐辏，百货具集。将散，沿途挨赶。三月初五日入（中江）县境，赶广福场寿佛会，初八日赶大磉墩，初九日赶石笋场，初十日赶兴隆场，十二日赶半边山，十三日赶县城内，十四日赶回水铺，十五日出县境，赶三台县之观音场。会日，远近购器用者肩摩踵接”①。特点是会期紧凑，并按一定的路线巡回，交易活动接连跨越了好几个县区。

一般地讲，农村市场的流动商人，虽然以集镇为依托，但四处奔波，不可能长期滞留在某一个集镇上。城市市场的流动商人，行止较有规则，生活相对安定，一旦打开局面，站稳脚跟，其中某些人就可能改变经营方式，转化成为定居的铺户。正因为如此，所以清代许多商业城市中客籍商人的数量都大大超过了土著商人。

铺户属于坐商，有自己的门面，如果独资经营，一家一户就是一个独立的核算单位，自行料理，自负盈亏，如果规模稍大，而又感到资金短缺，便常常采用集资经营的方式。道光十六年（1836），刘星云以一万三千元资本与刘仿玉等人合股于赣州，坐肆招牌曰祥泰，水贩分号曰光裕，仿玉资本约占十分之一。此后刘星云又与谢启镛等合股于吉安，字号曰群泰，并借给仿玉四百千文入股。两处店务皆由仿玉负责②。另据记载，山西介休富民吴龙图等十六人各出股银数万两，交侯生芸领本贸易，“自奉天以至浙江，皆有字号，每三年算账一次，将利解交，历有年所”，道光十八年（1838），因“生意萧条，不能多所赢余，各东疑侯生芸从中侵蚀，侯以各东得利多年，小有亏折，遂起闲言，彼此互争结讼”③。上例说明：一家字号可以由多家股东共同投资，而很多股东联合成为实力雄厚的集团资本，也可以同时经营多家字号。在合股形式下，投资者（股东）并不直接插手具体业务，字号的管理工作皆另委专人负责。清初，归庄指出“凡商贾之家贫者，受富者之金而助之经营，谓之伙计”④。按此原则，刘仿玉、侯生芸的身份就应当划入伙计的范围了。但伙计还有高低之分。下层伙计如同铺户主人的帮工，无权干预店务，小本生意，也无须专人代劳。掌握了经营权的上层伙计，一种即归庄所说“受富者之金而助之经营”一类人物，他们服务

---

① 道光《中江县新志》卷一。

② 沈衍庆《槐卿遗稿》卷二《泰和判牍》。

③ （清）张集馨：《道咸宦海见闻录》，中华书局，1981年，第43页。

④ 《归庄集》卷七《洞庭三烈妇传》。

的对象是单个的富商大贾；另一种是与商业资本的股份制结合在一起的，例如侯生芸，他实际上已经成为受雇于某一集团资本并控制着多家字号的“总经理”。有些伙计，例如刘仿玉，在股东的赞助下还可以进行少量投资。伙计基本上是职业商人。股东的职业状况比较复杂，不过他们投入的资金属于商业资本的性质，则是肯定无疑的。

清代的贩运贸易在继续发展的同时又出现了一些新变化。一方面，商人把货物从产地运往销区，但销售市场还有不少中间环节，运商的货物大都要经过坐商和其他零售商人的转手之后，才能最终进入消费。另一方面，贩运贸易是从商品的收购开始的，在收购市场上，贩运商人和生产者之间的联系比他们在销售市场上和消费者之间的联系要密切得多，这就为商人直接干预生产准备了条件。惟其如此，所以商业资本对生产领域的渗透也是从商品的收购开始的。

农村市场分散，农民习惯于零星交易，使商人很难在短期内完成大宗商品的收购任务，延长时间，又势必增加流通费用，提高商业资本。为了解决这些矛盾，贩运商人经常采取的方法就是向农民实行预买。出卖青苗，虽则早已有之，但清代更加普遍。山西粮商甚至深入陕、甘两省边远地区，预放资本，于是农民“借本布种”，新谷方熟，便“悉听晋商搬运”①。有的商品不宜长期贮存，或加工的季节性很强，如水果、甘蔗之类，采用预买的方法，不仅保证了货源，而且降低了损耗。经济作物也是商人预买的重点对象。湖南湘潭，“土人种烟，预给值山主，谓之佃山；客商贩卖，预给值佃山之户，谓之定山”②。江西“赣州各邑皆业苎。闽贾于二月时放苎钱，夏秋收苎，归而造布”③。农民缺乏生产垫支能力，于是商人乘虚而入，其间难免要夹杂一些高利贷色彩，但商人追逐的显然不是利息，而是生产者的产品，从这个角度看，预买实际上已成为一种事前约定事后履行的商业行为。一经约定，农民便承担了按期交货的义务。为了履行义务而生产，农民的产品就不再是被当作商品来交换，而是从它开始生产的时候就具备了商品生产的性质。这是商业资本向小农经济直接渗透的表现之一。

在清代，很多商品的交易活动仍需经过牙行的居间介绍。例如，乾隆时，褚华记载上海地区的农民出售棉花，“另有行户，晨挂一秤于门，俟买卖者交集户外，乃为之别其美恶而贸易焉。少者以笠盛之，多者以蒲包”④。行户“衡其轻重，别优劣以定价而于其中取百

---

① 《皇清奏议》卷三一史贻直《筹禁烧锅疏》，《牧令书》卷十二李殿图《裕仓储以纾民力》。
② 嘉庆《湘潭县志》卷二九。
③ 吴其濬《植物名实图考》卷一四。
④ 褚华《木棉谱》。

一之利，名花主人家”[①]。又如棉花，销地商人来到产地，也必须首先投行，并由牙行经纪人代办收购业务。明末，褚华的从六世祖就是一位专营棉布的行户商人，“秦晋布商，皆主于家，门下客常数十人，为之设肆收买，俟其将戒行李时，始估银与布，捆载而去”。行户亦称主人，以别于客商，所设之肆，名曰布行，或花布行。不过乾隆以后，情况有了变化，“商人乃自募会计之徒出银采择”[②]，即客商自行组织，雇佣能够检验商品级别和熟悉市场行情的人员，直接从事收购。所以，道光时张春华指出“关陕及山左诸省设局于邑广收之，为坐庄”，而“布肆列在城市，售取每不便，于郭外静处觅屋半间，天未明，遣人于此收售，为出庄”[③]。它的特点，一是逐渐摆脱了牙行的束缚，二是销地商人在产地设局，遂由行商变成了坐贾。无锡之布，“坐贾收之，捆载而贸于淮、扬、高、宝等处”，而“坐贾之开花布行者，不数年即可致富”[④]。花布行突破了牙行的垄断，既大量收购产品，又进行“以花易纱”或“以花易布”的活动，力图在控制产品市场的同时进一步控制原料市场，促使小生产者更加依附于商业资本。苏州之布，名重四方，“各处客贩及阊门字号皆坐庄买收，漂染俱精”。字号店商人把采购、加工、发卖合为一体，不仅自行设庄，而且还雇佣工匠，兼营漂染作坊，故“自漂布、染布及看布、行布，一字号常数十家赖以举火”[⑤]。尽管字号店和花布行都没有直接支配棉布生产者，但两种经营方式的区别仍然十分显著：花布行商人继续停滞在流通领域之内，而字号店商人却通过掌握加工环节进入了生产领域，他们和踹匠染工之间雇佣关系的确立，就标志着这一部分商业资本已经实现了向产业资本的转化。

江浙地区丝绸交易同样经历了一个逐渐摆脱牙行控制的曲折过程。以秀水濮院为例，开初，收丝有乡丝行，收绸有绸行。绸行又分京行、建行、济宁行、湖广行、周村行名目，“各以其地所宜之货售于客”[⑥]。后来外地商人也陆续在产地设庄，自行采办。两者的区别是：“盖昔时京省客帮到镇买货，绸行系代客买卖，今之绸庄则坐庄收货，而销售于他省，性质不同也。”[⑦] 不过，绸行的衰落，只改变了商品收购的传统格局，但在个体生产和分散经营的情况下，如果商人仅仅依靠零敲碎打的方式，那就很难保证大宗商品的迅速运转。

---

① 张春华《沪城岁事衢歌》。
② 褚华《木棉谱》。
③ 张春华《沪城岁事衢歌》。
④ 黄印《锡金识小录》卷一。
⑤ 民国《吴县志》卷五二引乾隆《元和县志》。
⑥ 金淮《濮川所闻记》卷三。
⑦ 民国《濮院志》卷十四。

因此，在组织货源的问题上，他们还必须另外寻求一条切实可行的门路。于是，从纺织业自身的特点出发，由商人直接向生产者提供原料，换回成品，就成为一个最佳的选择。所以濮院之“业绸者虽不业丝，亦必购买新丝以贷于机户，而收其绸，谓之折丝”①。花布行以花易布，多是生产者织成以后，持以易花，双方联系比较松弛；但丝绸生产工艺比棉布精细，专业化的程度更高，因而上述这种交换形式在丝绸行业中推行得更彻底。民国《吴县志》据采访册的资料记载，当地专营纱缎业的账房，其“开设年期有远至二百余年者”。“各账房除自行设机督织外，大都以经纬交与织工，各就织工居处雇匠织造，谓之机户。”②机户直接向账房领织，谓之代料，它和上文的折丝，名异实同。这些机户的大多数仍属于分散的个体生产，但他们和账房的联系是固定的，他们既不购买原料，又不出售产品，而是通过某种交换形式直接向同一个账房主人提供自己的劳动成果。所以账房和字号同样体现了商业资本向产业资本的转化，只是两者所采用的方法稍有差异罢了。

总之，清代的商业已经发展到一个重要的转折时期。一方面，商业资本向生产领域的渗透（主要指商人利用收购商品，侵入生产过程，不包括商人直接向某些生产部门的投资），导致商人支配生产，这是中国封建社会内部孕育资本主义萌芽的途径之一。但另一方面，如前所述，商业以市场为依托，市场以城市为中心，可是商人土生土长，和城市没有先天的血缘关系。民间俗谚“无徽不成镇”；然而就在徽州这个地方，其民“世治则出而贸易，世乱则归家。家各有田，多者数十亩，少亦数亩”③。商人一边从农村游离出去，一边又把自己的“根”扎在农村的土地上，这种亦农亦商，农商相杂的双重格局正好反映了转折时期商人阶层的矛盾处境，所以他们只能审时度势，徘徊于城乡之间。由此看来，直到清代中叶为止，商人支配生产的事例还仅仅发生在少数地区的个别行业中，就不是什么偶然的现象了。

（白寿彝总主编，周远廉、孙文良主编：《中国通史》第十卷《中古时代·清时期》上册，第六章第一节“商人和商业”，上海人民出版社，1996年，第601—618页）

---

① 民国《濮院志》卷十四。
② 民国《吴县志》卷五一。
③ 汪士铎《乙丙日记》卷一。

明代的四川

第一节　明代四川的政区建置

明朝（1368—1644）建立之初，全国尚未完全统一，至洪武四年（1371）六月，明军入蜀，消灭了大夏政权，四川才正式归属明王朝管辖，仍承袭元朝的制度，置四川等处行中书省。洪武九年（1376）六月，为了加强中央集权，明王朝对地方行政机构进行了重大改革，废除行中书省，改置承宣布政使司。终明之世，除南北两京附近称直隶外，全国共有布政使司13个。元代行省，军政合一，而明代的布政使司，设左右布政使各一人，只掌民事，权力缩小，这是两者的主要区别。但人们习惯上依旧沿用“省”或“行省”这一称呼。

明代的军事组织是卫所。在中央设前、后、中、左、右五军都督府，下辖都卫（后改称都指挥使司）和行都卫（后改称行都指挥使司），各地卫所即分别由都司和行都司管辖。按规定，大约5600人为一卫，下统千户所、百户所；此外还有单独驻防的守御千户所，多数直隶都司，少数隶属于卫。据《明史·地理志》记载，洪武四年九月，置成都都卫，八年十月，改为四川都指挥使司，长官称都指挥使，与布政使同驻一城。二十七年九月，又置四川行都指挥使司，驻建昌卫（今西昌）。都司是明代地方最高军事机构，它和布政使司以及专管地方刑狱的提刑按察使司（长官为按察使）合称地方三司，分理行政、军事、司法，互不统属，而且互相制约，这种多元的地方政治结构，是中央专制集权的重要组成部分。

明代省以下的政区建置，大体上是府县两级制。省下设府（或直隶州），长官为知府（或知州）。府下设县（或散州），长官为知县（或知州）。但四川还有另外两种特殊情况。第一，明代的都司卫所，大部分无实土，小部分有实土，而四川基本上属于实土卫所，辖区之内，既有屯军，又有百姓。某些边远地区，未设州县，只有军事机关，民事由卫所兼理，于是这些卫所事实上成为一级地方行政组织。第二，在少数民族地区仍仿照元朝的办法设立土司、土官。所以明代四川地方一级政区实际上有府县、卫所与土司三种类型。

关于政区调整，可以归纳为以下几个方面：

第一，改路为府。如将元代成都路改为成都府，重庆路改为重庆府，等等。府和路均属省内第二级行政区划，从这一点看，名称的变更没有多大实际意义；但从另一方面看，它精简了元代路府州县制的层次，而且宋、金以来一直沿用的“路”的建制，从此废除。府县制的确立，使明清时期的行省制度基本定型。

第二，降州为县，省县入州。关于前者，例如元代（包括明玉珍）设置的彭州、灌州、资州、汉州、简州、富顺州、万州等，在洪武初期，均降为县。以后，少数复升为州，多数遂成定制。关于后者，主要是元代各州的治所，皆附设一县，明初对此也进行了大量的裁并。如汉州州治雒县，茂州州治汶山，剑州州治普安，巴州州治化成，雅州州治严道，等等，均省县入州。这些措施不仅避免了重床叠屋的弊端，而且有助于节约国家的财政开支。

第三，根据实际情况，大幅度地调整县一级政区。明初规定，县分三等，赋 10 万石以下曰上县，6 万石以下曰中县，3 万石以下曰下县。但因人口减少，土地荒芜，所以明王朝曾多次对税粮达不到定额的县一级建制进行调整，如罗江裁于洪武六年，奉节裁于洪武九年；十年五月，又在全国范围内一次裁并 62 县，其中包括四川的双流、金堂等 34 县，占了总数的一半以上。另一方面，为了使县的布局更加合理，在裁撤的同时也适当增设了少数新县，如重庆府的永川、荣昌、长寿，均置于洪武六年，便是一例。但洪武十年裁撤的双流等县，也大部分在洪武十三年重新恢复了建制。洪武以后，四川州县基本上没有太大的变动。

第四，洪武初，将原属陕西行省的茂州、雅州、黎州，改隶四川。稍后，又割原属湖广的遵义府和原属云南的镇雄、乌蒙、乌撒、东川四军民府，并归四川管辖。洪武十五年和二十年，又先后置建昌、松潘军民指挥使司，均属四川都司。其时，四川省境“北至广元，与陕西界；东至巫山，与湖广界；南至乌撒、东川，与贵州、云南界；西至威、茂，与西番界”①。这对后来四川疆界的形成，产生了重大的影响。

明代的四川，总计领府13，直隶州6，府辖州16，县111，宣抚司1，安抚司1，长官司16。都司领卫7，招讨司1，宣慰司2，安抚司5，长官司22②。

第二节　明代四川的政治

明代四川的社会政治状况同全国的政治形势基本上是一致的。大体上讲，洪武、永乐、宣德之际，是明代政局最安定的时期，四川也不例外。据统计，《明史·循吏传》有目及附见者共约120人，“宣德以前六十余年间得百人以上，正统至嘉靖百三十余年间得十余人，隆、万五十余年间仅两人，天、崇两朝则无一人，吏治之日降可知矣”③。这些数字从一个侧面说明，景泰、天顺以后，明王朝的官风国政，日趋腐朽，社会危机，日益显露，四川地区的阶级矛盾也逐步尖锐，接连发生了好几次规模较大的农民起义。明朝末年，声势浩大的明末农民战争爆发了，李自成、张献忠两支农民军都先后多次入川，张献忠还在成都建立了大西政权，这是明代四川政治史上重要的一页。

四川地处西南，和当时的政治中心距离较远，明王朝统治上层错综复杂的矛盾及其相关的事件，不可能都对四川地区产生直接的影响，某些问题，虽然有所波及，如万历时的矿监、税使，但从全国范围来看，情况不一，各地反响也不尽相同。这里仅就目前能够见到的材料，首先归纳一下明代四川政治的概貌，然后着重介绍前期和中期的农民起义以及明末农民军在四川地区的活动。

一、明代四川的政治概况

明王朝建立之初，百废待兴，人民需要休养生息，所以洪武年间，明太祖朱元璋推行“各安其生”的总政策，提倡务实精神，严惩贪污，澄清吏治，取得了显著的效果。地方官员多能奉公守法，也往往受到群众的爱戴。根据《明史·循吏传》记述，定远（今武胜）知县高斗南与岳池知县王佐等因事被逮，“其耆民奔走阙下，具列善政以闻。太祖嘉之，赐

---

① 《明史·地理志》。

② 据《明史·地理志》。其中包括在今四川境外的镇雄、乌蒙、东川（以上均于清代改隶云南）、乌撒，遵义（以上均于清代改隶贵州）五府。又遵义府领1州、4县。此外，夔州府之建始县亦于雍正十三年改属湖北施南府。因此，在今四川境内，计有府8、直隶州6、府辖州16、县106。

③ 孟森：《明清史讲义》，商务印书馆，2011年，第102页。

袭衣宝钞遣还，并赐耆民道路费”。四川和全国一样，这种政治比较清明的局面大约维持了六七十年之久。

景泰、天顺以后，在统治阶级内部，君主荒怠，宗室骄横，宦官擅权，党争激烈，各种制度逐渐失去了有效的约束力，于是百官旷职，国事日非。在这样的背景，四川地区的政治状况也就不断恶化了。其主要特点是：

第一，吏治腐败。因循苟且，贪赃受贿，营私中饱的现象非常普遍。很多地方官员大讲排场，“登堂则盛供帐，入室则侈器用”①，所需皆无偿取于民间，而且各地都有陋规。嘉靖时，苍溪“县有蚕桑之利，岁献令若干，曰样丝”②。四川云阳有桓侯庙，湖广巴东有黄陵庙，达官往来行祭，每月不下十数起，猪羊、香烛、酒果等项开支，或责之里甲，或“别项措处”③，成为当地人民一大负担。在明代，州县各房书吏是一股特殊的政治势力，他们“据县如负隅，壅令如炀灶”④，把持官府，勾结盗匪，包揽词讼，鱼肉乡里，成为川中一大社会灾难。由于“蜀道险阻，宦者裹足”，明代后期，不少州县官出缺，无人递补，只好暂时委员代理，良莠不分，夤缘为奸，而“民生脂膏”，也就“大半耗竭于署印之手”⑤。另一方面，比较正直的官吏，又形格势禁，难有作为。例如隆庆时严清巡抚四川，“痛绝强宗悍吏”，便遭到反对者的造谣中伤，终于“解官听调”。赵贞吉上疏辩护，指出：“臣蜀人，深知清约己爱人，省事任怨。今蜀地岁荒民流，方倚清如父母，奈何弃之。任事臣欲为国家利小民，必得罪豪右。论者不察，动以深文求之。顷海瑞既去，若清复罢，是任事之臣皆不免弹击，惟全躯保位为得计矣。”⑥ 这就一语道破了明代政治状况不断恶化的症结所在。

第二，豪强暴虐。在四川，土地兼并的情形十分严重，“蜀中奸民悉以他人田产投势家”⑦，这在其他地区也是比较少的。豪强地主不仅霸占民田，而且胡作非为，交通官府，“富豪杀人，屡以贿免”⑧，甚至“置私狱禁人”⑨，凌驾于地方执法部门之上。重庆巴县王应熊、倪斯蕙皆身居要职。斯蕙之子天和，雄踞乡里，而余新民又因谄附斯蕙，擢任重庆

---

① 光绪《叙州府志》卷一一李长春《张公祠记》。
② 道光《保宁府志》卷三三。
③ 正德《夔州府志》卷一二《重神恤民公移》。
④ 光绪《叙州府志》卷一一李长春《张公祠记》。
⑤ 宗敦一：《题农民军两次入蜀事科抄》，《清代档案史料丛编》第6辑，中华书局，1980年，第56页。
⑥ 《明史·严清传》。
⑦ 《明史·马如蛟传》。
⑧ 《明史·张昺传》。
⑨ 嘉庆《四川通志》卷一一〇。

知府，两人狼狈为奸，声称天启元年（1621）奢崇明之婿樊龙攻城时，有人内应附贼，于是借清查之机，敲诈勒索，“破灭数百千家”，民怨沸腾。崇祯六年（1633），王应熊入阁，其弟应熙又是地方一霸，倪、王两家互争雄长，攻讦不休，而“占风望气之徒构煽其间，激成大狱，倪氏倾复殆尽，舆论哗然”①。“乡人诣阙击登闻鼓”，上告王氏家族，“列状至四百八十余条，赃一百七十余万”②。终因王应熊的关系，此事不了了之。

第三，宗室骄横。洪武十一年（1378），朱元璋封其第十一子朱椿为蜀王，建王府于成都。按照明朝的制度，皇子封亲王，嫡长子世袭，其诸子封郡王，亦嫡长子世袭，故迄至明末，四川各地郡王府已有19处之多。亲王“岁禄万石，府置官属。护卫甲士，少者三千人，多者至万九千人”，亲、郡王及其他宗室子弟，“禄之终身，丧葬予费”③，完全是一个典型的不劳而获的寄生阶层。但《明史》盛称蜀府诸王“皆检饬守礼法”，这不过是因为封地远离明王朝的政治中心，蜀王和中央政府之间没有多少直接的利害冲突，而在四川，他们仍然是“下天子一等”的特殊贵族。弘治年间，营造保宁王府，“役者数万人”④。万历时，成都附近州县膏腴良田，“为王府者十七，军屯十二，民田仅十一而已”⑤。他们的巧取豪夺，引起了人民的强烈不满。崇祯四年（1631），“蜀宗人虐民，民相聚，将焚内江王第”⑥。十三年，成都“两院三司之书吏七八百家，歃血与王府斗，家带僮什，约共数千人，骑马执器，自城内出青羊宫，谓之扬兵”⑦。这虽然是两股地方恶势力之间的斗争，但它的尖锐程度也足以说明，四川地区的社会危机已经发展到很难收拾的地步。

崇祯十四年（1641），一场大规模的民变爆发了，开初，彭县知县“以民间未纳鞭银为衙役工食，令自往索之。岁除，索甚急。民皆怨”，人民“集众入县，尽毁役之家”⑧。于是成都府属和上川南各州县闻风而动，仅雅安一地，“百姓各执枪棒进城，拆毁衙役房屋，打死蠹役数十人”⑨ 民变迅速扩展成以除“五蠹”为内容的群众性的政治斗争。所谓“五蠹”，一曰衙蠹（指州县吏胥）；二曰府蠹（指投献王府，武断乡曲者）；三曰豪蠹（指土豪劣绅）；四曰宦蠹（指缙绅家义男，借主子权势作威作福者）；五曰学蠹（指生员中好事

---

① 民国《巴县志》卷一〇。
② 《明史·王应熊传》。
③ 《明史·诸王传》。
④ 嘉庆《四川通志》卷一一〇。
⑤ 《万历实录》卷四二一。
⑥ 嘉庆《四川通志》卷一一二。
⑦ 费密《荒书》。
⑧ 费密《荒书》。
⑨ 李蕃《明末清初雅安受害记》。

生非者）。斗争的打击对象非常广泛，而且声势浩大，持续三年之久，它是四川地区长期潜伏的各种社会矛盾的总爆发，并为崇祯十七年（1644）张献忠入川和大西政权的建立创造了十分有利的形势。

二、明代前期和中期四川的农民起义

明代四川的农民起义，主要发生在天顺、正德、嘉靖和崇祯时期。但明初也有一些零星记载，例如：洪武六年（1373），“擒重庆妖贼王元保”[①]，十二年，“四川妖人彭普贵为乱”[②]，二十五年，“叙州山寇作乱”[③]，二十八年，“四川贼田大虫作乱”[④]，三十年，“擒蜀寇高福兴，俘三千人”[⑤]。从“妖贼”一词看来，某些事件与秘密宗教有关，应当属于元末农民起义的余波，有的规模也不算小，但没有留下更多的材料，无法了解它们的具体过程。关于明末农民军在四川的活动，将另作一段，专门介绍，这里只着重叙述发生在明代前期和中期的三次农民起义的情况。

赵铎起义

天顺六年（1462）八月，“四川盗起”[⑥]，明王朝调陈泰巡抚四川。这时起义的领导者名叫悟昇，籍贯和来历不详，史料上称作“妖僧”，估计仍与秘密宗教有关。最初他同何文让等人活动于汉州以及夹江、蒲江、安岳一带，因官军阻击，乃向川东转移，与广安州岳池县杨瓒会合，由水路趋泸州，然后在荣昌、遂宁、永川、铜梁等地流动作战。

赵铎，德阳人。其父为县阴阳训术，早死。铎希望承袭父业，“乃称贷于人，以赂县官”，但“文移展转，岁余不得，家益贫，自顾终不能偿所贷”[⑦]；加之又有仇人告密，称其藏匿“群盗”，被官府追捕，于是在天顺七年十月[⑧]，正式号召起义。赵铎很可能早就和悟昇有联系，所以当他公开行动时，“汉州诸贼皆归之”[⑨]。于是他自称赵王，以安浩为将军，席评事为谋主，拥众数千人，焚官廨，烧府库，放狱囚，一时声威大振。

赵铎起义不是一个孤立事件，当时几乎遍及全国的人民反抗，或者由于“比年以来，

---

① 《明史·顾成传》。
② 《明史·丁玉传》。
③ 谈迁《国榷》卷九。
④ 谈迁《国榷》卷一〇。
⑤ 《明史·耿炳文传》。
⑥ 《天顺实录》卷三四三。
⑦ 《成化实录》卷一七。
⑧ 日期，《实录》不详，此据康熙《成都府志》卷二六。
⑨ 《明史·何洪传》。

旱涝相仍，饥馑荐至"①，或者由于"守令不得其人，以致饥寒迫身，不得已而啸聚为盗"②。所以四川发生的这次农民起义引起了明朝统治者的高度重视，他们一方面调兵征剿，另一方面又将叙州、夔州、重庆三府知府以下庸碌官员68人一律革职，借以收买人心；并于天顺八年四月派户科给事中童轩专程入川，进行招抚。

恰好这时，起义军在安岳受挫，悟昇、何文让被害，赵铎撤至彰明，屯守自卫。明王朝立刻另委汪浩巡抚四川，给以"便宜处置"的特权。汪浩一面部署重兵，一面用还乡复业、蠲免徭役为诱饵，瓦解起义部队。为了争取主动，赵铎接受招抚，同时把听抚作为一种巧妙的斗争手段。他们公开宣传：我等是受抚官贼，谁敢激变？甚至背负朝廷的安抚榜文和免帖，深入农村，四出串联，扩大影响，结果"贼数愈众"③。这当然和明朝统治者的愿望相左。于是在天顺八年十一月，都督何洪以3000人进攻彰明，赵铎引军走梓潼，双方激战于朱家河。起义军乘明军后援未至的有利时机，包围何部，何洪突围不成，被农民军杀死。但在罗江附近，农民军却遭到绵竹里长王志恭率领的地主武装的突然袭击，被迫折回彰明，成化元年（1465）五月，行至梓潼途中，又为明军伏兵所困，赵铎在战斗中不幸牺牲，这次起义终于失败。

赵铎死后，农民军余部继续在川西和川东各地坚持战斗，历时将近一年。在此期间，明王朝不仅采用了"剿捕无遗"④ 的屠杀政策，而且纵容官兵，大肆搜查，诬陷平民"窝盗"，严刑逼供，制造了大量"冤狱"⑤。

正德川中农民大起义

在赵铎余部受到明军追剿的同时，湖北荆襄流民起义也转入低潮，由石龙率领的一支部队曾突围西走，攻破大昌，进入巫山，成化二年（1466），石龙在大巴山区被俘，英勇牺牲。

但是，人民的反抗并没有停止。弘治、正德时期，天灾频仍，朝政混乱，明王朝的社会矛盾更加尖锐，刘六、刘七领导的农民军又纵横于河北、河南、山西一带，江西南部、西部和闽粤交界处，农民的反抗斗争，此起彼伏，在这一有利形势的推动下，四川地区也爆发了声势浩大的农民起义。

正德川中农民大起义由三支队伍汇合而成：蓝廷瑞、鄢本恕起于川东，刘烈起于川北，

---

① 《成化实录》卷四。
② 《成化实录》卷一。
③ 《成化实录》卷一一。
④ 《成化实录》卷二五。
⑤ 《成化实录》卷一九。

曹甫、方四起于川南，沉重地打击了明王朝的反动统治。

正德三年（1508）冬，湖广生员崔逄头、施州卫军人张瑞、王虎率领暴动群众80人抵达大宁（今巫溪），大宁盐场鄢本恕、廖惠聚集千余灶夫响应，围攻大昌（今巫山大昌镇）县城。在战斗中，崔逄头牺牲。四年春初，鄢、廖乃率众撤离，转入东乡（今宣汉）和通江一带①。蓝廷瑞大约在这时也参加了起义队伍②。

据记载，蓝“善解纷”，“有争者，多质焉”③，所以众推为主。于是蓝廷瑞称顺天王，鄢本恕称刮地王，廖惠称扫地王，下设四十八总管，统率各部，流动于夔州、保宁、重庆地区。四川守臣请调酉阳、石砫土兵助剿，明王朝对情况估计不足，没有同意，到正德四年十二月，才任用林俊巡抚四川，五年三月，又加派洪钟总制湖广四川等处军务，妄图很快扑灭这场方兴未艾的群众斗争的革命火焰。

但是，在林、洪入川之前，由刘烈领导的另一支农民军已经在保宁山区公开活动了。明王朝在任用林俊的同时，就“以四川贼刘烈未剿，命陕西巡抚都御史黄宝率兵备汉中商洛”④。正德五年（1510）初，监察御史翟唐又奏称，刘烈“僭号设官，必将为大患”，并再一次提醒，要严防这支起义队伍进入陕西、湖广地界⑤。刘烈的动向的确值得注意。他的行迹异常，而且影响很大，群众基础很好，当时“川陕中汹汹”，多假其名号，借以自重，林俊还悬赏2000两白银，“至图形以购之，竟不知所在”⑥。他的最后结局，也无法详考。不过根据某些迹象推断，刘烈和蓝、鄢两支起义军很可能在洪钟入川之后，合为一股，共同朝汉中方向转移了。

但是，农民军并没有在陕南建立根据地，一部分进入了湖广郧阳，一部分由任倖、蓝三率领，进入了贵州，蓝、鄢则重返通江。正德五年七月，林俊亲赴达州，图谋招抚。蓝

---

① 《正德实录》卷五四，四年九月：“六科十三道奏：两广、江西、湖广、四川、陕西等处，自本年正月以来，群盗纵横”。同书卷五八，四年十二月“先是夔州之东乡，保宁之通江，皆有盗啸聚既久，多者至二千余人，少亦不下数百，分营立寨……东乡知具罗锦奏贼势渐炽，乞调兵征剿，增设兵备官抚治之。兵部以锦专达，请治其罪。”又王琼《本兵敷凑四川类序》：“正德四年冬，盗起东乡，不过三五十人，有司不早扑捕，又匿不以闻。……逾六年始平。”（《明经世文编》卷一一〇）今按：王文所叙之地点和匿不以闻的情节，均与罗奏吻合，两者皆指蓝、鄢起义事。但“四年冬”，不确。《明史纪事本末》卷四六《平蜀盗》作五年四月，亦误。综合《实录》“先是”和“本年正月”两条记载。可知蓝、鄢进入东乡、通江应在正德四年春初。

② 正德《四川志》卷二七：“蓝廷瑞，顺庆府营山县人。廖麻子，邻水县人。”《国榷》卷四八，同。廖麻子，即廖惠。蓝廷瑞又称蓝五。此外，在明代文献中，似乎没有提到鄢本恕的籍贯，但同治《营山县志》卷二称“土人鄢本恕、蓝廷瑞倡为乱”。卷一八又谓县境有鄢、蓝“祖墓”。录此备考。

③ 正德《四川志》卷二七。

④ 《正德实录》卷五八。

⑤ 《明史·翟唐传》。

⑥ 《正德实录》卷六四。

廷瑞动摇，曾派人去巴州（今巴中）谈判，但廖惠坚决不从，乃密劫通江，杀明参议黄瓒，九月，廷瑞受抚无望，只好强渡龙滩河，但又遭到土兵袭击，损失颇众。明军谎报战功，声称廷瑞已死，廖惠被擒，实际上他们都平安撤离，又转入陕西西乡一带。这一年的冬天，川南爆发了曹甫、方四起义。蓝、鄢主力再度利用时机，进入四川，经大宁、通、巴，六年正月，直抵营山，杀佥事王源，攻破盐亭、梓潼、绵州、剑州、江油等地，川北震动。明王朝动员了川、陕、湖广、河南四省兵力，以永顺土兵充当前锋，合力“会剿”，起义军退至陕西石泉，“乏食，乃传言听抚”。于是洪钟指定东乡金宝寺为受抚地点。六月，蓝廷瑞至东乡，提出以临江市为起义军驻地和以旗牌官为人质等条件，同时又“以女结婚于永顺土舍彭世麟，冀缓兵”；但世麟居心叵测，一方面和廷瑞约期，一方面向洪钟告密。于是明军分七哨扼守四周要隘。八月，蓝、鄢等首领28人同赴彭世麟的宴会，中伏被擒，全部遇害①。在紧急关头，廖惠和喻思俸等人，奋力突围，保存了起义军的实力，然后经汉中转入宁羌州，至年底，方折回四川。在苍溪铁山关一战，杀兵备副使冯杰。“纵横川之保、顺、重、夔四府”②。七年九月，廖惠自合州渡江，陷铜梁、荣昌二县，直趋遂宁、安岳、乐至、中江、金堂等地，杀死明军都指挥以下14人。明王朝对此十分惊恐，多次高悬赏格，宣布“除廖麻子不赦，其余解散自归，一体宽恤”③，继续玩弄招抚骗局。同时，又以彭泽取代洪钟，并增派延绥、宁夏、庆阳、固原四镇精锐，步步紧逼。正德八年四月，廖惠在汉中失利，和喻思俸失去联系，被迫退至剑州青林口，战斗中负伤，不幸为边兵所害。喻思俸再北走昭化、阳平，进入巴山。此时，廖、喻起义军浴血战斗已近两年，长期流动，没有可靠的后勤基地，也很难迅速扩大队伍。喻思俸“奔入通、巴，仅百余人”④，但始终英勇不屈，坚持与明军周旋到底，九年二月，在西乡木竹沟一战，身受重伤，壮烈牺牲。

曹甫、方四起义发生在正德五年的末尾。起义军很快攻陷了江津，杀明佥事吴景⑤，但为林俊击败，曹甫阵亡。余部由方四、麻六儿率领进入贵州的思南、石阡，蓄聚力量，并设置总兵、御史、评事名号。不久，由石阡逾马脑关复入川境，攻陷南川、綦江。方四，仁寿人，雇农出身，曾流徙贵州思南。于是林俊派兵至仁寿逮捕起义军家属，迫方四受抚，

① 参看《正德实录》卷七八，《国榷》卷四八。

② 正德《四川志》卷二七。

③ 《正德实录》卷九三。

④ 《正德实录》卷一〇九。

⑤ 《正德实录》卷七一，六年正月重庆人曹弼为盗，杀吴景，同书卷七二又记曹甫攻江津与重庆，两者实为一事。又嘉庆《四川通志》卷三五刘丙《忠义祠记》记吴景死事，即作正德五年。今按《实录》系据官方报告写成，所记年月常因公文传递而稍迟，故本书据刘丙的记载把曹甫起义定为正德五年末。

同时征调酉阳、建始土兵，进行围剿。方四拒绝招降，突围后，变姓名潜入开县，被当地地主武装杀害[①]。

这次川中农民大起义持续了6年之久，最主要的原因是农民军代表了人民的愿望，受到人民的欢迎和拥护。明朝政府官员也公开承认："今盗贼所过乡落，莫不椎牛供具，甚至为之持门屏以遮石矢，为响导以攻州县。"[②] 相反，官军纪律松弛，焚烧劫掠，无所不为，故经过之地，百姓闭门远逃。明军还在部队中设立纪功御史，以"上首论功"，"妄杀平人，奚止千万"[③]。这一鲜明对照，更加充分暴露了地主阶级镇压农民起义的反动性。

从起义队伍的基本成员来看，有两个显著的特点。一是流民的比重很大。政治腐败和土地兼并是产生流民的社会根源，而严重的自然灾害则是导致流民大量涌现的直接原因。弘治初，四川受灾地区包括成都、保宁、顺庆、夔州、重庆、叙州、潼川、马湖各府及嘉定、眉、雅、邛、泸各州，明王朝兑运湖广税粮，并向蜀王府借支银两，酌情赈济，受赈饥民、流民，多达181320户，2578457口[④]。不过这种赈济并不经常，而且收效甚微，但接连不断的天灾人祸却使流民的出现成为不可遏止的社会危机，一旦矛盾激化，他们也就很自然地成为农民军的基干力量。二是众多的盐业工人加入了斗争行列。例如蓝、鄢起事的初期，其基本成员就是大宁盐场的灶丁。在明代，四川凿井取盐的劳动非常艰苦，灶丁既受官府的剥削，盐井又被势豪"包占"，还要代纳高额盐课，弘治、正德年间，盐场生产下降，灶夫收入减少，处境更是困难。产盐地区，五方杂处，很多灶丁原先就是外籍流民，他们一般没有土地，如果井灶无法维持生活，只好重新投入流民队伍，所以灶丁和流民有天然的血缘联系。但是，作为手工业生产者，他们又是一种新的社会成分。广西矿工起义和苏州织工暴动，分别发生在嘉靖、万历年间，而四川的盐工又早在正德时就揭竿而起，一连串的事例表明，手工业工人纷纷登上了阶级斗争的政治舞台，这的确是一件很有历史意义的事情。

在起义过程中，广大农民军战士，英勇顽强，前仆后继，付出了巨大的代价。但是，正德五年明武宗也被迫下诏大赦天下，以后又一再重申流民复业，免赋三年的政策，并降斥贪庸官员2400余人，特别是停办川扇和采木，在一定程度上减轻了四川人民的负担。嘉靖时，又调整盐课，放松对灶户的限制，准许贩卖余盐，也适当改善了灶丁的生活。这些

---

① 《正德实录》卷八八。

② 《正德实录》卷七六。

③ 《正德实录》卷一三〇。

④ 参看《弘治实录》卷二三、卷三一。

都是群众斗争的胜利成果。

蔡伯贯起义

蔡伯贯，大足人，与富顺黄一元等师事山西阳曲李铜，传习白莲教。嘉靖四十四年底（1566年初），分遣教徒往各地秘密联络，登记姓名，聚众起义，旬月之间，攻陷合州、大足、铜梁、荣昌、安居（今铜梁安居镇）、定远（今武胜）、璧山7城，綦江、遂宁等地教徒也起而响应，但很快被四川巡抚刘自强所镇压，历时仅36日①。组织工作的不充分是这次起义迅速失败的重要原因。但是，这并不意味着白莲教在四川没有群众基础。早在元顺帝时，大足人韩法师就曾经借白莲教发动起义；明初，彭普贵、高福兴都和秘密宗教有关；宣德中，又有“雅州妖人为乱”②；明朝后期天启年间，山东徐鸿儒起义，四川教徒也曾积极配合③，上述事实都充分说明四川是白莲教传布的重要场所之一。不过由于它的情况特殊，活动的具体细节，现在已经很难稽考了。

三、明末农民起义军在四川的活动

天启七年（1627）三月，陕西白水农民王二聚众发难，揭开了明末农民大起义的序幕，星星之火，顿成燎原之势。农民军先后在王嘉胤、王自用和高迎祥的领导下，往返于秦、晋两省，吸收了成千上万的饥民、驿卒、边兵以及其他贫苦群众，队伍迅速壮大，内部支派很多，故有三十六营之称。在战斗过程中，逐渐形成了以李自成、张献忠为首的两支主力，他们相互策应，把明末农民战争推向了新的高潮。崇祯十七年（1644）三月十九日，李自成农民军进入北京，推翻了明王朝的黑暗统治，对中国历史的进程产生了重大和深远的影响。

起义军在四川的活动，可以分为三个阶段：第一，崇祯十七年以前，李自成、张献忠两部因战略转移，流动入川；第二，大西政权的建立和失败；第三，李、张牺牲后，农民军余部在四川的抗清斗争。这三个阶段的时间从明末延续到清初，现依次叙述如下。

崇祯六年（1633）冬，高迎祥、李自成等10余万人，进入黄河以南地区，然后分兵几路，大部分流动于湖广、陕西、四川三省边界。七年春，老回回五营破洵阳、竹溪，从凤县南入川境④，陷夔州，再由达州出白水江折回汉中⑤。这时，明王朝特设五省总督，先后任命陈奇瑜、洪承畴、卢象昇掌秦、晋、川、楚、豫五省军务，向农民军发动大规模围剿。

① 同治《綦江县志》卷五，光绪《遂宁县志》卷六。
② 《明史·朱与言传》。
③ 《明史纪事本末》卷七〇，又《天启实录》卷一七——九。
④ 《国榷》卷九三。
⑤ 《荒书》。

崇祯十年，杨嗣昌又制定“四正六隅十面网”大包围计划，同时积极推行诱降政策。这一年五月，李自成部又曾短期入川，抵达南江、通江，但不久仍还汉中[①]。总兵曹变蛟从鸡头关夜袭自成军，“射自成马死，裸身涉水而去。遂分军为三：一入七盘，一攻广元，一向白水”[②]。十月初二，破宁羌州。其地北为阳平关，西北为七盘关，鸟道通广元朝天岭。农民军神速前进，初四即抵广元乌龙山下，连结十七营，杀四川总兵侯良柱[③]。入川首战告捷，遂长驱直入，越剑门，破梓潼，再分兵三路，一走潼川，一趋绵州，一入江油，十六日，直捣成都，围攻20余日[④]，川中大震。巡抚王维章逡巡于保宁一带，不敢发一援兵。三边总督洪承畴被迫离陕入川，驻广元，断自成归路。十一年正月，双方在梓潼激战，农民军失利，乃绕道东乡，转回汉中。此后，李自成农民军便主要活动于湖北、河南、陕西诸省，并把战略目标指向明王朝的心脏——北京。

农民军的另一杰出领导者张献忠，陕西延安肤施人，字秉吾，号敬轩，生于万历三十四年（1606）。家业农。传说其幼年曾随父贩枣至四川内江[⑤]。做过捕快，又被革职，于是在崇祯三年加人王嘉胤率领的农民军，不久便自成一队，号西营八大王，与李自成并肩作战，纵横于江楚之间。

崇祯十二年五月，张献忠谷城再起，宣告了明王朝绥抚政策的破产，大学士杨嗣昌只好亲自督师，直接与农民军进行较量。十三年春，左良玉部与张献忠相遇于楚蜀边境，献忠移军进驻四川太平县，在玛瑙山依山列阵，明军以张令为前锋，贺人龙殿后，左良玉为右翼，郑崇俭为左翼，“尽锐疾攻”[⑥]，农民军殊死抵抗，终因四面被围，遂致大败，仅剩千余骑撤至兴安、房县。但“官军惮山险不攻，贼伏深箐中，贿山氓市盐米，乡民反为贼耳目。献忠得收散亡，养痍伤，兵复振”[⑦]。

与此同时，罗汝才一部在杨嗣昌的追击下，也进入了四川。明军从大宁、大昌到竹山、房县共置三十二隘，巡抚邵捷春自驻夔州，命陈大秦往各隘视察，“隘将悉馈大秦金，皆言守甚严”。覃思岱、杨茂选二将不和，捷春袒思岱，杀茂选，“茂选之兵怒，委去不守”[⑧]，

---

① 戴笠《怀陵流寇始终录》卷一〇，彭遵泗《蜀碧》卷一。
② 《国榷》卷九六。
③ 此据《国榷》卷九六。
④ 《荒书》。
⑤ 彭遵泗《蜀碧》卷三。
⑥ 《国榷》卷九七。
⑦ 《国榷》卷九七。
⑧ 《荒书》。

于是防线尽溃，使罗汝才顺利到达大昌，在仙寺岭射杀张令，抵兴山，与献忠会师[①]，然后联军返大昌，陷开县、达州，十月，进入川北，直抵广元。由于贺人龙扼守阳平、百丈二关，截断了走向陕西的去路，于是张、罗联军在四川境内展开了一场历时 3 月之久的运动战。

杨嗣昌身为督师，先驻重庆，后驻顺庆，其主要目标就是消灭张献忠。他既把希望寄托在战场上，又妄想出现寄迹。所以他高悬赏格，出榜画献忠头像，宣布“有能擒斩者赏万金，爵通侯”。并附《西江月》一首：“此是谷城叛贼，而今狗命垂亡，兴安平利走四方，四下天兵赶上。逃去改名换姓，单身黑夜躲藏，军民人等绑来降，玉带锦衣升赏。”[②]榜示遍贴通衢，明智之士，莫不窃笑；而且不久杨嗣昌自己就发现，在其住宅之内便贴有“斩阁部来者赏银三钱”的布告[③]。事实表明，这位督师不仅在政治上失策，而且在军事上也陷入了困境。首先，诸军进止不一，尽管任命猛如虎为总统，万元吉为监军，但仍然无法协调各路人马。其次，左良玉同贺人龙明争暗斗；而论功行赏，嗣昌又依违于左、贺之间，公开奖拔良玉，暗中扶持人龙，这就进一步加深了双方的疑虑，使他们各存戒心，互相观望。其结果，左良玉“跋扈难制”，而贺人龙“每以饷乏为辞，顿兵不进”[④]。明军方面的重重矛盾，无异乎给农民军处处打开了方便之门。

十一月初二，张献忠、罗汝才至绵州，逼近成都。因明军向川西北移动，张、罗联军乃从资阳、内江进入川南。十二月初，破隆昌、泸州。明将万元吉尾随不舍。于是农民军昼夜行三百里，从川南至川东，又奔川西北，再折入川南，又还军川北，于十二月底到达巴州。明军始终追之不及。这时农民军也编了一支歌谣：“前有邵巡抚（邵捷春），常来团转舞。后有廖参军（廖大亨），不战随我行。好个杨阁部（杨嗣昌），离我三天路。”[⑤]

崇祯十四年初，张、罗联军自巴州东移，正月十三日，抵开县。猛如虎亦率兵至，“会暮雨”，但“逐敌四旬，仅而及之”，如虎认为机不可失，乃亲自督战。献忠侦知明军并无后援，乃以精锐绕谷中间道，从侧翼包抄，明军大溃，参将刘士杰与猛如虎之子先捷皆战死，“如虎突围出，马仗军符尽失”[⑥]。于是张、罗联军通过夔门，东走巫山、大昌，二月初，顺利进入湖北，以轻骑急取襄阳，杀襄王翊铭。同时，李自成军也攻克洛阳，杀福王

---

① 参看柳义南《李自成纪年附考》，中华书局，1983 年，第 148—151 页。
② 谈迁《北游录·纪闻上》。
③ 《怀陵流寇始终录》卷一三，吴伟业《绥寇纪略》卷七。
④ 《明史纪事本末》卷七七。
⑤ 李馥荣《滟滪囊》卷一。
⑥ 《国榷》卷九七。

常洵。杨嗣昌受命以来，连失两郡三州十九县，又死两亲藩，穷途末路，畏罪自杀。

崇祯十五、十六年，国内形势发生了急剧变化。在辽东战场上，锦州失守，清军大举入塞，京畿附近，河北山东，遍地烽火，明王朝完全陷入被动。在农民军方面，张、罗联军出川之后，双方意见相左，罗汝才离开献忠，走归李自成。此时自成主力与明军周旋于中原地区，连战皆捷，势力发展甚快。十六年二月，改襄阳为襄京，开始建立政权。明王朝指派孙传庭为督师，妄图孤注一掷，结果郏县一战，明军主力损失殆尽，至此剿抚两手，皆彻底落空，也完全陷入了被动。这就导致了崇祯十七年出现的重大转折：李自成建立大顺政权，攻克北京，明朝灭亡，清军随之人关和清王朝的相继建立。

崇祯十六年五月，张献忠在武昌也开始建立政权，铸西王宝玺，设六部尚书，并开科取士，但他的精力并没有放在政权建设上，其所属地区的统治基础也很不巩固。当李自成以西安为据点，直捣北京已成定局的时候，他仍旧以明朝宗室为主要追逐目标，溺死楚王，穷追惠、桂、吉三王，使其主力徘徊于湖南、江西之间。这时，如果沿江而下，南京江防皆有明朝重兵扼守；进入中原，又会和李自成发生冲突，所以，张献忠才决计入蜀，以川中为“根本”，然后再“四征天下”①。

崇祯十七年（1644）正月十一日，张献忠攻克夔州。二月十一日，破万县。因水涨，屯于忠州葫芦坝。五月，号称40万大军从忠州溯江西上，步兵行左岸，骑兵行右岸，水军行江中载粮，前后长达40里，直趋重庆。六月初八日，败曾英于涪州。巡抚陈士奇驻兵铜锣峡，其地为重庆下游门户。献忠以精骑登陆，在山中疾行150里，首先攻下重庆上游的江津县，然后顺流而下，夺取佛图关，守峡明军不战即溃。献忠水陆两军，齐集重庆，用火药炸开通远门城墙，六月二十日，城破，杀明瑞王及陈士奇。攻克重庆后，张献忠以部分兵力略取川南各地，其主力部队，骑兵从资阳，水军从洪雅、新津，分两路向成都集结。蜀王朱至澍与蜀抚龙文光，束手无策，潜使人往灌县决都江堰水入注城濠以自固。八月九日，献忠又以火药炸开城楼，破城而入，蜀王及蜀抚皆自杀。十月初，以成都为西京，国号大西，改元大顺，张献忠正式建立了大西政权。

这个政权的组织形式基本上仿照明朝的制度。在中央一级，以汪兆龄为左丞相，严锡命为右丞相，下设六部，有尚书、侍郎，再下为科道及御史等官。全川分为东、西、南、北四道，成都为京畿道，地方政权仍分为府、州、县三级。此外，封孙可望为平东将军，李定国为安西将军，刘文秀为抚南将军，艾能奇为定北将车。建东、西二府，以孙可望、

① 《纪事略》。

李定国居之。设五军都督府，封王尚礼、白文选、冯双礼、马元利、张化龙为中、前、后、左、右各军都督。另设水军左、右二都督。分全军为120营，四将军共监70营，余皆直属献忠。又以孙可望为监军，王尚礼为总理皇城都督。颁行通天历，铸有大顺通宝。文事武备，粗具规模。

但必须指出，张献忠于崇祯十三年和十七年两次入川的遭遇是极不相同的，前一次，如入无人之境，而后一次却由于情况的急剧变化，碰到了一系列新的困难。当北京陷亡的消息传到成都时，有人建议蜀王监国，未能实现，但这一年九月，南京建立了弘光政权，给各地处于混乱之中的残明势力提供了一个发号施令的机关，它很快任命王应熊总督川、湖、云、贵四省军务，又任命樊一蘅总督川陕军务。王，巴县人，樊，叙府人，以蜀人治蜀，可以利用各种旧关系，能起到一定的笼络和号召作用。王、樊在遵义设幕府，发檄文，而川中的旧明官吏，地主武装，一时之间，便接踵而出。王祥聚兵遵义，杨展攻占嘉定，朱化龙、詹天颜据龙安、茂州，曹勋、范文光据雅州，刘道贞与土司马京据荥经，杨世泰据峨眉，曾英、马乾又败献忠守将刘廷举，进据重庆。其中，以川南杨展，川西曹勋，川东曾英、马乾三部，力量最强。而川北此时也为李自成大顺政权的守将马科所据。大西政权处于被四面包围之中。

为了改变这一不利局势，张献忠先派刘文秀东征重庆，但为曾英、李占春、于大海等败于多功城，不久，夔州、万县又为谭弘、谭诣、谭文所占，川东一线，大西军始终未能突破。献忠又命孙可望、冯双礼率军南进，收复叙州、永宁，杨展逃遵义，但永宁又为侯天锡所占；艾能奇收复雅州，而杨展又再入嘉定，马乾的势力还推进到了内江。川南一线，此出彼入，相持不下。只有川北一线，大西军击败马科，进驻保宁，后又进驻汉中，大顺部将贺珍主动撤离，双方没有发生太大的摩擦①。但在此前后，北京的政治局势又骤然逆转。正当李自成扩建大顺政权，筹备登极盛典之时，驻守山海关的明朝守将吴三桂公开叛变，降清乞援。清军的入关，迫使李自成于四月三十日撤离北京，退据山陕，次年，又转战至湖北境内，五月初，不幸于通山县九宫山殉难。这时，清军主力也分路出击，肃亲王豪格率领的部队攻占了陕西，入川之势，又已经迫在眉睫了。

在危难关头，张献忠毅然决定，放弃成都，全师转移。顺治三年（1646）八月，消灭中江贾登联部，九月，下顺庆，驻营于西充凤凰山，“大治舟楫，将走湖广”②。但出于张

---

① 参看柳义南《李自成纪年附考》，中华书局，1983年，第291页。

② 顾山贞《客滇述》。

献忠的意料之外，这时大西军镇守川北的刘进忠早已叛变投敌。刘在据守川南时，即与曾英暗中交往。后又联络摇黄军袁韬入陕乞降，袁中途折回，刘遂迎豪格于沙河驿，十一月二十八日，秘密引导清军偷袭凤凰山营地。事前，献忠根本不相信侦察人员的报告，待清军接近营区时，才“衣飞龙蟒，半臂，不披甲，腰插三矢，率牙将出营觇敌”[①] 仓促上阵，不幸中箭牺牲。享年41岁。

张献忠是明末农民起义的著名的领导人之一。陈计长《上马抚台书》有一段比较客观的描述，说张献忠“不蓄老弱，不携妇女，三日一检，不私橐金，良为悍寇。且冲突靡常，兵不解甲，马不弛鞍，密令甫布，昼夜三百余里，又似为飞寇。矧逆贼入川，二年有余，聚党既繁，习险尤熟，旌旗所至，蔽天障日，又不啻巨寇。以三者闪烁变现于疆场之中，或东或西，已疑宵遁矣而倏忽露形，以为东指矣而犹然北向”[②]。根据这份材料可以证实，他不贪子女玉帛，不畏艰险，性格果断顽强，有丰富的战斗经验和卓越的指挥才能。在推翻明王朝的过程中，他起了很大的作用，并为人民的斗争事业，献出了自己的生命，这是必须充分肯定的。

大西政权的失败，从根本上讲，是封建社会农民阶级的阶级局限性的必然结果，是一个历史的悲剧。具体地分析，则有比较复杂的主观原因和客观原因。

首先，在大西政权建立的时候，张献忠面临着两大转折。一是从长期流动作战到建立稳定的政权，这是一个战略性的转变，过去避实就虚，以走制敌的方法已经不适用了，而且巩固政权和建设政权是一项更为复杂的课题，依靠单纯的军事行动是不可能完成这个任务的，除开军事之外，还必须从政治上、经济上、文化上制订一系列适合客观情况的政策，才有可能站稳脚跟，使自己立于不败之地。二是明清易代，引起了全局性的震动，阶级矛盾和民族矛盾的相互渗透，不仅使斗争形势走向多元化，而且产生了新的利害关系，迫使很多人不得不重新调整自己的政治态度，并做出相应的取舍。这对农民军的领袖们也不例外。但是，很明显，以上这一切都是在非常短促的时间之内发生的，而张献忠本人，包括他身边的高级文武官员，对迅猛出现的重大转折，都缺乏足够的思想准备。他们对新的环境，还不熟悉，不理解，甚至用老办法来对付新局面。这些就是导致大西政权在政策上和策略上不断发生失误的主观因素。

---

① 张献忠牺牲地点，据《荒书》。日期，据古洛东《圣教入川记》。具体情节，《入川记》与《客滇述》所记基本吻合，当最为可信。

② 乾隆《涪州志》卷一一。

其次，张献忠在湖广曾有“三年免租，一民不杀”① 的告示，但入川建立政权之后，却看不到有什么比较具体的经济政策和实际措施。“饥则聚掠，饱则弃余，已因乏粮，不知积畜，地生之利，未闲屯种”②，这是农民战争中流寇主义作风的通病。所以他们的给养主要依靠“打粮”的方式来解决，直到大西政权建立，此种旧习，仍然未改③。还必须看到，在人民流散，土地荒芜的情况下，只宣布免租是远远不够的，当务之急，应该是稳定人心，招徕逃亡，创造条件，帮助农民恢复农业生产。根据简州人傅迪吉的记述，顺治三年，他的父亲多方劝谕众人“麦子不可长继，还要下秧才是”，答以“无牛种”④。而缺少牛种是当时非常普遍和非常严重的现象，但这个困难又并非完全不能解决，例如杨展攻占夹江、洪雅两县，“乱世兴兵，虽不能无怨于人，而教民耕种”，又取江口张献忠“所弃之金，买牛支以助耕夫”⑤。由此可见，即使处于战争状态，努力恢复农业生产也是行得通的。然而在张献忠的辖区内，大西军官兵主要忙于“打招安”和应付土暴子以及地主武装的侵扰，忽略了稳定农村局势这个至关重要的环节，由于农村生活秩序的混乱和经济状况的继续恶化，就不仅伤害了群众，还削弱了大西政权赖以存在的物质基础。“凡献忠所选府州县官，有到任两三日即被杀者，甚至有一县三四月内连杀十余县官者，虽重兵威之，不能止也。”⑥“居马上得之，宁可以马上治之乎？”看来张献忠并不懂得这个道理，所以根据种种迹象判断，他对“帝王之术”还是相当陌生的。

最后，打击面过宽，镇压过头，树敌太多，自我孤立，是大西政权在政治上最大的失策。崇祯十四年的川西民变，一直持续到十六年，又“因岁饥，转掠富户”⑦。面对这种有利形势，献忠入川以后，并没有因势利导。四川境内还有多股以“摇黄”为名的流民武装，大西军和他们的关系并不协调，而且时有摩擦。用剁手割鼻惩罚俘虏和掳掠民间妇女的事件，也常有发生。不争取多数，就失去了扩充自己的机会。而另一方面，张献忠对知识分子也心存戒备，防范甚严。据记载，大西政权开科取士，“未取童生不许躲闪，已中者不得宁家，未中者不得在乡居住，以为秀才在乡造言生事，并家眷尽驱入城中，十人一结，一家有事，连坐九家”⑧。当然，镇压的重点是地主分子和旧明官吏，所谓“祸讫于蜀，遂举

---

① 《国榷》卷一〇〇。
② 《国榷》卷九八。
③ 《明末清初雅安受害记》。
④ 傅迪吉《五马先生纪年》卷上。
⑤ 《明末清初雅安受害记》。
⑥ 计六奇《明季南略》卷一〇。
⑦ 《明末清初雅安受害记》。
⑧ 《五马先生纪年》卷上。

绅士按籍而坑之”，“一时缙绅多死其手”，前者见于顺治十年陈卓《保宁府儒学记》[1]，后者见于韩国相《流离传》[2]，这些同时代人和亲自经历者的记录，大体上是真实的。其中，有的属于镇压地主反抗，但有一些则明显的带有狭隘的复仇心理。崇祯十六年，沅抚李干德驻守湖南城陵矶，曾以诈降、火攻等方式挫败张献忠部队。李，西充人，次年，献忠攻入川北，即执李父与合族百余口，尽杀之[3]。在这里，镇压不是一个绝对的原则，它是必要的，但又不应当超过大西政权的具体环境所允许的限度。从当时的情况来看，不讲区别地进行镇压，就等于无限制的扩大对立面，而对立面愈多，就愈难打破各种武装政治集团形成的包围。事实上，这些武装政治集团的出现，从主要方面讲，并不是大西政权引发的，而是明清易代这一历史转折的产物。以马乾为例，他先任兵备道，攻下重庆，擢升南明的四川巡抚，张献忠死后，豪格派王遵坦招降，马复书云：“亦知天下事不可为，但大臣义无降理，死绥封疆，正毕命之日也。”内江城陷，乃自杀[4]。又如范文光，“清朝兵到，即乞骸归。临终时，有‘赵氏孤仍在，陶家酒未寒’之句，又有‘孤臣双眼泪，惟只望苍梧’等语”[5]。由此可见，这个阵营也并非铁板一块，如果区别对待，是能够分化瓦解的，至少在抗清的旗帜下，某些人是有可能争取过来的。但是，农民毕竟是小生产者，只注重小团结而不顾大团结，过分相信军事镇压而不讲求政治策略，即使清军压境，也不考虑和其他力量建立同盟关系，就匆忙出师，结果壮志未酬，便遭不幸，这实在令人惋惜[6]。

在李自成、张献忠相继牺牲后，大顺和大西两支农民军余部都分别走上了联明抗清的道路。

大西军由孙可望、李定国等率领，东下重庆，斩曾英，即进入云贵，与南明联合，支持永历政权。顺治九年（1652），李定国出师湖南、广西，杀定南王孔有德，衡州一战，又阵斩敬谨亲王尼堪，“两蹶名王，天下震动”[7]。这时，孙可望从遵义进占重庆，据守川东，

---

① 道光《保宁府志》卷五六。

② 民国《西充县志》卷一一。

③ 乾隆《涪州志》卷一一，光绪《西充县志》卷八。

④ 光绪《广安州志》卷三。

⑤ 《明末清初雅安受害记》。

⑥ 张献忠以刑罚和杀戮作为一种威慑和镇压手段，其事例散见于清初各种记载。旧文献对农民军打击官绅的行动，照例渲染夸大，清初各家著述，自然不会例外，但仔细鉴别，也不难去伪存真。可是，《明史·流贼传》谓献忠分四路屠杀川民六万有奇，其事又见于毛奇龄《后鉴录》。然《明史·流贼传》亦出奇龄之手，故以上两说，实为一源。奇龄著述甚富，但好发怪论，全谢山甚至讥其于学无一不妄，六万万之数，荒唐不近情理，晚出之书，又辗转抄袭，遂致真伪混淆。清初蜀人记蜀事，亦有无所禁忌，不加粉饰者，如李蕃《雅安受害记》之类，所述当较为真实。总之，屠蜀之说不可信而杀人之事不必讳，本篇即据此立论。

⑦ 黄宗羲《永历纪年》。

刘文秀自云南越建昌入嘉定，据守川南，清军驻保宁，据守川北。但由于孙可望的分裂叛变，形势逆转，顺治十六年，李定国被迫退至缅甸，十七年，吴三桂率军入缅，俘永历帝还滇，南明灭亡。定国获知这一消息，忧愤成疾，病卒于缅甸勐腊，表现了宁死异域，绝不投降的崇高品质。

在大顺军方面，顺治二年，郝摇旗、刘体仁与南明督臣何腾蛟联合，李过、高一功与南明抚臣堵胤锡联合，阻截清军南下。后因形势变化，在顺治五年左右，刘体仁、袁宗弟、郝摇旗都先后转入夔东地区，同四川境内的摇黄军王光兴等组成夔东十三家。八年，李来亨也进入夔东，并成为夔东十三家后期的主要领导者。

摇黄军的情况比较复杂。它大约出现在崇祯五年、六年，开初活动于川东北一带，以摇（姚）天动、黄龙为首，故名摇黄[①]。但有关记载说他们“起延、庆诸郡”[②]，或称其“自陕西流入”[③]，可见他们的早期成员也是陕北农民军，流散到了四川，同主力部队失去联系，便就地吸收流民，扩充队伍，他们的活动方式也比较特殊，例如“掳惊妇女，则责人取赎。当播种时，则敛兵暂退，及秋成后，则复来”[④]。所以他们很像是分散成若干小股的流民武装，因而有关记载或称其为摇黄十三家，或称其为棒贼、响马、土暴子。随着形势的发展，摇黄的内部也出现了明显的分化，袁韬、武大定归附了樊一蘅，后又听命于李乾德，并与杨展、李占春互相争夺。王光兴、王友进、邢十万等，则成为夔东十三家的一部分。

夔东十三家据守荆襄以西，根据地北起房、竹，南至巫、巴，西达万县天生城，东抵施州卫，横跨川楚二省，极盛时，拥众至数十万。他们“屯耕山田，岁收麦粟草棉，供粮食衣履；亦私遣人市盐铁。荆西居民，或与往来市贩”[⑤]。当李定国、刘文秀进军广西、四川时，十三家出兵声援，曾攻占达州、重庆等地。清王朝直到康熙元年（1662），才调动满汉大军10万人，从秦、楚、蜀三路进攻，李来亨亦分三路阻击，大败清军。次年，清王朝再度进攻，来亨设伏九莲坪，死伤清军万余，四川总督李国英败走巫山，来亨乘胜猛追，围巫山八昼夜。于是清朝加派八旗劲旅，采取立垒围困、步步追逼的战术，插入兴山陈家坡，刘体仁战死，清军续进黄草坪，郝摇旗、袁宗弟被俘遇害。来亨坚守茅麓山，清军筑长围以困之。康熙三年八月，茅麓山陷落，来亨全家举火自焚，其部众3万余，突围时仅

① 《滟滪囊》卷一，刘景伯《蜀龟鉴》卷二。
② 民国《荣县志·事纪第十五》引《蜀难纪实》。
③ 同治《营山县志》卷二八李以宁《文学公传》。
④ 《客滇述》。
⑤ 王夫之《永历实录》卷一五《李来亨传》。

150 人，全部被俘，无一降者。夔东十三家据守巴东十七八年，奉明朝正朔，不剃发，不改衣冠，不受利诱，不怕牺牲。他们是最后被清王朝镇压的一支武装抗清力量。

从天启七年（1627）算起，到康熙三年（1664）为止，这次农民起义的前期，以反对明王朝的黑暗统治为目标，经历了长达 20 年之久的浴血奋战；李自成、张献忠相继牺牲，农民起义进入后期，又在极端困难的条件下，坚持了 18 年的武装抗清斗争。起义军将领和广大战士叱咤风云，坚忍不拔，视死如归，可歌可泣的英雄事迹，将永远记录在人民的史册之中，成为一笔珍贵的历史遗产。

第三节　明代四川地区的经济

明朝初年，封建统治者实行了一系列恢复经济的措施，诸如移民垦荒，开展屯田，兴修水利，蠲免赋税等等，从而使明初的社会生产力迅速得到了提高。在此期间，四川地区的农业和手工业生产也经历了一个逐步恢复的过程，而且进展顺利，效果也是比较明显的。

从全国范围来看，明代社会经济的发展极不平衡。一般来讲，到了明代中、后期，在江、浙、闽、粤各省，农业和手工业的经营方式变化很大，商品经济空前繁荣，资本主义因素已经开始萌芽。应该认为，这是明代社会经济发展趋势的基本特点。在这一方面，不能说四川地区毫无表现；但是和江、浙、闽、粤的情况相对照，两者又的确存在着一定的差距。此外，明代四川地区的经济没有发生过大起大落的现象，而一直处于“平稳”和“渐进”的状态之中，这也是一个值得注意的问题。

一、人口状况

元明之际，四川人口显著下降。究其原因，这固然和元末的动乱有关；但自从明玉珍建国以后，四川境内并没有发生长时期的和大规模的军事行动，所以元末的动乱只能是一个次要的因素。另一个更为重要的原因，据明人王维贤《九贤祠记》：“元法：军所至，但有发一矢相格者，必尽屠之。蜀人如余玠、杨立诸公坚守不下，故川中受祸独惨。明初，中江县开设，土著人户止七八家，余皆自别省流来者。”[①] 由此推断，从 13 世纪中叶开始，四川人口就在不断减少，而下降的趋势一直延续到洪武十年左右，才发生新的变化。

大夏政权一灭亡，明王朝就立刻在四川清理田土和户口，田土数字，《实录》不载，但

① 光绪《潼川府志》卷五。

户数却保存下来了。洪武五年（1372），“户部奏四川民总八万四千余户，其伪夏故官占为庄户者凡二万三千余户”①。以此和《元史·世祖纪》所记至元十九年（1282）的12万户相比较，90年间减少了36000户，即下降了百分之三十。但是，洪武十四年（1381），四川户口却猛增为214900户，1464515口，这又显然不是自然增殖能够办得到的，究其原因，所谓“皆自别省流来者”，正好说明它是一次较大规模的移民运动的结果。

一般地讲，封建政府是不允许户口任意迁徙的，但有两个例外，第一是政权机构对社会秩序（包括人口）已经失去了控制，第二是移民垦荒，即鼓励老百姓到土旷人稀之处安家落业。就四川而论，在元末明初，上面两种情况都曾经发生过。仅以江津为例。嘉庆补修《江津县志》卷一三王直《江公神道碑》称江之先世为黄冈人，“元季兵乱世禋，避地入蜀”。卷一四李为阁《具怀场公墓志铭》谓杨氏祖先居住湖广，元末“以避乱挈家徙蜀”，先至金堂，后又转移江津。同卷程源《程允轩公墓志铭》记程之先世居河南，“迁楚之麻城孝感乡，徐寿辉兵起，始祖程辛二府君避乱入蜀”。卷一六曹恢《府君玉桥曹公行状》称曹家祖籍河南固始，元至正末迁徙入川。卷一七廖凤征《蓼斋袁先生传》亦称其“元至正间避红巾寇”，移家四川。卷一八石韫玉《戴氏家谱序》谓“江津戴氏……再迁于孝感，明初人蜀”。同卷杨彦青《王子端先生传》亦称“其先元末由楚麻城迁蜀”。以上七例，指明在明初迁入者，只有两例，但实际上，大量的移民应当发生在洪武时期。此外，七例中有五例都指明是从湖广迁入四川的，而在这五例中，又有三例指明来自湖北麻城孝感，这是一个很特殊的现象。

首先要讨论的是这种现象的真实性。古人讲求慎终追远，注重祖籍和世系，寒门小户，谱牒无征，难免假托附会，但世家大族，门第已高，不需要在这个问题上弄虚作假，考察一下明代四川某些著名人物的先世籍贯，也许有助于弄清事情的真相。

第一，新都杨家。杨延和在武宗死、世宗未即位之前，以首辅身份“总朝政几四十日”，其子慎，明代诗人兼学者。据李东阳《杨春神道碑》：“上世本楚人，元季徙居成都之新都。”即廷和之父。另据赵贞吉《杨廷和墓记》：“系出湖广之麻城，五世祖避乱入蜀。”

第二，巴县刘家。《明史·刘春传》：“刘氏世以科第显。春父规，御史；弟台，云南参政。”杨廷和《刘规墓志》：“其先湖广兴国州人，六世祖珉一，元季徙重庆之巴县。”

第三，铜梁张家。张佳胤官至兵部尚书，蓟辽总督。据王世贞《墓铭》：“楚之孝感

① 《洪武实录》卷七二。

人，其先有天性者，避元季兵乱窜于蜀。”①

此外，从嘉庆《四川通志》卷四四至卷四七所录有关墓志铭中，可以考见其来自元末明初者，共19家，从籍贯上看，江西和江南地区各3家，而属于湖广或湖广麻城孝感者，即占13家。如果旁求其他府、州、县志，同类材料就更多了。所以，明初四川的移民大量来自湖广地区，这个结论应当是符合实际情况的。

但是，现存材料还提出了另一个问题，就是说，大批的移民不仅来自湖广，而且来自湖广的麻城孝感，这又应当如何解释呢？从人口移徙的全过程分析，大规模的移民不可能只有一个地域来源，就全川范围而论，这是完全可以肯定的；但在局部地区，其多数移民来源于同一地域，此类事例，也并不少见。例如蒲留仙记山东淄川：“按明初移民之说，不载于史，而乡中则迁自枣、冀者，盖十室而八九焉。”② 封建时代的小农，由于自身的局限，跋山涉水，长途迁徙，存在着许多实际障碍，所以地域性的结合在古代人口移徙中是一个非常必要的因素。同一地域的若干人户因地缘关系而互相联结，互通信息，彼此关照，并向同一地域目标转移，这比单家独户，分散活动，具有更大的可行性。因此可以认为，移民籍贯的自然集中，正好说明地域性结合是明代移民过程的重要特点之一。因而四川某些州县的客籍人户主要来自麻城孝感，也就不是什么奇怪的事情了。

其次，人口移徙与流民不同。完全丧失了生产资料和基本上没有生活资料的农民才会成为流民。与此相反，在元末，从战乱地区向安定地区转移，在明初，从狭乡向宽乡转移，其共同目标都是为了重新开发和占有土地，这是人口移徙的另一个重要特点。因此，不排除移民中也包含一部分流民，但从主体看，移徙人口的经济条件是比较好的，个别人甚至是非常好的。廖万仕的祖先于洪武初自麻城“携妻子入蜀，挟地师度地井研……子五人，各以所出，析居仁、荣、犍、乐间，自明至今，历传二十五世矣，然蜀中言麻城廖氏者皆以井研为宗”③。又如民国《南溪县志》卷四引《侯氏宗谱》，称侯氏先祖万一、千三两人于洪武三年奉旨填蜀，有移会文书，文钤玉玺，报垦落业南溪北关至宜宾瓦泽铺为止，绵延40余里，成为四川望族。洪武四年，明军始攻大夏，三年填蜀，显然是假托附会之词。但毫无疑问，通过上述插占方式，明初四川产生了一大批田连阡陌的地主，他们凭借优越的条件，拥有大片土地，但同时必须广招佃户，才能产生实际的经济效益。在当时，地主插占为业和租佃关系的确立，是衰落的农村经济赖以恢复的途径之一；而另一方面，移民

① 以上墓志均见嘉庆《四川通志》卷四四。

② 蒲留仙《聊斋文集》卷三《族谱序》。枣、冀当指河北冀州、枣强一带。

③ 光绪《井研县志》卷三六。

垦荒还产生了大量的小自耕农，他们的生产积极性也是很高的。总而言之，成千上万的外省人口移徙入川，对四川户口的增长和经济的发展都起了很大的促进作用。永乐《泸州志》卷一写道："昔元时地广人稀，四方之民流寓于泸者，倍于版籍所载。钦惟圣朝，泸之附籍者，杂四方之民也。"客户超过土著，这就是明代四川人口社会构成的重要特点之一。

按照明朝的制度，百姓"毕以其业著籍"①，户是根据职业来分类的。例如嘉靖《洪雅县志》卷三记载，总户数668，其中又分为民（293）、校尉（6）、军（133）、水马驿站（36）、灶（83）、防夫（71）、匠（20）、渔（7）、弓兵皂隶（8）、僧（11）等10类。民属于农业人口，灶、匠是手工业者，其他各类与农业生产都有不同程度的联系。户类的区分，因地而异，各地类别也有多有少，它是反映明代四川人口社会构成的重要数据，可惜这方面的材料残缺不全，现在已经很难做出完整的估计了。

《明史·食货志》称，明代"户口之数，增减不一"，洪武时极盛，天顺时最低，成化、弘治，略有上升，正德以后，复又下降。这个概括未必完全符合实际，况且各地情况不同，很难一概而论。现将可以考见的明代四川户口数字列表如下：

年　代	户　数	口　数	资　料　来　源
洪武五年（1372）	84000		《洪武实录》卷七二
洪武十四年（1381）	214900	1464515	同上，卷一四〇
洪武二十四年（1391）	232854	1567654	同上，卷二一四
洪武二十六年（1393）	215719	1466778	《明史·地理志》
弘治四年（1491）	253803	2598460	同　上
弘治十五年（1502）	257357	2668791	《剑阁芳华集》卷四
嘉靖二十一年（1542）	260885	2809170	同　上
万历六年（1578）	262694	3102073	《明史·地理志》

由此可见，缓慢增长，基本稳定，这就是明代四川人口历史趋势的主要特点。

① 《明史·食货志》。

二、赋役制度

《明史·食货志》记载，明代全国的户口和田土都要登记，并编成黄册，详细记录各户人丁、财产和承担的赋税情况。同时，又以 110 户为 1 里，推丁粮多者 10 户为长，其余 100 户编为 10 甲，每甲 10 人，以 1 人为甲首，称为里甲制。黄册是签派赋役的依据。里甲是催征钱粮的组织保证。征收的内容有三大类：一是田赋，二是徭役，三是土贡。

田赋基本上沿袭唐代的两税法，“夏税以五月望开仓，而七月终齐足，秋粮以十月朔开仓，而十二月终齐足”①，税粮按不同的等则，皆有定额，征收时，由里长督甲首，甲首促粮户，按期交纳。明代四川有田 134827 顷，税粮总计 1028544 石②。“川中俱无起运之粮，而专备西南用兵”，所以万历十六年王士性典试四川，“询之藩司，库储八百万，即成都重庆等府俱不下二十万，顺庆亦十万也”③。但各地等则，高低悬殊，地亩大小，也没有固定的标准，负担轻重不一的现象，相当普遍，例如“顺庆不大于保宁，其辖二州八县，均也；而顺庆粮七万二千，保宁止二万”④。在明代，田赋畸轻畸重是一个全国性问题，也是赋税制度日趋混乱的重要原因。

徭役一般分为里甲、均徭、杂泛三种。里甲属于正役。根据万历《营山县志》卷三记载，县共 50 里，每里 10 甲，“每甲排年一人，递年排年一人，轮当见役甲首。先年见年夫马支应，系小民依照丁粮应当，后奉都御史严公⑤案验，支应皆量丁粮征银贮库，名为公费，每遇官府往来，动支应用，各有定数”。至于均徭、杂泛，或以户计，或以丁计，分银差、力差两种支应形式，皆随事编签，并无定额。根据洪雅、营山、云阳、巴县的材料，银差有柴薪、马夫、儒学膳夫、斋夫、王府民校、春秋二祭、举人贡士盘缠，乡饮酒礼等，力差有门子、斗级、弓兵、禁子、库子、渡夫等，名目繁多，各地也不尽相同。嘉靖时，户部奏称“江南以田赋为重，而巧计之徒，或附托豪宗；四川以丁差为重，而攒造之时，或挪移增减”⑥。贪官猾吏，巧立名目，虚报浮收，而地方势豪又串通官府，把重差转嫁到贫苦小民的身上。

土贡的品种也很多。据记载，四川每年供应川椒 2000 斤，由十三个州县轮次解送，云阳计 210 斤，每斤价 4 分，共 8 两 4 钱，但耗余和脚价即高达 24 两，更有豪猾之徒，“坐定

---

① 丘濬《大学衍义补》卷二三。
② 嘉庆《四川通志》卷六二。
③ 王士性《广志绎》卷一。
④ 王士性《广志绎》卷一。
⑤ 严清，隆庆初以右佥都御史巡抚四川，《明史》卷二二四有传。
⑥ 《嘉庆实录》卷二八六。

解户名色"，索取椒价竟增至64两，人民的实际负担多出了好几倍[①]。荥经岁贡黄连850斤，官价每斤只给6分，入不敷出，民间被迫赔累，甚至卖儿鬻女[②]。又如川扇，额解11540柄，嘉靖三十年，增解2100柄，四十三年，又加派细巧小式者800柄，专供"新幸诸贵嫔用"[③]。万历时，解额增至48000余柄[④]。曾有御史指出"以午夏所用一物，穷极雕饰，殚竭脂膏"，但言者受到罚俸处分，而"进解造扇如故"[⑤]。

四川还有特殊的负担，这就是采木。永乐初，成祖营建北京，令顾佐、宋礼入川，采办木料，从此以后，明王朝每有重大工程，必兴采木之役。因为涉及湖广、贵州、四川三省，所以开初派大臣二员，分驻川、湖两地，又以郎中、副使各二员，往来巡察，嘉靖时，更专设四川湖贵总督，总管采木事宜。大木产于建昌、天全深山老林，产地气候非常恶劣，作业条件十分艰苦，羊肠小道，挽运极其困难，往往"盈数百千人，终日不移寸"[⑥]。采办数量动辄一二万根，且沿江运送，时有损耗，解至北京，有的又不合规格，其他贡物，不予验收，还可以贱价出卖，但"皇木禁用极严，既不收之于官，又不敢售之于市"[⑦]，只好任其腐烂，并重新递解，所以每次的采伐量都要大大超过规定的解额。而且名义上，木料是招商采买，实际上，"客商无多，则以土商代领，大户有禁，则以义民殊称"，而州县分派木夫，"夫价其实皆取之民也"，"木夫沦亡，一县约计一千，则合省死亡不下十万，木夫工银，一县约计近二万，则合省支银不下二百万"[⑧]。采木之役一直持续到明代晚期，始终成为四川人民的极大灾难。

明代赋役繁苛，弊窦丛生，不仅威胁到国家的财政收入，而且影响社会生活的安定，一些留心时务的地方官便在自己的辖区内对赋役的签派征收进行各式各样的局部性的变通调整，他们的积极努力，最终促成了中国赋役制度史上一次重大的变革，即一条鞭法的产生和推广。四川地区，早在景泰年间，按察副使刘清就推行过均徭册，其法"以民间税粮多寡为差，分上中下三等，预先定其徭役"[⑨]，粮多者承重差，粮少者承轻差，并事前登记造册，以防止吏胥玩弄手法，临时作弊。均徭册的实施减轻了贫苦小民和商人的负担。嘉

---

① 嘉庆《云阳县志》卷上。
② 乾隆《荥经县志》卷九。
③ 沈德符《敝帚轩剩语》卷下。
④ 《万历实录》卷四二一。
⑤ 《万历实录》卷二八五。
⑥ 嘉庆《洪雅县志》卷五。
⑦ 《明经世文编》卷四二七张养蒙《为川民采木乞酌收余材以宽比累事》。
⑧ 光绪《广安州志》卷一二王德完《备陈四川三大苦疏》。
⑨ 《天顺实录》卷二八一。

靖时，潘鉴和刘漳又推行一把连法。例如营山田粮征解有边仓、腹仓之分，前者路远价高，后者路近价低，粮户皆愿纳腹粮，但里书受贿，“腹粮多上户而边粮多下户，轻重失均，苦乐不一”，于是总为一把，使上下户各纳一部分腹粮和边粮①。又如洪雅，按起运存留不同项目，分为九仓，纳户也分为九处上缴，不仅往返费时，而且每处都要索取“秤头耗米”，改为一把连后，合并不同项目，粮户只需在一地一仓，即可缴纳完毕②。与此同时，刘鸾也在均徭册的基础上，进一步推行上中下支应法，“预于该年通融审核，除去逃亡，止将实在丁粮作数”，然后按产业厚薄，分别轻重上下，“如上支，则应大供用，通融九里，验丁朋出。中小支，随日时各备其应公用银两，验丁散派”③。刘鸾从清理田亩人丁入手，打破了里甲十年一轮的旧章法，徭役也改由全部丁粮分摊，役随田起，这就标志着赋役改革的深化，并为一条鞭法在四川的施行铺平了道路。

三、农业、手工业和商业

洪武时期，四川经济从衰落走向恢复，随着移民运动的进展，户口增加，土地垦辟，生产水平也在不断提高。“宣德、景泰间，民朴而殷富，牛马成群，寄宿于野，民勤农作，不淆于五方之习……一切婚嫁，仅取成礼，宴不用剧乐。”④ 明代前期四川的社会生产面貌是和当时的整个经济状况协调一致的。

在农村中，个体农民的社会交往贫乏，抵抗天灾人祸的能力很差，所以经济形势的好坏往往要取决于政治形势的好坏，而地方政权机构的良窳对农业生产的影响更为直接。正德时，朱思通令长宁，“每岁二月，亲赴诸溪率民修堤堰以资灌溉，教人艺桑蜡树，皆有定额。又令四境之山，凡可开垦者皆种山稻荞麦，民沾其利……邑中逃亡户口，田产多被豪强兼并，而税粮则里甲代偿，不胜其苦。乃籍其田，照亩征收”⑤。又如胡叔宝知中江，“邑素寡桑麻桐枣椒漆之属，君教民树艺，遂享其利。邑素无陂塘隄堰，君教民凿筑，而灌溉堤防，咸有其备”⑥。当然，从全省范围来看，各州县官的素质参差不齐，一些州县的吏治腐败，而另一些州县又可能出现一个好政府。前者对经济起破坏作用，而后者的功能，综合上述长宁、中江的材料，便主要表现在这样三个方面：一是兴办水利以保证农业的收成，二是发展实业以增加地方的财源，三是整顿赋役以减轻人民的负担。所谓实业，指鼓

① 万历《营山县志》卷三。
② 嘉庆《洪雅县志》卷三。
③ 嘉庆《云阳县志》卷下。
④ 光绪《潼川府志》卷一〇。
⑤ 嘉庆《长宁县志》卷七。
⑥ 《全蜀艺文志》卷三四周洪谟《中江重建县厅记》。

励农民“艺桑蜡树”，开展多种经营，提高农业生产的经济效益。平均赋役是稳定农村生产秩序和生活秩序的重要因素。至于水利工程，不仅因为个体小农无力自行修筑，而且民间用水，“往往以人力强弱遂事，早晚相竞相凌，有致死者，此政理之湮，非民之罪也”①，所以关心民瘼的地方官都不能不把兴修水利作为自己责无旁贷的事情。例如成都平原，除都江堰外，还有大量的辅助设施。据天启《成都府志》卷六记载，成都县有河堰121座，简州有塘864口，等等。此外，天顺时，罗江凿池1250余所②，嘉靖时，江津有塘堰575口座③。兴修方式，以官督民办为主，管理方式，以官督民治为主。例如嘉靖时，井研筑塘450座，堰11道，经费由公众分摊，并报官立案，制订章程，既树石碑，又给官帖，使有法可依，同时还设置塘基户，负责经常性的维修工作，用水则“量田之多寡，为泄水之久暂”④。都江堰的管理，因事关重大，除灌区各州县外，并设按察司佥事一员，专理堰务。这些都是农民们取得较好收成的有力保证。

农业生产劳动的主体是佃农和自耕农，但也存在少量的雇农⑤。自给自足的自然经济仍占主导地位，但商品性农业也有一定程度的发展。万历时，营山“货则绫帕、水丝、细条、棉花、苎麻、棉布、麻布、黄绸、蓝靛、竹篦、黄蜡、白蜡、桐油、清油、漆、火纸、棉纸，为类凡一十有八”⑥。其中大部分是农产品和农副产品，可能数量不多，但进入了流通领域，就具有商品生产的性质了。更值得注意的是，洪雅六乡中，“洪川则多货木器；安宁则多造舟赁载，能操之以历三峡之险；义和则多卖蔬……保安则多鬻薪炭……中保则多入林箐取材木货于营室者”⑦。在一个县的范围内，因自然条件的不同而形成了地区性的经济差异，比方有的伐木，有的烧炭，有的种菜，这就突破了自然经济的单一性和孤立性，从而使农民的生产活动和经营形式变得更加复杂，使农村和商品市场的距离更加缩短。营山属顺庆府，洪雅属嘉定州，还不是生产水平最高的地区，因而可以据此推断，明代四川的不少州县都已经开始了农业商品化的进程；但和江南地区比较，其发展程度仍然是相当落后的。

手工业同农业的关系十分密切，因为家庭手工业一直是以副业的形式和农业结合在一

---

① 乾隆《绵州志》卷一七金皋《绵江堰记》。
② 嘉庆《罗江县志》卷二二。
③ 嘉庆《江津县志》卷六。
④ 光绪《井研县志》卷四。
⑤ 嘉靖《洪雅县志》卷一：“贫者终岁佣值，谓之长工。”
⑥ 万历《营山县志》卷三（四川大学图书馆1950传钞本），实止列17类，但原文如此。
⑦ 嘉庆《洪雅县志》卷一。

起的，所以，副业的兴旺及其经济地位的提高，往往是某些手工业独立发展的前导。仍以洪雅为例："其女工则缉麻、纺棉、缫丝，以为布绢，然甚粗恶。正德以前犹有自理机杼者，正德以后皆用机匠矣。"① 机匠的产生，表明纺织手工业开始摆脱了"男耕女织"的形态，朝着独立发展的方向前进了一步。但明代四川棉花的种植并没有普遍推广，限制了棉纺工业的扩大。缫丝业的发展较快，"东南之机，三吴越闽最伙，取给于湖茧，西北之机，潞最工，取给于阆茧"②，川丝大量外销，但本地丝织业的发展却比较缓慢，成都有织锦坊，蜀锦"一缣五十金，厚数分，织作工致，然不可以衣服，仅充裀褥之用，只王宫可，非民间所宜"③。这类高级奢侈品进入商品市场的可能性也就很小了。

在商业贸易方面，蚕丝和中药材是两项重要的外销商品。阆中出产的水丝，"精细光润……吴越人鬻之以作改机绫绢。岁夏，巴、剑、阆、通、南之人，聚之于苍溪，商贾贸之，连舟载之南去。土人以是为生，牙行以此射利"④。可见川北保宁的蚕丝市场是相当繁荣的。其次，建昌所出之杉板，又称建板，它和蜀锦、川扇同为当时闻名遐迩的川中三大特产，但蜀锦、川扇主要属于宫廷消费品，而建板虽然名贵，却大量投入了民间的商品市场。明王朝的采木之役刺激了私人伐木业的兴旺，牟取暴利的木材商人乘机而入，盛况空前，他们"每住十数星霜，虽僻远万里，然苏杭新织种种文绮，吴中贵介未披而彼处先得……钱神所聚，无胫而至，穷荒成市，砂碛如春。大商缘以忘年，小贩因之度日"⑤。木材贩运在整个商品市场中的地位，恐怕并不亚于蚕丝。

最后谈一谈明代四川地区盐、茶的产销情况。

四川盐井，据洪武五年的统计，共有1456眼，已开煎者380眼，停煎者1076眼，明王朝命令"计各郡邑军民岁食及盐马司市马岁额之数煎办，余井并塞之"⑥。其目的显然是为了控制食盐生产。但以后随着户口的增加，盐井数目不断扩大。嘉靖时，产盐区分布全省57州县⑦，其中"大宁最上；云安、仙泉则上之次；郁山、华池、滂井、福兴为中；而上流、富义、广福、新罗、罗泉、黄市、永通、通海，皆其下者"⑧。但盐井时开时废，各井所出，也时高时低。据《明史·食货志》记载："洪武时，岁办盐一千一十二万七千余斤。

① 嘉庆《洪雅县志》卷一。
② 郭子章《蚕论》。
③ 《广志绎》卷五。
④ 嘉靖《保宁府志》卷七。
⑤ 《广志绎》卷五。
⑥ 《洪武实录》卷七二。
⑦ 《万历会典》卷三三。
⑧ 《正德实录》卷二二。

弘治时，办二千一十七万六千余斤。万历中，九百八十六万一千余斤。盐行四川之成都、叙州、顺庆、保宁、夔州五府，潼川、嘉定、广安、雅、广元五州县。岁解陕西镇盐课银七万一千余两。”

明代灶户编入灶籍。元末明初，许多井灶停产，人户纷纷逃亡，明王朝在恢复井盐生产时，曾大量签民充灶，以此解决盐场劳动力不足的矛盾。签充方式，一般“以附近有田粮丁力相应人户拨补”①，但也旁及其他非产盐地区。根据明人记载：“洪武初，抽丁煎盐，谓之灶户，盖与军、匠等。洪雅地不产盐，而井灶则在犍为封内，相去余二百里，故自来灶户无一识井灶所在者。”② 这段材料说明，既有直接从事井盐生产劳动的灶户，也有少数只承担盐课而不参加煎办的灶户。此外，明王朝还多次发配囚徒到四川垦荒，其中一部分人也加入了灶户行列。宣德以后，流民日增，他们涌入盐场，也不断补充灶户队伍。这时，灶户的构成已经日趋复杂了。

井盐开采的技术性很强，劳动量很大。明代四川，“古井百一，竹井十九。竹井者，形大如竹，仅可容竹也。其凿之甚艰，其入之甚深，其汲之甚苦”③。盐井浅者三四十丈，深者六七十丈，“大井以牛革为囊，数十人牵大绳汲取之……小井谓之卓筒，以竹筒设机抽水，尽日无几。咸水一斛可得盐一十五斤，淡薄水数斛，仅得其半”④。燃料主要依靠柴薪，如大宁盐场便有“各省流民一二万，在彼砍柴以供大宁盐井之用”⑤。

洪武二十年，设四川盐课提举司，总理四川盐政，下属分两个系统，即十五所盐课司和两所盐井卫。《明史·食货志》称：“有明盐法，莫善于开中。”灶户产盐，岁给工本，并免杂差，盐不许私卖，令商人输粮边地，然后发给盐引，凭引支盐，称为“开中”。洪武十五年规定，凡在云南纳米1石，或在贵州普安纳米2石5斗，皆支给川盐200斤，其余则按距离远近为等差。商人支盐后，只能在规定地区销售，并不许盐引相离，否则，以私盐论处，要按律治罪。食盐的产销都直接为政府所控制，但“苦在灶丁，利入商囊”⑥，盐商仍然是有利可图的。

茶的产销格局和盐非常接近。洪武五年，户部奏称：“四川产茶四百七十七所，茶二百三十八万六千九百四十三株，茶户三百十五，定制十采其一，计万九千二百八十斤，易马

① 《万历会典》卷三四。
② 嘉庆《洪雅县志》卷三。
③ 嘉庆《四川通志》卷七五郭子章《盐井图说序》。
④ 正德《四川总志》卷二五。
⑤ 顾炎武《天下郡国利病书》卷八五《四川》。
⑥ 嘉庆《四川通志》卷七五郭子章《盐井图说序》。

西番。”[①] 茶是西藏、青海及四川西北部少数民族的生活必需品，明朝承袭了唐、宋以来在这些地区推行的茶马贸易，于陕西、四川边境设茶马司，由政府颁茶引于产茶州县，商人赴官纳钱请引，每引百斤，凭引转运，如有茶无引或茶引相离者，即作私茶论处，同样按律治罪。

洪武初，于界首镇设永宁茶局，岁收 188000 斤。于碉门设雅州茶局，岁收 411600 斤。设成都茶局三所，一在灌州，收茶 7400 斤；一在安州（即安县），收茶 13000 斤；一在筠连，收茶 296000 斤，专供茶马交易之用[②]。又置成都、重庆、保宁、播州茶仓四所。嘉靖中，定四川每年茶引 5 万道，“半填芽茶，半填叶茶。以二万六千道为腹引，每引芽茶三钱，叶茶二钱。二万四千道为边引，内一万九千八百道给黎、雅各商，每引芽茶三钱八分，叶茶二钱五分。二百道给本地思经、罗纯产茶处所土民，每引芽茶七钱六分，叶茶五钱。松潘四千道，税与腹引同。共税银一万三千八百六十三两”[③]。鱼通（今康定）、宁远（今乾宁）等地番商在雅州交易，马一匹换茶 1800 斤。洪武时，明王朝通过河州（甘肃临夏）、雅州两路，岁运茶 50 万斤，易马 13800 匹。

茶商唯利是图，私茶愈来愈多，为了严禁私贩，明王朝对茶商的转运路线也做了规定。例如巴州、通江、南江所产之茶，运销于四川内地和松潘地区，巫山、建始所产之茶，运销于黎、雅等地。属于前者，商人茶引在本地截一角，江油厅茶法道委官盘验时截一角，松潘截一角，准其发卖；属于后者，茶引在夔州截一角，嘉定州截一角，至黎州、雅州，再截一角，准其发卖。松潘茶价贱，黎州、雅州茶价高，于是茶商串通盘验人员，将规定行销松潘的茶引私自转移到黎、雅高价出售[④]。明人刘大谟指出：“自越渡、赂放而后有无引之茶，自冒给、影射而后有无茶之引。”[⑤] 茶政败坏的结果，“番人上驷尽入奸商，茶司所市者乃其中下也”[⑥]。茶马贸易的混乱，不仅影响到明王朝的边防建设，而且还常常是明朝政府和少数民族之间出现紧张关系的重要原因。

---

① 《国榷》卷五。
② 《洪武实录》卷七七。
③ 康熙《成都府志》卷二九。
④ 《明经世文编》卷三八三姜宝《茶法议》。
⑤ 嘉庆《四川通志》卷六九。
⑥ 《明史·食货志》。

第四节　明代四川地区的民族关系

在明代，封建王朝对四川以及西南的少数民族地区采取了积极经营的方针，一方面，继续推广土司制度，并使之更为完备；另一方面，又在局部地区进行改土归流。必须看到，这些措施比较适应民族地区的历史状况和当时的现实状况，因而有利于加强民族地区与中央王朝的联系，也有利于统一的多民族国家的进一步巩固。但是，明朝统治者在执行这些措施的过程中，又不可避免的包含有民族歧视和民族压迫的内容，这是封建王朝的阶级性质所决定的。

一、明王朝的统治措施

洪武四年（1371），明王朝统一四川，取得了经营西南民族地区的主动，不过因为北元尚未平定，暂时还无暇南顾。洪武十四年，明军30万人，一路由四川永宁直趋乌撒，一路由湖广辰、沅直趋曲靖，进取云南。元宗室梁王败走，自杀，东川、乌蒙诸地皆望风归附，于是“云南悉平”。但这时贵州仍然未立郡县，所以朱元璋在《平滇诏书》中指出“霭翠辈不尽服之，虽有云南，不能守也”[①]。由此可见，贵州置省，也势在必行。永乐十一年（1413），思南、思州互相仇杀，明王朝乘机逮捕两地土官，设贵州布政使司。与此同时，为了巩固经营西南边疆的成果和进一步加强控制，明朝中央政府采取了一些重大措施，其中包括先后将云南乌撒、乌蒙、东川、芒部（镇雄）四府和贵州遵义改属四川管辖。这种状况，一直维持到清朝的雍正初年。

元朝统一西南的时间较短，但它在西南地区推行的土司制度，已经成为封建中央王朝对少数民族实行羁縻政策的一种新形式。元明易代之后，客观上还不存在改变这一做法的可能性，所以明王朝不仅“踵元故事”，继续实行土司制度，而且在实践的过程中，“大为恢拓”，使其更加完备。首先，“洪武初，西南夷来归者，即用原官授之”[②]。例如洪武四年十二月，马湖路总管安济遣子入贡，五年一月，播州宣慰使杨铿入贡。此后，建昌（西昌）、永宁（叙永）、黎州（汉源）等地彝族土官也相继来朝。在藏族和羌族地区，洪武六、七年，天全六番招讨使高英和茂州陇木头、静州、岳希蓬及汶山、汶川与寒水巡检司

---

① 谷应泰《明史纪事本末》卷一八。

② 《明史·土司传》。

等地土官，也相继入贡。对这些表示归附的土司，明王朝一律承认他们原来的称号，借以保持民族地区的安定团结，收到了良好的效果。其次，明代设置土司的数目和地区范围也大大超过了元代。据《明史·地理志》统计，当时四川境内有宣慰司2，宣抚司1，安抚司6，招讨司1，长官司38，如果再加上《明史》卷三一一《四川土司》所记朵甘、董卜韩胡、长河西鱼通宁远3个宣慰司和6个招讨司，土司总数多达57个①。此外，乌撒等军民府及其他地区还有一大批从土巡检到土知府等各级土官，也属于土司范畴，所以这里只能表述一个概况，还不足以说明四川土司的全貌。

彝族地区。洪武末，改建昌路为建昌卫，于昌州（德昌）、威龙（今德昌境）、普济（今米易境）等地设置长官司，又于越嶲设邛部长官司，从而奠定了彝区土司制的基本规模。此外，在凉山腹心地区，今甘洛、西昌一带，有斯兹土司，今金阳有沙骂土司，布拖有阿都土司。据嘉庆《四川通志》卷九七记载，阿都长官司于顺治六年、沙骂宣抚司于康熙四十九年先后归附授职，因此可以肯定，他们也属于明代袭封的彝族土司。

藏族地区。据《明史》记载，松潘等处军民指挥使司领安抚司5，长官司16，包括现今阿坝州的大部地区，朵甘宣慰司相当于今甘孜州北部，长河西鱼通宁远宣慰司相当于今甘孜州东部，董卜韩胡宣慰司在今宝兴县一带，天全六番招讨司即今之天全、泸定等地。此外，康定地区的明正宣慰司下属土千户1、土百户48，据嘉庆《四川通志》卷九七，其始祖系永乐五年受封，清初归附袭职，所以明正土司也是明代最早的藏族土司之一。

羌族地区。据《洪武实录》卷八九，洪武七年五月，茂州陇木头、静州、岳希蓬及汶山、汶川等地土官入朝贡马，同月，即置汶山等五个长官司，均在今茂汶羌族自治县境内。此外，叠溪千户所尚领有叠溪、郁即两长官司，原隶松潘之长宁安抚司，正统元年，改属叠溪，也应归入羌族地区的范围之内。

土司的设置，从根本上讲，是“以土官治土民”这一政策的制度化，它既要照顾民族地区的特殊性，又要不影响中央王朝的统一管理，更要有利于逐步把民族地区纳入郡县制的轨道。明王朝在腹地设土官，在边远设土司，各有品级，但无官俸。土官如土知府、土知州等，在地方属布政司，在中央属吏部；土司如宣慰司、宣抚司等，在地方属都司，在中央属兵部，“文武相维，比于中土”②。“其子弟、族属、妻女、若婿及甥之袭替，胥从其

---

① 这方面的材料并不完整，且《明史·地理志》中属于都司军卫者，与《明史·兵志》所记，亦小有出入，《四川郡县志》卷一〇与《明史·地理志》也不尽相符，均有待进一步查证。

② 《明史·土司传》。

俗”①。土司职位的继承可以不遵照立嫡立长的封建传统，但也有一定的限制和约束。洪武二十六年规定，四川、云南各土司承袭，“验封司委官体勘，别无争袭之人，明白取具宗支图本并官吏人等结状，呈部具奏”②。弘治二年又定，土官病故，十年外文书到部者，即取消其袭替资格，同时“令土官应袭子孙，年五岁以上者，勘定立案，年十五以上许令袭，如年未及，暂令协同流官管事”③。而且“袭替必奉朝命，虽在万里外，皆赴阙受职”④，并有“袭职后，习礼三月，回任管事”⑤ 的规定。这一切表明，封建王朝不希望土司内部在继承问题上发生争端，也不愿意对土司的袭替失去控制，所以，一方面，在土司袭职的方式上“胥从其俗”，而另一方面，袭职的全过程又必须牢牢掌握在中央政府的手中。土司对封建王朝的隶属关系是不允许有任何削弱的。

因此，各地土司都要承担一定的义务。首先是定期朝贡，其次是征调。凡遇战事，中央王朝可以调遣土兵出征。例如石砫宣抚使马千乘于万历二十七年（1599）以3000人从征播州，他的妻子秦良玉“别统精卒五百，裹粮自随”。当时征播明军，兵分8路，石砫土兵“为南川路战功第一”。马千乘死后，秦良玉袭职，《明史》称她“为人饶胆智，善骑射，兼通词翰，仪度娴雅。而驭下严峻，每行军发令，戎伍肃然，所部号白杆兵”。泰昌时，良玉出兵援辽；天启初，又参加平息奢崇明的叛乱；崇祯三年（1630），还“奉诏勤王”，被“召见平台”；此后还在川东一带对张献忠、罗汝才率领的农民军进行过堵击和征剿⑥。在明代，势力强大的土司都拥有自己的军队，明朝统治者虽然对此也心存疑忌，但由于明军的战斗素质不断下降，每有征伐，又不能不借助于土司，所以到了明代的中期和后期，封建王朝利用土兵助战的事例，就已经屡见不鲜了。另外，土司还要承担缴纳赋税的义务。史称：“贵州及四川边夷之处，俱无庸调之法，惟因地以收其租税。”⑦ 例如乌撒岁输粮2万石，毡衫1500领⑧，永宁纳粮之外，还要“赋马”⑨，其余地区，或为茶叶，或为杂粮，品种不一，税额也有轻有重。不过应当指出，赋税是国家权力的体现，征收赋税，实际上就标志着明王朝与土司之间的政治联系大大加强了，从历史发展的角度看，这无疑是一个

---

① 《明史·职官志》。
② 《万历会典》卷六。
③ 《万历会典》卷一二一。
④ 《明史·土司传》。
⑤ 《万历会典》卷一二一。
⑥ 均见《明史·秦良玉传》。
⑦ 《成化实录》卷三六。
⑧ 《洪武实录》卷一六二。
⑨ 《明史·土司传》。

显著的进步。

土司制的前提，是承认少数民族首领对其辖区拥有世袭的管辖权，但这种各自独立的世袭权力同高度集中的专制集权主义是根本对立的。由于彻底改变土司制度的历史条件在明代还不成熟，明王朝仅在个别地区改设流官，而在其余大部分地区，还只能从现实的基础出发，采取另外的措施，以求得矛盾的逐步解决。例如明朝初年，即在少数民族地区广立卫所，并把部分土司置于卫所的统属之下。卫所大兴军屯，垦荒种地，仅在今凉山州地区，卫军便多至58000余名，而且兴屯以后，除盐井（今盐源境）、宁番（冕宁）、越嶲三卫尚需内地接济部分粮食外，建昌（西昌）、会川（会理）两卫，均能自给①。卫所与土司参设，不仅有助于民族地区的经济开发，而更重要的，它还能够从军事方面起到明显的遏制作用。另一项措施，则是土官与流官兼治。洪熙元年（1425），“改四川雅州学正何源为土官衙门吏目”②，此即土下设流之例证。成化十一年（1475），乌撒知府向明王朝奏称“同知刚正，抚字有方，蛮民信服，今九年秩满，乞再任三年，以慰群望”③。此即土流兼治获得成功之例证。这项措施的意义也不可低估，实际上，明王朝在推行土流兼治的时候就已经朝着改土归流的方向迈出了第一步。

二、民族地区的社会状况

四川境内各少数民族的社会发展很不平衡，有的已经进入封建社会，而有的还处于奴隶制阶段。

彝族的经济状况大概以马湖地区变化最快，元朝和明初在屏山置马湖土府，其地彝汉杂居，明中叶改土归流，“其治化班乎中土，为名郡矣”④，农业生产永平是比较高的。但在建昌五卫，明万历年间，邛部地区仍然“不产五谷，惟畜养牛马，射猎以供饔飧”⑤。西昌、冕宁河谷地带比凉山腹心地区稍有进步，居民“以荞面作饼，以菜作羹”⑥，基本上摆脱了单纯的畜牧经济，农业生产也缓慢地发展起来了。明代的军屯，耕牛农具完全凭借政府的力量，保证供应，有条件精耕细作，但由于历史的原因，屯军的先进技术还不可能对彝族的农牧经济产生太大的实际影响，所以从总的方面估计，明代凉山彝族地区的生产状况仍然是比较落后的。

---

① 嘉庆《四川通志》卷九二。

② 《宣德实录》卷四。

③ 《明史·土司传》。

④ 嘉庆《马湖府志》卷六。

⑤ 谭希思《四川土夷考》卷三（引自胡庆钧《明清彝族社会史论丛》，第58页）。

⑥ 《九夷考》，嘉庆《四川通志》卷九八。

凉山彝族的奴隶制早已形成。根据民间传说，在元代以前，这一地区是由几十个兹莫统治着的，元代在凉山设置罗罗斯宣慰司以后，多数兹莫被封为土司，于是兹莫兼有奴隶主贵族和土司长官双重身份。元明之际，彝族内部已经明显地出现了黑彝（诺合）和白彝（曲诺）的等级分化。嘉靖时，陈全之《蓬窗日录》卷一记述云南少数民族，即有“黑罗罗”和“白罗罗”的称呼，万历时，郭子章《西南三征记》[①] 也说四川越巂“有邛部黑骨夷”。黑罗罗或黑骨夷逐渐取代了兹莫的地位，成为了统治等级，而原来受兹莫剥削的对象便为新的统治者所占有，成为一个隶属于诺合的新等级——曲诺。后来，一方面由于曲诺的不断分化，另一方面，奴隶主贵族又大肆掠夺，一些因掠卖而进入彝区的汉族人口，也沦为奴隶，于是奴隶的数量迅速增多。此外还有阿加和呷西两个奴隶等级，他们是衣食于主人的家生奴隶，同样为诺合所占有。其中，曲诺有独立的经济生活，而阿加和呷西地位低贱，完全丧失了人身自由。自明迄清，凉山地区这种等级奴隶制的社会结构始终没有发生太大的变化[②]。

藏族的情况与彝族不同。明代中叶，正是西藏封建农奴制急剧发展的时期。经济上，农牧业和手工业都比较发达，四川、甘肃等地开设茶马市场，也使藏、汉人民的经济交往更加密切。在四川境内，自松潘卫设立之后，明军一面修筑城堡，一面大兴屯垦，明王朝还在藏区建立医学机构，又整治松茂驿道，开辟通往雅州和陕西的交通路线。洪武二十一年，礼部主事高惟善至西番巡视回京后，建议对宁远鱼通天全六番诸地，“免其差徭，令造乌茶”[③]，同时鼓励藏汉人民开垦大渡河沿岸荒地，所以明初几十年间，“累岁丰收，边人安枕”[④]。因为局势稳定，藏民至陕西“贸易茶斤，岁以为常”[⑤]，或者到四川内地，佣力觅食，每年寒来暑往，成群结队，络绎不绝[⑥]。

政治方面，根据记载，明王朝在藏族地区，“各降印信，仍立首领一人为土官，以世掌之，土官之下，每寨又有牌头、寨首之名，使于各卫所认纳青稞差役”[⑦]。这些首领同样兼有封建主和土司长官双重身份，他们向明王朝认纳差役，但在世袭领地之内，土地归封建主（包括头人和寺庙）所有，农奴耕种份地，没有或者基本上没有独立的人身自由。清代

---

① 嘉庆《四川通志》卷九五。

② 参看胡庆钧《凉山彝族奴隶社会形态》，中国社会科学出版社，1985 年，第 32—39 页。

③ 《国榷》卷九。

④ 顾炎武《天下郡国利病书》卷六七《四川》。

⑤ 顾炎武《天下郡国利病书》卷六七《四川》。

⑥ 据曹学佺《蜀中名胜记》卷七。这种现象一直延续到清代，康熙时，陆箕永《绵竹竹枝词》曾咏其事“队队番夷作活来，连村绕舍总成堆，明年二月绵江口，负米负豨打伴回”。诗见王培荀《听雨楼随笔》卷一。

⑦ 康熙《成都府志》卷三四。

的方志描述："土民地土听土官安插，给牛种盔甲房屋，充土兵，当差听调。"[①] 这些名目繁多的差调，实质上就是封建的劳役地租，有的地方也可能是劳役和实物两种形态的混合，而且都带有明显的强制性。乾隆时，李心衡的《金川琐记》写道："其有规避徭役，不遵土司饬遣者，例最严酷，籍没其家，将其人并家属分卖各部落为奴。"虽然这里讲的是清代，但明代的情况肯定是有过之而无不及的。

综上可见，土司制度并不能改变民族地区原有的生产关系和经济结构，它既可以同奴隶制相结合，也可以同封建领主制相结合，但导致的结果却是一致的：在奴隶主（或封建主）和土司的双重压迫下，少数民族劳动人民所承受的政治和经济的负担就更加沉重了。

三、杨应龙之乱和奢安之乱

明王朝和四川地区少数民族的关系时张时弛。从洪武到宣德年间，各种制度比较健全，吏治比较清正，在经营边疆的过程中，也比较注意民族团结，所以明初的民族关系相对安定。后来情况逐渐变化，大体上讲，从明中叶开始，相互之间的矛盾便日益尖锐，以致事态不断扩大，兵连祸接，动乱频仍。造成这种局势的原因，从明王朝方面分析，当时了解西南边情的郭子章曾经做过对比，指出明初"者额能读《汉书》，拜为知府；奢香入觐金陵，封为夫人。高皇帝所以羁縻者，意可知已。今或虏使之，鬼遇之，犬羊谯诟之，欲使其无蹢躅，得乎？"[②] 由此可见，封建王朝及其军政官员对少数民族的歧视是激化民族矛盾的一个重要因素，加之明朝的军卫制度日趋腐朽，军纪松懈，卫所官兵对少数民族的敲诈勒索与日俱增，稍不遂意，便挑起事端，大动干戈，这就引发了少数民族的不满情绪和反抗斗争。但是，从另一方面分析，土司内部和土司与土司之间，为了争权夺利，抢占田土，掳掠人口，彼此仇杀，这同样要破坏民族地区的稳定，而且，每当事态进一步恶化，明朝中央政府不得不亲自出马干预的时候，一场更大规模的武装冲突也就随之而来了。万历年间的杨应龙之乱和天启、崇祯时的奢安之乱便是两个明显的例证。

唐僖宗乾符初年，太原人杨端起兵助唐，挫败南诏，从此杨氏家族便世世代代据有播州（今贵州遵义）地区[③]。明初，贵州有安、宋、田、杨四大土司，"皆豪族也"，而播州宣慰司领安抚司二，长官司六，统田、张、袁、卢、谭、罗、吴七姓，势力强大，雄踞一方。杨氏对内剥削土民，对外又多次帮助明王朝镇压其他少数民族，屡立战功，所以正德初年，明王朝曾破例任命土官杨斌为四川按察使。但杨氏家族内部从弘治以后，因承袭土

① 乾隆《雅州府志》卷一一。

② 《国榷》卷七。

③ 《明史・土司传》谓播州杨氏出自太原，然学者中对此说颇有疑问，故播州杨氏之族属尚有待进一步研究。

司职号，“嫡庶相争，梯祸数世”①，并波及邻近的安氏水西土司，双方攻杀达10年之久。

隆庆初，杨应龙袭职，居功骄纵，“酷杀树威，益结关外生苗为翼，肆行劫掠”②。万历十七年（1589），有人揭发杨应龙谋反，但播州地介川、黔两省，各有利害，因而贵州主剿，四川主抚，步调不一。直到万历二十一年，明军才仓促出师，行至娄山关，为土兵诱杀，伤亡过半。事后，明王朝决策阶层中剿、抚两派仍然各执一词，争吵不休，拖延至万历二十四年（1596），形势骤然变化，杨应龙公开发动了反明武装叛乱，出兵焚劫草塘、馀庆二司及兴隆、都匀各卫，并到处搜捕曾经检举过他的仇家，“戮其父母，淫其妻女，备极惨酷”③。

叛军由贵州进入四川，流劫江津、南川、合江，进逼重庆。攻陷綦江时，“尽杀城中人，投尸蔽江”④。另一支叛军侵入湖广，断绝了楚、黔两省的通道。万历二十七年，明王朝以李化龙为总督，集川、湖、贵三省兵力，分8路进剿。在四川境内，一出綦江，一出南川，一出合江，一出永宁。贵州方面的明军和土司军队，则分别从乌江、沙溪和兴隆卫出发。湖广偏桥一路，又分两翼挺进。各路号称3万人，其中酉阳、石砫等土司军约占百分之七十，而明军仅百分之三十。杨应龙也勒兵数万，五道并出，但皆为土司兵所挫。二十八年四月，明军袭破娄山关，前后合围，应龙“散金募死士拒战，无应者”⑤，乃被迫自杀，明军取得全胜。于是分播州为二，属四川者为遵义府，属贵州者为平越府。

二十年后，又爆发了四川永宁（今叙永）土司奢崇明和贵州水西（今毕节境）土司安邦彦的反明叛乱。

在明代，永宁是四川境内彝族的聚居区之一，其地南连赤水、毕节，是通往云、贵两省的要冲，而水西安氏又和杨应龙一样，是贵州四大土司之一。奢、安两家之间，一方面有深刻的矛盾，例如安国亨杀其叔安信，安信之兄安智便投奔永宁，在奢效忠的支持下，发动大规模的冤家械斗；效忠死，其妻妾争夺土司职号，而水西安疆臣又把持印信，“阴阳其间”，在奢氏家族内部制造纠纷，挑动他们互相仇杀；但另一方面，两家又有密切的姻亲关系，例如奢效忠的妻子是安万铨的女儿，安尧臣的妻子奢社辉又是奢效忠的女儿。两家土司都想扩充地盘，增加财富，于是掠卖人口，焚劫村堡，侵占屯田，窥伺府卫州城，野心勃勃，各有企图；但在利害一致的情况下，他们也会联合起来，共同向明王朝进行斗争。

① 《明史·土司传》。
② 《明史纪事本末》卷六四。
③ 《明史·土司传》。
④ 《明史·土司传》。
⑤ 《明史·土司传》。

而明王朝和奢、安之间的矛盾也由来已久。当奢氏嫡庶双方争夺土司承袭时，明朝政府曾经有过永宁改土归流的意向①，这就势必引起土司首领的惊恐和疑虑。在明代，永宁土司和叙州府壤地相接，而兴文、珙县、筠连等地，是当时“都掌蛮”的聚居区域，“前代皆土官”，明初改流，“言语性情不相习，洪、永、宜、正四朝，四命将徂征，随服随叛”，直到隆庆、万历，明王朝还不断出兵镇压“都掌蛮”的反抗，以致有人建议，“仍立土官治之，为久远计”②。另据王士性所见，不仅安国亨“桀骜”，而安疆臣“又复悖戾，不遵朝廷三尺，如贵竹长官司改县已多年，而疆臣犹欲取回为土司，天下岂有复改流为土者？”③从上述两个方面的情况看来，“土”和“流”的矛盾已经成为这一片地区非常尖锐和非常棘手的问题了，但这片地区扼据川、云、贵三省冲要，改设流官，不过是时间的早迟而已。

其次，明王朝政治腐败，贪污成风。奢、安两家，包括杨应龙在内，都要通过贿赂手段来取得明朝中央政府高级官员的信任，而地方官吏在处理冤家械斗和袭职纠纷时，也往往由于接受贿赂而有意偏袒。奢效忠死后，妻妾内讧，四川总兵郭成竟以按问为名，进驻效忠小妻奢世续在永宁的私邸，“尽掠奢氏九世之积”④，以饱私囊。又如平播战役中，水西安疆臣的土司兵是所谓八路大军之一，当时明王朝的贵州巡抚曾答应在战争结束后，即偿以杨应龙旧日侵占安氏的“水西乌江地六百里以酬功”；但是，另一方面，早在嘉靖时，“应龙之祖以内难走水西，客死。宣慰万铨挟之，索水烟、天旺地，听还葬，其地遂为水西所据”⑤，而当播州分置遵义、平越两府的时候，川湖总督又命安疆臣归还所占据的水烟、天旺地。由于明朝内部派系纠葛，纷争日甚，在错综复杂的归地问题上，川、黔两省，各执一端，故“清疆之议，累年不决”⑥。凡此种种，都促使永宁、水西土司和明王朝的关系迅速恶化。

这时，辽东战局日益紧迫，明王朝的辽阳总兵刘綎曾参加平播之役，因而极力主张征调彝族土兵驰援辽东，于是，天启元年（1621）九月，奢崇明两万援辽部队，在樊龙、张彤的率领下，乘进驻重庆之机，突然发动了反明的武装叛变。重庆守军措手不及，四川巡抚徐可求与道、府、总兵等官二十余人皆被杀。叛军接连攻陷合江、纳溪、泸州、遵义。十月，进围成都，明军被迫决都江堰水以护卫城壕，争取时间，等待援兵。奢崇明部队围

① 《万历实录》卷四九四。
② 《明史·土司传》。
③ 《广志绎》卷五。
④ 《明史·郭成传》。
⑤ 此据《明史》卷三一六，同书卷三一二亦记其事，但略有出入。
⑥ 《明史》卷三一六。

困成都102天，后因发生“内变”，始解围遁去。川东方面，主要依靠石砫土司秦良玉的兵力，在天启二年，先后攻克二郎关与佛图关，樊龙被俘，明军才收复了重庆。

奢崇明起兵的同时，安邦彦也包围了贵阳，遥为声援。贵阳守军不过数千，而水西土司兵号称十万之众，“沿山扎营，四面伏路把截，以断城中出人”，又“置木栅，垒户墙，鸟雀不能飞渡”①，但城中军民，坚守阵地，战斗十分激烈。贵阳被围296天，贵州巡抚王三善率领的援军才从清水江、都匀分路抵达贵阳外围。土司兵普遍厌战，闻援军至，乃纷纷溃撤。

四川方面，明军进展顺利。天启三年五月，攻入蔺州（今古蔺），奢崇明力蹙，逃避水西龙场，四川总督朱燮元“请以赤水河为界，河东龙场属黔，河西赤水、永宁属蜀，永宁设道、府，与遵义、建武声势联络”②。但贵州战局，时有反复，贵阳解围之后，明军渡过乌江，天启四年，进至水西中心地区，王三善遇伏阵亡，明军损失惨重。直到崇祯二年（1629），在朱燮元的主持下，明军诱敌深入，故意引导土司兵向永宁移动，然后四面合围，奢崇明、安邦彦皆受伤被杀，才最后结束了这场战乱。崇祯三年，永宁改土归流，而水西仍旧维持原来的土司制度。

第五节　明代四川地区的文化

明代的理学在宋代的基础上又有了新的发展，中叶以后，王守仁的哲学思想得到了很大的推广和传播，四川地区一些比较著名的哲学家都不同程度地接受了王学的影响。杨慎独树一帜，但由于政治上的原因，他长期流放云南，其门人弟子，也多不在四川，这是一个很特殊的现象。在文学方面，明代诗文创作，各有流派，其中不乏四川作者，亦颇有盛誉。但明代四川地区的文化，从总体上估计，仍然落后于宋代，也略次于清代。现归纳为哲学、教育、文学三目，简述如下。

一、哲学

明代著名的四川哲学家有邹智、杨慎、赵贞吉和来知德等人。

邹智（1466—1491），字汝愚，合州（今合川）人。在政治上颇有抱负，敢于“品核

① 《明史纪事本末》卷六九。

② 《明史·土司传》。

公卿，载量人物”[①]，明孝宗接位，以庶吉士身份上疏言事，公开指斥内阁的当权者万安、刘吉等为小人，主张“欲正天下之衙门，当自大衙门始”[②]，强调“扶阳抑阴”，希望朝廷进用正派官僚。刘吉唆使其党羽借故诬陷邹智，被下诏狱，后谪广东石城所吏目，“闻陈献章讲道新会，往受业，自是学益粹”[③]。从思想渊源上讲，邹智属于白沙学派[④]。白沙主“静”，所以邹智也说：“盖‘复’生于静者也，‘姤’生于动者也，今人心无时不动，若作用之初，便从‘复’起，则所谓静者，何处得来？……当以涵养本源为先。”[⑤] 不过邹智注重个人修养，并没有走到“物我两忘”的地步，他推崇宋人胡瑗“德行为先，文艺为下”的观点，并进一步发挥说：“德也者，得之于心之谓也；行也者，行之于身之谓也。使人而无心也，则可以无德；使人而无身也，则可以无行。”[⑥] 任何人都有心和身，因此，任何人都存在德和行的问题。根据邹智家贫苦学，不畏权贵，不怕险阻的实际表现来看，他的德行观并不是独善其身，而具有鲜明的政治实践的色彩。邹智留存的著作不多，因为他仅仅活了 26 岁。

杨慎（1488—1559）[⑦]，字用修，新都人。著名政治家杨廷和之子。正德六年，殿试第一，授翰林院修撰，嘉靖三年，因议大礼，受廷杖，谪戍云南永昌卫，投荒三十余年，卒于戍所。杨慎天资聪敏，但“尝语人曰：‘资性不足恃，日新德业，当自学问中来。’故好学穷理，老而弥笃……明世记诵之博，著作之富，推慎为第一，诗文外杂著至一百余种，并行于世”[⑧]。

在明代学术界里，杨慎以博闻强识为特色。他自己说过，禅学“骛于高远”，俗学“专于考索”。“其高过于大，学而无实，世之禅学以之”，“其功倍于小，学而无用，世之俗学以之”[⑨]。这里所谓禅学，实际上是儒、佛两家的混合物，宋、明时期的唯心主义理学家，言心言性，大多受有禅学的影响，对此，杨慎是持否定态度的。但他并不完全排斥考索，因为他自己就写了很多考索性质的杂著。当然，对于杨慎的考索之学，过去也毁誉参

---

① 《明史·邹智传》。

② 邹智《立斋遗文》卷一《弘治丁未应诏封事》。

③ 《明史·邹智传》。

④ 陈献章，广东新会白沙里人，故陈氏之学，世称白沙学派。

⑤ 《立斋遗文》卷四《奉石斋先生》。

⑥ 《立斋遗集》卷二《送提学潘先生副宪陕西序》。

⑦ 《明史·杨慎传》：“嘉靖三十八年（1559）七月卒，年七十有二。”但卒年有异说，或谓当在三十九至四十年之间，待考。

⑧ 《明史·杨慎传》。

⑨ 杨慎《丹铅总录》卷一二。

半，褒贬不一。例如王世贞批评他“工于证经而疏于解经，博于稗史而忽于正史”①，但是，不侈谈义理（解经）而注重实证（证经），不囿于官书（正史）而旁及私家记载（稗史），这种务实的精神和开拓的勇气，恰好是杨慎的优点。他的短处是广博有余而精深不足。《四库全书总目》子部杂家类在述评《丹铅录》时指出：“慎以博洽冠一时，使其覃精研思，网罗百代，竭平生之力，以成一书，虽未必追踪马、郑，亦未必遽在王应麟、马端临下。”而“稍成卷帙，即付枣梨……祗成杂学”。一方面，《总目》深惜杨慎的兴趣太广，著作太多，忽略了学术的专一与系统；另一方面，马融、郑玄被清代的汉学家视若神明，而《总目》又把杨慎和这两位汉代大儒联系到一起，由此表明，在清代学者的心目中，杨慎的治学道路和宋学是对立的，但和汉学是相通的。

反对禅、儒结合，是杨慎哲学思想的出发点。他不满意朱熹、陆九渊“深于禅老之学”②，认为儒、禅两家是完全背道而驰的，“儒教实以其实实天下之虚，禅教虚以其虚虚天下之实。陈白沙诗曰‘六经皆在虚无里’，是欲率古今天下而入禅教也，岂儒者之学哉？”③ 杨慎“好学穷理”，熟知学理来源于多见多闻，而见闻又产生于客观存在的事物，如果离开了实在，认识就失去了依托，而理论也就陷入了空谈。他在《谭苑醍醐序》中写道：“从乳出酪，从酪出酥，从生酥出熟酥，从熟酥出醍醐，犹之精义以入神，非一蹴之力。学道其可以妄言乎？语理其可以遗物乎？”理是抽象的，物是具体的，既然理不遗物，就应当“以其实实天下之虚”，用大量实在的内容来充实高度概括的理论。要做到这一点，就应当从具体的见闻开始。“寡闻则无约也，寡见则无卓也”，由博入约而得到的真知灼见，好比把乳炼成醍醐，使粗糙的感性见闻上升为精粹的理性认识。杨慎以乳酪为例，形象地论证了理和物的关系，实际上是一个逐步扬弃、不断积累和日益深化的过程，所以，在认识论方面，他的唯物主义倾向是非常鲜明的。

杨慎没有写过专门的哲学著作，但他对哲学领域内某些有争论的重大问题，也发表了不少独到的见解，虽然没有充分发挥，但其基本观点，仍然值得引起足够的重视。例如，他主张“道以器寓”④，道指具体事物的规律，它不在事物（器）之外，而在事物之中，此后王夫之“道不离器”的思想是与此一脉相通的。杨慎根据自己的创作经验，认为“唐人诗主情，去三百篇近，宋人诗主理，去三百篇却远矣”⑤，于是进一步提出：“性与情相表

① 王士贞《艺苑卮言》卷六。
② 《丹铅总录》卷一二。
③ 《丹铅总录》卷一九。
④ 《丹铅总录》卷二二。
⑤ 《丹铅总录》卷一一。

里，形与气相首尾”，“情不自情，因性而情；性不自明，由情以明。习之《复性书》此言粹矣”①。宋儒把性和理联系起来，使之成为理学的重要范畴，且陈义甚高，不近人情。杨慎把性和情联系起来，肯定人的情欲是本性的自然的表现形式，性与情的一致，便意味着情与理的统一。这些论点和当时盛行的理学思潮是针锋相对的。

赵贞吉（1503—1576），字孟静，内江人。隆庆时，官礼部尚书，入阁预机务，与高拱不合，辞官而去。《明史》说他“学博才高，然好刚使气，动与物忤”②。他准备撰写《经世通》和《出世通》两部专著，前者为内篇，分“史”和“业”两门，“业”又包括典、行、艺、术等方面；后者为外篇，分“说”和“宗”两门，“说”又包括经、律、论等方面。其书未成，但从上述纲目看来，这是一项企图系统整理儒、释两家思想体系的庞大的写作计划。正德、嘉靖以后，王阳明学派风靡全国，赵贞吉也是王学门人之一。根据袁宏道的说法：“阳明之学，一传而为心斋（指王艮），再传而为波石（指徐樾），三传而为文肃（指赵贞吉），谓之淮南派。”又云：“近代性命之学，始于赵文肃，尝窃读公书，出入禅儒。”③ 所以，作为王学的传派弟子，赵贞吉、徐樾等人都把“中”作为重要的哲学范畴。王阳明标榜格物，格者，正也，“凡意之所发，必有其事，意所在之事谓之物”，而格物就是“正其不正以归于正之谓也”④。“正其不正以归于正”，这就叫“中”，达到了“中”的境界，也就把握住了理解事物的基础和判断善恶的标准。在这里，“中”不过是一种主观的尺度。但作为禅学的信徒，赵贞吉又比较强调“悟”的功用，为学之道，不需要多闻多见，也不需要去粗取精，凭一时之机锋，就可能达到豁然开朗的地步。据说，有一次他“与徐鲁源相遇，鲁源言学问当有所取，有所舍，先生厉声曰：‘吾这里无取无舍！’宛然宗门作用也”。所以他认为“天地万物，本吾一体”，但反对用“支离破碎”的方法去领会，主张要“灵觉明悟”⑤。这仍然是禅宗的腔调。

来知德，字矣鲜，生卒年不详，梁山（今四川梁平）人。“嘉靖三十一年举于乡，二亲相继殁，庐墓六年，不饮酒茹荤。服除，伤不及禄养，终身麻衣蔬食，誓不见有司。”⑥ 万历中，明王朝特授翰林待诏，力辞不就，在万县山中隐居30余年，写成《周易集注》和其他著作。他把好色、好货、好勇等等，都看成是一种物欲，而格物之物，即物欲之物。

---

① 《丹铅总录》卷二二。习之，即李翱，唐代著名哲学家。
② 《明史·赵贞吉传》。
③ 《袁宏道集笺校》卷五四《寿何乎可先生八十序》。
④ 《王文成公全书》卷二六《大学问》。
⑤ 黄宗羲《明儒学案》卷三三。
⑥ 《明史·来知德传》。

他认为，“物格而后知致”“克己复礼为仁”“养心莫善于寡欲”，这三句话实际上是一句，“物也，己也，欲也，皆有我之私也；格也，克也，寡也，皆除去有我之私也”①。把一切物欲都说成是有我之私，这就从根本上否定了物质利益的合理性，其思想体系基本上是以摆脱社会交往为宗旨和以个人修养为主体的封建的伦理学。来知德长期脱离社会实际，不食人间烟火，这种特殊的生活经历，使他的思想观念带有浓厚的消极出世的色彩。

二、教育

明代地方一级，各府、州、县皆立学校。府学置教授一人，训导四人，州学置学正一人，训导三人；县学置教谕一人，训导二人。这些学校都是国家正规的教育机关，明朝初年，它们大多经历了一个恢复阶段，有的地方，还在以后的时间内，不断地进行培修和扩充。成都府学以及成都、华阳、双流县学，都是洪武年间重建的，其中，双流县学又在永乐、正统、万历时，三次扩建。汉州儒学，恢复于洪武时期，同样在正统、天顺、成化、嘉靖、天启时期，进行过多次扩充和修葺。少数民族地区的教育事业也有发展，龙安、雅州、马边、雷波等地，都先后建立了儒学或者社学。学习内容以“四书”“五经”为主。各级学校都面向科举制度。科考是封建国家选拔人才的主要形式，也是知识分子进入政治生活的主要途径。科第兴衰还成为地方文教是否昌明的重要标志。在这些情况的影响下，兴办学校也就成为“有司之首务”②。

但是，封建国家并不专门提供学校的建设资金和教育经费，学官俸禄在本地正供收入内开支，其余支出，基本上要依靠各地自筹。万历六年，成都知府耿定力重修府学，经费“大半出耿侯俸钱，而父老子弟响方慕善，任劳宣力者，咸激于侯之义，故财不诎公帑”③。嘉靖时，扩建新都县学，“食不出于头会，泉不出于口率”，而是来自所谓“罚锾”④。综上可见，一为地方官捐俸，二为挪用罪犯缴纳的赎金，三为本地士绅资助，这就是明代地方教育经费的三个主要来源。捐俸的目的在于倡导，挪用的对象也不一定都是赎金，但必须属于正供以外的其他项目，实际上，这两者的数量都是有限的，所以，本地士绅的资助才是支撑地方教育事业的最主要的物质基础。关于学田，明代似乎并没有普遍的设置。

在官学之外，从宋代开始兴盛起来的私学组织书院，也发展很快，故明代四川的大多数府、州都有书院的设立。它们的经费来源，和官学的情况基本上相同。但在办学的风格

① 《明儒学案》卷五三。

② 嘉庆《四川通志》卷七八汪日显《富顺县修学记》。

③ 曹楼《重修成都府儒学记》。

④ 杨慎《新都县修学记》。

上，书院却有自己的特点。明人李长馥《修子云书院启》指出，书院“多以名贤遗址为之。其在蜀者，如北岩、紫岩、青莲、金华数书院，皆名人遗址”①。其他如成都锦江书院，即系文翁石室故地。选择这些地方作为书院院址，一方面是为了表彰前贤，另一方面是为了鼓励后进，这本身就包含了深刻的教育意义。书院的规模，一般包括讲堂、藏书楼和宿舍，还辟有祭祀的场所，供奉与本地有关的著名学者和其他圣贤人物。四川各地书院的教学情况，由于缺乏资料，不得其详，但时人认为，“书院之建，非制也”②，这就说明，它不是国家正规的教育机关，而是私人的讲学组织。书院的山长不由上级任命，而是通过聘请产生的。官学在事实上已经成为科举制的附庸，要受到封建政府的严格管辖，而书院在体制上比较独立，学术空气也要浓厚一些。据耿定力《大儒祠记》：“万历丁丑（即万历五年），故相张江陵尽毁宇内书院，毋使诸生聚议。”③ 四川的很多书院也同时遭到查禁，从上面的事实看来，至少有一部分书院的办学精神比较开明，内部的学风也比较自由，所以明代书院的动向是一个很值得进一步研究的课题。

三、文学

四川诗文作家在明代文坛上是一支比较活跃的力量。

明初，高启、杨基、张羽、徐贲，号称吴中四杰。杨原籍四川嘉定，徐之先世亦蜀人，估计都是在蒙古军队攻打四川时，流寓吴中的。杨基，字孟载，徐贲，字幼文④，他们在元末都曾接受张士诚的聘请，洪武时，一同贬谪临濠，释归后，又同在明朝政府任职，不久，又先后获罪，徐死于狱中，杨则“夺官输作，卒于工所”⑤。两人经历相似，皆一生坎坷，又气味相投，能诗善画。徐有《北郭集》六卷，杨有《眉庵集》十二卷。杨基才华横溢，集中题宋人夏珪《长江万里图》云：“我家岷山更西住，正见岷江发源处，三巴春霁雪初消，百折千回向东去。江水东流万里长，人今漂泊尚他乡，烟波草色时牵恨，风雨猿声欲断肠！”凄婉之情，发自肺腑，表达了远方游子对故乡的深切怀念。诗风绵丽清新而意境幽邃，不染元人纤巧直露的陋习。

嘉靖初，李开先、王慎中、唐顺之，熊过、陈束、任翰、赵时春、吕高，号称八才子。

---

① 嘉庆《四川通志》卷八〇。今据《四川通志》所记，子云书院在犍为，其地即宋邵伯温故宅。北岩在涪州，为程颐谪涪时著书之处。紫岩在绵竹，宋张浚读书地。青莲在彰明，金华在射洪，两地分别为李白和陈子昂的家乡。

② 嘉庆《四川通志》卷八〇杨名《斗城书院记》。

③ 嘉庆《四川通志》卷八〇。

④ 两人生卒年不详。又钱谦益《列朝诗集小传》甲集据吕志学题画跋语，谓徐贲之死当在洪武十二、十三年之间，今录以备考。

⑤ 陈田《明诗纪事》甲签卷一七。

他们反对李梦阳、何景明的复古倾向而自成一派。八才子中，熊过，字叔仁，富顺人，有《南沙集》；任翰，字少海，南充人，有《忠斋集》。但他们传世的诗歌作品甚少，清末陈田辑《明诗纪事》，也仅从《剑阁芳华集》中搜得熊过七绝一首，但熊另有《春秋明志录》与《周易象旨决录》两书，可见他的主要成就是经学而不是文学。但《四库全书总目》指出“明人之《易》，言数者入道家”，所以熊过、任瀚都喜好“服食炼形”之术，明世宗购求道家秘籍，“蜀抚臣访之熊氏，叔仁给其家，举所藏悉焚弃之。至今蜀人谈玄怪者，皆本任氏、熊氏”①。

杨慎不仅是学者，也是著名的文学家，在文学创作的道路上，他不囿于前七子的门户之见，而以宏富的才情和多方面的特长为后世所推重。他出身名门，少年得志，年轻时颇受六朝诗风的影响。贬谪之后，玩世不恭，“胡粉傅面，作双丫髻插花，诸妓拥之，游行城市”②，借以抒发内心的愤懑和不平，而诗风也“渐入老苍，有少陵、谪仙格调，亦间入东坡、涪翁一派”③。四川作家师法李白、杜甫和苏轼、黄庭坚，这是很自然的事情，但杨慎既注意向优秀的文学传统学习，又酷爱民歌，辑有《风雅逸篇》《古今风谣》和《古今谚》，不断从民间文艺中汲取养料，这种兼收并蓄的精神，也是值得充分肯定的。

明诗流派甚多，但彼此模仿的习惯也相当严重。沈德潜《说诗晬语》称杨慎“随物赋形，空所依傍……李、何诸子外，拔戟自成一队”。在文学创作的道路上，杨慎的确敢于破除门户偏见，不落窠臼，反映了比较广阔的社会生活现实。他在流放途中写的《宿金沙江》：“往年曾向嘉陵宿，驿楼东畔阑干曲，江声彻夜搅离愁，月色中天照幽独。岂意飘零瘴海头，嘉陵回首转悠悠！江声月色那堪说，肠断金沙万里楼。”又如七绝《于役江乡归经板桥》：“千里长征不惮遥，解鞍明日问归桡，真如谢眺宣城路，南浦新林过板桥。”诗人抚今思昔，百感交加，诗篇音节伉爽，思绪深曲，艺术感染力很强。他写的另外一些作品，还具有浓郁的民歌风味。例如《送余学官归罗江》：“豆子山，打瓦鼓，阳坪关，撒白雨。白雨下，娶龙女。织得绢，二丈五。一半属罗江，一半属玄武。我诵《绵州歌》，思乡心独苦。送君归，罗江浦。”前五句即宋代四川民谣《绵州巴歌》④，它把蜿蜒明净的罗江水比拟为龙女织成的绢素，又从瓦鼓声中联想到龙女出嫁的热闹场面，而美好的家乡被这绚丽奇妙的色彩渲染得更加令人神往，但诗人却返乡无望，只有通过古老的歌谣来寄托自己的

---

① 钱谦益《列朝诗集小传》丁集。

② 《列朝诗集小传》丙集。

③ 陈田《明诗纪事》戊签卷一。

④ 歌见《五灯会元》卷一九。其地唐宋时属绵州巴西郡，故名巴歌。

离愁和乡思，这是多么强烈的照应！而且全篇结构，也别具一格。《巴歌》部分，音调短促欢快，最后两句，低沉舒缓，截然不同的气氛把诗人矛盾的内心世界也展现得十分清晰和深刻。

杨慎的词、曲同样享有较高的声誉。王骥德《曲律》曾对明代散曲作家进行综合研究，指出“杨俊而葩”，这个评语基本上概括出了杨慎在词曲方面的艺术风貌。难能可贵的是，杨慎还把词的典雅形式和通俗文艺结合起来，写成长篇《廿一史弹词》，唱文系十字句，再系以词曲，文字浅近，易于流传。其中词曲部分继承了前人咏史的传统，笔力雄浑，构思也颇有独创。如《临江仙》（《廿一史弹词》第三段说秦汉开场词）：“滚滚长江东逝水，浪花淘尽英雄。是非成败转头空。青山依旧在，几度夕阳红。白发鱼樵江渚上，惯看秋月春风。一壶浊酒喜相逢。古今多少事，都付笑谈中。”作品不受故事细节的约束，但虚中有实，写得超脱而又自然。

这里还应当提到杨慎的夫人黄峨。她是遂宁黄珂之女，“博通经史，工笔札”，“诗不多作，亦不存稿，虽子弟不得见”①。杨慎远戍云南，夫妇间常有诗词往来，以表相思之苦。如黄峨《寄外》：“雁飞曾不度衡阳，锦字何由寄永昌。三春花柳妾薄命，六诏风烟君断肠。曰归曰归愁岁暮，其雨其雨怨朝阳。相闻空有刀镮约，何日金鸡下夜郎？”诗篇情感真挚，长期脍炙人口。在明代的妇女作家中，黄峨的地位是不可抹煞的。

此外，安盘，字公石，嘉定州人。他是杨慎的朋友，同因议大礼，受杖免官。著有《颐山诗话》二卷，《四库全书总目》称其议论平允，但诗歌作品流传不多，所以王渔洋惋惜他“风神独绝，而世罕知之”②。

其后，张佳胤，字肖甫，铜梁人。官至兵部尚书，总督蓟辽三边。他的军事才干，曾受到张居正的赏识，而文学创作，又深得王世贞的器重。当时，王世贞作为文坛领袖，余德甫、魏裳、汪道昆、张佳胤与张九一，并称嘉靖后五子，同世贞相互呼应，对明代诗歌创作产生过一定的影响。佳胤“高才贵仕，兼而得之”③。他的作品，以《宿黄牛峡》为例：“春到黄牛峡，江辞白帝城。楚云高不落，巴水去无声。绝塞书难得，孤舟月更明。櫂歌听自短，几处夜猿鸣。”明末诗人陈子龙以“庄雅”二字概括张佳胤的诗歌风格，从引述的例子来看，这个评价是非常中肯的。

到了万历年间，明代文坛上又出现了一个以袁宏道兄弟为首，以标榜性灵为宗旨的新

---

① 《列朝诗集小传》闰集。

② 《池北偶谈》卷一一。

③ 《列朝诗集小传》丁集上。

派别公安派，四川南充作家黄辉，字平倩，是这个新流派中的活跃人物之一。黄精于书法，与董其昌齐名。他和公安派的关系，据袁小修的回忆，万历二十六年，袁宗道、宏道皆宦吴门，黄辉“从蜀来，聚首最密。中郎作诗，力破时人蹊径，多破胆险句。伯修诗稳而清，平倩诗奇而藻”①。他所作《白沙驿》：“山驿冷荒荒，昏烟带叶黄。窗交蛛网月，垣隙虎蹄霜。携手同人尽，回身独夜长。佳期惟有梦，梦去转苍茫。”可见黄辉并不像袁氏兄弟那样矫枉过正，一味在奇、险二字上下功夫，他的作品有真情实景，格调也比较清新灵活。

稍后，范文光，字仲闇，内江人，著有《峨眉集》。他和当时另一重要的文学派别竟陵派的关系较深，“时钟（惺）、谭（元春）诗盛行，文光取钟惺诗与李梦阳合刻，论次之，人多以为当”②。庄祖谊，字宜稺，成都人。《静志居诗话》称：“全蜀入复社者八人，宜稺诗名特著，惜流传无几。”明清之际，不少四川作家纷纷流寓江南，其最有名者，如余畬，字生生，青神人，于鄞县结七子诗社，入清之后，隐居不出，卖文为生。吕潜，字孔昭，遂宁人，吕大器之子，僦居吴兴，其诗调新颖，又善画花草，用笔放纵。另外有的作家，将在清代部分加以介绍，这里就略而不论了。

（蒙默、刘琳、唐光沛、胡昭曦、柯建中：《四川古代史稿》第六章，
四川人民出版社，1988年，第343—416页）

① 《列朝诗集小传》丁集上。
② 卓尔堪《明遗民诗》卷一二。

清代的四川

第一节　清代四川的政区建置

清王朝的历史，从1644年清世祖福临入关到1911年辛亥革命为止，共计268年。1840年鸦片战争以后，属于中国近代史的范围，所以本章的叙述大体上以道光二十年左右为下限。

清代地方政区，在总的格局上，和明代并没有太大的差别，而且元、明以来的行省制度，经过清代的不断调整，规模更加完备，体制也更加健全了。从全国来看，顺治初，即改南、北直隶为江南省和直隶省，康熙六年，又析湖广省为湖北、湖南，析江南省为江苏、安徽，并以陕西一部分，另置甘肃省，这就基本上奠定了内地18行省的总体结构。从地方来看，其主要变化表现在以下三个方面：

第一，督抚制的确立。

督抚制滥觞于明代，一般认为正统六年（1441）麓川之役，王骥以兵部尚书总督军务，洪武二十年（1387），敕遣皇太子巡抚陕西，为明代设置督抚的开端。但起初并非固定职称，多因政治和军事的需要，临时派遣中央官员以朝廷特使身份视察地方，或执行某项特定任务，事毕即罢。在四川，洪武四年六月，明军攻克重庆，明昇投降，七月，曹国公李文忠便奉命入蜀，抚绥军民，“筑成都新城，发军戍诸郡要害”①，这和皇太子巡抚陕西，

---

① 《明史》卷一二六《李文忠传》。

实相类似。景泰元年（1450），筠连、珙县地区少数民族起事，明王朝遣都御史李匡巡抚四川，进行镇压，这可能是明代四川设置督、抚的最早记录。但终明之世，督、抚都属于临时差遣的性质，设置员数和管辖权限都没有统一的规定，和地方政区也没有直接的必然联系。

到了清代，督抚制逐步规范化。这首先表现在，督抚的事权更加明确，总督例加兵部尚书兼都察院右都御史衔，掌“综治军民，统辖文武，考核官吏，修饬封疆”，巡抚例加兵部侍郎兼都察院右副都御史衔，掌“宣布德意，抚安齐民，修明政刑，兴革利弊”①。其次，督抚辖区和地方政区合一，巡抚每省设一员，总督则一省或合两三省设一员，有的省区，督抚并设，有的省区，巡抚则由总督兼任，但也有只设巡抚而不设总督的省区。此外，明代卫所瓦解，入清之后，都指挥使一职相应裁撤，而督抚位尊势高，布、按二司地位下降，成为了督抚的隶属机关。总督是地方一级最高军政首长，与巡抚共同负责辖区之内的各项事务。明代三司鼎立，使地方一级缺少领导核心，所以督抚制的确立从管理体制上标志着行省制的进一步完善。

清初，四川既设巡抚，又设总督。但总督的设置，时有变动，如顺治二年（1645），初设湖广四川总督；十年，改为川陕三边总督；十八年，始专设四川总督；康熙七年（1668），又改为川湖总督，初驻荆州，九年，移重庆，十九年，又改为川陕总督，驻西安。巡抚初设于顺治三年（1646），驻保宁，十六年，移成都，由于总督变更频繁，地方事务多由巡抚主持。直到乾隆十三年（1748），始正式规定四川总督兼管巡抚事，驻成都，督抚合为一员，从此成为定制。

第二，道一级的形成。

道的产生和监察制度分不开。明代把全国分为若干大监察区，由中央派遣巡按御史前往巡察，一省也分为若干小监察区，称之为道，巡察任务则由布、按两司的佐贰承担。由布政司参政、参议派出者，为分守道，由按察司副使、佥事派出者，为分巡道，某些专项事务，如督粮、盐茶等，也设专职道员。不过明代的守、巡各道，并不是一级地方政区，本身也没有品级，“均视其升补之本职为差”②。清初，曾沿袭明代的巡按制度，不久即行废止。随着明代地方三司体制的变革和督抚制的确立，清王朝又裁省了布、按二司的副职，但道的设立依然保留，乾隆十八年（1753），取消了各道的兼衔，一律定为正四品，于是道

① 《历代职官表》卷五〇。
② 《历代职官表》卷五二。

员成为实官。此后，除没有具体辖区的专职道员外，其余守、巡各道就成为督抚之下和府州之上的一级行政区划。

清初，大体上保留了明代设置的川西道、川北道、上下川东道和上下川南道，经过历次调整，嘉庆时全川共有成绵龙茂道、建昌上南道、川北道、川东道、川南永宁道，分辖所属的府、州、厅、县。

第三，厅的创设。

清代府的佐贰官有同知、通判，负责钱粮、捕盗、水利等事务，每因地方繁剧，往往派到冲要处所，另驻分防，遂逐渐变成一个单独的行政单位，名之曰厅。乾隆十九年（1754），于重庆府巴县江北镇地方，分置江北厅，移府同知管理厅务，并隶府属，即为一例。此外，从康熙中叶开始，清王朝积极经营四川西部少数民族地区，加强地方政权的建设，但由于少数民族地区情况特殊，也暂设厅一级机构，使其和内地州县有所区别。如康熙元年（1662）设叙永厅，雍正九年（1731），设松潘厅，乾隆二十二年，置石砫厅，等等。散厅和县相当。直隶厅与府平行，但一般都没有属县。前面提到的三个厅，开始都是散厅，分别属于叙州府、龙安府和夔州府，以后又分别于雍正五年、乾隆二十五年和二十六年升为直隶厅，就和府是同一级的地方行政区划了。

清朝初年，四川的政治形势非常复杂，直到顺治末，战争状态才基本结束，清王朝的统治才从川西深入到川东，拥有四川全境。当时，府州区划及其领属关系，仍然沿袭明代的建制，但长期战乱之后，不少州县，形同虚设，所以，从康熙初年开始，便不断的进行调整和省并。以成都府为例，康熙元年，裁双流县，七年，裁彭县、崇宁县，九年，裁华阳县；又以重庆府为例，康熙元年，裁大足、安居、璧山、铜梁、定远等县，七年，裁武隆县。明初也曾大量合并县一级政区，清初的调整规模与之相类，但明代从裁并到复置的时间距离很短，而清代在康熙初裁并的县级政区，一直要到康熙末或雍正初才陆续复置，如铜梁复置于康熙六十年，华阳复置于雍正五年，双流、彭县、崇宁、大足、璧山、定远、新宁，复置于雍正七年[①]，长达半个多世纪之久，这是和明代很不相同的。

雍正以后，四川政区建置基本稳定。从县一级看，大体上恢复到了明代的状况，但从府、州一级看，其数量比明代增多而辖区比明代缩小。清代在明代 8 府（今云南、贵州境内 5 府，未计入）、6 直隶州的基础上，增加为府 12，直隶州 8。另一方面，以成都府为例，

---

① 双流以下各县复置年代，《清史稿·地理志》及《四川郡县志》多误作雍正六年，今据《雍正实录》卷八七改。又沈绳祖《重建新宁县署记》称："邑之士庶于雍正四、五两年具呈请复县治，荷蒙大宪俯察舆情……用是陈议奏请，于雍正七年十月初八日奉旨允议。"（嘉庆《四川通志》卷二六）沈文述其原委甚悉，可与《实录》印证。

清初领州6，县25，雍正时，资县、绵州、茂州均升为直隶州，调整结果，成都府辖区缩减为州3，县13。其他府州的情形，也大抵如此。清代社会经济的发展程度和人口的增长率都大大超过了明代，地方事务，也日益繁剧，为了加强控制和便于管理，进一步调整府、州一级的布局，是完全必要的。此外，康熙五年和雍正七年，又先后以乌撒、遵义两府改属贵州，雍正四、五、六年，以东川、镇雄、乌蒙三府改属云南。这一措施，对以后四川疆界的形成也产生了重大的影响。

总括起来，清代四川在省之下有道，道之下有府（直隶州、厅），府之下有县（散州、散厅），其设置数字，时有增减，今按嘉庆时期统计，共有府12，直隶州8，直隶厅6，县111①。

第二节　清代四川地区的政治

以满族上层为主体的清王朝是我国历史上第二个由少数民族建立的全国统一的封建政权，也是中国封建社会历史长河中最后一个专制主义王朝。它是在明末农民战争推翻了明朝政府之后，清统治者乘机入关，从农民起义军手中夺取胜利果实而建立起来的，所以，它的初期面临着一系列复杂的政治矛盾。南明政权的迭起，几与顺治一朝（1644—1661）相为始终。农民的武装抗清斗争，席卷全国，声势最大的，浙江有四明山寨，川楚间有夔东十三家。十三家亡于康熙三年（1664）。十二年，撤藩之事又起，爆发了以吴三桂、耿精忠、尚之信为首的三藩之乱，至二十年，乱事始平。这三个方面都间接或直接的对四川地区产生了重大影响，明末清初，四川社会秩序动荡不安，其时间之长，实为全国所仅有。

雍正（1723—1735）、乾隆（1736—1795），号称是清代的全盛时期，清王朝的统治加强，经济发展，国库充实；但另一方面，连年用兵，开支浩繁，剥削不断加重，吏治逐渐腐朽，封建社会的内部矛盾又日益尖锐，嘉庆（1796—1820）初年，川楚陕白莲教起义就是在上述背景之下发生的，它是清王朝由盛入衰的重要标志。

一、清代前期四川政治概况

清初，四川经历了一个很长的混乱时期。

---

① 此据嘉庆《四川通志》卷二。又《清史稿》卷六九《地理志·四川》为府15，直隶州9，直隶厅3，县118，土司29。龚煦春《四川郡县志》卷一一为府12，直隶州8，直隶厅6，州9，厅6，县149。录此备考。

从顺治四年（1647）开始，大西政权已经失败，但清军的力量又仅及保、顺二府部分地区，其余多数州县均为残明势力和地主武装所掌握，他们或者拥军自固，或者互相吞并，使四川陷入无政府状态之中。在川南，范文光杀郝孟旋于洪雅，袁韬、武大定杀杨展于嘉定，盘踞嘉定的向成功又杀眉州地主武装头子陈登高。在川西，“清将赵荣贵围朱化龙于茂州，化龙固守三日，食尽而陷，荣贵复叛清，与化龙盟而去，屯于龙安”①。在川东，谭文屯万县，谭宏屯夔州，谭诣屯巫山，“而摇黄之降王应熊者，屯夔州北岸”，又与屯驻忠州之胡云凤联合，攻入万县，谭文奔云阳②。在酉阳地区，“邓甲据采芹城以掠四乡，李占春驻涪之三村坝以掠江镇、洋水，汤进忠自称总兵，以据岩西，朱国玺以米御史（寿图）委守郁山镇，兼辖黔江”③。但武生白士眉又纠合土兵争夺彭水，赶走了朱国玺。他们不断的进行仇杀，因而各股势力，倏起倏灭，驻地也很不稳定。

这些武装集团，只有极少数实行屯种自给和履亩而税，多数都依靠劫掠为生。“榜刺炮烙，必得财物而后已……故民虽免于兵刃而死于拷掠者，十常八九也。时蜀土不耕已二年，余粮罄尽，民惟拾穞谷、采野蔌以充腹，已有人相食者，而诸兵搜劫无已，民不能出而求食，故不死于兵，则死于饿。”④ 王祥据川北，“其始每家给免死牌一张，需银若干，每牛给牛票一张，需银若干，既而掠牛焚屋”⑤。曹勋驻雅州，“逐日搜刮民粮，已播谷种，亦漉来作食”，“凡途间有碗米者，夺而食之。由是僵尸横路，白骨遍野”⑥。入川清军也大肆烧杀，顺治四年，清将梁一训撤出成都，“驱残民数千北走，至绵州，又尽杀之”⑦。川中灾伤遍地，瘟疫流行，斗米值银 10 两至 60 两不等，牛一头值 50 两，雅安有卖“人肉汤锅”者，而有的清朝军队和地主武装居然以人为粮，其惨状在全国亦属罕见。

这种状况当然不是一朝一夕造成的。据李蕃《明末清初雅安受害记》的叙述，雅安一地，从崇祯十五年起到顺治十八年李国英略定上川南州县止，战乱长达 21 年之久。周于仁《闻见纪略》也称，安岳、乐至两县“绝人迹烟火者二十余年”⑧。《流离传》的作者韩国相认为，上起明末，下迄三藩之乱，四川民众“流离奔窜三十六年”。长时期的和大规模的社会动荡，使四川人户逃亡，土地荒芜，农村萧条，其严重程度，在全国同样是罕见的。

---

① 《客滇述》。
② 《客滇述》。
③ 同治《酉阳州志》卷一六陶文彬《王中军传》。
④ 杨鸿基《蜀难纪实》。
⑤ 韩国相《流离传》。
⑥ 《明末清初雅安受害记》。
⑦ 《客滇述》。
⑧ 见乾隆《安岳县志》卷八。

不过必须看到，当时的四川境内也存在着各种形式的抗清斗争。在派系复杂的残明势力中，像马乾等人，是坚决抵抗清朝军队的。此外，有的不做官（如杨鸿基）[①]，有的不剃发（如凌夫惇）[②]，从道义上抗拒清王朝的统治。还有一批江南遗民，流寓潜居在四川酉阳一带[③]。也有始终坚持武装斗争的。例如巫山诸生王文锦据罗子城抗击清军，李国英遣使招降，王对使者曰："汝欲作说客邪？吾为汝代言之。将必曰，俊杰贵识时务，富贵可立致；将必曰，尔无官守，莽莽余生，何能寿汗青；将必曰，四海已定，弹丸复何能支。所说不过如此！"严拒清军的威逼利诱，后城破战死，清军戮其尸以徇[④]。这些都是混乱局面之中的积极的因素。

顺治十五年，清军攻占重庆，川中残明势力大多已被各个击破，四川地区也逐步为清王朝所控制。一般地讲，清军首先是平定川西北，然后才深入到川东南。例如长宁，顺治元年至六年，为樊一蘅系统所据，此后归属不明，但直到顺治十六年，清王朝才委派第一任知县。又如永川，顺治十八年始委首任知县，但县城已毁，知县侨居县南 90 里的松子溉，直到康熙四年，才迁回原县治办公视事。四川巡抚及各司道衙门，也长设阆中，顺治十八年，方移驻于成都。这一年，南明灭亡。如前所述，康熙三年，夔东十三家也最后失败。到这个时候，四川的社会政治局势才全面转入正常状态。

大约经过 9 年的平静，康熙十二年（1673），又爆发了三藩之乱。割据云南的吴三桂与耿精忠、尚之信同时起兵，三桂部将王屏藩率军由建昌、越嶲入川，清巡抚罗森、提督郑蛟龙等纷纷投降，四川全境，再度兵戈四起。清王朝和吴三桂双方都调动兵马，催运粮草。吴三桂还推行"乐输""义助""预征"诸法，以补充军饷[⑤]。綦江地通云贵，"铺户门牌，往往两面应役"[⑥]。川南富顺一二百里内，全部耕牛被清军抢去装运行李，而且遍地逃兵，搜寻可食可用之物，奸淫烧杀，不受约束，致使"路无行人，道惟荆棘"[⑦]。吴三桂的败兵溃卒，"奔驻雅州、名山两地，民间谷豆荞麦尽掠，鸡鸭牛羊尽杀，瓦屋茅舍尽毁"[⑧]。叛乱历时 8 年，但吴三桂名声很臭，不得人心，称帝不久，即病死衡州，康熙十八年，王屏藩在保宁兵败自杀，又经过两年多的战斗，吴三桂的势力被全部赶出四川，其孙吴世璠逃

---

① 光绪《叙州府志》卷三四。
② 光绪《永川县志》卷八。
③ 同治《酉阳州志》卷一七。
④ 道光《夔州府志》卷三六向登元《梼杌传》。
⑤ 民国《名山县志》卷一六。
⑥ 同治《綦江县志》卷五。
⑦ 同治《富顺县志》卷一八钱绍隆《详请禁兵害文》。
⑧ 《明末清初雅安受害记》。

回云南，康熙二十年（1681），也兵败自杀，三藩之乱平息。到这个时候，四川的社会政治局势才真正进入了持续稳定的新阶段。

从动乱到稳定，经历了一个漫长的过程，而各方面的恢复工作，同样需要时间，也不可能一蹴而就。在清初兵荒马乱的岁月里，安岳县首并入遂宁，继并入蓬溪，再并入乐至，康熙十九年，安、乐两县共置知县一员，“人稀政简，无可经理”，知县“往来无定所，皆以道林寺为衙舍，除春秋二祭外，无事则假馆遂宁”。康熙二、三年，安岳始有土著回籍，康熙三十年，方营建衙署，三十一年，城中始有铺肆，据本地亲历者估计，此时安、乐两县元气“犹不过十复其五”①。因此，从总体上看，康熙二十年至六十年，四川的各个方面（以经济为主）都进入了恢复时期，由于进展顺利，所以在雍正、乾隆年间，四川的生产状况和社会面貌都发生了显著的变化。

政治局势的稳定，表明清王朝和抗清力量以及其他割据势力之间的矛盾已经解决，在四川的统治基础已经巩固，政治生活又重新纳入高度统一的专制集权主义的轨道；然而封建官僚政治固有的种种弊端也随之滋长蔓延，新的社会矛盾和社会危机又开始形成并不断发展了。

综观整个清代前期四川的吏治，有其积极的方面：第一，清初招抚移民的任务很重，州县政府做了大量的安置工作；第二，兴办水利，注意水利设施的保养与合理使用；第三，提倡蚕桑纺织，鼓励多种经营，发展地方实业；第四，修建书院、义学，提高本地文化水平；第五，关心社会救济事业，兴办恤贫、养老、育婴以及药局、义渡、三费局等社会公益机构。这些方面对人口的增长和经济的繁荣起了很大的促进作用。

但是，政治上的腐败现象也非常突出。在清代，尽管章程甚多，功令甚严，而“奉行者徒有虚文，过当者反成弊政”②，官场习气十分严重。地方官员又任期很短，升调频繁。嘉庆六年（1801），达州改为绥定府，到同治四年（1865），知府一职“实授者七，摄者十七，代办者二；或十年，或九年，六年，或四、三年，或不及二年、一年、一月交替，至今郡民罕有知其姓氏者”③。64年间，知府易人26次，居官犹如过客，这就既无法熟悉民情，也很难有所建树了。另一重要的情况是，在中国封建社会里，官僚机构日趋发展，办事机构却始终停滞不前。县一级组织，清代沿袭明代的习惯，一般分置吏、户、礼、兵、刑、工六房。吏房办理捐纳，本地职官丁忧、封典，以及其他各房书办的承顶、注册。户

① 雍正《乐至县志》，又乾隆《安岳县志》卷一、卷八。

② 《清史稿》卷二八二《任弘嘉传》。

③ 民国《达县志》卷一唐炯《府署听事记》。

房办理户口、地丁钱粮、纳税印契，以及有关田土纠纷的词讼案件。礼房办理祭祀、科考。兵房办理夫马、驿递，以及武职人员的报捐、荫袭。刑房办理命、盗等重大案件。工房办理修缮及官用器物。早在明代，六房体制便已突破，所以清代多数的县级组织又增设承发房，办理公文收转；仓房，办理仓库积蓄；盐茶房，办理盐茶税课和有关引、岸事宜。各房经承书办，数人至十数人不等，此外还有其他衙役若干人。清代的官书批评明代“重内轻外，益不以州县为意，铨选之法弊，而吏职多不得其人，考课之政弛，而浮滥阘冗皆得以冒居其列。字人之职益轻，而簿书钱谷之寄，遂尽归于胥吏之手”①。实际上，吏胥衙蠹扰政害民的弊端，清代比明代更为普遍。例如各房书吏，俱无工食，然而下届向上届承顶，还要支付顶银数百两至数千两不等②。乾隆时，合州有总役 12 名，号称“十二牌当家头”，新官上任，每名照例向上司致送“到任规”白银 200 两③。一些地方官员不了解地方情况，不熟悉政令条文，又沆瀣一气，接受贿赂，于是大小具体事务都掌握在吏胥和衙蠹的手中，这些人便利用权力，挟持官府，巧立名目，搜刮钱财，所以“胥役中饱，衣服舆马，拟于长官”④。清初，达州“冗书以数百计”⑤，道光时，巴县衙役多至数千人⑥，这支庞大队伍破坏国计民生的消极作用，的确是不可低估的。

其次，明代州县的陋规，到了清代，也依然如故。“官家市肉，率半民价，他物称之。”⑦ 咸丰初年，何绍基入川，询问川中利弊，据称，要缺州县每年向总督、藩、臬、本管道、府三节两寿所送规礼，高达二万数千余两，“等于正供，不能短少”⑧。另据嘉庆时韩鼎晋记述，此项规礼照例由首府、首县“代出知单，敛凑公分”，每年此种知单大约有 10 余次之多⑨。

迎来送往，铺张浪费，也大大加重了人民的负担。嘉庆时，冲途州县按粮科派夫马，“以为供应大员往来差使杂费，其实本官衙门一切费用俱出于此。每丁银一两或派制钱八百文、一二千文不等”⑩。据记载，雍正皇帝的心腹大臣年羹尧已经失势，从川陕总督调杭州

① 《历代职官表》卷五四。
② 参见《灌志掌故》卷一，民国《长宁县志》卷四。
③ 民国《合川县志》卷三八。
④ 光绪《秀山县志》卷五。
⑤ 民国《达县志》卷六。
⑥ 《牧令书》卷一七。
⑦ 光绪《秀山县志》卷六。
⑧ 何绍基《东洲草堂集》卷二《请旨饬裁陋规折》。
⑨ 光绪《长寿县志》卷一〇韩鼎晋《奏陈四川应除积弊六条疏》。
⑩ 光绪《长寿县志》卷一〇韩鼎晋《奏陈四川应除积弊六条疏》。

将军，随从尚有1000余人[①]。乾隆时，福康安路过绵州，“公馆之盛，亘古所无”，李调元特作《清江行》以讥之：“绵州公馆清江渍，榱题画桷高闬闳。水晶为柱玻璃楹，四面光射窗棂明，红罗细叠氍毹平，剪锦百匹悬为棚，两廊陈列充琇莹。金枝向夕飞流星，九华照耀铜龙檠。洞房尚少卓倚屏，花梱紫檀民不宁。借问何官不敢名，田禾将军方进城。一齐钟鼓声铿锜，肉山酒海人纵横。三声炮作辰登程，花梱紫檀俱随行。”

在司法与行政不分的情况下，清理词讼，是州县官的重要任务之一，而刑狱太滥，又是川中突出的弊政之一。地方官员纵容书吏衙役作威作福，每当勒索不遂，便诬良为盗，“被诬者官未见面，而家已全倾。此弊比比皆是，四川尤甚”[②]。“遇命案，官即事所详验，名曰下厂，则摊厂费于邻里，远或至十里外。黠役往往勾奸人婪索，至覆其家。虽丐者毙于道，必有无赖出首为尸亲，兴大狱。”[③] 四川监禁囚犯的场所，除监狱之外，还有卡房，而“百姓之畏卡房，百倍于监狱”[④]。根据张集馨的见闻，四川“大县卡房恒羁禁数百人……甚至将户婚、田土、钱债、佃故被证人等，亦拘禁其中，每日给稀糜一瓯，终年不见天日……前此通省瘐毙者，每年不下一二千人”，而且“问案无不刑求”，用刑“惨酷不可言状”。道光二十七年，张出任四川按察使，清宣宗旻宁也当面对张说道：“四川刑名之繁，甲于海内。”[⑤]

虚报浮夸，冒功邀赏，是清代官场的通病。在四川，康熙时土地原额23万顷，雍正时清丈，便猛增为44万顷[⑥]，乾隆时，即有人指出，“四川丈量多就熟田增加钱粮”[⑦]。地方官“借垦地之虚名，成累民之实害”[⑧]，以至《清史稿》的编者也不得不承认“勘丈激乱，四川为最著”[⑨]。

徇私舞弊，贪污成风。陋规是一种变相贪污。审理狱讼和征收钱粮也是地方官贪赃枉法的两条重要途径。狱讼已如前述，而在田赋征收中提取耗羡也已成为清代地方官合法的额外收人。知县每年“养廉”银600—1000两，知府2000两，总督13000两，全部从耗羡中支取，此外川盐局和夔关还要每年例送4万两“公费”，专供总督开销。各州县则普遍扣

---

① 吴振棫《养吉斋余录》卷四。
② 刘衡《蜀僚问答》。
③ 光绪《井研县志》卷二九。
④ 光绪《长寿县志》卷一〇。
⑤ 以上见张集馨《道咸宦海见闻录》，中华书局，1981年，第88—97页。
⑥ 《清史稿》卷二九四《宪德传》。
⑦ 《清史稿》卷二八九《朱轼传》。
⑧ 《清史稿》卷二九四《王士俊传》。
⑨ 《清史稿》卷二九四《传论》。

留土地房屋买卖的税契银两，充作私用。又如加派，据民国《长宁县志》卷一二引《李氏族谱》，乾隆中期，米1斗市价约180文，但乾隆三十五年到三十七年，长宁正粮每两派钱58千文，乾隆三十八年到四十一年，又增至64千文，浮额部分，多半为官吏侵吞，平准、回两部，用兵5年，军费开支3000万两，金川之役，亦用兵5年，军费开支高达6000万两，其中三分之一，最后无法报销，其实也多半落入了经办人员的私囊。而且，乾隆时用兵，四川很多州县派夫派马，费用由地方“乐输”，嘉庆时又用兵，“乐输”变成了“津贴”。清末，薛福成上《治平六策》回顾这一历史过程时说：“四川古称饶沃，国初定赋，以其荐经寇乱，概从轻额，故其地五倍江苏而钱粮不逮五分之一。厥后生殖日繁，物阜民富，仕宦之人遂视四川为利薮，其公私杂费与一切陋规，莫不按亩加派，名曰津贴……综计民力所出，逾于正赋之额，几有十倍不止此者。”① 川楚白莲教起义，王三槐被俘至京，廷讯时，供称“官逼民反”，清仁宗颙琰问道：四川一省官皆不善耶？三槐回答：惟有刘青天一人②。这个答案就是对清代中叶四川吏治所做出的高度概括。

二、清代中叶白莲教起义军在四川的活动

嘉庆元年（1796）爆发的川、楚、陕白莲教起义是清代前期规模最大的一次农民起义，它的组织者和基本骨干是白莲教教徒，参加起义队伍的有川、楚、陕三省交界处的棚民，各地贫苦农民和失业流民，以及四川的啯噜子③，等等。起义历时9年，波及川、楚、陕、豫、甘五省。

白莲教是一种民间秘密宗教，在历史上曾多次号召和发动过武装起义，因而受到封建统治者的残酷镇压，为了适应这一特殊环境，它经常改易名称，且行踪隐秘，组织分散，

---

① 《清经世文续编》卷一二。

② 刘清，贵州广顺人，时任南充知县，三槐称之为“青天”，事见《清史稿》本传。

③ 啯噜子系四川民间一种特殊的游民组织。民国《巴县志》卷九：李厚望（直隶蔚县人），“乾隆元年由户部郎中出守四川宁远，三年，调重庆。先是四川有啯噜者，皆流民恶少，强悍嗜斗，动成大狱，而重庆为甚，积案几当通省之半”。八年，川抚纪山又向清廷陈奏川中啯噜“肆行乡镇”等情状（《乾隆实录》卷二〇三）。可见此种组织之活动至迟在雍末乾初已引起关注，然其源始，仍不得详考。李调元《童山集》中有诗文多篇，称其人带刀，穿墙凿壁者称黑钱，剪绺割包者称红钱。蒋攸铦《绳枻斋年谱》亦有红钱、黑钱之分，并谓带刀者呼为刀背客。而刀客主要活动于陕西，是此种组织他省亦有，不过因地异名而已。《三省边防备览》卷一二又称：“其长曰老帽，曰帽顶，其管事之人曰大五、大满。”同治十三年，冯煦客夔州，又闻当地传说，楚蜀滇黔“不逞之徒”相盟为弟兄，最尊者曰盟镇，又称为爷，共五人；二曰管家；三、四忘其名；五曰横旗，主劫掠；六曰飞石；七曰帽顶；以下皆兄弟，内部尊卑甚严（《蒿庵随笔》卷一）。两说颇多一致，然冯书又不称其为啯噜子，原因何在，亦难以深究。乾隆时“啯匪有专律，格杀勿论”（程恩泽《程侍郎遗集》卷八《严士鋐神道碑》），但收效甚微。其中部分成员参加白莲教起义，失败后，啯噜子仍在四川各地活动。道光二十七年，张集馨任四川按察使，据其目睹，“地方啯匪横行，杀人于市，掳掠勒赎之案，无日无之，逼近省城，肆无忌惮”（《道咸宦海见闻录》，第91页）。此确为清代四川社会奇特之现象，故将有关材料，稍加排比，录以备考。

所以内部支派很多，互不统属。乾隆后期，白莲教发展迅速，传教活动也逐渐转向公开，在湖北、陕西、四川等省传布的教派，主要分为三支：一是以刘松、刘之协为首的混元教，二是以宋之清为首的西天大乘教，三是以徐国泰、王应琥为首的收元教。他们都信奉“真空家乡，无生老母”八字真言，并有歌诀“十门有道一口传，十人共事一子担，十口和同西江月，开弓射箭到长安”，隐寓周、李、胡、张四姓[①]。入教要缴纳根基银两，学习“灵文经咒”。入教之后，教中财物，“悉以均分”，“穿衣吃饭，不分尔我”[②]。入教手续，先令“过愿”，后与“升丹”。“所谓过愿，即系赌誓学习此教，必须上不漏师，下不漏徒，中不漏自身。所谓升丹，系将姓名、籍贯写在黄纸，向空焚化，亦有称为打丹者。”各派都有自己的“牛八”，并宣传“百姓遭水火风三灾”，“要保扶牛八起事”。牛八即隐寓朱字[③]。这实际上就是鼓吹“反清复明”，从而使白莲教的活动具有鲜明的政治色彩。

川、楚、陕三省交界地区，万山丛杂，广袤千里，它的范围，习惯上分为两部分：“由陕西略阳、凤县迤逦而东，经宝鸡、郿县、周至、洋县、宁陕、孝义、镇安、山阳、洵阳至湖北之郧西，中间高山深谷，千枝万脉，统谓之南山老林；由陕西之宁羌、褒城迤逦而东，经四川之南江、通江、巴州、太平、大宁、开县、奉节、巫山，陕西之紫阳、安康、平利至湖北之竹山、竹溪、房县、兴山、保康，中间高山深谷，千峦万壑，统谓之巴山老林。”[④] 这里是明末农民起义军多次出没之地。清初在这一地区又聚集着大量棚民，他们一部分开荒种地，成为佃户，一部分伐木造纸，冶铁烧盐，成为手工业工人。他们都是破产小农，几经转徙，流落异乡，虽然自食其力，但生活并不安定。特殊的遭遇使他们养成了一些特殊的习惯，例如：“其人率无名，以形之长短，面之黑白光麻名。其伯仲叔季之行，皆其盟约之次，非同胞族姓之次……戚党大率干儿义子之属，婚姻子女俱不可细诘。”[⑤] 在棚民中间，封建的传统观念比较淡漠，其内部比较容易串联，也比较容易接受秘密宗教的影响，所以白莲教的三大支派都把这一地区作为传教的重要场所。收元教首领王应琥即湖北房县人，另一首领谢添绣即四川大宁人，而率先领导四川白莲教起义的徐天德、冷天禄、王三槐等，又是陕西安康人孙赐奉的门徒。记载称：“地方有传教之人，久之引诱渐广，村落中则乡约、客头吃教；城镇中则差役、书办吃教。所用稽查之人，即为教中之人，教首

---

① 乾隆三十三年河南巡抚阿思哈奏折，见《清代档案史料丛编》第9辑，第160页。
② 严如熤《三省边防备览》卷一七、卷一二。
③ 乾隆五十九年四川总督福康安奏折，见《清代档案史料丛编》第9辑，第177页。
④ 严如熤《三省边防备览》卷一七。
⑤ 岳震川《赐葛堂文集》卷二《答叶健庵太守书》。

窜伏大村庄，互相蔽护，难于拘捕也。”① 白莲教在老林地区有着深厚而广泛的群众基础。

但是，它的组织也不断遭到破坏，乾隆五十九年，清政府先后逮捕和杀害了白莲教首领刘松、宋之清、齐林、王应琥、谢添绣、孙赐奉等数十人，同时在河南、湖北、陕西、四川各有关州县，大肆搜捕白莲教徒，气氛十分紧张。贪官污吏乘机大发横财，刑逼威求，株连甚广。如达州知州戴如煌，老病贪劣，手下有胥役5000人，借查邪教为名，遍拘富户，引起民怨沸腾。嘉庆元年（1796）正月，白莲教起义的熊熊烈火首先在湖北荆州的枝江、宜都、竹山、保康等地同时点燃；四月，王聪儿、姚之富、王廷诏等，也在襄阳发动起义。湖北方面，以襄阳义军为主力，于嘉庆二年五月，经河南折入陕西，渡过汉水，然后分兵三路，进入四川。

嘉庆元年九月，四川达州白莲教首领徐天德在亭子铺揭竿而起，同时起义的还有东乡白莲教首领王三槐、冷天禄等。徐曾任衙役，王旧以巫师为职业。这两支队伍“楚、陕籍居三之二”，他们“战斗如素习，而川东数州县皆界连汉南大小巴山，袤延千余里，贼巢踞其中”②。四川总督英善率兵进剿，令游击尚维岳驻达州娘娘庙，都司福清驰东乡天星桥，徐天德向麻柳场转移，出其不意，夜袭清军，杀尚维岳、福清，首战告捷，声势迅速扩大。罗其清、苟文明起于方家坪，称巴州白号，冉文俦、冉天元起于王家寨，称通江蓝号，徐万富起于南津关，称太平黄号，此外，徐天德称达州青号，王三槐、冷天禄称东乡白号，龚文玉、陈得俸称奉节线号，义军风起云涌，战斗如火如荼。清王朝急忙调遣征苗“有功”的明亮、德楞泰移师入川，全力征剿。这时，襄阳起义军一支经由通江入巴州，向罗其清、冉文俦靠近，另一支经太平、城口进入达州，与徐天德会合，各路兵马，齐集东乡，“分屯山冈，延亘三十余里”③。襄阳黄号以王聪儿、姚之富为首，襄阳白号以高均德、张天伦为首，襄阳蓝号以张汉潮为首。川、湖起义军皆置掌柜、元帅、先锋、总兵名号。清王朝以陕甘总督宜绵与明亮、德楞泰分路合围。王聪儿等无意在四川建立根据地，遂折还湖北，因清军扼守汉江，乃取道大宁、云阳、万县，重返襄阳地区。这支起义军以后一直在湖北西北部和陕南一带迂回作战，嘉庆三年（1798），襄阳黄号被清军围困于郧西，王聪儿、姚之富誓死抵抗，力战不敌，相继跳岩牺牲，余部由李全等率领，通过宁羌、广元，再次进入四川。

四川起义军在金峩寺、香炉坪与清军激战，然后攻陷巴州、营山，“逼嘉陵江，川西戒

---

① 严如熤《三省边防备览》卷一二。

② 魏源《圣武记》卷九《嘉庆川湖陕靖寇记一》。

③ 魏源《圣武记》卷九《嘉庆川湖陕靖寇记二》。

严”，清兵从保宁堵截，起义军退屯营山之黄渡河，“而利川（属湖北施南府）复有新起掠万县之贼，官渡口有欲掠粮台之贼，奉节有新起应白岩山之贼”①。白岩山义军首领林亮功与王三槐配合，攻广安、大竹、邻水，突陷长寿，扼川东门户，迫使清军退守重庆。起义部队又转攻梁山、开县，切断清军运道，控制了川东北20余州县。清王朝以勒保任四川总督，重新布署兵力，命宜绵专防义军由川入陕，景安专防义军由川入楚，额勒登保、德楞泰和勒保分别负责镇压川北和川东的起义军。

嘉庆三年夏至四年春，在义军方面，接连遭到一些重大挫折。首先，王三槐为清军诱捕，解京处死。后来，罗其清与冉文俦不合，其清移驻大鹏寨，“寨天险，广百余里”，额勒登保、德楞泰、惠龄、恒瑞分四路进攻，“严扼其输粮入寨”②，又纵火焚烧，其清被迫撤走青观山、虚空寨，坚持月余，无粮无水，乃突围走方山坪，途中被俘遇难。冉文俦退守通江脂麻坝，被清军包围，英勇力战，身负重伤，也不幸牺牲。川北战场连续失利，而川东战场，东乡白号首领冷天禄又战死于岳池，起义军损失惨重，斗争暂时转入了低潮。

嘉庆四年（1799）春，清高宗弘历逝世，仁宗颙琰开始亲政，为了缓和国内的阶级矛盾，把权臣和珅逮捕下狱，令其自尽，抄没家产，同时斥革惠龄、宜绵等一批军政官员，并指令四川“将年老疲病，才力不及，声名平常，应行更换各员……次第委撤……以期吏治改观，民情克洽”；对所谓清官廉吏，如刘清、方积、周景福等，则利用他们的声望，令其“分段往来，认真督办”③，借以笼络人心，欺骗群众。清王朝全面实行剿、堵、抚三者并行不悖的方针，妄图迅速消灭四川境内的农民起义军。

但是，起义部队进入了老林地区，分散作战，避免同清军主力正面接触。清王朝的“健锐、火器两营京兵，不习劳苦，不受约束，征剿多不得力。距达州七十里之地，行二日方至”。素质极差的清朝军队无法取得军事上的主动，而农民军在群众中间，粮食的供应和队伍的补充都没有太大的问题，所以很快就蹶而复振。“据川东北各府厅州县禀报，多者万余，少者数千，其不知首逆姓名者，尚不知凡几，新起之贼，实多于剿除之数。”④ 清王朝把勒保逮问治罪，另委额勒登保为经略，魁伦为四川总督。嘉庆四年的十月和十一月，襄阳义军仅存的两位著名首领张汉潮和高均德先后阵亡。十二月，继冉文俦担任通江蓝号领导人的冉天元，驻兵苍溪，与额勒登保率领的清军相遇，冉天元居高临下，突破杨遇春、

---

① 魏源《圣武记》卷九《嘉庆川湖陕靖寇记二》。

② 魏源《圣武记》卷九《嘉庆川湖陕靖寇记二》。

③ 中国社会科学院历史研究所清史室编：《清中期五省白莲教起义资料》第2册，江苏人民出版社，1981年，第49—51页。

④ 魏源《圣武记》卷九《嘉庆川湖陕靖寇记四》。

穆克登布从左右两侧形成的包围圈，直指额勒登保的“经略中营”，杀清军副将以下军官24人。起义军乘胜转移，进入巴州、开县，在嘉庆五年正月十五日，冉天元偕东乡白号张子聪、奉节线号陈得俸、太平黄号徐万富、达州青号赵麻花等，五路齐发，从定远石板沱抢渡嘉陵江，成都、重庆同时震动。魁伦措手不及，而义军已破南充、蓬溪。清总兵朱射斗追至西充高院场，被起义军包围，斩于阵前，魁伦拥兵不救，返回屯城内。于是义军一股趋遂宁、安岳、乐至，一股由射洪太和镇入三台、中江，攻克绵州，魁伦仍不敢出一援兵。冉天元、陈得俸、徐万富、汪瀛四部乃从梓潼趋龙安，途经江油，德楞泰已自广元南下，扼阻义军去路。冉天元等集结于江油马蹄岗，清军分五路冲击，义军且战且走，至新店子，伏兵四起，清军被围数重，铳矢几尽，鏖战至暮，始突围遁去。守备罗思举急率乡兵驰援，于是清军再次反扑，德楞泰亲自督队向马蹄岗进攻，义军以万人埋伏于火石垭，俟其大队已过，伏军猝然并起，“人持竹束湿絮以御矢铳”①，轮番冲杀，清军疲惫不堪，伤亡惨重，德楞泰几乎不能自脱。但在关键时刻，冉天元受伤遇害，义军失去指挥，结果转胜为败。

苍溪战役和马蹄岗战役是白莲教起义发展到后期进行的两次大决战，起义军一方面挫败了清军的锐气，但另一方面自己也付出了很高的代价。冉天元是一位有组织能力和指挥才干的杰出领导人，清代文献称他“雄黠冠川贼，专用伏以陷官军”，又称他“号令群贼，横行川东、川北、川西”②。他的遇难在一定程度上使川中各路起义军处于群龙无首的状态。

与此同时，清王朝的策略也发生了重大变化，这主要就是在四川大力推行“坚壁清野”，步步为营，迫使起义军陷入孤立无援的境地。正如有的记载所指出：“（嘉庆）五年以前，贼势之炽者，以其到处裹人，胁从日众，抢掠民食，因粮于我也；自寨堡之议行，民尽倚险结寨，平原之中，亦挖壕作堡……凭险踞守。贼至，无人可裹，无粮可掠，贼势自衰矣。”③

嘉庆六年至七年，起义军的情况便日渐恶化了。进入湖北房、竹、兴山的徐天德、苟文明部受到清军围堵，在向陕南转移过程中，徐天德不幸遇难。川中各部义军，据德楞泰奏称：“惟汤（思蛟）、刘（朝选）、李（彬）、苟（文明）、樊（人杰）、戴（仕杰）六贼尚称大队，每队不过千余。”④ 这时，他们在平原地区作战的机会已经很少，大都转入了深

① 魏源《圣武记》卷九《嘉庆川湖陕靖寇记四》。
② 魏源《圣武记》卷九《嘉庆川湖陕靖寇记四》。
③ 严如熤《三省边防备览》卷一二。
④ 魏源《圣武记》卷一〇《嘉庆川湖陕靖寇记六》。

山老林，其活动的特点是高度隐蔽分散："有此队入彼队者，有数队合为一队者，无定名，亦无定数……陕剿急则入川、楚，楚剿急则入川、陕。由贼中掌柜、元帅外，尚有总兵、先锋等目，一经剿散，则其总兵、先锋又各自为首，而首逆转莫测所向；即歼毙首逆，而去一人复立一人。"① 在艰难困苦的环境中起义军充分显示了坚忍不拔的斗争毅力，使清王朝迟迟不能"大功底定"。但州县之间，堡卡林立，老林地区，又有清军搜索扫荡，李彬、樊人杰、刘朝选、苟文明等，也都在嘉庆七年间被清军杀害，起义部队已经走到了进退两难的困境之中。

清王朝在四川的军事行动，在很大程度上依靠了地方乡勇的力量。由于战争旷日持久，军饷开支浩繁，嘉庆八年，清政府为了减轻财政支出的负担，便裁撤和遣散了一部分乡勇。但他们中间，有无家可归者，有伤残不能自食其力者，有被克扣遣散银两者，甚至有替清王朝卖命，临遣散时竟然册上无名者，于是乡勇哗变，纷纷与白莲教余众联合，在苟文润的率领下，又出没于三省交界地区，使局势为之一转。此时，斗争已近尾声，但它的余波仍坚持了一年左右，直到嘉庆九年（1804）九月，这次起义才最后被全部镇压下去。

白莲教起义能够延续这么长的时间，首先是因为得到了广大人民群众的支持和赞助，起义军轻装上阵，"有屋舍以栖止，有衣食火药以接济，有骡马刍草以夺骑更换，有逼胁之人为之响导负运"②。其次，起义军英勇顽强，清方奏报也屡次承认，"官兵左冲右突，贼匪并不畏避"③，愈杀愈多，愈剿愈盛，散而复聚，衰而复振，成为起义过程的突出特点。再次，义军还有一批经验丰富、坚贞不屈的领导骨干，冉文俦牺牲了，其侄冉天元立即挺身而出，奋勇前进，陈得俸牺牲了，他的妻子"身穿白衣，旗上大书'替夫报仇'四字"，"率众拒敌"④，这种前仆后继，同仇敌忾的精神，也使起义队伍经受住了一次又一次的严峻考验。

与此相反，清朝的八旗兵已腐朽不堪，"在军惟酒肉笙歌自娱，以国帑供其浮冒"。官兵阵亡，以多报少，屠杀起义军，又以少报多，而且临阵之时，总是乡勇打前锋，绿营次之，八旗兵居最后，如果获胜，功劳则多为八旗将官攘夺，所以"其归自军中者，无不营

---

① 魏源《圣武记》卷一〇《嘉庆川湖陕靖寇记六》。
② 魏源《圣武记》卷九《嘉庆川湖陕靖寇记二》。
③ 中国社会科学院历史研究所清史室编：《清中期五省白莲教起义资料》第2册，江苏人民出版社，1981年，第22页。
④ 中国社会科学院历史研究所清史室编：《清中期五省白莲教起义资料》第2册，江苏人民出版社，1981年，第35页。

置田产，顿成殷富”[①]。但兵无斗志，军心涣散，“各兵内即有捏病装伤，故意落后之人，甚至有假刻印票，冀图私自回籍者”[②]。清军的内部矛盾以及调度无方所造成的种种失误，同样是起义军不断取得胜利的原因之一。

当然，起义军也有明显的弱点。例如，白莲教在发动和组织群众的过程中，是有重大作用的，但原始的和朴素的白莲教教义无法满足大规模的群众性武装斗争的需要，而起义军又没有随着形势的变化，相应地提出更高和更明确的纲领口号。个别地方出现过“大秤小斗不公平，上天降下火德星”的告示[③]，对地主阶级的剥削有所揭露，但仍旧缺乏具体的政策措施。少数领导人，对清王朝，特别是对刘清、王赞武一类清官存在着不切实际的幻想。从整体上看，各部起义军没有形成统一的领导核心，没有统一的政治目标，自始至终都是以单纯的军事行动为主，而在军事上，也没有建立比较稳定的据点，所以在清军和地主武装的堵截围剿之下，进退失据，完全陷入了被动。这些都是导致起义最后失败的重要原因。

从清王朝方面分析，它的优势并不在于正规的八旗军队，而在于乡勇团练的建立和筑堡结寨、坚壁清野政策的施行。各地乡勇团练，实际上就是地主武装。例如达州杜茂材，嘉庆元年解饷返川，恰值白莲教起义，即回乡修石寨一座，纵 4 里，造枪炮千余支，设卡 17 处。又如卫治庵，出私钱募义勇，并杀害徐天德的母亲和女儿[④]。地主筹建武装，利用堡卡对农民军进行斗争，早就引起了清王朝军政人员的关注，所以，嘉庆二年，明亮、德楞泰即奏请筑堡守御，但未获认可，三年，龚景瀚又上《坚壁清野议》，系统对比了交战双方的长短优劣，再次提出用筑堡结寨的方法来对付起义军的流动战术，才最终得到批准。其主要内容是“并小村入大村，移平处就险处”，驱民入寨，积谷缮兵，各寨之间，相与为守，“贼攻则救，贼退则追”[⑤]。各地同时还整顿保甲，清查户口，设置卡哨。蓬溪贡生张昌泽“散资集乡勇于康家渡，设卡堵御，露宿奔波，数月不懈”[⑥]。杨继晓，广元望族，嘉庆二年，偕同县监生多人罄家财办团练千余人[⑦]。奉节、巫山、大宁、万县的举贡生员捐资

---

① 魏源《圣武记》卷九《嘉庆川湖陕靖寇记四》。

② 中国社会科学院历史研究所清史室编：《清中期五省白莲教起义资料》第 2 册，江苏人民出版社，1981 年，第 49 页。

③ 咸丰《开县志》卷二三。

④ 二例均见民国《达县志》卷一六。

⑤ 光绪《广安州志》卷一一《坚壁清野议》。

⑥ 光绪《潼川府志》卷二五。

⑦ 道光《保宁府志》卷五七。

铸造铁炮，雇募团勇，沿途设卡以阻击过境义军①。以上这些乡勇武装，都由当地地主分子直接策划和指挥，属于民办性质；此外，还有官给盐菜口粮，听候统一调拨的比较正规的乡勇武装，则属于官办。当时率领官办乡勇的两个大头目，一是罗思举，其人“少无赖”②，系江湖巨盗，“及为副将，自檄川、陕、湖北各州县销案数十”，一是桂涵，“与罗思举皆东乡人，胆智趫捷，不知生产，横行乡里，屡触禁网”③。这两个亡命之徒充当了清王朝的忠实鹰犬，参加了不少重要战役，一大批白莲教首领如孙士凤、罗其清等人，也都死于他们的屠刀之下。筑堡结寨的作用是切断起义军同人民群众的联系，使起义部队的扩充和补给面临极大的困难，而乡勇武装生长本土，了解情况，熟悉地形，且呼应灵便，又使起义军的流动处处受到制约。事实证明，如果没有地方武装力量的配合，清王朝是很难打赢这场战争的。

白莲教起义虽然失败了，但起义军沉重地打击了清王朝的黑暗统治，充分暴露了它的腐朽和虚弱的本质。战争中，提督副将以下军官有400余人被歼，耗费的军饷高达2万万两以上，地方津贴加派，不计其数，社会矛盾不是缓和而是更加严重了。就清王朝而论，战争胜利结束也就是它国运衰落的开端。

第三节　清代四川地区的经济

清代的社会经济发展迅速。从全国范围来看，康熙一朝，通过各种措施，奠定了比较扎实的物质基础；雍正初，摊丁入亩，这不仅改革了传统的赋役制度，而且大大刺激了人口的增长；所以雍、乾之世，农业生产力显著提高，城乡商品经济普遍活跃，手工业部门的内部分工进一步扩大，资本主义因素又有了新的增长。

四川起步较晚，据粗略估计，经济的恢复阶段大体上要到康熙末期才基本结束，农业生产在康熙、雍正之际已经走上重新发展的道路，手工业和商业的进程稍迟于农业，但在乾隆年间也分别进入了兴旺发达的时期。清初，四川最早实行摊丁入亩。道光二十年，四川的人口已接近全国总人口的十分之一。四川的区域性市场已经成为清代国内统一市场的重要组成部分。个别手工业部门中，资本主义因素萌芽已经相当明显。以上这一切，既和

① 道光《夔州府志》卷二七。
② 《清诗铎》卷一二吴振棫《罗将军烧败歌》。
③ 魏源《圣武记》卷一〇《嘉庆川湖陕乡兵记》。

整个清代社会经济前进的总趋势分不开，但同时也具有四川地区自身的特殊性。

一、人口状况

四川人口，根据统计，顺治十八年（1661）为16000人，除奉天外，略高于贵州，居全国倒数第3位，道光二十年（1840）增至38338000人，仅次于江苏，跃居全国第2位，起点之低，增长之快，都十分引人注目。

研究清代人口，可供参考的统计数字比较多，这是一个有利的条件，但必须看到，在利用这些数字的时候又存在着不少的麻烦。首先是没有统一的计量标准。丁数指16岁至60岁的男子，不含妇女、老人和儿童。丁口包括男女在内，但女口的年龄界限并不明确。至于承粮花户，应属土地所有者，如果连佃户也排除在外，一大批非农业人口就更不会列入统计之内了。其次，户口编审和官（地方政府）民（人户）之间都有直接的利害关系，而且登记手段落后，现存数字，年代参差不一，即使同一时期的户口统计，在不同的记载中也彼此抵牾①。所以，户口的统计数字和户口的实际情况是不完全符合的。清王朝的户口政策，大体上可以把康熙五十一年（1712）宣布滋生人丁永不加赋和雍正初年推行摊丁入亩作为一个分界线，其前期的数字可能偏低，而后期的数字，故意隐瞒的因素消除了，但统计偏高的可能性也不是不存在的。

清初，四川经历了长期动乱，人口锐减的记录比比皆是，略如下表：

州县	年代	数字	备　　注
温江	顺治十六年	32户31丁23口	嘉庆《温江县志》卷六
简州	清初	土著14户	民国《简阳县志》卷一九
江油	顺治初	24丁（两人朋一丁）	道光《江油县志》卷一
彰明	清初	18户	乾隆《彰明志略》卷九
泸州	清初	300余户	民国《泸县志》卷三
屏山	康熙二十四年	142户284丁口	乾隆《屏山县志》卷二
资州	康熙六年	74户520口	嘉庆《资州志》卷八
井研	顺治十八年，康熙初	17户38丁	嘉庆《井研县志》卷三，又光绪《井研县志》卷四王配京《修城记》

① 如嘉庆《四川通志》卷六五有嘉庆时全省各州县户口数，其中成都县为69597户、386397丁口，与嘉庆《成都县志》卷一相吻合，但华阳县作85974户、389656丁口，嘉庆《华阳县志》卷七则作48883户、205661丁口。其他例证尚多。

续表

州县	年代	数字	备　　注
苍溪	康熙三十年前	685 户（85 户）	乾隆《苍溪县志》卷一，又民国《苍溪县志》卷九
西充	顺治十三年	475 丁	康熙《西充县志》卷三
乐至	康熙三十三年	27 户	光绪《乐至县乡土志·户口》
江津	康熙六年	114 户 990 丁口	乾隆《江津县志》卷四
忠州	康熙二十四年	522 丁	道光《忠州志》卷四
垫江	康熙二十六年	18 户	光绪《垫江县志》卷三
梁山	康熙三十年	295 户	嘉庆《梁山县志》卷五

这些数字表明，户口严重下降的确是最现实的社会危机。当然，即使在最动乱的年代，土著居民也会有一定的数量，以维持最低水平的社会生产，但这个数量很难估计。前面提到顺治末的 16000 人，应是清王朝管辖下的川北三府的承粮丁数，不能说明全川的情况。此外，康熙九年（1670）和二十四年（1685）的数字分别为 25660 丁户和 18090 丁[①]，后者反而低于前者，应是吴三桂叛乱造成人口重新失控的结果，而前者与顺治末期相比，又只增加了百分之六十，可以认为，这同样不一定符合客观的实际。第一，当时逐步建立的州县政权还很不完善，边僻山区还有相当数量的人口游离在国家编户之外；第二，康熙初，所谓人丁数实际上是国家据以征收的丁役数，其中有些极端贫困的人户根本无力承担徭役，他们也很可能被排除在户口统计之外；第三，江油县的材料证明，清初困难年代曾在部分地区实行过两丁朋一丁的“朋丁制”[②]，据此就不难判断，康熙九年的数字的确是偏低了。现在姑且假定以上三个因素能把官方的统计提高两倍，那么，原数字似应校正为 76980 丁（不含老幼和妇女），这大概可以作为清初四川土著人口的一个参考数据。

即便如此，依然不能摆脱人口的危机状态，所以，清朝前期，在四川历史上又一次出现了大规模的移民运动。

顺治十年，准四川荒地听民开垦，官给牛种，酌量补还价值。康、雍时期，进一步采取了一系列具体措施，规定抛荒土地，任凭垦种，永占为业，五年起科。川民逃亡外省者，给付引照和路费，准其返回原地。外省人户入川垦种者，准其入籍，并准其子弟参加入籍地区的科举考试。又定招民事例，以 300 户为率，能如数安插者，各现任官不论俸满即升；

---

① 康熙《四川总志》卷三〇，雍正《四川通志》卷一六。
② 雍正《江油县志》卷上。

各候补官包括举、贡、生员，均授以署职。当时，州县官的首要任务就是招徕流亡，而且收到了显著效果。例如朱止谿在康熙初年任叙州府推官，城中仅10余户，朱全力经营，从四囤回者120户，从乌蒙回者1353户，又赎难民16户，在任6年，便增户1489①。另一条途径是依靠富家大族的力量，如清初井研"二三残黎，皆本地乡官胡显字元一先生，或招之于异县，赎之于营伍"②，就说明地方缙绅对安置流亡也起了很大的作用。但流亡人户毕竟是有限的，仅此一端，尚不足以促使四川的人口状况发生根本性的改变，因而在招徕流亡的同时，清朝政府又实行鼓励移民入川的政策，并同样收到了显著的效果。据汉州人王光明《王氏祠记》追述："我朝康熙时听民迁蜀，吾族之来于西（指江西吉安）者不下数百家，而隶州中亦数十户。"又张拱宸《张氏溪南祠记》也说："溪南者，福建南靖大溪之南也。吾族来蜀数百家，州祠凡三，言溪南，所以自别也。"③ 这两份材料仅仅涉及移居汉州一地的两个家族，范围是很小的，如果从全局考察，在康、雍、乾时期还有湖北、陕西等八九个省区的成千上万的人口涌入四川，他们的数量很大。他们不是难民，其经济能力也肯定超过那些"招之于异县"和"赎之于营伍"的土著。这股持续不断的移民浪潮是迅速克服四川人口危机的最主要的因素。

大规模移民开始于康熙中叶，一直延续到乾隆中叶，才基本上结束。根据官方的统计，雍正二年（1724），全省人丁为409311。这个数字表明，人口的绝对数量仍然很低，但是，它与经过校正的康熙六年的数字76980相比，增加了将近6倍，如与官方统计的康熙二十四年的18090丁相比，则增加了22倍。起点愈低，倍数愈高，但无论高低，它都足以证实康熙三十年至六十一年间，四川的人口已经进入了迅猛增长的阶段。现在还没有见到康熙后期全省的递增数字，不过某些地方志提供了一部分本地区的统计材料，其显示的情况大略可以区别为三种类型。

垫江	康熙二十六年（1687）	康熙三十年（1691）	康熙三十六年（1697）	康熙六十年（1721）
	18户	63户	5224户	19799户

资料来源：光绪《垫江县志》卷三

首先，垫江大概是最突出的例子之一：从康熙二十六年至三十六年的10年之内，户数增加了290倍，从康熙三十六年至六十年，又大约增加了4倍。

① 黄宗羲《南雷文定后集》卷二《朱止谿先生墓志铭》。
② 光绪《井研县志》卷五。
③ 二例均见嘉庆《汉州志》卷三七。

梁山	康熙三十年（1691）	康熙六十一年（1722）
	粮民 295 户	粮民 5236 户

资料来源：嘉庆《梁山县志》卷五

其次，据上表，康熙后期的户数比前期增加了 18 倍。既然是“粮民”，这就意味着没有包含不承粮的人户，所以实际户口应当比表中的数字更高。

江津	康熙六年（1667）	康熙三十年（1691）	康熙六十一年（1722）
	版籍户 114　丁口 990	版籍户 1248　丁口 9985	版籍户 2090　丁口 16720

资料来源：嘉庆《江津县志》卷四

最后，以康熙三十年与康熙六年相比，户增 11 倍，丁口增 10 倍，但起点愈高，倍数愈低，所以康熙六十一年与康熙三十年相比，户丁增长率都不到一倍，这是江津与垫江、梁山最大的不同之点。

设若要问，上述三种类型究竟以何者为主？因材料零碎，这个问题很难深入推敲，也很难正面回答。但是，第一，人口不按常规增长的现象，在康熙一朝应当是普遍存在的，前文曾引述合州的例子，五六年间，从 10 多户猛增为 1489 户，这就足以说明，上表所列垫江那样的增长率，也并非孤证。不过也应当看到，这种不合常规的增长速度是大量人口移徙造成的，而绝非自然增殖的结果。第二，如上表，江津一县在康熙末的人丁已经接近康熙二十四年官方掌握的全省人丁数字，垫江和梁山只记录了户，而没有记录丁，但按照户数推算，两县的丁数肯定不会低于江津。此外，江津、垫江和梁山分别隶属于重庆府和夔州府，而在康熙末期，重、夔两府共辖州县 25 个，如果按照江津的人丁数推算，那么，25 州县的总丁数即为 418000，这就是说，两府之地便已经超过了雍正二年（实际上反映了康熙末）全省的人丁统计数字。当然，这只是一种推算，但是，这一推算至少可以表明，雍正二年的统计偏低，与人口的实际状况相去甚远。

雍正一朝介于康、乾之间，也是移民的高峰时期，但材料不多，姑且存而不论。乾隆六十年间的递增情况，试以三台和彰明为例，列表如下：

三台	乾隆六年（1741）	乾隆四十六年（1781）	乾隆六十年（1795）
	户　3355　丁口　8264	户　16667　丁口　66988	户　24444　丁口　100365

资料来源：嘉庆《三台县志》卷一

彰明	乾隆二十五年（1760）		乾隆四十九年（1784）		乾隆六十年（1795）	
	户 3734	丁口 9623	户 8857	丁口 46425	户 10016	丁口 49775

资料来源：同治《彰明县志》卷八

分析三台和彰明的材料，可以看出：

第一，户口增长的总趋势比较平稳，阶段的渐进性比较清楚。这是因为，在乾隆前期，人口继续移徙和人口的自然增殖两个因素同时并存，到了乾隆后期，人口的增长就基本上是自然增殖起主要作用了。

第二，如果以两县乾隆六十年的数字分别同六年（三台）、二十五年（彰明）相比，三台户增6倍，丁口增12倍，彰明户增3倍，丁口增4倍，丁口的增长都大于户的增长。乾隆前期，两县每户平均不到3口，乾隆末，每户平均都接近5口。户和丁口比例的变化显然是同清王朝盛世滋生人丁永不加赋的政策有着直接的因果联系。

从全省来看，乾隆十四年（1749）人丁2506000人，五十六年（1791）9489000人，嘉庆二十五年（1820）26259000人，道光二十年（1840）38338000人。统计数字显示了三个时间段落，第一段从乾隆十四年至五十六年，共计40年中，人口增加了大约3.5倍，第二段为期30年，人口增加接近2倍，第三段20年，增长不到0.5倍。嘉庆初，四川爆发了白莲教起义，某些州县的在编人户曾有所减少，但对全省的人口状况并未产生太大影响，例如有的县份，道光比嘉庆又翻了一番，而有的县份，则增减甚微，所以第三阶段人口增长百分之五十的比例应是全川各州县综合平衡的结果。这个结果表明，从嘉庆开始，四川的人口已经进入比较自然的常规增长过程。但同时必须指出，由于长时期和高速度的积累，道光二十年，四川的人口已占全国总人口的百分之十。乾隆三十六年，全省人丁3068199，另据统计，乾隆三十一年，全省耕地46007126亩，人平耕地面积可达15亩左右①，然而到了嘉庆末年却下降为2亩左右。四川境内土旷人稀的历史已经结束。人口的绝对增加和耕地面积相对减少的矛盾，已经形成为一种现实的压力。同治《郧阳县志·舆地志》卷一援引嘉庆时的记载，称其地“陕西之民四，江西之民三，山东、河南北之民一，土著之民二，今则四川、江南、山西亦多入籍”。这就是说，在人浮于地的压力之下，四川的过剩人口也开始向外移徙了。

如前所述，清初四川的人口特点同移民的过程分不开，而移民的数量又非常庞大，这

① 乾隆《苍溪县志》卷一记称该县乾隆三十九年新旧承粮花户4690户，垦输上中下田地4773顷。但据同书同卷另记该县乾隆四十七年共有9751户、21323丁，如按此丁数计算，人平耕地当在22亩以上。

就决定了移徙人口不可能只有一个地域来源。早期乡土文献，例如佟世英《（康熙）成都府志序》就认为“百十秦、晋、楚、豫，中土著仅一二人焉”。又如乾隆时刘琨的《普济寺记》也说：“各大府招徕多方，而楚、粤、闽、豫、滇、黔、秦、浙之民纷纷至。”[①] 移民的来源是多方面的，因而很难用数字来加以表示[②]，同一地区，各人所见互异，做出的估计也会彼此不同。陆箕永康熙五十一年知绵竹，有《绵竹竹枝词》“村墟零落旧遗民，课雨占晴半楚人”，原诗自注“川地多楚民，绵邑为最”[③]。其时，绵竹属成都府，雍正五年，改隶绵州。但乾隆《绵州志》卷五的说法就和陆箕永不一样：“蜀地近西秦，土著而外，四方流寓者大约吴、粤居一二，楚居三，秦居五，故染秦俗尤多。”此外，乾隆《苍溪县志》卷三、《广元县志》卷七、《安岳县志》卷一等较早的地方志书中，或称“秦、粤、吴、楚”；或称“楚、粤、黔、闽”，各县情况，并不整齐划一。但综合这些材料，大体上仍可判断，清初四川的移徙人口主要来自湖广、陕西两地，江西、广东和福建次之，其他省区的数量也许就微不足道了。

在清代，移徙人口称为客民，以别于土著。当时，客民和土著都有一个安置问题，处理不周，往往发生争端。例如有的地主，原先逃亡外省，继后回归故里，其田土即为客民插占[④]；但也有客民入川，已将荒地垦成熟田，而又被土著豪绅所驱逐[⑤]，因此在土著和客民之间，讦告不休，讼狱繁兴。为了缓和这种紧张关系，外来人口的安插便很自然地形成了大分散、小集中的局面。例如威远，明代全县分为东、南、西、北四乡，清初又增设新乡，因为客民初至，“或插标而占地，或押帖以起科”，但“东南西北，半多老户，或复故业，新乡一隅，山深而道险，老木箐林，猿猱为宫，荆楚闽广黔粤之民，背负提携，杂沓而至，有司虑无以处之，于是捐兹一隅之土处客民焉”[⑥]。当然，不一定所有州县都要使用行政手段。在云阳，“邑分南北两岸，南岸民皆明洪武时由湖广麻城孝感奉敕徙来者，北岸

① 光绪《叙州府志》卷一二。

② 彭遵泗《蜀故》卷三记乾隆十八、十九、二十年入川移民数，计湖北、湖南4463户，广东1279户，江西534户，广西81户，福建17户。又民国《金堂县续志》卷三估计，楚籍占百分之三十七，粤籍占百分之二十八，闽籍占百分之十五，其余占百分之二十，录此备考。

③ 王培荀《听雨楼随笔》卷一。

④ 同治《荣昌县志》卷一三。

⑤ 道光《隆昌县志》卷三六。

⑥ 乾隆《威远县志》卷三。

民则皆康熙、雍正间外来寄籍者，亦惟湖南、北人较多”①。此即南岸以土著为主，北岸以客民为主，这种分岸聚居的状况，就很可能是自发形成的。而客民的相对集中，既避免了“土”“客”双方的冲突，又方便了州县政权的管理。于是，地方官“役客民之长以约束之，号曰客长”②，而客民同样按照地缘关系，建立同乡会馆③，这不仅有助于联络感情，互通声气，而且还可以借此调解内部纠纷，并保障自身的合法权益。

“五方杂处，俗尚各从其乡”④，这是清代前期四川人口结构的重要特点之一。客民从五湖四海涌入四川，地域来源的多样性，就不仅仅是一个籍贯问题，它还包括不同的风俗，不同的职业与不同的生产经验。所以，多种地域来源的结合，一方面是人口的流动，而另一方面则是生产经验的推广。南溪“大约土著之民多依山耕田，新籍之民多临河种地。种地者栽烟植蔗，力较逸于田而利或倍之”⑤。其地“父老相传，（甘蔗）明代无有，清初粤人迁来者众，始由故乡携种来蜀，百年递衍，遂为大宗”⑥。温江产苎麻，“粤东籍家多种之”⑦。威远的“蓝靛出新乡”⑧，但上文已经提到，新乡又是威远客民的聚居区。另据嘉庆《资州志》卷八记载，红苕“瘠土沙土皆可种。先是资民自闽粤来者始嗜之，今则土人多种以备荒”。可见这些经济作物和旱地高产作物向四川的传播，同清初的移民过程有着非常直接的联系。其中，特别是经济作物的种植，不仅介绍了新的品种和技术，而且由于它们基本上是为了出售而生产，所以随着这些产品的引进和逐步扩大，一种新的农业经营方式，即商品性农业方式，也就相应地发展起来了。

五方杂处的人口结构本身便包含了职业的差异性。“流寓之民，兼趋工贾，土著之户，专力农桑”⑨，就从另一个角度概括了“土”“客”双方不同的生活习惯与谋生道路。当然，

① 咸丰《云阳县志》卷二。此外，民国《云阳县志》卷一三还有一段叙述：“土著之民无券契，自云洪武年间来蜀，挽草为业，谓之黑册，都不可解，盖明初廖永忠、汤和所移之民，经闯、献之乱而仅存者也。今县境扶、徐、向、冉、杨、谭诸族皆其孑遗。其始颇仇客民，久乃相浃。”嘉庆《宜宾县志》卷一八也说：“占籍所自，皆可沿溯……大抵来自元明者多吴、楚，自国朝者多闽、粤。”可见清初之土著即为明初之移民，但他们和清初之移民在当时的习惯上又是有所区别的。

② 民国《南溪县志》卷四。

③ 会馆为客民祀神之所，故湖广会馆称真武宫、禹王宫，陕西会馆称三圣宫、武圣宫，江西会馆称萧公庙、万寿宫，福建会馆称天后宫，广东会馆称南华宫，贵州会馆称荣禄宫，不仅建于州县城内，四乡场镇亦多有之。会馆是客民地域来源之物证。

④ 嘉庆《江安县志》卷一。

⑤ 嘉庆《南溪县志》卷三。

⑥ 民国《南溪县志》卷二。

⑦ 嘉庆《温江县志》卷三〇。

⑧ 嘉庆《威远县志》卷一。

⑨ 嘉庆《新繁县志》卷一八。

这种差别不是绝对的，但商人和手工业者肯定是清初移徙人口的重要组成部分，所以有的文献才指出“其往来而贾者来自五方，号曰客民，别土著也”①。土著和客民的区别也不是绝对的，经历了若干年，客民也会成为土著；不过在清朝初年，这种土、客之间的差别，又的确是特殊的、客观的历史条件的产物。

总之，大规模的人口移徙对四川地区的社会生活产生了多方面的影响，这是必须充分估计到的，以上所论，仅其概略，有些问题，还有待于进一步深入研究。

二、赋役制度

清初沿袭了明代的赋役制度，但宣布蠲免天启、崇祯时的各种加派，钱粮则例，俱以万历年间为准。顺治十四年，颁行《赋役全书》，丌列各省地丁原额、实征、起运、存留等项目，作为稽核出纳的依据。不过顺治十年以前，清军粮饷靠陕西转输，四川并未开征，顺治十八年，全省田赋银尚不足3万两，康熙四十九年，增至20万两，雍正六年，清查田亩之后，始达到66万两（不含耗银）。道光十九年，“四川总督宝兴请按粮津贴边防经费，议驳之，略谓：川省地丁额征六十六万，田赋之轻，甲于天下”②。据此可见，从雍正至道光，四川的赋额就基本上没有太大的变动。

上述材料把66万两田赋称作“地丁”，这个问题，牵涉到清王朝在赋役制度方面实行的一项新政策。

康熙五十一年（1712），清圣祖玄烨下诏，以承平日久，户口日繁，应将康熙五十年丁册所载24170999丁，永为定额，其自后所生人丁，不征钱粮，此即“盛世滋生人丁永不加赋”。但户口编审仍旧五年进行一次，为了保持原额，如果旧丁死亡，先以本户新添者抵补；不足，再以亲戚丁多者抵补；又不足，则以同甲粮多之丁抵补，其间颇费周折。于是，雍正初年又进一步规定，将额征丁银一律摊入地亩。据记载，清世宗胤禛即位，直隶、福建、河南诸省，相继请求摊丁入地，雍正四年（1726），乃令全国通行；但这一制度早在康熙年间，“四川、广东等省先已行之”③。其主要特点是：“田载丁而输纳，丁随田而卖买”④，“各色丁粮均派入各邑地粮之内，无论绅衿富户，不分等则，一例输将”，乾隆三年（1738），匠班银摊入地粮，“由是地、丁、匠价统归一则，真所谓一条鞭矣”⑤。

在清代历史上，摊丁入亩是全国性的重大事件之一，但它先行于四川，这却有特殊的

---

① 道光《永川县志》卷二。
② 《清史稿》卷三七四《何凌汉传》。
③ 王庆云《熙朝纪政》卷三，又见吴振棫《养吉斋余录》卷一。
④ 《熙朝纪政》卷三。
⑤ 吴振棫《养吉斋余录》卷一。

原因。康熙七年，王舟知太平（今万源），其地无城，无署，无民，无赋[1]。保宁最早归清，但府属剑州“今之所赋者仅得乎明什之三”[2]。人口大量流亡，土地普遍荒芜，生产遭到严重破坏，农民不可能承受高额的赋税徭役，不少州县被迫面向现实，压低田赋等则，以中、下田起科；至于丁徭，有的地方则采用了两丁朋一丁的权宜之计，例如江油，顺治时，按朋丁计算，止24丁9分，康熙末年，也不过799丁8分。在这样尖锐的社会矛盾面前，要维持赋役制度的旧规，显然是非常困难的。所以雍正四年，罗殷泰疏称“川省州县多属以粮载丁”[3]。其时，罗官四川布政使，疏中所云，当指康熙年间的情况。而以粮载丁，丁随粮出，就等于把丁徭摊入了地亩，但这种章法在康熙一朝还不是通行全国的政令，因此有关文献才特别指明：四川先已行之。

清初四川以粮载丁的具体细节，据民国《芦山县志》卷三附录康熙二十二年《均粮均役碑示》：“照得朝廷设法，十年大造，编审田地、人丁，每甲每户，均有定额……独四川芦山照种科粮，多寡不一，有一甲而较多数倍者，有一户而较少数倍者，额既悬殊，役何以均？”于是出现诡寄、飞洒、干没、偏累诸种弊端，为此，乃核实田亩户口，规定：“每粮十石零为一甲，每甲一石零为一户，自本年均定为始，挨户轮役，周而复始。嗣后各照甲分输课。凡有田土授受，续十年一周，方许过割。”《碑示》的内容和康熙初期慕天颜等人在江南推行的“均田均役法”大同小异，但江南地区的矛盾在于赋役制度的混乱，而四川的矛盾则在于赋役来源的枯竭。按照《碑示》所述，它首先打破了旧的里甲编制，完全根据“粮”的多少重新编立“甲分”和“花户”，然后轮甲挨户，依次应役。这就从根本上改变了田赋与丁役分别征收的惯例，而签派徭役的基础已不再是“丁”而是“粮”了。这就叫作“以粮载丁”。又因粮随地出，所以也同时叫作“摊丁入地”。封建社会的财富主要表现为土地，占地多的，赋重役重，占地少的，赋轻役轻，赋役一律以土地为准，从而使贫富双方的负担趋于均平，所以这种方法又叫作“均田均役”。

从历史渊源上讲，清代的地丁包括丁、条、粮三个部分。按亩征粮，粮即田赋，它属于国家正供，是有定额的。条，是一条鞭的简称，按照习惯解释：“条者给官薪役食为均徭，祭祀杂支为均平，按里签民为民壮，计粮点马为驿传，均派于地亩。”[4] 这就是说，明代里甲（以户为征收对象）和均徭（以丁为征收对象）两大类经常性的徭役，通过一条鞭

---

① 光绪《太平县志》卷九。

② 雍正《剑州志》卷一一。

③ 《雍正实录》卷四三。

④ 民国《新都县志》第二编，又民国《大竹县志》卷四。

的改革，已经部分或大部分和粮归并。但明代的役法极其烦琐，各地归并的程度不一，而且徭役因事编签，轻重多少，一般没有定额，旧役归并了，仍然可以根据需要签派新役。于是，已归并的，叫作条，条之外，仍然有丁。例如康熙二十四年，抽发四川人夫5000名，入山采办楠木①。都江堰岁修工程，温江例派人夫10名，康熙二十年，上司竟索夫170名②。康熙六年，于成龙知合州，“四川大乱后，州中遗民裁百余，正赋仅十五两，而供役繁重”③。这些都属于条粮之外的丁役负担。清王朝在全国推行摊丁入亩，就是把上述各类尚未归并的丁役统统摊入田粮之内，一并征收。康熙时，四川某些州县已经先走了一步，雍正七年，又进行清丈，并重新调整各地田土上、中、下等则，分别规定地丁的征收则率，正式在全省范围内实行摊丁入亩的赋役制度。其具体情节，相当复杂，总而言之，每亩科粮6合3勺至1升3勺不等；每粮1石折银1两1钱5分2厘至1两9钱5分6厘不等；每粮1石征条银3钱6分1厘至5钱1分9厘不等；每粮5升2合至1石9斗6升不等，折人丁1丁，大约每地赋银1两摊丁不过2钱④。于是丁、条、粮合为一体，通称之为地丁。地丁已经包括了役，按照常理，地丁之外就不应该还有其他任何形式的徭役了。

然而问题并不是这样简单。徭役是封建国家对广大农民的一种超经济强制，是自给自足的小农经济形态在政治领域中的反映，也是社会分工不发达的结果。服役内容，如营造、皂快、狱卒、书手、仓夫、斗级等等，都是国家机关正常运转不可缺少的项目，但这些任务并非由公职人员承担，而是由所属百姓通过差役的形式来完成的，虽然支付少量报酬，但不足的部分仍以“役”的名义由里甲帮贴赔补。清代州县钱粮分为起运、存留两类，存留例由州县坐支，一部分作为官吏俸廉，一部分作为各色衙役的工食和其他公项开支。问题在于，赋役制度改革了，国家机构的管理体制却变动甚微，六房书吏，均无俸禄，很多公务依旧处于雇役状态，司法、教育和社会公益事业没有固定的财政预算，地方官迎来送往，官场应酬的一切消费，也当然要取之于民。摊丁入亩使地、丁、户并征过渡到地丁合一，废除了人头税，实行了单一的土地税制，在削弱封建人身依附关系和刺激商品经济发展等方面，的确具有重要的意义，但是，单纯的赋役改革，不可能限制剥削量的增长，负担相对合理的局面也很难长期保持下去。实际上，地丁以外的各种附加税，有的充作公项，有的就是变相的杂差。例如：

---

① 雍正《四川通志》卷一六。
② 嘉庆《温江县志》卷三一。
③《清史稿》卷二七七《于成龙传》。
④ 参看《雍正会典》卷二六，嘉庆《四川通志》卷六二、卷六四。

第一，火耗。明代因行一条鞭法，赋役征银渐多，民间以零碎银两缴纳，州县则按规定成色熔化成锭上交，在征收时另加“火耗”以作弥补。到了清代，火耗愈收愈重。雍正时，列入田赋正额，成了法定的附加税。开初，四川每两征耗2钱5分，后减为1钱5分，但每田赋银百两另提解银6钱，称为“余平”，以充各衙门公费，按照章程，余平应从火耗中扣提，而事实上，各地征取耗银时便加重戥子，浮收溢额，故所得不止6钱。火耗亦不例外，如富顺耗银即为4钱5分，据说“以当解鞘、纸笔、印红、房书辛力、奏销册费开销。其实则例征之一钱五分，一切开支尚属有余，是每年浮收之三分，概为粮吏所得，故邑粮房在户科别设典吏，补缺者纳质万金”①。又如乾隆时江北厅火耗每两索钱2300文，经当地士绅上控，于嘉庆十六年获准遵照巴县铁碑旧例，每正银1两完纳1两4钱5分，“润银、火耗、敷平、赶戥、封桶、解费诸项，俱包在内”②。富顺、巴县和江北厅的火耗都是4钱5分，超过定额两倍，其余各地大概不会低于这个数字，所以乾隆三年，清高宗自己也承认“向来四川火耗较他省为重”③。

第二，津贴。火耗是借口公费不敷，津贴则是因为军需紧急而采取的非常措施。乾隆征大、小金川，调兵运粮，供应浩繁，遂在冲要州县设立军需局，经费由民间“乐输”。有的地方便乘机搜刮，或临期评议税率银价，故意提高征收标准。长宁县在乾隆三十八到四十一年间，每两条粮派钱64000文，时米价每斗180文，可折合大米36石④。汉源条粮每两派钱数十串，乾隆五十七年，甚至高达247串⑤。嘉庆时，清军镇压白莲教起义，“文报有站，粮运有台，军营之移徙，使节之往来，其夫马不能不资于民力。近地不足，调之远处。虽官为给价值而例案报销，岂能敷用?”⑥ 据四川总督常明的官方报告，每夫1名，每站给银6分，是为例价，如按市价，则每夫约需3钱；每马1匹，给银3钱，而市价约需6钱⑦。实际支付的数额无法报销，便一律转嫁到群众的身上，所以嘉庆五年四川总督勒保解释“津贴者，止如运粮脚价以及台站夫马等类，官价不敷，则由该百姓出资帮贴”⑧。因其按粮摊分，这就成为火耗之外的又一项附加税。道光以后，捐输名目日多，各地还陆续设立津捐局，专门办理津贴事务。

---

① 民国《富顺县志》卷五。
② 道光《江北厅志》卷三。
③ 《清通考》卷四。
④ 民国《长宁县志》卷一二。
⑤ 民国《汉源县志·赋役志》。
⑥ 民国《达县志》卷一一。
⑦ 嘉庆《四川通志》卷六六。
⑧ 嘉庆《四川通志》卷六六。

必须指出，夫马本是一种差役，不过因为清王朝规定滋生人丁，永不加赋，又明令停止了力役之征，应役人夫才从民间招募，而经费也只好由田粮分摊。在这一点上，它和过去按丁签役是有区别的。但招募带有明显的强制性，并非自由的雇佣关系；而津贴是对封建政府的雇役支出提供的资助，它同样带有强制性，并非自觉自愿的乐输，所以两个方面都仍然保留着徭役的痕迹。其次，当时各州县的大小官吏，因行政费用入不敷出，假托筹办之名，加派浮收，又不止夫马一项，借此敲诈勒索，贪污受贿的现象也十分普遍，人民的经济负担与日俱增，这是完全可以想见的。

为了缓和社会矛盾，不少地区都在寻求补救办法。乾隆时，江津行“义役”，“约众聚金，买田若干亩，每年里保收租以应差徭”①。此外，内江置“情田庄”②，灌县设“当首”③，简州称为“孝义”④，它们的共通点都是通过募捐，筹集资金，购置“徭役田”，以田租收入抵补差徭费用。另一种形式是设立“公局”，如乾隆五十六年，薛谐律知荣昌，在当地大姓敖氏家族的支持下，“立‘月局’以均徭役”⑤。嘉庆时，汉源“公局”规定每年衿户条银每两捐钱1920文，花户每两捐钱2400文，供应往来差使，逐年开支若干，存留若干，“秉公张示，晓谕士民，共见共闻”⑥。梓潼的“公局”成立于道光八年，并立有条规⑦。简州的“孝义”也在道光初改为“仁义公局”，“每粮一两纳夫差钱一串，每甲各举公正一人，共十四人，分班轮入公局经理出入，以六、腊两月核算更换，呈账过朱”⑧。从“徭役田”到“公局”，是一个变化；从募捐到按粮分摊又是一个变化。“公局”是民间组织，不属于官方机构，但按粮分摊，涉及面广，不仅需要建立一套严密的管理制度，而且需要得到官府的支持，因此有些“公局”也逐渐具有了官督民办的色彩，这一点是很值得注意的。

三、农业的发展和农业商品化过程的出现

清初，四川的农村是一片荒凉萧条的景象。

彭水在顺治八年，始“有耕于野者”，十二年，始有人城居⑨。安岳在康熙二、三年始

① 道光《江津县志》卷四〇《兴和拾置义田以图久远碑》。
② 道光《内江县志要》卷三。
③ 《灌志文征》卷三《当首应差碑记》。
④ 乾隆《简州志》卷三。
⑤ 同治《荣昌县志》卷九。
⑥ 民国《汉源县志·赋役志》。
⑦ 咸丰《梓潼县志》卷一。
⑧ 咸丰《简州志》卷一二。
⑨ 同治《酉阳州志》卷末。

有土著回籍，十九年始设县令，二十九年，始招徕劝垦，三十一年，城中始有铺肆[①]。全川上下都面临着恢复农业生产的紧迫任务。

清王朝的主要对策是移民垦荒，鼓励外省人口向四川移徙，承认开垦者的土地所有权，并在三五年后方始起科。此外，土著和移民双方的利益都必须照顾，凡逃亡他乡的，特别是官绅大族，当他们返回故里，其旧有土地一般都是要物归原主的。无主荒地，则不限数量，允许插占，但有的地方也划区安置或按丁口多寡分拨。当时的生产条件极端简陋，广元“以人代牛，数人牵挽于前，一人秉耒于后”[②]。新津“人民稀少，男妇出耕，交婴孩于官，至夜引回，谷熟则与官同爨”[③]。顺治一朝和康熙前期，四川的生产水平是非常低下的。

康熙中叶以后，人口不断增加，经济状况才逐步好转。有的地区进展较快。康熙五十一年左右，陆箕永描述绵竹“谁云如绣东南亩，不似三吴鱼稻乡”，原诗自注“荒地都行开垦，一片水田，秧针如绣，实不让江乡也”[④]。但各地基础不同，政治局势的稳定有先有后，经济好转的时间也不能一刀切。例如安岳，据周于仁《闻见纪略》的估计，康熙三十到四十年期间，“招徕渐多”，元气“犹不过十复其五”，但乾隆时的材料已经指出，其地也“开垦殆遍，几于野无旷土”了[⑤]。这两个县的情况应该是有代表性的，所以，从大体上估计，早则康熙末，迟则乾隆初，四川各地都陆续结束了经济的恢复阶段，进入了重新发展的时期。

现在，为了叙述的方便，将首先讨论农村的阶级关系，然后再分析农业生产的一般状况。

如前所述，明末清初，四川经历了长时期的社会动荡，原来的生产者大多都已离开了土地，因此，一方面，经济的恢复有赖于招徕人口，而另一方面，无论这些人口是回乡的土著还是外省的移民，他们同土地结合的过程实际上就是一次土地重新分配的过程。其中，既有“延袤数十里，沃壤相属”，“招佃垦殖”的大户，也有“昼出为人佣，夜归斸荒地，莳芋以给食”的贫民[⑥]。在土旷人稀的年代，自耕农应运而生，但租佃关系也随之兴起，地主、自耕农和佃农就成为农村阶级结构的基本成分。雍、乾时期，四川地浮于人，土地兼并不太严重，对自耕农的存在十分有利，但插占为业并不排斥租佃关系，所谓“招佃垦殖”

---

① 乾隆《安岳县志》卷八周于仁《闻见纪略》。
② 乾隆《广元县志》卷八。
③ 嘉庆《四川通志》卷一一六。
④ 引自王培荀《听雨楼随笔》卷一。
⑤ 乾隆《安岳县志》卷八、卷一。
⑥ 民国《云阳县志》卷三五。

就恰好说明清代四川早期的租佃制是同地主大量插占土地联系在一起的。

租佃关系是从主佃双方凭中人写立租佃文约开始的。租约要叙明田土丘段面积、住房状况、地租和押金数额以及租赁期限等等。地租剥削受到封建国家的保护，租约具有法律效力。在四川，土种杂粮，田种稻谷，一般是分别计租。田的亩产量大约在2石上下，地租一般按产量均分，租额大约在1石上下。押租一律以货币支付，地租则以实物为主。实物租又有湿分（田中分，即通常的分成租）和乾分（搕租，即通常的定额租）两种形式。货币地租不太普遍，但必须指出：第一，某些专门种植经济作物的土地，如棉花地、烟田、茶园等，其地租形态则以货币为主①；第二，某些公产，如学田之类，收益充作公项开支，所以货币地租在公产租佃中也比较流行②；第三，民田租佃，地主已经索取了高额押金，这对货币地租的发展起了很大的限制作用，不过其他河土山土，随田附佃，或单独招佃，地租也多以货币支付，称为乾租钱，且一般不收押租，但有的地主要求佃农预付一年租息③，以作补偿。

在清代的租佃关系中，押租制是一个新问题，它的产生和清代初年特殊的土地占有方式分不开。例如川、楚、陕三省交界的老林地区，就集中了大量的外来移民，清初，其地“人户荒凉”，“一纸执照之内，跨山逾岭，常数十里”。地主插占了这么多的土地，显然无法自行垦殖，于是“招外省客民，纳课数金，辄指地一块，立约给其垦种。客民亦不能尽种，转招客佃，积数十年，有至七八转者，一户分作数十户，客租只认招主，并不知地主为谁，地主不能抗争，间有控讼到案，则中间七八转之招主各受佃户顶银，往往积至数百金。断地归原主，则客民以荒山开熟成地，费有工本，而顶银当照据转给，中间贫富不齐，原主无力代赔，则亦听其限年再耕而已”④。这段材料讲的是老林地区，但清初几十年间四川很多地方的土地占有及其租佃关系同样是在移民垦荒、插占落业的环境中形成的，因而上述记载所揭示的具体情节也同样应该是清初四川很多地方租佃关系的共同特征。

这里就引出了一个问题，土地私有制的所有权在原则上是排他的，不是土地的主人，便无权支配土地的出租和转让，然而荒地是佃户开垦的，“费有工本”，如果在实行劳役地租的情况下，工本就被地主无偿地攫夺了；但是，客民早已不等于农奴，他们从外地自由迁来，主客之间，经济地位有贫富之分，客民的人身却并不隶属于主人，在这样的背景下，

① 中国第一历史档案馆、中国社会科学院历史研究所编：《清代地租剥削形态》，中华书局，1982年，第304、332页。彭遵泗《蜀中烟说》。

② 此类材料，地方志中很多，兹不备举。

③ 中国第一历史档案馆、中国社会科学院历史研究所编：《清代地租剥削形态》，中华书局，1982年，第293页。

④ 严如煜《三省边防备览》卷一二。

假若没有任何相对的权利可言，客民是不会承担垦荒任务的。这个相对的权利就是佃户按其支付的工本相应地取得了对土地的部分的支配权。而佃户对土地的相对支配，既可以表现为永佃权，也可以表现为转租权，前者在四川并不多见[①]，而后者却成了一种通常的现象。

于是，插占为业的地主和费有工本的客民（佃甲）首先建立起租佃关系，但因佃甲不能尽种，乃将自己支配的土地分出若干，租给新的佃户（佃乙），这时候，佃甲即是招主，并和佃乙结成新的租佃关系。佃甲为了收回垦荒时支付的工本，不仅向佃乙索取地租，同时还索取“顶银”。继后，佃乙又不能尽种，仍可以仿照佃甲的办法把土地再一次转租给佃丙，在同一块土地上，招主和佃户层叠出现，租佃关系也从简单走向复杂。经过几次转租，原先那种抵偿开荒工本的意义完全消失了，但在地租之外索取“顶银”的习惯却一直沿袭下来，而所谓“顶银”，便逐渐地成为押租。或者说，早期的押租制正是从这里萌发出来的。

其次，四川的土地买卖频繁，地权转移周期很短，在买卖过程中，也经常发生卖方急需脱手，而买方又一时凑不齐买价的情况，这时，“佃户纳钱于鬻田者，代田主偿未完价，曰顶头。如退佃，则继耕者曰下佃，纳钱于先佃田者以偿顶头，曰顶打”[②]。乾隆五十四年，什邡湖广馆会首以价1069千文买田50亩，因第三者作梗，买卖双方争讼不休，知县乃捐廉769千文，同时招佃认租，得押金300串，合成田价，即将此田充作书院公产[③]。在这一案例中，300串押金，就如同“代田主偿未完价”，而且占了全部田价的百分之二十八。佃户正是凭借了这种顶头，取得了土地的顶打权，所以四川各地学田多有加顶、加当的事例发生。顶头，实即押租的另一种形式或另一种称呼，它和顶打直接相关，这同样说明，地主收押和佃户转租是并行不悖的。

根据以上分析，四川的押租制很可能肇始于移民垦荒，继起于土地买卖，顶银和顶头就是押租的早期形态，开初并不规范，日久约定俗成，最后才普及到一切租佃关系之中。

有租就有押，不收押金，是罕见的例外。有押就很可能出现转租，但又必须指出，并不是所有的佃户都具备转租的条件，在通常的情况下，一是佃农的租地量超过了自己的生产能力，二是佃户“因要另寻生意”[④]，才把土地的全部或多余的部分转租给他人耕种。但

---

① 在四川一般没有田皮、田骨之分，且土地租佃、典当、买卖的界限比较清楚，如果不通过正式的典当、买卖手续，佃户是无权将土地出当和转卖的。这和南方某些地区的永佃制有明显的区别。

② 同治《荣昌县志》卷六。

③ 嘉庆《什邡县志》卷四八。

④ 中国第一历史档案馆、中国社会科学院历史研究所编：《清代地租剥削形态》，中华书局，1982年，第281页。

是，这并不排斥少数比较富裕的租地农民把转租活动作为一种土地经营的形式。而且，土地不仅可以买卖，还可以典当。一般自耕农多半把土地当出后，又佃回自种。大地主因急需货币，也可典当部分田土，或径直提高押租数额，有时高达田价的百分之七十到八十，称为大押租，这就和典当没有多少区别了。但是，大押和典当都不属于土地买卖的范畴，支付高额押金和典价的人，并不是地主，也没有税契和田粮负担，可是他们以“不耕佃农”或“二地主”的身份，一方面受田于甲，另一方面又授田于乙，同样把转租活动作为一种土地经营的方式，而且还往往带有浓厚的高利贷色彩。土地经过转当之后出租，不仅地租额很高，其押租额也和典价相等①。在这一过程中，完全依靠租地为生的贫困小户就成为真正的受害者。

有的文献记述乾隆时汉州一张姓地主租地“无压佃钱，佃者亦岁无逋负”②。把押租和“逋负”联系起来，这就揭示出了押租的另一层意义：它是地主为了防止佃农拖欠地租而索取的一笔预付的保证金。所以，租和押的关系，在通常的情况下，租地面积大者押重，小者押轻，租轻者押重，租重者押轻。地租要受产量的制约，过重的现象还比较少见，因此，提高押租或不断的追加押金，就成为地主对农民加重剥削和夺田另佃的主要手段。

高额押租的存在，使一部分没有掌握足够的货币财富的佃农无法租到土地，纷纷沦为雇农，有的就流入城市和交通沿线，另谋生路。但押租在租佃关系结束时，地主是要如数退还的。每当地主无力退还押金的时候，便被迫将土地出顶或者出卖，而支付了高额押金的佃户又往往成为优先的承顶人或承买人。特别是公产，因高押而出顶，又因多次出顶而造成混乱，往往损害原主的收益和产权。所以道光年间江北厅的三费田章程就明确规定：“只准退银加租，不准加银短租。”③ 在这里，三费的主管人员已经注意到了片面追求高押的弊端。事实上，高额押租不仅超过了佃农的支付能力，也超过了地主的偿还能力，其结果就是，租佃纠纷层出不穷，农村的阶级分化更加剧烈，这不只是加深了农民的苦难，同时也动摇了地主经济传统的稳定性。

在四川农村，多数地区的生产格局都是“田种禾稻，山种杂粮，相资为用”④。有些地方的民间习惯，把种稻者称为小土，“凡木棉、豆、麦、芝麻、苎麻、黍稷、薏米等项易于生发”者，称为大土，“所有地势平衍，居民烟火相望，名曰坝田”⑤。丘陵山水之间的平

---

① 中国第一历史档案馆、中国社会科学院历史研究所编：《清代地租剥削形态》，中华书局，1982 年，第 37 页。

② 嘉庆《汉州志》卷三五姜锡嘏《张崇修太史传》。

③ 道光《江北厅志》卷三。

④ 乾隆《涪州志》卷五。

⑤ 道光《荣县志》卷一三。

地，俗称“坝子”，方圆大小不等，小者一坝产谷数百石，大者可至数万石，其人口密度也大于山乡。此外，沿河有沙地。“刊木薙草，以坡为田”，称为山地。掘土为塘，“以蓄天雨，有余则蓄之于塘，不足则出所蓄以泄之于田”，称为塘田。“源泉混混，昼夜流注，穿渠而引之，旱涝可以无忧”，则称为堰田①。

四川的农民，吃苦耐劳，讲究精耕细作，注重因地制宜。成都平原的温江县，以生产水稻为主，但“秋谷收后，旋种麻、菜、麦、蚕豆等，谓之小春。谷谓之大春”②。在其他田少山多之处，“其山地，小春刈毕，随栽黄豆、芝麻，名曰小秋，盖一岁两收与田等”③。所以农民一年四季，罕有余暇，偏僻山区，妇女也“多不裹脚，春夏以布系小儿于背，耕耨自如”④。

四川素称天府，自然条件较好，有利于农业生产的发展，但水利的兴修仍然起了十分重要的作用。很多材料表明，一些州县地方官对这项工作是比较关心的，清代四川的水利建设也是颇有成效的。在夹江，康熙四年，知县刘际亨以龙兴堰水势稍远，难周灌溉，乃于五圣祠开凿大沟，截取乾江河水，又另开10沟，宽约6尺，深7尺，绵长16里，以便于四周农民引水灌田⑤。大邑县南有菱角堰，知县宋载“指度形势，劝民开沟导引……凡旱地可改为水田者不下三千余亩”⑥。姜炳璋，乾隆时知石泉，“民业山，惟种荞麦充粮，因教以注水作堰法，民遵行之，始知有水田利”，后署江油，又“谕民修筑，躬亲督之，比成，开田数千亩，民因号为姜公堰”⑦。此类事例，不胜枚举。

“农必资于谷，谷必利于水”，但规模较大的水利工程都是集体性的事业，如果政府不把分散的农民组织起来，这是很难完成任务的。而且水利设施的社会公益性和小农经济的个体性之间总是有矛盾的，这同样需要权力机关的调节与仲裁。

清代的都江堰灌区包括灌县、郫县、崇宁、温江、新繁、新都、成都、华阳等地，受益面积达760539亩，岁修工程，清初仍照亩派夫，后改为折价雇夫，再改为动用国家正项，俱由专门机构负责办理。双流和都江堰有密切联系，其水源自灌口经温江入境，西为金马江，有4堰，东为杨柳江，有16堰，东北为新开江，有27堰，其中属金马江之大朗

---

① 道光《昭化县志》卷九。
② 嘉庆《温江县志》卷一四。
③ 嘉庆《彭山县志》卷三。
④ 嘉庆《东乡县志》卷二九。
⑤ 嘉庆《夹江县志》卷四。
⑥ 乾隆《大邑县志》卷一。
⑦ 嘉庆《四川通志》卷一〇六。

堰溉田68000亩，属杨柳江之杨武堰溉田73000亩，皆有“堰长鸠工，沟长科费”①。新都火烧堰，长5里，自青白江引水统属新繁等5县水利，道光十七年定案，每年淘修经费派作20分，计新繁6分，新都6分，彭县1分，广汉、金堂各3.5分。“新都经费每年由十二甲甲田按各甲灌溉田亩摊派”②，新繁每年春，均由粮民赴堰筹议修筑事宜，工价则按粮田均摊③。这些章法，都只有通过官办或官督民办的方式才可能长期坚持下去。

农业生产的季节性很强，这就要求堰水的使用必须保证来源，供应及时，而又分配合理。这几方面常常发生冲突。如罗江后坝堰与德阳茅苞堰“同资绵阳河水分注，后坝居左而上，茅苞居右而下”，雍正十年，德阳粮户在后坝上流旁开一沟，直接引水注入茅苞，“而后坝水源绝矣”④。在农村中，农民因争夺水源，相互斗殴，甚至酿成人命案件，严重干扰了农业生产的正常秩序。各地州县政权为了防患于未然，对灌溉用水也普遍加强了管理。如仁寿县规定，凿石筒33处，每田千亩给筒口3寸5分，不及者递减⑤。绵竹有辛村等4堰，皆与什邡共同受益，自道光四年双方争讼后定案，每年四月一日至十月一日，由什、绵二县汛、捕二官当场轮流监放；此外，绵竹官渠、硼砂、宋家三堰，也因争水构讼，乾隆二十三年定案，照田粮多少分配水源，按12时燃香启闭，官渠燃6尺6寸，硼砂4尺2寸，宋家3尺6寸，周而复始。每年三堰各公推一人为看香堰总，并将章程勒石立碑为据⑥。

平原地区，开沟引水，但丘陵地区，地势起伏，有的距水源较远，有的还要直接从江河溪流中汲水，为了提高劳动效率，农村中大多使用龙骨车和筒车等引水工具。龙骨车的大小长短，随地制宜，小型者一人之力可挽，大型者需用三至四人，亦可衔接两车或者三车，以便延长引水距离。筒车高二三丈至六七丈不等，用木枧承接入沟，引水灌田⑦。据嘉庆《威远县志》卷一提供的数字，县境正河与西北两支河共有筒车133架。这两种工具都能把水从低处引向高处，如中江岸高水低，居民“沿江灌溉者，横江作堰，架高木置大轮车，略高于岸，斜缚竹筒于车尾，推轮吸引江水，倒倾岸上，始导入田中；虽山田亦可达”⑧。

---

① 嘉庆《双流县志》卷一。
② 民国《新都县志》第一编。
③ 嘉庆《新繁县志》卷九。
④ 乾隆《绵州志》卷二。
⑤ 嘉庆《仁寿县志》卷一。
⑥ 道光《绵竹县志》卷一〇。
⑦ 嘉庆《邛州志》卷一三。
⑧ 乾隆《潼川府志》卷二。

水利设施的进步是农业能够取得较好收成不可缺少的物质保证。由于普遍地兴修水利，大大促进了粮食作物的生产，所以清代四川的人口不断增加，但农村的经济形势基本稳定，每年尚有一大批粮食向外运输，远销于江南各地。

另一个重要的情况是，随着农业生产水平的提高，四川的农村不但为社会提供商品粮食和其他副业产品，而且还要向手工业部门提供多种多样的生产原料。这就是说，在粮食作物发展的同时，以经济作物为主体的商品性农业也在四川的农村中发展起来了。

应当指出，一些州县地方官不仅对兴修水利表现积极，而且对经济作物的推广也颇感兴趣。他们在这一方面同样做了不少工作，有的刊印图书，发布告示，向农民进行宣传①，有的借助行政手段，“报数登记，勘荣枯，行赏罚”②。这种风气的出现，首先是因为清代商品经济的繁荣对农村是一个巨大的冲击，在客观上，社会需求的多样性正不断地促使农业的单一经营向多种经营的方式过渡。所以，早在康熙时，萧何复知永川、璧山，“永、璧无荞麦，捐俸买种，令民播植。无池塘，示以开凿，灌田养鱼。不务蚕缫，教树桑柘。不重茶茗，训以种植。民利悉兴”③。把“兴利”和多种经营联系在一起，这是很有时代特色的。因此，从另一个角度看，随着农村市场的扩大，以发展经济作物为主的多种经营就比单纯的粮食生产更能充分利用土地资源，在经济上也更加有利可图。所以荥经知县劳士沅刊印《重桑说》一书，特别强调“荥邑山多田少，产谷无多，稼穑之外，莫急蚕桑”④。达州知州陈庆门的《劝蚕桑条约》还详细介绍种桑、插条、科斫、采桑、择种、饲蚕、治簇、蒸茧、缫丝等全部技术，并且指出“余视达州，知邻封巴州蚕桑最盛，每岁客商挟资收买，巴民甚得其利”⑤。可见他们的目的都是要在“稼穑之外”给当地群众另辟一条生财之道。为了消除农民的疑虑，劳士沅还不辞辛苦，择地播植，亲身示范，于是一年以后，荥经报种者1496户，全境种桑73000余株⑥。蚕桑之利直接来自商品交换市场，生产者在这一点上已经突破了自给自足的传统格局，而地方官员对此加以倡导，无论他们的主观愿望是什么，其客观效果都将有助于进一步缩短农村自然经济和商品经济之间的距离。

农业的商品化是一个历史过程，其进展的快慢，取决于社会分工和商品经济的发展程度。根据有关材料判断，明代四川的商品性农业还比较落后，到了清代，在各种有利条件

① 合州、江津、南溪、绵竹均有例证，详见各地方志中。

② 道光《绵竹县志》卷二八。

③ 同治《崇阳县志》卷七。

④ 乾隆《荥经县志》卷首。

⑤ 民国《达县志》卷六。

⑥ 乾隆《荥经县志》卷首、卷三。

的推动下，情况变化很大，不仅经济作物的种类增多，而且产地日广，农村的经营面貌也显示出了前所未有的新气象。例如：

1. 蚕丝。主要的农村家庭副业之一。清代潼川、保宁、嘉定都是著名的蚕丝产区，"潼产白色者织紬，所谓川北紬，黄色者织绢。盐亭县独多"①。所以盐亭"多植桑麻，不留隙地"，"无产之人，均以植桑养蚕为业，城乡有丝市蚕市，远近商贾云集"②。遂宁"比户饲蚕，其丝最广，有水丝、火丝之别，商贾趋为蚕市"③。保宁的蚕丝业在明代就十分发达，清代产地又有扩大，府属昭化，民间养蚕，"多者以数屋计"④，而巴州"蚕桑最盛"，早在乾隆初年便已经引起达州知州陈庆门的注意了。至于嘉定，则有犍为人李拔的具体描述："蜀中墙下树桑，宅内养蚕，以为常业。蚕初生时，每重二钱，长大可满一簟。簟长一丈三尺，宽五尺，编竹为之。屋中立四柱，柱下有十齿作架盛簟挂，上可容五簟，养蚕家多者二百簟，少者亦十余簟。每簟可得丝一斤，若得丝二百斤，则小康之家也。又蚕初生至成丝时仅四十日，获利最速，其粪可饲豕，水可肥田，柴可炊爨，故人皆宝之。"⑤

2. 棉花。清代种植渐多，"有头花、中花、尾花之别，故蜀中土俗以砍花柴为农功毕也"⑥。棉花的社会需求量很大，经济效益也很高。在川南威远，植棉"可抵稻谷之半而商贩集焉"⑦。川北"涪水以西多膏腴地，民相习植棉，其利倍谷"⑧。简州盛产棉花，据乾隆时的记载："州属多种红花，今则渐种棉，始知其利倍于红花矣。"⑨ 因其可致厚息，农户当然愿意扩大经营规模，有的地方"种棉多者，秋收时，近邻贫家妇女皆来帮工，主家执秤照所拾轻重给钱"⑩。

3. 麻。成都、保宁两府以及川南荣昌、隆昌一带都是重要的产麻区。温江植麻农户多是外省移民⑪。大竹"产苎，行巴渝，四方之商，辐辏来集"⑫。新宁"治西南，艺者最广，岁可三获"⑬。隆昌以麻为原料，织成夏布，是川中著名的特产之一。

---

① 乾隆《潼川府志》卷三。
② 乾隆《盐亭县志》卷一。
③ 乾隆《遂宁县志》卷四。
④ 道光《昭化县志》卷二二。
⑤ 《牧令书》卷一〇李拔《蚕桑说》。
⑥ 《牧令书》卷一〇李拔《种棉说》。
⑦ 嘉庆《威远县志》卷一。
⑧ 道光《蓬溪县志》卷一五。
⑨ 乾隆《简州志》卷三。
⑩ 道光《荣县志》卷一八。
⑪ 嘉庆《温江县志》卷三〇。
⑫ 道光《大竹县志》卷一九。
⑬ 道光《新宁县志》卷五。

4. 烟。清代社会抽烟的习惯已遍及南北各省，形成了一批比较集中的产烟区，所以有记载称“衡烟以衡州名，川烟以四川名”①。而在四川，乾嘉之际，什邡就“多产烟叶，远近贩烟者，各乡秤户为之交易”②，说明这里有不少经营烟叶的农户，而且购销十分兴旺。当时，成都、潼川两府也有很多地方种植烟叶，如乐至“农人岁田莳，获利颇厚”③。而川东酉阳一带也“所在有之，其产于秀山官庄者尤胜”④。

5. 茶。据乾隆时人记载：“蜀山素产茶，每岁谷雨后，募夫采摘百斤者，银一钱。”⑤雅安、名山、天全等地，“山多田少……近山人户，俱籍采茶为业”⑥。又如南江，“居民蓄茶园，每采摘于谷雨前后，为头茶，五、六月则为二茶，七、八月则为晚茶。树下并可种包谷，其利颇饶。春分即有陕西客民来山置买，落经纪人家，以便交易。头茶稍贵，次三则不及前矣”⑦。

6. 甘蔗。因其为制糖原料，必须同糖坊配合，凡广种甘蔗之处，亦即是著名的产糖地区。内江称甜城，其地“沿江左右，自西徂东，尤以艺蔗为务”⑧。又如简州，“沿河之民，植蔗作糖，州人多以此致富”⑨。

7. 染料。有的地方，半山半田，山地既种杂粮，也种蓝靛。如前所述，威远的“蓝靛出新乡”⑩，而新乡又是客民的聚居区，说明这种经济作物主要是由客民经营的。又如红花，据乾隆时的文献资料介绍“蜀产素称简州最饶，近则顺庆、保宁为盛”⑪。所以清代诗人李鼎元也指出“夹道红花开十里，可怜染草贵于粮”⑫。

8. 桐油。重要的土特产之一。如在綦江，“桐子到处皆有……八九月间，挑负盈路，收者积之如山，油房声相应。贫富点灯外，皆载出外河，为舱船油漆之用。屯户有岁获万金者”⑬。

9. 药材。四川生产药材的历史悠久，而且种类很多，例如红花，既是染料，亦可入药，

---

① 陆燿《烟谱》。
② 民国《合川县志》卷三八记纪大奎在什邡任内事。
③ 道光《乐至县志》卷三。
④ 同治《酉阳县志》卷一九。
⑤ 卫道凝《槌园文集》卷二《祝教授传》。
⑥ 嘉庆《四川通志》卷六一。
⑦ 道光《南江县志》卷上。
⑧ 道光《内江县志要》卷一。
⑨ 乾隆《简州志》卷三。
⑩ 嘉庆《威远县志》卷一。
⑪ 乾隆《潼川府志》卷三。
⑫ 李鼎元《师竹斋集》卷七《栈中即目》。
⑬ 道光《綦江县志》卷一〇。

“旧时居人多种红花，颇获赢利，自夷红入中国，值廉而用省，研染之料无所用之，自是红花仅中药材，种者稀矣”①。但其他如射洪产前胡，“春间采卖成市”②。綦江产枳壳，其种在明代从江西引入，最初价低物贱，“乾隆中忽昂贵，遂获厚利”，“小贩收买，商人捆包，船载渝行，或径至楚”，每年最高可达万金③。

10. 水果。以江津的橘柑业为例，所产有红、白两种，“白者一名土柑，只可作糖饼，不能远载，红者于秋末冬初时，夔关内外客商到境贩运，本地亦有装运至汉口、沙市、宜昌发卖者，颇获利焉”④。根据道光中叶的材料，当地经营水果的农户，“家或数百株，或数千株”，“有一园值五七百，或千贯者”，这种专业性果园，在技术和管理方面都有较高的要求，所以“甚费人工，非材干之人不能有之”⑤。

11. 花卉。主要指农村中的养花业。诗人李鼎元写道：“田田茉莉种山家，蝶乱蜂狂十里斜，怪道花奴多醉色，嘉州米价不如花。”⑥ 从其经营规模来看，它不会是一种玩赏品，所产的茉莉很可能是作为原料，专供配茶之用的。

把这些材料总结一下，就不难看出，清代四川的商品性农业已经成为农村商品经济的一个重要组成部分，所以，在种植经济作物的土地上，货币地租发展最快，经营经济作物的农民，获利最高，和市场的交往最密切。他们已经不是单纯的生产使用价值，而是以出售产品为目的；他们的产品已经不是直接进入自身的消费，而是为了满足他人的需要。愈来愈多的农民从事商品生产，一方面，这种趋势有力地促进了地方性商品市场的出现；另一方面，也大大加速了农村内部的阶级分化和自然经济的解体。

四、手工业生产的扩大和资本主义因素的萌芽

清代四川的手工业，按其分工程度、经营形式和生产规模，可以归纳为家庭手工业、作坊手工业和工场手工业三种类型。

家庭手工业和农业的关系十分密切，一个家庭就是一个生产单位，还基本上保持着农村副业的特点。不过这时候的农村副业，既可以作为自然经济的补充，又能够充当通往商品经济的桥梁，农民为出卖而生产的现象已经非常普遍。例如不少地区的农户，取用本地资源，从事竹编业和草编业，编织箩筐、筲箕、竹席、草帽等生活用具，因“诸物价廉而

---

① 光绪《井研县志》卷三。
② 嘉庆《射洪县志》卷六。
③ 道光《綦江县志》卷一〇。
④ 光绪《江津县志》卷六。
⑤ 道光《綦江县志》卷一〇。
⑥ 《师竹斋集》卷六。

易售，行于旁邑”[①]。其中，成都附近的温江、郫县、双流、崇宁，农家编织草帽，“妇孺业此，坐行不释手”，粗者每顶值一二十文，精细者贵至三四千文，运销川东各地，“盈千累万，颇获厚利”[②]。这一类副业生产往往与当地特殊条件有关，产品具有地方特色，因此它们更加容易成为商品。

但家庭手工业的主要方面仍然是农村的纺织业。它们以丝、麻、棉为原料，以男耕女织的自然分工为基本形态，所谓“涪地产木棉，故妇女多勤纺织……机声轧轧，不绝于耳”[③]，便说明这种家庭手工业是同农业结合在一起的。但多数经营者的生产规模都超过了满足自身消费的水平，所以他们的产品也要大量的进入市场。关于丝、麻、棉等原料的生产，已经在叙述商品性农业的时候介绍过了，这里只着重谈一谈手工业生产的情况。

清初四川人口锐减，生产衰退，丝织业更是一落千丈。后来随着生产的恢复，一些流散外地的蜀锦工人纷纷回川。雍正以后，四川生产的浣花锦、巴缎已很有名。其他如贡缎、回文锦、金丝缎、鸳鸯缎、三纺绸等独具地方特色的产品也纷纷问世。由于织机工艺有很大改进，花色品种越来越多。“蜀江锦”享誉国内外。丝织业主要分布在成都、重庆、潼川、保宁、顺庆、嘉定各地。乐山所出“阔至二尺余者曰贡绌，不及二尺者曰土绌，土绌之佳者，俗谓之邓阳绌”[④]。盐亭“邑多种桑养蚕缫丝，即以织绢，比户机声轧轧，所产甚饶，又名川北绌，远近商贾贸贩云集”[⑤]。蚕丝历来是重要的农村副业，发展潜力很大，所以随着经济的繁荣，新产地还不断增加。道光初，黔江“城乡多植桑树；每届养蚕之候，男女采桑相属，茧成取丝自织，其利甚厚”[⑥]。大约与此同时，綦江也在贵州遵义的影响下，开始发展柞蚕丝业，“其种岁前贩于汉中、川北，四月丝即上市。十斤为一把，有力能养数十把者，亦有妇女作三、五斤者”。綦江的扶欢坝成为一个新兴的专业性的蚕丝市场。而且值得注意的是，它和黔江“取丝自织”的情形又有所不同，“其织为绌，在遵义、正安等属，綦界尚少”[⑦]。

麻织业以隆昌为中心，道光初，又扩大到南溪、大竹等地。万清涪《南广竹枝词》写道：“而今不买隆昌产，夏日人家尽绩麻。”原诗自注：“麻布有浆纱、纺纱，隆昌多浆纱，

① 道光《乐至县志》卷三。
② 嘉庆《温江县志》卷三〇，嘉庆《郫县志》卷四〇，嘉庆《双流县志》卷二，嘉庆《崇宁县志》卷二。
③ 乾隆《涪州志》卷五。
④ 嘉庆《乐山县志》卷四。
⑤ 乾隆《盐亭县志》卷四。
⑥ 同治《酉阳县志》卷一九。
⑦ 道光《綦江县志》卷一〇。

不敌南溪纺纱布贵。”[①] 大竹的麻纺业同样是就地取材，“妇女无贫富大小，以纺绩为务……家虽极贫，女工之营，亦差足以自给”[②]。

棉织业的发展十分普遍。因为棉织品比丝麻织品更牢固耐用，价格也更加便宜，所以乾隆《大邑县志》卷三指出“邑人贫者多以本地纺织俗名家机布为常服”。此种家机布，即当时家庭棉纺手工业产品的通称，故不仅川西如此，在川北地区同样也有“紫者成絮，织紫花布，黄者成絮，织家机布”[③] 的说法。但手工业很容易接受外部条件的影响，有的地方，“花虽不及广产，织造颇精”[④]，可见棉织业的发展程度有可能高于当地种棉业的发展程度。如果销路畅通，男耕女织的状态也不是绝对不变的。川西平原的新津县，“男女多纺织，故布最多，有贩至千里外者”[⑤]。川东之新宁，“邑业此者甚多，布亦匀细，转售他邑，男女皆优为之”[⑥]。这就表明，织布已经不完全是妇女的专业劳动了。

社会分工是商品经济的基础，虽然在家庭手工业的范围内个别分工的进展还很缓慢，有些细节也不太清晰，但总的看来，分工日益扩大的情况的确是存在着的。例如棉织业，“男女皆优为之”，这就突破了原先狭隘的男女自然分工，而向扩大的社会分工迈进了一步。于是有些地方出现了机房，如乾隆时双流“各场有之，所需棉纱不少”[⑦]。这种新的需求关系就必然促使在机房的另一端产生了一批专门纺纱的劳动妇女。据万清涪《南广竹枝词》：“掉花争觅干花掉，凭着补头度岁华。”原诗自注：“补头，外敷利花也，贫家存活，全恃此利。”[⑧] 于是，纺和织两个生产环节就开始分道扬镳了。这时候，一部分手工业者继续保持着自种、自纺、自织的格局，而另一部分便按照社会分工的条件各自独立发展。

原料的生产和成品的生产从地域上分开，是社会分工扩大以后给家庭手工业带来的又一变化。中江并“不产苎，而妇女能绩，故其货盛行”[⑨]。与此相类似，温江农户养蚕取茧，但“多不自缫织，售于贩者，缫丝于成都”[⑩]。甲地生产原料，乙地生产成品，两个市场之间分工和交换的存在，使不同地域和不同行业的经济联系更加紧密，为了购销双方的便利，还形成了一些相对集中的手工业生产的聚集区。如彭县“东门外多织麻布，濛阳镇

---

① 《南溪文征》卷二万清涪《南广竹枝词》。
② 道光《大竹县志》卷一九。
③ 乾隆《潼川府志》卷九。
④ 道光《新都县志》卷三。
⑤ 道光《新津县志》卷二九。
⑥ 道光《新宁县志》卷五。
⑦ 乾隆《双流县志》卷六。
⑧ 《南溪文征》卷二。
⑨ 道光《中江县新志》卷一。
⑩ 嘉庆《温江县志》卷三〇。

多织棉布”①。又如大竹县南80里之高坪寨，“寨中多造夏布、琢帐，远商尝聚于此”②。它们的出现标志着以棉、麻为原料的纺织手工业开始摆脱作为农村副业的从属地位，并开始向生产专业化的方向前进。不过这种类型的聚集区，数量较少，还不足以改变整个家庭手工业的基本格局。

作坊手工业的结构比家庭手工业复杂，它需要专门的劳动场地和相应的生产设施，有的自产自销，接近于个体手工业者，但稍具规模的手工作坊都拥有一定数量的学徒或者雇佣工人，进行协作生产。它主要包括：

1. 制烟业。乾嘉时期，川西郫县出产的烟叶，一种称为柳叶子，用草绳系烟叶晒干即成，方法简单，一般烟农均可自制出售。另一种称为蒲扇烟，叶团而大，“用竹笆摺夹之晒干，束紧用烟刨推之，丝（细）如发，名曰郫县烟”③。但经营此种丝烟的，已经不是烟农，而是烟铺。据彭遵泗《蜀中烟说》，郫县“业者最夥，城中外阛阓尽作坊。‘盖露’‘长行’，俱邑出也”，质量与闽烟不相上下。其他地区，产品皆各有专名，如“姜黄”产于崇庆，“干丝”则以成都最佳。此外，“曰‘庄烟’，曰‘屈烟’，曰‘高烟’，以姓著；曰‘甜烟’，以味著；曰‘黑虎’，以色著；曰‘汉中烟’，造式如汉中，或汉中人售，故名”④。另据云阳的材料，“业烟草者多闽人，赖、卢诸姓皆清中叶来，以其业名县中，利颇饶，今多土人承之”⑤。这些作坊业主的姓氏流布全县，甚至成为产品的牌号，如果没有较长的经营史和较高的商业信誉，那将是很难办到的。

2. 造纸业。四川的竹林资源异常丰富，给造纸业提供了充足的生产原料。夹江盛产水竹和白甲竹，“邑人资以为纸，而白甲尤良”，故“本邑所产竹纸、白蜡之类，颇易行售”⑥。彭县天台、慈坪、五龙山中竹林茂密，“匠者采以作纸，细者名化连，粗者名土连，充用至广”⑦。綦江造纸，最初以水竹作为原料，因水竹种于平地，而平地又多垦为田，水竹渐少，乃改用慈竹。根据道光时的记载，当地府纸每担值银4钱，乡纸2钱，产纸岁入高达数千金⑧，其生产规模之庞大，由此也就不难推论了。这些造纸作坊都要雇佣一定数量

① 嘉庆《彭县志》卷三九。
② 道光《大竹县志》卷一一。
③ 嘉庆《郫县志》卷四。
④ 见嘉庆《四川通志》卷七五。
⑤ 民国《云阳县志》卷一三。
⑥ 嘉庆《夹江县志》卷二、卷四。
⑦ 嘉庆《彭县志》卷四〇。
⑧ 道光《綦江县志》卷一〇。

的帮工，进行协作劳动，纸厂则多半合资经营，所谓“穷民费工不费本，纸户以夥”①，大概是造纸业中比较通行的一种做法。

3. 制糖业。已有一定的分工，如糖房以生产红糖为主，漏棚以生产白糖为主，冰橘房以生产冰糖和蜜饯为主。凡比较集中的甘蔗产区，皆有糖房的开设，而且甘蔗加工的季节性很强，糖房在冬至以后的生产期间，多是辘轳煎煮，昼夜轮更”②。为了不影响生产的连续性，资金雄厚的糖房又往往采取向蔗农预购的方式，以保证原料的及时供应。富顺人陈崇哲《蔗糖》诗：“种得万挺千挺蔗，贷得十千八千钱。”原诗自注：“种蔗者皆以春初贷钱霜户。”③ 清人还记载，艺蔗之家，“其壅资工值，十倍平农”，而糖房所产，“通鬻远迩，利常倍称”④，作坊业主和蔗农的相互交往，是建立在商品经济的基础之上的。

4. 陶瓷业。以烧造日常生活需用的杯盘碗盏为主。例如仁寿，“碗出碗厂场，始康熙初马和先辈”，能生产 10 多个品种，规格各不相同，“每厂家匠作数十，皆远人，运柴米牛草日不断，穷而待举火者不啻数百家，颇行远近。厂多至二三十家”⑤。

另外两个重要的手工业部门，即矿冶业和井盐业，它们的内部关系比较复杂，在不同的矿种和不同的产区之间，其生产规模和分工程度，也不整齐划一，有的还停留在作坊手工业阶段，而有的则已经发展成为工场手工业了。所以对这两个部门的情况，应当分别做一些稍为详细的介绍。

四川的矿业，包括铜、铅、铁、煤、磺硝等。其中，煤的产地分散，皆由民间自行开采。如威远煤厂甚多，其西路、北路，“多鬻煤炭为业”⑥，且远销乐山，供盐场烧盐之用。川东各地，称为炭峒，如在万县，炭峒“取之深入者，至数百丈，浅者亦数十丈，民之土著者享转运之利甚溥”⑦。南溪与此相类，据道光时的记载“炭峒拉土拉炭，土著甚少，而峒主皆本邑人”⑧。它们主要由当地商民就近设厂，估计不会有太大的生产规模，还不具备工场手工业的条件。但它们都使用外地雇佣劳动，帮工工价，乾隆时，每人每月 500 文，嘉庆时，大约 900 文至 1500 文⑨，帮工与厂主，同坐共食，平等称呼，自由雇佣的性质是

① 同治《仁寿县志》卷二。
② 道光《内江县志要》卷一。
③ 见光绪《叙州府志》卷二一。
④ 道光《内江县志要》卷一。
⑤ 同治《仁寿县志》卷二。
⑥ 嘉庆《威远县志》卷六。
⑦ 同治《万县志》卷三六。
⑧ 《南溪文征》卷三翁绍海《奎峰书院策问》。
⑨ 据彭泽益《中国近代手工业史资料》第一卷，三联书店，1957 年，第 400 页。

非常明显的。

其次，关于铁矿，须经出资办厂的商人报官呈请，获准后，始可正式采掘。乾隆二十六到二十八年，叙州府屏山县“共设炉八座，每炉采矿砂丁九名，炉夫一名，厢煽夫二名，共计夫丁九十六名，除承值炉厢夫二十四名不能采矿外，实得砂丁七十二名。每丁约获矿砂十斤，每日可获矿砂七百二十斤。每砂十斤，煎获生铁三斤，每日共煎生铁二百一十六斤。除夏秋二季水淹礌硐不能采外，所有春冬二季共一百八十日，所获矿砂一十二万九千六百斤，实煎生铁三万八千八百八十斤”①。照例官抽十分之二，每斤税铁折价银 2 分，按年征解。威远、洪雅、江油、邻水等地也有铁厂，其具体情况与上文所记大致相仿。

铜铅矿主要集中在宁远、叙州两府境内。和铁厂一样，经办铜铅的商家也要先行勘明矿苗，试采成功，赴官申报批准，方可招募工匠，正式设炉采炼。但政府对铜铅生产的管理，比铁厂严格得多。雍正时规定，大厂于各府通判内，小厂于各府经历内，委派专人驻守，负责将铜斤抽课数目，按季造册上报。厂区要设汛驻兵；往来弹压。宁远府还添设同知一员，专管各厂税务，并稽查各厂官民人等②。乾隆时，又在建昌、云阳、长宁三处，各委官一名，负责“于要隘处所不时巡查，并将各商煎出铜斤给票登记，如与抽课印簿不符及私煎等弊，即将本商炉头责革，另募殷商充补”③。所产铜斤，抽税占十分之二（另加耗铜五斤左右），余十分之四，官价官收，又余十分之四，允许商人自行贩运，但也有尽数官收，不准私卖者。这完全是一种官督商办的经营形式。

“报采各商，土著、流寓不一。”④ 其进山孔道，谓之礌子。经营礌硐的商家皆各有名号，“如赵姓之礌，取名宝兴硐，钱姓之礌，取名丰裕硐是也”。每礌一口，用厢头（锤手）2 人，砂丁（矿夫）8 人，分作昼夜两班。硐外建有伙房，专供砂丁食宿。登记油米之人，名曰管事，借给工本之人，称为商总，开山破土者名曰峒头，炼铜纳课者名曰炉户，或因工本欠缺，将礌放与别人采办，抽收硐分者，名曰峒主⑤。这里既有雇佣关系，也有股份关系；既有生产技术上的分工，也有经营内容上的分工，总而言之，一个铜厂，就是一个比较完整的手工工场。

---

① 光绪《叙州府志》卷二〇。

② 中国人民大学清史研究所、中国人民大学档案系中国政治制度史教研室编：《清代的矿业》，中华书局，1983 年，第 208—209 页。

③ 《清朝文献通考》卷三〇。

④ 中国人民大学清史研究所、中国人民大学档案系中国政治制度史教研室编：《清代的矿业》，中华书局，1983 年，第 214 页。

⑤ 据咸丰《冕宁县志》卷五。

川铜主要作为宝川局铸钱的原料。乾隆八年，四川巡抚硕色奏称："省局鼓铸一年应需之铜不过三十万斤，各厂商人如果齐力开采，约计一年所获红铜，竟可足供省局一年之用。"[①] 硕色的奏折仅指宁远一府，而同期全省铜厂在采厂数共计 6 家[②]，除宁远外，乐山县属之老洞沟及宜宾县属之梅子凹均有铜矿开采，所以全省实际的铜产量应不止 30 万斤。单就宁远而论，乾隆后期的年产量比乾隆八年的产量就增加了 1.47 倍到 3.73 倍。如乾隆四十六年：87 万斤；四十七年：74 万斤；四十八年：75 万斤；四十九年：142 万斤[③]。此外，全省铜厂的最高数字为乾隆二十八年的 14 家，从乾隆中至道光初，大体保持在 10 家上下[④]。而叙州马边地区的铜矿初开于乾隆二十二年，从乾隆三十年至五十年期间，发展迅速，产量"自数万至数十万不可预定"，所以"马边开厂以来四十余年，历年出铜自完课外，分商售卖，四方贸易接踵而至，号为鼎盛一时，因有小成都之名"[⑤]。

但是，分商售卖的商业铜只占全部铜产量的十分之四，其余十分之二是税铜，又十分之四则按官价由政府收购，充铸钱之用。乾隆五十五年，川督孙士毅奏报马边厅铜大和雷波厅分水岭两处铜厂的生产状况，凡煎净铜 300 斤，需矿 3400 斤，锤尖铁 35 斤，需用采矿人夫 170 工，锤矿、背运人夫 12 工；大炉 8 座，计炉头 8 名，风箱夫 16 名；外需灯油 14 斤，炭 2500 斤。总计以上人夫、灯油、炭价共需用银 28 两 4 钱，每百斤工本约为 9 两 4 钱 6 分[⑥]。但乾隆初年，每百斤官价给 7 两，当时川抚硕色便已指出，官价有亏商本，"即定价九两，究亦不敷"[⑦]。另一方面，官价"较之民价实相悬殊"，所以厂商的利润主要来自商铜，即"以民价之余利补官价之不足"[⑧]，但问题在于，商铜的份额并无绝对保证，清政府常因铸钱急需，命令各厂每月报获铜斤，不拘多寡，一律解交。在商铜无望的情况下，假若矿产旺盛，商人亦可多设炉座，私煎私卖，"透漏渔利"，不过一旦峒老山空，厂商无利可图，拆伙歇业，矿厂也就只好随之而倒闭了。

---

① 中国人民大学清史研究所、中国人民大学档案系中国政治制度史教研室编：《清代的矿业》，中华书局，1983年，第 212 页。

② 彭泽益：《中国近代手工业史资料》第一卷，三联书店，1957 年，第 362 页。

③ 中国人民大学清史研究所、中国人民大学档案系中国政治制度史教研室编：《清代的矿业》，中华书局，1983年，第 223 页。

④ 彭泽益：《中国近代手工业史资料》第一卷，三联书店，1957 年，第 362 页。

⑤ 光绪《叙州府志》卷二〇。

⑥ 彭泽益：《中国近代手工业史资料》第一卷，三联书店，1957 年，第 353 页。

⑦ 中国人民大学清史研究所、中国人民大学档案系中国政治制度史教研室编：《清代的矿业》，中华书局，1983年，第 212 页，

⑧ 中国人民大学清史研究所、中国人民大学档案系中国政治制度史教研室编：《清代的矿业》，中华书局，1983年，第 347、349 页，

其次，黑铅也是铸钱的重要原料。四川会理、冕宁、长宁、平武以及叙永、酉阳等地，均有铅矿开采，管理办法与铜矿完全一样，所以仍属于官督商办的性质。以酉阳为例，“州属有铅之山实不止一二处，惟各商试采，始则得铅甚易”，所以“商民趋之若鹜。不数年，利少本亏，商人、炉户相继逃亡”。而在采铅矿，“率皆徒手应召，一切工本，仰资于官，官不预支，便至停炉。一预支，烧铅不出，便至亏本。十余年厂员每岁亏累至二千余金”①。四川矿业以铜、铅为主体，但从乾隆末开始，皆因亏损和厂欠日增而停滞不前，这是清朝政府限制铜铅自由买卖造成的严重恶果。

井盐业的经营条件比铜铅矿要好一些。首先，明代后期至清代前期，在卓筒井的基础上，钻井工艺水平又有显著的提高，据明代射洪人马骥的《盐井图记》介绍，第一步是确定井位和开凿井口，第二步是“鸠工立石圈”，即以井穴为中心，叠砌石质井圈，然后再依次进行“凿大口”“下木竹”和“凿小窍”。木竹“刳木二片，以麻合其缝，以油灰衅其隙”，功用在于防止渗漏。窍即井腔，须腔正井直。小窍是盐井的核心部分，故大口的深度一般约有二三十丈，而小口则以抵达卤层为限，往往深至八九十丈或百余丈不等。到了清代，钻井工具更加多样精巧，这就更加有利于向岩层的深部拓进。当时，犍为、富顺的盐井，“口大如碗”，有深“百数十丈至三四百丈”者②。小口深井的大量涌现，使地下蕴藏的丰富的盐卤资源得到了充分利用，井盐生产也进入了一个崭新的阶段。

其次，在清代，井盐的投资环境发生了很大的变化。顺治时，清王朝面临四川井坍灶废的凋敝局面，被迫放宽对井灶经营的管制，鼓励商民淘复旧井和开凿新井，“照开荒事例，三年起科，以广招徕”③。乾隆时，又宣布“听民穿井，永不加课”④。在这种条件下，四川的井盐生产重新又发展了，井灶投资者的社会地位也和过去不一样了。“明以前井灶多由官办，后虽改招灶户，然仍设官监之。自清初则任民自由开凿，遂为人民之私产，国家只就井灶而征以课，就盐引而榷以税，与历代盐法遂有不同。”⑤ 换句话说，过去封建国家凭借政权力量对盐业的干预，既包括流通领域，又包括生产领域，连灶户本身也要签充拨补；而新的政策最根本的不同之点，即实行“听民穿井”以后，封建国家除征收税课和规定引岸外，已经不再直接干预盐业的经营和生产过程，这就为井盐业内部各种自由的经济交往打开了绿灯。投资环境的改善，使盐井数目迅速增加：康熙二十四年（1685），全省产

---

① 同治《酉阳州志》卷一九。
② 严如熤《三省边防备览》卷一〇。
③ 嘉庆《四川通志》卷六八。
④ 王守基《盐法议略·四川盐法议略》。
⑤ 吴炜等《四川盐政史》卷一。

盐区共26州县，盐井1182眼，雍正八年（1730），产盐区31州县，盐井5946眼，乾隆二十三年（1758），产盐区34州县，盐井8307眼，嘉庆十七年（1812），产盐区41州县，盐井9629眼①。不过以上所列，仅仅是报官纳课的额井数字，而额井之外，另有私井，“私井亦数倍于官”②。乾隆年间，射洪“居民强半以井为业”③，有额井3000眼，“县东南沿江盐井千余，旧时卤泉不竭，民颇资以为利。今自古井口以上，井老水枯，坍废者大半，灶民虚赔国课，疲于征输。惟瞿家河、金山场、洋溪镇、青冈坝开凿帮井甚多”④。此后射洪盐井增至万余，“而报名纳课者只2999眼，其余皆私增而未起课也”⑤。私井固然有帮补额井的作用，但它的数量成倍的超过额井，这一现象又不是帮补一端所能完全概括的。从经济上讲，凿井需要大量投资，所以新开盐井的不断涌现应当是井盐业对社会资金具有吸引力的反映，而从政治上讲，它显然是“听民穿井，永不加课”这一政策的积极成果。

井盐产地分布：“川北射洪、蓬溪，旧名华池厂；南部、阆中，旧名福兴厂，川南嘉定、犍为，旧名永通厂；富顺、荣县，旧名富义厂；川东云阳，旧名云安厂。此五厂产盐最多，川属产盐之二十一州县，皆附此五厂之内。”⑥ 其中，云安系自然盐泉，其余皆为井盐。至于五厂的生产状况，亦颇不平衡，大约言之，雍正至乾隆中叶，以射洪、蓬溪最盛，乾嘉之际，以嘉定、犍为最盛，道光后期，以富顺、荣县最盛。其消长原因，既和盐井深度有关，也同制盐的燃料有密切的联系。以简州为例，其地多是几十丈深的竹筒小井，“至乾隆年间，渐次开业，分四厂：曰海济，曰蓝永，曰田厂，曰姜王。因盐配引，以济民食，盐甲他方，佳者有白蜡、水晶之号……迩来柴价昂贵，井多枯涸，灶民有受其累者”⑦。川北的射洪、蓬溪、中江各处，也以柴草为主。嘉定盐场使用煤炭，仰给外地，同样要受到运输条件的制约。井盐产量的高低取决于盐卤的厚薄，而燃料的来源大概是影响产品成本的重要因素，所以“蜀盐之盛以火井为大宗”，而富顺、荣县地区之火井，“乾嘉时尚不甚旺，至咸丰初年而大炽，井深亦数倍于前，甚至二百七八十丈，卤量味厚，不但淮产远逊，即蜀中他产，亦所不及”⑧。由此可见，随着火井的开发与天然气的利用，井盐的生产重心便很快地转移到了川南的富荣盐场，自流井区的盐产量遂一跃而居全川之冠。

① 康熙时数字据《古今图书集成·食货典》，其余据彭泽益《中国近代手工业史资料》第一卷，第286页。
② 严如熤《三省边防备览》卷一〇。
③ 嘉庆《射洪县志》卷首沈诗杜《（乾隆）射洪县志序》。
④ 嘉庆《射洪县志》卷二。
⑤ 《四川盐政史》卷二。
⑥ 《蜀故》卷三。
⑦ 乾隆《简州志》卷一。
⑧ 李榕《十三峰书屋文稿》卷四《致阎丹初大司农书》。

井盐业的最终产品是食盐，但投资的起点是凿井，而井成之后，还要吸送卤水，方能进入煎制，这种特殊的生产过程决定了井盐业特殊的经营方式。

首先，井盐生产是一个复杂的整体，在它的内部，既有阶段性的分工，又有技术性的分工。清人李榕综述井盐业的概貌："凡附于井之屋有六：主银钱者曰柜房，复井者曰碓房，以牛车推咸水者曰车房，曰牛房，储咸水者曰桶房，烧盐者曰灶房。六房备，然后适井之用。"① 但井灶等基本设施的投资量很大，事实上能够独资经营全部生产环节的投资者极少。另一方面，随着技术的提高和规模的扩大，统一的生产过程分离为相对独立又相互联系的不同阶段，乃是社会分工不断发展的必然趋势，所以清代的井盐生产也逐步形成了井、笕、灶三个最基本的阶段性的经营部门。出资凿井者称为井户。卤产于井，但井户并不自行煎办，而是售卤于灶。建置盐锅，购卤煎盐者，称为灶户。在富荣盐场，"丘垱多水（卤），龙、新两垱多火（天然气），丘垱距龙、新垱十余里。丘垱之斜石塔有黄水，亦隔火井十余里。雇人搬运甚难，且不足以济火，均由各处安笕以通水运"②。业此者即为笕户。卤水的运输已经直接成为井盐生产的组成部分，而笕户介于井、灶之间，便在整个生产过程中起着重要的联结作用。井、笕、灶内部的技术分工也日益细密，如专司凿井业务的，谓之山匠，他们查勘地形，选定井位，并指挥井上作业。山匠还掌握捡取井内坠物及补井的专门技术。烧盐者谓之盐匠。负责整修盐灶的称为灶头。"灶头世其业，不习他艺。"③ 所以盐场"有司井、司牛、司篾、司梆、司漕、司涧、司锅、司火、司饭、司草，又有医工、井工、铁匠、木匠"④。综合这些情况就不难看出，以部门组合为基础的协作分工，是井盐业生产性质的根本特点，也是它进入工场手工业的重要标志。

其次，生产过程内部的细密分工是和一大批盐业雇佣工人的存在分不开的。四川各地盐场生产规模有大有小，分工程度也不尽相同，但招募工匠、剥削雇佣劳动的情况，则是没有多大区别的。在川东的大宁盐场，盐工"外来者多……筒、灶、工丁逾千人，论工受值"⑤。在犍乐盐场，推水工每日 45 文工钱，按日支给⑥。后来居上的富荣盐场，据清人李榕的记载，其地"担水之夫约有万"，强劳动力每次可担 300 斤，"日值可得千钱"。"盐船之夫其数倍于担水夫，担盐之夫又倍之，其值稍杀。"技术工种以山匠、盐匠、灶头最为重

---

① 李榕《十三峰书屋文稿》卷一《自流井记》。
② 吴鼎立《自流井风物名实说》。
③ 李榕《十三峰书屋文稿》卷一《自流井记》。
④ 《清经世文编》卷五〇温瑞柏《盐井记》。
⑤ 光绪《大宁县志》卷一。
⑥ 彭泽益：《中国近代手工业史资料》第一卷，三联书店，1957 年，第 291 页。

要，“操此三艺者约有万，其价益昂”。另外“为金工，为木工，为石工，为杂工者数百家”①。还有围绕盐业而运转的商业和服务性行业，如“煤户柴行供井用”，其他贩卖布帛、豆粟、牲畜、竹木、油麻者，“肩挑贸易，或出资本取利，或自食其力，各营生计”②。故记载常称盐厂之人，以万计，甚至以数十万计，这些数字不完全精确，但是可以肯定，富荣、犍乐等大盐场都拥有一支由技术工、辅助工、搬运工和杂工汇合而成的庞大的雇佣劳动队伍。这批雇佣劳动者，保持着人身自由，有固定的工资收入，从外籍盐工人数众多这一点来看，他们之中的大部分很可能已经和农业切断了联系，成为比较纯粹的出卖劳动力的手工业工人。于是，一方面，“积巨金以业盐者数百家”③，他们是井盐业的投资者，属于工场主的范畴；而另一方面，则是成千上万的盐业工匠，他们处于被剥削地位，在生产过程中，“凿井之工，岁停除日元日，烧盐之工，岁不停日，盖天下之至劳苦者也”④。资本和雇佣劳动之间的剥削关系，在井盐业中表现得非常鲜明。

最后应当谈一谈井盐业的投资方式，因为凿井的难度很大，百余丈深的盐井，有时一日之功，仅及数寸，如凿成一井，往往需要四五年或十余年的时间，所以工费甚巨，投资量也很大。在这样的条件下，盐井很少由一人独资经办，多数都是集资合股。此外，井址原系山地或者农田，故在凿井之初，集资办井的“客人”首先要和拥有井厂基址的地主签立租佃契约，取得在规定地区之内凿井建厂的权利；而在客伙内部，又必须同时议定各人应占井分若干天，锅分若干口，应按月出钱若干文，并照股分定期纳缴，交与承首人负责办理。但凿井之费，盈千累万，凿井的工期，又经常十余年不等，如果在此期间，有的投资者无力继续投资，可以把自己所占股分顶与他人接办，这时出顶人称为上节，承顶人称为下节。尔后锉井仍长期不成，下节又难以为继，所占股分还可再次转顶，于是前此的下节成为中节，而新的接办人便成为下节。上、中、下节之间的权利和义务因让渡方式的多样性而产生种种差异，使投资过程的经济关系变得异常复杂，但在当时的历史条件下，这仍然是弥补盐业资本积累不足的一种有效方式⑤。

另一方面，在客伙与地主之间，开淘盐井时，“客出押山银钱”，“出锉井一切费用”，地主“出井眼、天地二车、柜、灶、牛棚、盐仓一切基址”⑥，但井成之后，地主也要分享

① 李榕《十三峰书屋文稿》卷一《自流井记》。
② 严如熤《三省边防备览》卷九。
③ 李榕《十三峰书屋文稿》卷一《自流井记》。
④ 李榕《十三峰书屋文稿》卷一《自流井记》。
⑤ 吴鼎立《自流井风物名实说》。
⑥ 吴鼎立《自流井风物名实说》。

盐利，称为“进班”。比如每井以30天日分（30班）计算，投资人占22至24天，称为客日分，地主占4至8天不等，称为地脉日分，它们分别表示各自所占股权的份额。但富荣地区又有客井与子孙井的区别。客井定有10年与20年的固定租期，期满之日，客伙应将全井交还地主。因此，客井一般规定应在井出大水、火之时，地主方能进班，即按地脉日分推煎分红。子孙井是主客双方的“子孙基业，并无年满交还之说”[①]，只要本井所获利润，除缴井有余，地主即可进班，但此后维修盐井，捣锉下脉，追造廊房，均由30班按股分摊。在这里，地主分红的时间提前了，但承担的投资义务也相应的增加了，尤其是按照子孙井的规定，地主进班以后，井厂基址事实上便以固定资产的形式而成为整个盐井投资中的组成部分，原先地主与客伙之间的租佃关系也就随之发生了微妙的变化[②]。

总上所述，鸦片战争前，四川的各类手工业都有不同程度的发展，但井盐业居于领先地位，它的生产规模和经营形态都充分表明，资本主义的生产关系在井盐手工工场中已经开始出现了。必须看到，自然经济的瓦解和资本主义的萌芽乃是明清时期社会经济不断发展的必然结果，所以四川井盐业的内部变革并不是一个孤立的现象。但从全国范围来看，封建的中央专制集权的政治统治还十分牢固，封建经济的力量还相当强大，在中国特殊的历史条件下，这一新的经济因素往后的成长道路，将是迂回而曲折的。

五、商业的繁荣和区域性市场的形成

在清初四川生产凋敝和社会秩序混乱的局面下，不可能有大规模的商业活动，而四川各地经济恢复的时间有先有后，一般来讲，川西北应当早于川东南，大城市应当早于普通州县，这是很难一刀切的，但综合某些地方性材料，仍然大体上可以判断，乾隆一朝是一个重要的转折时期。以重庆为例，“乾隆初，士庶家不轻衣帛，后商家以奢侈相尚，人皆效尤”[③]。再以重庆府属之忠州为例，乾隆初年，“人多自食其力，市廛之民，布散田野”，而且“城市萧疏，仅如村落，其十字街一带均属人民住房，南门外河街，米粮而外，惟有布店三间”。由于交换领域狭窄，所以消费的内容也十分贫乏，“饮食碗盏，大半出自垫江高滩，金银首饰，非仕宦之家不能制”。到了乾隆中期，情况发生了极大的变化，这时“田野之民，聚在市廛，茶房酒社，肉俎脯案，星罗而棋布焉”。衣食日用的需求也随着交换领域的扩大而转向更加广阔的天地，“或袜尚通海，鞋尚镶边，烟袋则饰以牙骨，熬糖煮酒，皆

① 吴鼎立《自流井风物名实说》。

② 参看吴天颖、冉光荣《自贡盐业契约档案选辑》引论第一章。

③ 道光《重庆府志》卷一《舆地志·风俗》。

效法重庆”[1]。人们的生活方式不可能脱离具体的社会物质条件，因而一个地区的消费状况总是同它的生产结构和交往范围有着密切的联系，当然，这一切又是和商品经济的发展程度分不开的。前面引述的材料，在时间上可以前后对比，在地域上可以相互印证，从一隅推论全川，它说明商业资本在经历了清初较长的“休整”阶段之后，到了乾隆中叶，又重新活跃起来了。

在手工业生产集中的地方，例如矿厂和盐场，商业不仅要为生产品的转运服务，还要为生产者的消费服务，所以这里既是生产基地，又是交换中心。同治《酉阳州志》卷十九引乾隆志：“今产铁之地，黔、彭均有，而州东德明坝为最，地有市集，有矿厂，有锅厂，游民聚而货财殖，俨然一都会矣。”铜矿比铁矿的规模更大，其厂区的商业贸易也更加繁荣。至于盐场，无论大小，同样是商人荟聚之所。大者如富荣“贩布帛、豆粟、牲畜、竹木、油麻者数千家”[2]，如犍乐“城人半藉盐为市，风俗全凭井代耕”[3]。小者如开县谭家坝“商民聚处约千家，熬盐运煤者数千人，人烟稠密，市集喧阗”[4]。

食盐的运销属于专卖性质。清初四川经济残破，食盐的供求量都不太大，而户部颁行的盐引过重，不切合四川的实际情况，所以改行变通的办法，由川省自制盐票，水运每票50包，陆运每票4包，每包净重100斤，凭票行盐。盐票由布政司照部引格式印制，经巡抚衙门挂号，即转发州县，各地商人领票纳税，即可支盐自卖。例如荥经，清初犍为商人凭票在永通厂配盐，运至雅安，荥经商贩再从雅安进货，然后运回本地零星出售[5]。此外，东乡之盐，来自射洪，梁、万、新、开之盐，则于忠州“背负食用”[6]。民间贩运40斤以下，免纳课税，称为老少盐。“老少盐原所不禁，川南北无业穷民，藉担盐易米，以为生计。”[7]

雍正八年（1730），在四川社会经济逐步恢复和井盐生产不断发展的新形势下，食盐的运销便从清初的票盐制改变为引岸制。销于省内者称曰计岸，计户口之多寡，定运销之数额[8]，产地和销区固定挂钩，销区招商发引，商人凭盐引往规定的食盐产地购买盐斤运回销

---

① 道光《忠州志》卷一熊文稷《崇俭条约》。

② 李榕《十三峰书屋文稿》卷一《自流井记》。

③ 同治《嘉定府志》卷四。

④ 严如煜《三省边防备览》卷一七。

⑤ 乾隆《荥经县志》卷四。

⑥ 嘉庆《东乡县志》卷二三。

⑦ 乾隆《潼川府志》卷九张松孙《嵯泉修绠诗》自注。

⑧ 如嘉庆《梁山县志》卷五记载：雍正初行计口授盐，全县10513户、51232丁口，每口每月食盐1斤，每年共该614800斤，定配水引50张，陆引912张，于云阳支盐，运经万县起岸，于本地行销，以后人口加多，尚可增配盐引。

区出售。以巴县为例，当时共招商12名，于千斯门外和临江门外各设埠6处，又于四乡设“子店”（分号）12处，他们都是食盐的专卖商人①。此外，销于贵州者称曰边岸，销于湖北者称曰楚岸。康熙时，雅州“当打箭炉孔道，茶盐商贾，往来络绎”②。乾隆时，川盐销楚，重庆为“三江总汇，商贾辐辏之区，川西川北各井盐一水舟来，鳞集江岸，盐之薮也”，而川盐“一交楚界，则价倍于蜀”③。食盐是大宗商品，又能获致厚利，所以清代盐商的生活都非常富裕。按规定，在食盐运销过程中，盐、引不能相离，否则以私盐论，但全省各地食盐零售价格并不统一，盐商任意抬价，民间买食私盐，每斤较官价要便宜10多文④，所以食盐的走私贩运也十分活跃。

其次，在清代，农产品和农村副业产品大量进入流通，给商人资本开辟了一个更加广阔的活动领域。农业的商品化进程和家庭手工业的独立发展，是商人资本向农村渗透的物质基础，这方面的情况，在上文已经较多的涉及。而商人资本在中小城镇建立据点，特别是面向农村开拓阵地，使农村的交换活动突破了个体生产者之间“互通有无，调剂余缺”的狭小藩篱，农民可以把自己生产的东西通过附近的集市售卖给商人，再由商人向更大的范围转运。例如南充，“丝与红花上市，则闽、粤、吴、秦各省大商，携重资云集郡城，仰食者甚众”⑤。又如阆中，“商贾列肆而居，杂致远方货物，色色俱足。然寻常交易，其利颇微，利之厚者无过于转贩丝、布，收本地之丝载至湖北沙市、汉口变卖，随即买布而归。邑人之致富者率操此业”⑥。阆中属保宁府，历来产丝甚多，故以丝易布，但在川西北产棉州县，棉布产量很高，除输往越嶲、松潘等少数民族地区外，也同样要远销滇、黔两省⑦。商品流通使省区之间的经济交往更加密切了。

此外，还必须指出，清代四川的粮食贸易也非常发达。早在雍正四年，浙江巡抚李卫就曾动用公项银10万两，委员专程赴川“采买米石，以备浙、闽两省缓急”。尔后四川的商品粮便一直远销江南地区，所以乾隆十八年的上谕也说“川省产米素称饶裕，向由湖广一带贩运而下，东南各省均赖其利”⑧。除官运外，大部分是米商私运。生活在江南地区的作家，比较了解其中的委曲，所以他们写道：“吴民百万家，待食在商艀，转粟楚蜀间，屯

① 民国《巴县志》卷四上。
② 嘉庆《四川通志》卷一一六。
③ 乾隆《巴县志》卷三。
④ 嘉庆《东乡县志》卷二三。
⑤ 嘉庆《南充县志》卷一。
⑥ 咸丰《阆中县志》卷三。
⑦ 道光《中江县新志》卷一，同治《德阳县志》卷一八。
⑧ 嘉庆《四川通志》卷七二。

积遍涯隩。”[①] “闾阖百万家，九州称大都，计口十倍之，岁食固不敷，赖有洞庭商，川楚下舳舻。”[②] 这些诗句把四川和湖北连在一起，绝不是偶然的缀合。明代曾流行过“湖广熟，天下足”的谚语，可见当时的湖北地区已经成为全国重要的粮食供应市场，但到了清代乾隆时期，武汉又出现了“待川米来而后减价”[③] 的新行情，这显然是由于商品经济的发展和城市人口的增加改变了原有的需求关系，一个省区已经不足以维持市场供求的平衡，因而原有的区域性市场还必须扩大，所谓“川楚下舳舻”就是粮食市场进一步扩大的结果。从省内的产销情况来看，夔州府新宁县“收稻最富，一岁所入，计口足供十年，而究少盖藏者，邻封若开县、万县皆仰给焉”[④]。巴州亦然，“秋成以后，倾囷出粜，邻境享其利而本境转少盖藏”[⑤]。这些例证表明，省内不少地方提供商品粮的潜力很大，正因为有了这样的条件，地方性市场才可能向外延伸。再从外运情况来看，乾隆时“渝州每岁下楚米石数十万计”[⑥]，这虽然是一个粗略的估计，但也很能说明问题了。粮食并非经济作物，它进入流通的顺序应当排在棉、麻、烟草之后，如果城市和农村两个方面的商品经济没有得到长足的发展，大规模的粮食贩运和区域性的粮食市场都是不可能出现的。

市场是在社会分工和地区之间经济联系不断扩大的基础上形成的。通过大量手工业品和农副产品的输出和输进，四川和其他省区建立了比较稳定的商品供求关系，这是物质生产进一步发展的结果，是不同的经济区域和经济部门在客观上需要互相补充的结果。所以，一方面，四川作为一个特定的经济区域，它是清代国内统一市场的组成部分，而另一方面，它本身也是一个多层次的统一体。大城市——中等城市——农村场市的相互依存和彼此衔接，就是这个统一体的基本模式。

大城市，川西首推成都，川东首推重庆。以经济为标准，重庆比成都更重要。“渝州……水陆冲衢，商贾云屯，百物萃聚”[⑦]，东南各省的货物和四川的粮食、盐、木材等大宗商品都要由此进出，它是四川最大的商业贸易中心。

中等城市，主要指商品经济比较发达的有关州县。试举例如下。

中江：“当川西北之交，水运通潼川至重庆，陆运通绵州、汉州、德阳、罗江以至省

① 《清诗铎》卷二沈德潜《哀愚民》。
② 《清诗铎》卷一四吴慈鹤《救灾新乐府》。
③ 《清经世文编》卷三九朱伦瀚《截留漕粮以充积贮劄子》。
④ 道光《新宁县志》卷四。
⑤ 道光《巴州志》卷一。
⑥ 乾隆《巴县志》卷三。
⑦ 乾隆《巴县志》卷一〇。

会，山海之货，虽未全备，然百物流通，贩买稍易，故列肆而居者，盈街满巷，远近目为小成都。”①

江津：“津地上接綦河，下连巴江。綦河白炭，城乡利之，巴江蔗霜，糖户利之，其余若乌梅、红橘、枳壳、藤麻，所在多有，商贾争以为利。至今遗风故俗，犹有存者。”②

云阳：“嘉、道中，此县商务尝大蕃盛，父老言西关外老街皆贾区，多湘、汉人，故城内外多两湖会馆，并有岳、常、澧、永、保诸府分馆，其业则棉布为多。”③

巫山：“商贾半多客籍。道光初年，多两湖人来巫坐贾，均获厚利，又盐务畅行，山陕富商俱在巫邑就埠售盐，财源不竭，以致各行贸易繁兴。”④

江津、云阳、巫山都在川东沿江一线，它们以重庆为中心，形成了一个商品流通网。如果把整个四川看作是一个大的区域市场，那么，这一片地区就是一个相当发达的和局部性的小区域市场。这个层次介于大城市和农村场市之间，在整个市场结构中起着上下关联的作用。

农村场市，主要指县以下的基层市场，即州县所属的大小市镇。它们星罗棋布，环绕在大城市和中等城市的周围。它们是商人资本向农村渗透的活动据点，也是农村小商品生产者向外部进行交往的最直接的渠道。

农村场市并不始于清代，但清代的农村场市数量多，分布广，商品交换活跃，这些都是前所未有的新特点。威远在明代分 4 乡，场镇 12 个，清初增设 1 乡，以处移民，乾隆时，场镇增至 25 个⑤。金堂清初仅 4 镇，嘉庆时，增为 16 个⑥。达县在乾隆时有场镇 36 个，嘉庆时，也增为 43 个⑦。但必须说明，这些场镇的规模有大有小，而且时兴时废，多数地方志又不标记它们设立的具体年代，也给统计工作带来很大困难，现在只好以彭县为例，略窥一斑：

年代	康熙	雍正	乾隆	嘉庆	不详
场镇数	1	4	10	2	5

资料来源：嘉庆《彭县志》卷十一

① 道光《中江县新志》卷一。
② 光绪《江津县志》卷九。
③ 民国《云阳县志》卷一三。
④ 光绪《巫山县志》卷一五。
⑤ 乾隆《威远县志》卷三。
⑥ 嘉庆《金堂县志》卷二。
⑦ 嘉庆《达县志》卷一一，民国《达县志》卷三。

上列 22 个场镇，近一半出现在乾隆时期，其递增情况表明，乾隆一朝应是清代四川商业由衰入盛的关键，这和本篇开头所做的估计完全可以相印证。当然，乾隆以后，新的场市仍在陆续增加。

清人指出：“场镇利之所在，人必趋焉，便民裕国。”① 流通商品是场镇的主要功能。因此，大多数农村场市都分布在连接大、中城市的交通沿线上，如彭山双江镇，“岷江诸水至此合注，直下嘉、渝，来往商旅泊舟憩息，每日约有数百艘”，而青龙场“上通省会，下达嘉、眉”，其他如公义场、谢家场也分别是通往邛崃、蒲江和丹棱、洪雅的“要路”。这些场镇皆因交通方便，故“居民懋迁”，“货贿山积”②。

在四川，除少数有场无市的“居民点”外，大部分场镇皆立有市期，俗称逢场，或逢单、双日，或逢每旬之一、四、七，二、五、八，三、六、九日，定期交易。货物品类纷杂，但较大的场镇也有自己的特点。如綦江的合欢坝以蚕丝为大宗，云阳的二磴场以棉花为大宗③，江油的中坝以药材为大宗。附子是四川的特产，“种出平武，殖在彰明，贸于江油之中坝场”④。所以中坝成为四川著名的场镇之一。在这里，“凡山之珍，海之错，陆之土药，水之广货，滇楚之布葛铜锡，雍兖之枣栗楠菌，舟运车负，罔不毕集。且其地又产附子，为直省所仅有，故名驰远近，人皆呼为小成都”。中坝两面临水，“秦、豫、楚各会馆胥修有渡船”，“每值集场市期，渡船所不及载者，又有小舟百余艘以接济之”⑤。场市商品经济之繁荣，于此也可以略见一斑了。

每个州县都下属若干场镇。场镇定期交易，大多采取三日逢一场的办法，以切合农村的实际，但相邻各场的市期又彼此错开，这就不是着眼于农民，而是为了给商贩的购销活动提供更多的机会。农民不可能天天赶场，而商贩则不然，他们“日日赶场，曰流流场；言如川流不息也”⑥。另一种“川流不息”的形式称为“香会”。道光《中江县新志》卷一记载：“遂宁县二月香会，商贾辐辏，百货具集。将散，沿途轮日挨赶。三月初五日入县境，赶广福场寿佛会，初八日赶大磉墩，初九日赶石笋场，初十日赶兴隆场，十二日赶半边山，十三日赶县城内，十四日赶回水铺，十五日出县境，赶三台县之观音场。会日，远近购器用者肩摩踵接。”材料只谈到从遂宁至中江，从中江至三台一段，事实上，此种香会

① 乾隆《安岳县志》卷四。
② 嘉庆《彭山县志》卷一一。
③ 民国《云阳县志》卷四。
④ 道光《龙安府志》卷三。
⑤ 道光《江油县志》卷四桂星《中坝场记》。
⑥ 《南溪文征》卷二万清涪《南广竹枝词》。

的活动领域往往跨越好几个县区。参加香会的商人并不收购，而是以销售为目的，买方自然就是场镇居民和广大农民群众了。

从封建社会的生产结构和经济关系方面看，农民必须既是商品的出售者，又是商品的购买者，农村基层市场才有普遍兴起的必要性和现实性，所以，场镇的大量出现以及商品经济在农村中的兴旺繁荣，不仅标志着市场范围的扩大，而更重要的是，它还深刻地显示了农村自然经济的变化。商品经济的发展以它的对立面自然经济的解体为前提，这就是清代四川多层次的区域性市场最终形成的根本原因。

第四节　清代四川地区的民族关系

我国西南部的四川、云南、贵州以及湖南、广西诸省，集居着藏、彝、苗、瑶等少数民族，自元明以来，封建中央王朝对上述民族地区一直采取土司制度来进行管理和统治。但土司世代相袭，有的拥兵争雄，互相仇杀，拒不接受清王朝的号令；有的在辖区之内，生杀予夺，残酷的剥削和压榨土民。据称："一年四小派，三年一大派，小派计钱，大派计两。土司娶子妇，土民三载不敢婚。土民被杀，亲族尚出垫刀钱数十两，终身不见天日。"①这种状况不仅束缚了民族地区社会经济的发展，而且和高度统一的封建集权国家的体制更加格格不入。正是在这样的历史背景下，雍正四年至九年（1726—1731），清王朝在云、贵、川、湘、桂五省进行了大规模的改土归流，通过政治手段和武力征讨，把大片民族地区纳入了郡县制的轨道。设流不仅是统治形式的变化，而且涉及土地制度和剥削关系的重大变革，但是这一复杂的历史任务并没有在雍正年间全部完成；所以乾隆时期清王朝在取得金川之役的军事胜利之后，又在四川地区继续扩大改土归流的范围。而个别地区的土司制度还一直保留到了20世纪50年代的初期。

一、改土归流

明代"踵元故事"，在西南民族地区设置土司，而清又沿袭明制，凡明代土司于清初归附入贡者，一律承认他们原有的世袭称号。但清王朝对土司的管理更加严密，高度统一的封建专制集权制度和割据一方的土司制度之间的矛盾也更加尖锐

改土归流，即废除土司制度，改设流官，这在明代已经开始，但仅限于个别地区，而

---

① 《清史稿》卷二八八《鄂尔泰传》。

没有普遍实施。清康熙四年和六年，水西、乌撒先后改流，三十一年，东川也在“献土改流”的名义下废除了土司制，但习俗仍旧，改革并不彻底。土司之间互相仇杀、争夺地盘、掳掠人口、拦劫商旅等诸种情况，依然存在。而且，从历史上讲，诚如魏源所说“明代播州、蔺州、水西、麓川，皆勤大军数十万，殚天下力而后铲平之，故云、贵、川、广恒视土司为治乱”①。所以，吴三桂失败之后，西南的边防大计就不可避免地提上了清王朝的议事日程，而改土归流便很自然地成为一项紧迫的任务。

乌蒙、镇雄、东川三土府，地居云贵川三省交界处，改土归流，首当其冲。雍正四年，鄂尔泰奏请将三府从四川划归云南，尽撤东川土目，八年，乌蒙、镇雄两地土司叛乱，清廷派重兵征剿，并在东川、乌蒙设府，在镇雄设州，巩固了改土归流的成果。此时，乌蒙米贴土目禄永孝兼有四川马湖府磨坡长官司属地，于雍正六年袭杀清军将领，黄螂、雷坡等也纷起响应，清世宗即诏四川建昌永宁官兵听鄂尔泰节制，于是清军从滇黔分路入川，俘获雷坡土司杨明义、“自小金沙江外、沙马、雷坡、吞都、黄螂诸土司地，直抵建昌，袤千余里，皆置营汛，形联势控”②。清军在凉山地区掌握了主动权，扫除了改土归流的障碍，乃升建昌为宁远府，以卫地置西昌县，改宁番卫为冕宁县，盐井卫为盐源县，并设会理州与越嶲厅。此外，在凉山东部，雷坡、黄螂也呈缴土司印信，由清廷改置了流官。不久，酉阳土司冉元龄老病不能治事，二子互争袭职，当地百姓又开列土官违法事实，具呈上控，清王朝乘机派兵将冉元龄软禁，元龄迫于形势，遂自请改流③。酉阳邻近重庆，土司的这一举动当然是清王朝乐意接受的，于是在雍正十二年，改酉阳为县。

藏族和羌族地区，康熙二年，平定石泉、茂州之上下五族番寨时，即置抚夷官一员，“输蜡认粮”，“近茂州者，责之茂州陇木司管束，近石泉者，责之石泉县唐、李二土司管束”④。其后，土官被革，“于是石泉有抚夷，无土官，番民大小讼狱，归县办理”⑤。又如天全于雍正七年改流，设知州一员驻扎碉门。在巴塘和里塘，清王朝以两地土官“原无世代头目承袭”为借口，规定此后“照流官例，如有事故，开缺题补”⑥。在杂谷土司地区，清廷多方削弱土官势力，改其地为杂谷屯寨、乾堡屯寨、上孟董屯寨、下孟董屯寨和九子屯寨，均设屯守备。这种屯守备制度实际上是改土归流的另一种形式。道光初，茂州土百

---

① 魏源《圣武记》卷七《雍正西南夷改流记上》。
② 魏源《圣武记》卷七《雍正西南夷改流记上》。
③ 同治《酉阳州志》卷一四。
④ 康熙《成都府志》卷三四。
⑤ 道光《龙安府志》卷五。
⑥ 《雍正实录》卷八〇。

户所辖各寨，或编入民户，或改为“里”，里设保长，这也属于局部改流的性质。

改土归流涉及四川、云南、贵州、湖南、广西诸省，情况复杂，斗争尖锐，改流任务不可能一蹴而就。雍正时，在某些具有重要军事意义的地区，工作做得比较彻底，但在另一些地区，仍有很多遗留问题没有解决。有的在名义上改了，而实际上未变，如黄螂土司早在雍正时已追缴印信，但后来仍占地360余里，有土户640余家①。有的地方还长期保持土流兼治局面，如九姓土司，“长官率纨绔子”，道光初，四川总督仍旧奏请“户口地丁钱粮归长官司经理，其考试讼狱归泸州兼理”②。据魏源《圣武记》卷七附录所记，雍正大规模改流后，四川保留的土司，计有宣抚使3，安抚使21，长官使26。嘉道时期，虽然对他们有所触动，但进展甚微，而川边藏区的继续改流，已经是清末的事情了。

无论在明代还是在清代，改土归流都包含着民族压迫的一面，但改流的积极意义是主要的，它消除了土司割据，有利于国家统一和边防建设，也适当减轻了土民遭受的剥削压榨，并有助于加强兄弟民族之间的经济文化联系，这对民族地区的社会发展是有促进作用的。

二、金川之役

大、小金川是大渡河上游的两个支流，地处四川西北部。一名促浸，水出松潘徼外西藏地，一名儹纳，水源较近。二水自东北向西南入明正土司境，合流后称大渡河。其地“万山丛矗，中绕汹溪，皮船笮桥，曲折一线”③，形势十分险峻。在明代，它属于杂谷安抚司，并与绰斯甲布等9个土司壤地相错。顺治七年（1650），清王朝授小金川头人卜尔吉细为土司。康熙五年（1666），大金川嘉勒巴内附，其孙莎罗奔随岳钟琪进藏平乱有功，清廷乃特授安抚司职衔，以资奖励，同时也是为了提高大金川地位，借以“分小金川土司之势”④。但莎罗奔力量强大后，不断与近邻发生争地纠纷，又将女儿阿扣嫁小金川土司泽旺为妻，并进而劫持泽旺，夺其印信，图谋吞并小金川。后因四川总督出兵干预，“始还泽旺于故地”⑤。但不久莎罗奔又出兵攻掠革布扎什和明正两土司，四川巡抚派兵弹压，仍不遵约束。于是，乾隆十二年（1747）三月，清王朝任命张广泗为川陕总督，令其从贵州直接入川，主持“进剿事宜”。

张广泗率军3万，一路由川西入攻河东，一路由川南入攻河西，而河东又分四路，以

---

① 嘉庆《四川通志》卷九八。
② 高澍然《抑快轩文集》卷下《刑部陈公神道碑》。
③ 魏源《圣武记》卷七《乾隆初定金川土司记》。
④ 《雍正实录》卷五。
⑤ 魏源《圣武记》卷七《乾隆初定金川土司记》。

两路攻莎罗奔驻地勒乌围，另两路攻其侄郎卡驻地刮耳崖。张比较熟悉贵州情形，但对金川的具体状况，不甚了了，贸然出兵，致使诸将失利，皆“阻险不前”。清廷加派大学士讷亲为经略前往督师，同时考虑到莎罗奔是岳钟琪的旧部属，又起用已经革职的岳钟琪以提督衔随军自效。讷亲系满洲亲贵，本无实战经验，而又刚愎自用，主观任性，初到军营，即“限三日克刮耳崖，将士有谏者，动以军法从事”，结果损失惨重。“讷自是慑服，不敢自出一令，每临战时，避于帐房中，遥为指示，人争笑之，故军威日损。有三千军攻碉，遇贼数十人哄然下击，其军即鸟兽散。”[①] 在战术上，清军以卡逼卡，以碉逼碉，但对方石碉林立，清军兵力分散，得不偿失。此外，张广泗信赖的向导良尔吉，实为莎罗奔安插的“耳目”，凡有军事行动，皆预通消息，这也是清军屡战不克的原因之一。更重要的是，讷亲督师无方，害怕承担责任，便转而指望张广泗，但张“轻讷不知兵，而气凌己上，故以军事推让而实困之。将相不和，士皆解体”[②]。清高宗杀张广泗和讷亲，乾隆十四年初，改派傅恒为经略。傅恒主张充分利用大、小金川之间的矛盾，并借助瓦寺、明正二土司的兵力，“分地环攻”。但金川用兵两年，劳师糜饷，清高宗有意放弃继续作战的决策，暗示傅恒设法尽快撤回征剿部队。这时，恰好勒乌围被岳钟琪攻破，岳乃自率骑兵10余人驰往莎罗奔营中，进行直接谈判，莎罗奔“衷甲持弓矢迎”[③]，愿意投降，而清廷对莎罗奔也不加追究。第一次金川之役就此了结。

到了乾隆中期，莎罗奔的侄儿郎卡主持土司事务，大金川与邻近地区的矛盾又重新尖锐起来，金川局势也再一次引起清王朝的关注。乾隆三十一年（1766），四川总督阿尔泰又奉命出师征剿。第一次金川之役，清王朝最高层的指导思想是“叛则讨之，服则舍之”，以平息事态为上策。阿尔泰在上述思想的影响下，不敢大动干戈，于是撮合郎卡与绰斯甲布土司结为姻亲，又允许郎卡之女嫁给泽旺之子僧格桑为妻。大金川周围共有9个土司，有的相距较远，有的力量薄弱，势力强大而又距离甚近的，只有绰斯甲布与小金川两处。经过阿尔泰的穿针引线，不仅没有孤立郎卡，反而使他们结成三角联盟，“诸小土司皆不能抗而边衅棘矣”[④]。

乾隆三十六年（1771），接连发生了郎卡之子索诺木诱杀革布什扎土司和僧格桑进攻明正土司两件事，阿尔泰驻军打箭炉，按兵不动。清高宗杀阿尔泰，以桂林为四川总督，派

---

① 昭梿《啸亭杂录》卷一。
② 魏源《圣武记》卷七《乾隆再定金川土司记》。
③ 昭梿《啸亭杂录》卷四。
④ 魏源《圣武记》卷七《乾隆再定金川土司记》。

温福入川督师，四川各地同时筹办粮饷，设立台站，催运粮米及其他军需物资，从此开始了第二次金川之役。

温福由汶川出西路，桂林由打箭炉出南路，两路初战顺利，清军直抵美诺，控制了小金川。清廷复命温福为定边将军，阿桂、丰绅额为副，继续向大金川进兵。但温福重蹈张广泗以碉逼碉的覆辙，把大量兵力用于防守碉卡，三十八年夏，在木果木一战，温福阵亡，清军大溃，小金复失。清王朝以阿桂为将军，征调健锐营、火器营和索伦兵助战。大金的许多官寨石碉，或背靠悬崖，或面临大河，易守难攻，清军进展缓慢，战斗十分激烈，历时两载，方攻陷勒乌围，四十一年（1776）初，又包围刮耳崖，索诺木被迫率家族部众2000余人出降，大、小金川全部平定。清王朝采取了一系列善后措施，如在勒乌围和美诺各设总兵一员，建置营汛，兵三人给地一亩，两人当差，一人种地，有愿携家属在建昌松潘落业者，由政府出资遣送。开放茶叶贸易，"番人进口零星货物，皆所不禁"[①]。于大金地置阿尔古直隶厅，小金地置美诺直隶厅，乾隆四十四年，阿尔古并入美诺，四十八年，又改为懋功屯务厅。

金川之役，既是土司之间弱肉强食所导致的恶果，又是地方土司和中央封建王朝矛盾激化的产物。清廷第二次出兵金川，前后历时5年之久，开支帑银6000多万两，四川不少州县供应过境清军及军械粮米赔补邦贴之数，还无法统计，但6000万两之中竟有2000万无法报销[②]。四川作为这场持久战争的后援基地，付出了巨大的代价，而清王朝的军政官员却乘机贪污中饱，大发横财，由此也可以看出，乾隆末，嘉庆初，四川地区社会矛盾的进一步尖锐化，的确不是偶然的现象。

三、民族地区社会经济的发展

清代前期四川各个民族地区的社会经济都有不同程度的发展。

农业方面，针对土旷人稀和生产落后的实际状况，清王朝在民族地区开办了屯田，并实行鼓励移民垦荒的政策，"凡边省内地零星土地可以开垦者，悉听该地民夷垦种，免其升科"[③]。一些州县政权也采取了各种积极措施。胡漪在雷波，"令民开垦田畴"，又兴修水利，"灌田千百亩"。林守鹿在越嶲，"教民栽桑养蚕"。鲁华祝在马边，"令民垦种黑河等地"[④]。虽然民族地区农业生产的基础较差，但通过移民垦种，耕地面积不断扩大，社会生

① 《乾隆实录》卷一〇〇六。

② 参看《乾隆实录》卷一〇〇八、卷一〇一五。

③ 《乾隆实录》卷一二三。

④ 均见嘉庆《四川通志》卷一一六。

产力也在逐步提高。个别地方，农业进展很快，例如马边，嘉庆时已经“五方杂处，地狭民稠。业农者务尽地力，虽极陡险之区，皆为耰锄所及”①。景象和内地州县相距不远了。

在清代，部分民族地区人口的增长也非常显著。雍正七年，改天全土司为流，设天全州，其户口递增情况有如下表：

年代	雍正九年（1731）	乾隆六十年（1795）	嘉庆十六年（1811）	道光六年（1826）
户数	3253 户	7867 户	13615 户	19951 户
丁口数	15253 丁口	32258 丁口	68039 丁口	112170 丁口

资料来源：咸丰《天全州志》卷二

乾隆二十九年，于马边营地改设马边厅，其时旧管原额 1076 户，此后 10 年，又陆续新收大量报垦人户，现将递增情况列表如下：

年代	乾隆二十九年（1764）	乾隆三十年（1765）	乾隆三十三年（1768）	乾隆三十五年（1770）	乾隆三十九年（1774）	合计
报垦户数	485	299	548	1221	813	3366

资料来源：嘉庆《马边厅志》卷四

天全丁口在 100 年的时间内增加 9 倍多，而乾隆三十九年，马边旧管新收共计 4442 户，14859 丁口，嘉庆十年（1805），又增为 13800 户，39908 丁口。这还是《马边厅志》的统计，如果按照嘉庆《四川通志》，则应为 18011 户，51699 丁口。但无论根据哪一个数字，都足以说明，马边设厅以后 40 年间，其户口的增长趋势比天全州更加迅猛。所以嘉庆《马边厅志略》卷四指出：马边“地届边陲，颇乏土著，他方流寓、粤、黔、秦、楚为多：附近如滇省暨眉州、洪雅、犍为、乐山、仁寿、川东诸处尤众。”这些材料证实，省外以及省内的汉族居民迁往边地报垦落业，乃是民族地区人口不断增长的重要原因。

嘉庆年间，四川人浮于地，如前所述，户口稠密州县，平均耕地面积大约 2 亩左右，而民族地区，地浮于人，这对于那些缺少耕地的汉族居民来讲，就具有很大的吸引力了。不过报垦也不是人口移徙的唯一途径，与此并行的还有租佃方式，即内地汉人流入民族地区后，向当地少数民族租地耕种。嘉庆十九年，建昌道编查夷地，据川督常明奏称，宁远府土司界内，“夷地招佃汉民开垦，遂致汉夷杂处，疆界混淆……统计招有汉佃之土司、土

① 嘉庆《四川通志》卷六一。

目五十四处，夷地内共有汉民八万七千六百八十九户，男女四十二万五千二百四十七丁口”[①]。租佃情形与清初巴中、南江老林地区极相仿佛，“佃写夷地，向来全凭臆说，其地之广狭远近，以呼应声为度”[②]，但无论这种租佃关系如何特殊，它的出现都将大大加快这些地区落后的奴隶制经济向封建制经济转化的进程。随着大批汉族人口的移徙，还带来了比较先进的耕作技术，这对发展民族地区的农业生产也是极为有利的。清代中叶。凉山一些地区已经开始种植玉米、水稻和其他蔬菜瓜果。药材的经营，在民族地区也日益普遍。

其次，宁远府属西昌、会理一带和建昌、雷波、马边等处，矿产资源丰富，是清代四川铜铅生产的主要基地，所以矿业是民族地区规模最大的手工业部门。由于甘蔗、烟草的推广和粮食作物的种植，榨糖、制烟和酿酒等手工业亦皆逐步兴起。土特产的加工是一项重要的副业经营，如雷波的笋厂，“厅属山地皆有之……春时则笋发生，厅民业此者于清明节后设厂募工，采归微煮，用火烘之，既干，然后盛为包，运至郡城售卖”[③]。宁远所产铜铅，陆运至雅州，再水运至嘉定，转成都宝川局，供铸钱之用。矿冶业的兴旺，同时也刺激了这一地区商业和交通运输业的发达。汉族地区和民族地区的贸易往来，因交换品种的增多而日益活跃。“夷地出产药材，如贝母、黄连、附子、厚朴、麝香，并包谷杂粮之类，入汉地，俱换布匹、烟、盐、针线并绸绫、倭缎等件。”[④]传统的盐茶贸易，仍历久不衰，所以，打箭炉为“四方茶货所聚”[⑤]，而雅州又“当打箭炉孔道，茶盐商贾，络绎不绝”[⑥]。一些商业城市也比过去更加繁荣了。

但是，中国封建社会的经济发展很不平衡，内地是这样，民族地区就更为严重。茂州是通往藏族和羌族地区的要道，然而在嘉庆四年，李锡书知汶川，据称仅“烟户十数家”，“县城荒寥，不如村落”[⑦]。内地和民族地区之间以及民族地区内部不同区域之间，经济状况，高下悬殊，这是很多历史因素造成的。它既和当地落后的生产方式分不开，也和封建王朝的民族压迫有着直接的联系。

---

① 嘉庆《四川通志》卷六五。
② 嘉庆《马边厅志略》卷六。
③ 光绪《雷波厅记》卷三一。
④ 嘉庆《马边厅志略》卷六。
⑤ 嘉庆《四川通志》卷六一。
⑥ 嘉庆《四川通志》卷一六六。
⑦ 李锡书《见庵杂著》。

第五节　清代四川地区的文化

清代四川的文化仍以哲学和文学艺术最有特色。

从哲学方面看，清初的思想界群星灿烂：以顾（炎武）、黄（宗羲）、王（夫之）三大家为代表，南方有陈确、方以智，北方有孙奇逢、颜元、李塨，晋陕之间有傅山、李颙，四川则有费密和唐甄。他们的思想，总而言之，是明末清初复杂的阶级矛盾的反映，也是当时社会经济关系急遽变化的产物。精细的思辨，勇敢的探索，以及对现实社会的深刻批判，使他们的著述各有异彩；而又汇合成为一股汹涌澎湃的时代思潮，在17世纪后半期的中国大地上，宛如声声惊雷，发聋震聩，起到了巨大的启蒙作用。

从文学艺术方面看，清代的诗文，继承了以往的传统，但模仿的习气没有明代严重，故能有所开拓和创新。特别值得注意的是，清代中叶，城乡经济迅速发展，人民群众对文化生活的需求更加迫切，因而民间地方戏也有如雨后春笋，蓬勃兴起。各种声腔，争奇斗艳，百花齐放，戏剧舞台艺术呈现出一派空前活跃的景象。现今流行的川剧就是在这个时期逐渐形成的。

在清代，四川地区的学校教育、科学技术、宗教、地方志等等，都有一些新的进展和收获，但有的问题一时尚难深入，这里只能取其一二，稍加概括，其他方面，就暂且存而不论了。

一、哲学

清初，最有影响的四川哲学家是费密和唐甄。

费密（1625—1701）①，字此度，号燕峰，新繁人。据何元普《繁川费氏先茔十八冢记》："闻其族甚众，地亦甚广，向有费氏祖墓在。当其家未入秦时，墓门左右皆种松柏桃花，相望数里，每值春游，士女如云。"② 密父费经虞，崇祯末，知云南昆明县，除广西知府，未就。张献忠入川，费密曾参加杨展组织的地主武装，失败后，走避陕西，不久，又偕其父卜居江苏泰州野田村。在此期间，与钱谦益、龚半千、王渔洋、孔尚任诸名家，皆有文字交往。"州守知其贤，为除徭役。"③ 著书32种，122卷。"论者谓蜀中著述之富，自

① 费密生卒年，据邓之诚《清诗纪事初编》卷二。
② 民国《新繁县志》卷一。
③ 王渔洋《池北偶谈》卷一一。

杨慎后，未有如密者。”[①] 惜其书大多亡佚，仅存《弘道书》三卷、《荒书》一卷、《燕峰诗钞》一卷。

费密流寓江南时，曾北赴苏门，奉孙奇逢为师。奇逢与黄宗羲、李颙称为清初三大儒，其思想兼取宋明诸家，没有门户成见，而且比较强调人伦日用。费密在一定程度上接受了孙的影响，所著《弘道书》，主旨仍在阐明圣道，但费密不是从空虚的性理出发，而是从现实的生活出发，认为“公卿百僚，布道之人；师儒，讲道之人；生徒，守道之人；农工商贾给食成器，尊道之人；女妇织纴酒浆，助道之人”[②]，从帝王将相到匹夫匹妇，莫不与道有关。在他看来，“事者，道之要”[③]，“非事业外又有所谓道德”[④]。这就是说，道总是同具体的社会人事关系分不开。因而费密对“圣门之道”又做了如下概括：“通诸四民之谓中，信诸一己之谓偏，见诸日用常行之谓实，故为性命怳忽之谓浮”，“既中且实，吾道事矣”[⑤]。“中”是儒家的哲学范畴，但传统的儒家讲“中”，多少带一点不可捉摸的神秘性，而且无论是“中和”还是“中庸”，都侧重于个人的内在修养。费密标举中实之道，使其“通诸四民”而又“见诸日用”，不仅扩大了“中”的境界，而且包含着理论必须结合实际的思想倾向，这是非常难能可贵的。清初启蒙思想家如顾炎武、颜元等人，都主张把“学”和“行”、“义”和“利”、“道”和“功”统一起来，以经世致用为目标，在这个问题上，费密同他们的观点是基本上一致的。

费密自己，“少逢乱离，屡受饥馑”，家破国亡的现实迫使他深深感到“自宋以来，天下之大患在实事与议论两不相侔，故虚文盛而真用薄”[⑥]。所以他抨击宋儒的道统论，认为程朱的性理学说与儒家的正宗不符，这是有进步意义的。但是，费密的“家”和“国”都直接破亡于农民起义军之手，而阶级的局限性又使费密只看到“君父之仇”，却无从理解明末政治动乱的真正原因。所以他认为：“朝廷者，海宇之主也；公卿者，生民之依也。稍有参差，则弱之肉，强之食。此时，‘心在腔子’，‘即物穷理’，‘致良知’，有何补于救世？岂古经之定旨哉！言道而舍帝王将相，何以称儒说？”[⑦] 可是这种观念恰好显示了费密内心世界的矛盾：一方面，他反对道统，因为他清楚地意识到，在严重的社会危机面前，脱离

---

① 嘉庆《四川通志》卷一五三。
② 《弘道书·圣门定旨两度序记》。
③ 《弘道书·原教》。
④ 《弘道书·弼辅录论》。
⑤ 《弘道书·吾道述》。
⑥ 《弘道书·先王传道述》。
⑦ 《弘道书·文武臣表》。

实际的道统是毫无用处的；但另一方面，费密又要维护封建专制主义的法统，因为在他看来，经世致用的圣门之道又必须依附于帝王将相，舍此则别无它途。明清之际，某些进步思想家在政治上都有不同程度的软弱性，费密就是其中表现比较突出的人物之一。

唐甄（1630—1704），名大陶，字铸万，后更名曰甄，达州人。其父唐阶泰，明末进士，“时朋党方炽，阶泰独立无所与，由吴江令谪江西按察司经历，入为都察院经历，转南祠部，鼎革即隐”①。侨居于吴江。后唐甄归蜀应试，于顺治初，知山西长子县，“导民树桑，以身率之，日省于乡，三旬而树桑八十万本”。不久以逃人诖误去职，仍“僦居吴市，仅三数椽，萧然四壁，炊烟尝绝”，但“振笔着书不辍”②。有《潜书》97 篇。

据现有材料考察，唐甄和同时代的黄宗羲、顾炎武诸家，似乎没有交往。他的朋友如魏禧、曾灿、沈大瓠、顾祖禹等人，或长于文艺，或精于地理，但都不专攻哲学思想。唐甄死后，杨耕夫把《潜书》送给颜元的高足王源，并求他给死者写一篇墓志，但因书中有攻击崇祯皇帝的言论，竟遭到王源的拒绝③。由此可见，唐和颜李学派之间也素无瓜葛。唐甄可能没有特殊的师承关系，所以他推尊孟子，又排斥程颐；力主性善论和王守仁的致良知学说，又猛烈地抨击了君主专制制度，这些不够“纯粹”的地方，不仅表现了唐甄哲学思想的复杂性，同时也保留了他在坎坷道路上独立探索的痕迹。

在《潜书》中，唐甄进一步阐发了古代的精气观念。他认为“精”是世界的物质本原，“百物皆有精，无精不生”，但百物皆有形，“形非异，即精之成也”。唐甄还注意到，具体事物的“形”是有生有灭的，比方“今年一果羸生，来年一果羸死；今日为鸜鹆之子者生，来日为鸜鹆之母者死”；但它们又世代相传，以至于今。由此推论，“有成必有毁”，有生必有灭，但“察乎传形之常，而知生非创生，死非卒死也”。这就接触到了客观事物既有始有终，又无始无终的辩证关系。由此更进一层，唐甄还指出“物之绝续众矣，必有为绝为续者在其中，而后不穷于绝续也”。间断性（“绝”）和连续性（“续”）是事物运动的表现形式，但运动的原因在哪里？唐甄肯定回答“在其中”，即在事物的内部。就好像走马灯一样，它依靠灯内蜡烛火焰所引起的空气对流而转动，那么，宇宙万物的生生灭灭，运动不息，也“必有为之灯者”④。这就从根本上摈弃了神意和天命的外来作用，大大丰富了中国古代唯物主义自然观的科学内容。

---

① 《明遗民诗》卷五。
② 均见王闻远《西蜀唐圃亭先生行略》。
③ 王源《居业堂文集》卷二〇《书唐铸万〈潜书〉后》。
④ 均见《潜书·博观》。

唐甄也讲人性论，但他把“性才”和“性功”并举。认为“人有性，性有才，如火有明，明有光”。有才之性，好比光明四照的蜡烛，无才之性则像一支点燃的条香，它也有“明”，“然而明不及众，众皆昏乱，不能行作，不知几席所在，不知东西所向，不知门户所由”[①]。人性不是无所作为的；但人性的作为又不是抽象（无差别）的，而是具体（有差别）的。所谓性功，即人性的社会功能，它表现为不同的道德规范，如“仁育，义安，礼顺，智周”[②]，它们都是儒家“治世”的思想武器，因而唐甄认定，如果离开了“治世”的作为，那就达不到“尽性”的目的。唐甄不可能对人性进行阶级的分析，但这种浓厚的功利主义倾向本身就具有鲜明的战斗性。

《潜书》最早名叫《衡书》。“曰‘衡’者，志在权衡天下也。”[③] 从这个意义上讲，唐甄不仅是一位思想家，而且是一位政论家。他的政治眼光是相当犀利的，所以《潜书》中涉及政治方面的言论，大多不同凡响。进步的政治思潮总是立脚于变革而着眼于民众，所以唐甄首先指出“天生人，道在人而不在天”[④]，社会的治乱兴衰，“非天为之，实人为之”[⑤]，这就是说，人事比天道更重要。因此唐甄主张“因时而变”，反对“模古而行”[⑥]。并一再强调变是自然之理，必须“归于百姓之便利”，“行之而民悦，则行之，从其所欲也；行之而民不悦，则不行，更其所不欲也”[⑦]。但百姓之欲同君主之欲，势若水火。在这里，唐甄尖锐地嘲讽了成则为王、败则为寇的世俗偏见，以挑战者的姿态把批判的矛头直接指向专制制度的最高代表，深刻地揭露了封建帝王们“杀天下之人而甘天下之味”的残忍和贪婪。在人民群众和封建帝王之间，一方面，“暴骨未收，哭声未绝”，一方面早已“高宫室，广苑囿”，“贵其妻妾”，“肥其子孙”。于是唐甄问道：“杀一人而取其匹布斗粟，犹谓之贼；杀天下之人而尽有其布粟之富，而反不谓之贼乎？”所以唐甄认定：“自秦以来，凡为帝王者，皆贼也。”他甚至公开宣称：“若上帝使我治杀人之狱，我则有以处之矣。”[⑧] 唐甄对君臣之义的叛逆和对封建帝王的亵渎，是清初反专制主义思潮中最激进的部分。他不愧是站在这场斗争前列的一员勇士。

明清时期，以君主独裁为核心的封建专制集权已经发展到了登峰造极的地步，并且日

---

① 《潜书·性才》。
② 《潜书·性才》，又可参看《良功》篇。
③ 王闻远《西蜀唐圃亭先生行略》。
④ 《潜书·自明》。
⑤ 《潜书·用贤》。
⑥ 《潜书·辨儒》。
⑦ 《潜书·匪更》。
⑧ 《潜书·室语》。

益成为社会变革和思想解放的障碍。因此唐甄敏锐地指出："治天下者惟君，乱天下者惟君；治乱非他人所能为也，君也。"① 君是祸国的元凶，杀人的"大手"，在封建时代，认识到这一点是很不容易的。但发现问题并不等于找到了解决问题的方案，微弱的资本主义因素还没有力量勾勒未来时代的蓝图，因而前景还是朦胧模糊的。由于暂时看不见新的出路，唐甄的思想陷入了循环论："天运物运，皆有循环，兴必废，废或复。"② 可惜这仅仅是一种主观愿望，在客观上，唐甄自己也清楚："贤君不易得，乱世无所逃，坐视百姓之疾苦而不能救，君子伤之矣！"③ 这种矛盾和彷徨的心情，说明唐甄并没有完全摆脱地主阶级的思想体系，所以他对封建专制主义的批判也不可能是完全彻底的。清初的进步思想家都要受到时代的制约，这就不必苛求于唐甄个人了。

二、教育

清代地方教育制度与明代基本相同，但学校的数量增加了，除正规的府、州、县学外，社学和义学的普遍兴起，标志着地方教育事业又有了新的进展。

"书院以育英俊，义学以养童蒙"④，可见书院相当于成人教育，而义学（包括社学）相当于现今的小学教育。在四川，嘉庆、道光之际是兴办义学的高潮时期，例如巴州四乡义学 14 所，仁寿义学 50 余处，内江城区义学 7 所，四乡共 22 所，皆建于道光初年。义学多半分布在农村，这对普及文化教育是很有作用的。

教育经费主要靠就地筹集，这仍然是清代地方政府面临的重大难题⑤。资州旧有义学 14 所，道光初，地方官"捐俸"以及士绅"乐输"，"得白金二千三百两有奇，存之质库，收其息以为学费"，增设义学 14 所；"又以米市所入缗钱"，增设 3 所；加上张姓族人自设 2 所，于是共有义学 33 所⑥。又如江北厅 39 所义学，经费大部分来自劝捐，小部分来自因争讼充公的庙产收入，而集贤义学为嘉庆时万寿宫会产，辅仁义学为道光时文昌会公项，彰德义学为李姓族人共建⑦。此类材料在清代地方志中留存颇多，稍加综合，还可以看出：第一，几乎各县都有学田的设置，其来源，一是捐赠（包括捐资购买）；二是逃、绝人户所遗或私占官地，经清理定案后，断为学产；三是互争产权，长期涉讼，而地方官又无法定

① 《潜书·鲜君》。
② 《潜书·更币》。
③ 《潜书·鲜君》。
④ 道光《夔州府志》卷三六林丹云《开县新设义学记》。
⑤ 据嘉庆《新都县志》卷四八附录：乾隆时县令王垂绮《劝造义学序》称，当时曾经奏准，凡地方绅士捐资办学，百两以下，州县给匾奖励，千两以下，按其多寡，院司道府给匾奖励，千两以上者，"视其出身，从优酌请议叙"。
⑥ 光绪《资州志》卷二八张利贞《劝设乡学碑记》。
⑦ 道光《江北厅志》卷五。

其是非，乃断为学产，以绝后望；四是某些寺庙土地，也以各种原因，拨归学校所有。上述田产，多在地方政府的监督下，招佃取租，作为学校的固定收入。第二，另一部分筹集的经费，即送质库（包括盐商）生息，从而转化为高利贷资本，这是清代比较常见的一种做法。第三，义学多在农村，而清代农村集市贸易兴旺，市场管理的佣金收入也愈来愈多，蓬溪“各场镇列市桌朵，向无司纪，黠侣缁流，私拥操概之利”，嘉庆时，兴办义学，乃“裒益其间，挹彼注兹，每处岁储钱十二千，用资寒士馆谷”①。这是清代又一个比较常见的做法。总之，通过多种渠道筹措办学经费，使学校有了稳固的物质基础，这是清代地方教育事业比明代更加发达的原因之一。

义学既不动用国家公帑，又不是私人的家塾，而是介于两者之间的集体性的公益事业。它的管理章程，早期记载零散，但可以参考同治四年南溪县的材料。据称，年初就必须聘定学师，二月初一开学，十二月初一放假。学习期间，学师回家不得过 10 日，如半月不归，减束修一半，一月不归，即禀请另聘。束修按月致送，此外不得向学生另索“修脯”，但学生在节日自愿致送薪米者，听便。各义学都要造报学生名册及学习课程，送县备查②。

至于清代的书院，不仅数量比明代增多，而且在规章制度方面也比明代完备。现综合忠州、邻水、綦江等地的材料，大体上可以看出：书院无修业年限，生童愿入学者，于各县礼房报名，经考试后录取。分为正课、副课、外课三种，正、副课各有定额，外课属附读性质，不限额数，但连考三次超等，副课可升为正课，外课也可以升为副课。如三次考试均为三等末十名，则依次降置。正、副课必须在院内住宿，非经准许，不得外出。听讲必须衣冠整齐。如违犯院规，轻则体罚、降级，重则斥退。书院山长每年束修银 120—240 两，正、副课学生也各有膏火补助，考试优等者，另予奖励③。

书院的学田和其他固定收入的筹集方式，与上述义学的情况大致相同。据乾隆二十七年巴州知州李汝琬《宕渠书院碑记》：“书院始于前代而盛于本朝，雍正十一年恭蒙宪庙赐天下省会帑金，皆百镒，俾悉建书院，且诏抚臣预筹膏火，以垂久远。”④ 书院的设立，受到清朝政府的支持和赞助，所以发展很快。一些地方官员对书院也十分重视，经常礼聘学有专长的名家担任山长。乾隆时，定远人王清远，永川人李天英，皆以诗文著称，二人先后主持重庆的东川书院。丹棱彭端淑，华阳顾汝修，也先后主持成都的锦江书院。雍正初，

① 道光《蓬溪县志》卷七。
② 同治《南溪县志》卷四。
③ 参见道光《忠州志》卷六，道光《邻水县志》卷二，道光《綦江县志》卷三。
④ 道光《巴州志》卷九。

著名学者卢见曾知洪雅，建雅江书院，并亲“与诸生讲诵无间时”[①]。从这些事例看来，书院在培育人才方面是做出了一定贡献的。

但是，清代的学校教育同科举制度的关系极为密切。科举又以清代最盛，四川也不例外，这从当时各州县竞相修建考棚一事，即可证明[②]。在这样的形势下，书院也进一步被纳入了科举制的轨道，“大都讲帖括文字以博科第，取世俗功名”[③]；或者“师所希在束修，弟所谋在膏火，有司又利在粉饰，以博声称为迁除之地”[④]。由此可见，腐朽的科举制度给清代的学校教育带来了很大的危害。官学受政府控制，学习内容当然以八股文为主，即使属于私学性质的书院，其课程也“大率狃于里近而无所开通，虽亦有志于学，又皆纸上空言而不适于实用”[⑤]。上述状况引起了许多人的忧虑和不满，所以有的主张书院的教学应该“举凡兵农礼乐，皆能深通其变化而习知其器数”[⑥]；有的书院规条还明确指出，为了达到学以致用的目的，天文、地理、职官、学校、兵法、刑名、水利诸科，都应“分门研究，每人各治一业”[⑦]。这些改革的呼声和初步的实践，就为尔后中国正规学校的产生积累了必要的历史经验，它们的意义是不可低估的。

三、文学

明末清初，遂宁吕大器、吕潜父子，新繁费密、费锡琮、锡璜父子，都是比较有名的诗歌作者。吕大器在福王、唐王、桂王三个南明王朝担任过重要官职，死于贵州都匀，一生经历了很多动乱，所以李调元《蜀雅》称其诗“音旨凄壮”。吕潜为大器长子，字半隐，明亡后长期隐居吴兴，康熙二十三年始返回四川，“卖书画自给”[⑧]。《画征录》说他“善花草，用笔放纵，而不越矩矱，神气清朗可贵”。诗篇时时流露思乡之情，如《江望》：“横江阁外数帆樯，立尽西风鬓渐霜，只有乡心不东去，早随烟月上瞿塘。”费密（身世详前）诗宗汉魏，《蜀雅》称其“遂为西蜀巨灵手”，可惜很多作品散佚不存，脍炙人口者如《朝天峡》：“一过朝天峡，巴山断入秦。大江流汉水，孤艇接残春。暮色愁过客，风光惑榜人。明年在何处？杯酒慰艰辛！”借景抒情，笔意浑厚而格调雄骏，是一首最能代表费密诗歌风

---

① 同治《嘉定府志》卷三二。

② 据乾隆《大邑县志》卷一：当时“岁科童试几及千人”。然不少州县没有固定的考试场所，给工作带来很大困难，故纷纷集资修建考棚。三台县曾于康熙四十三年、乾隆五十二年、嘉庆十三年，先后三次修建和扩建考棚，有座号2000多个（嘉庆《三台县志》卷二），可见其规模之宏大。

③ 嘉庆《四川通志》卷八〇李南晖《青峰书院记》。

④ 嘉庆《四川通志》卷八〇王荣绪《南宾书院记》。

⑤ 嘉庆《四川通志》卷八〇易简《渝州书院记》。

⑥ 嘉庆《四川通志》卷八〇易简《渝州书院记》。

⑦ 嘉庆《达县志》卷四六。

⑧ 《明遗民诗》卷八。

格的名篇。其子锡琮、锡璜，家学渊源，如锡琮的《黄河》："灵脉来天上，浑流昼夜奔"，与《朝天峡》的气概就非常相似。锡璜的《湖上》："烟光随地尽，水色到天无"，观察十分细致，而且"工于锤句"[①]。这些都是值得称道的。

清初流寓江南的四川诗人，还有青神余崙，成都蒋祖谊，内江王担四等等，他们的创作都各有特色。此外，康熙时期，通江李蕃、李钟璧、钟峨父子，也以诗文扬名于世，有通江三李之称。李蕃曾任山东黄县知县，居官九载，不取火耗，后上司以它事诬陷，流戍山海关，临行之日，阖境百姓万余人涕泪相送。其子钟璧，官广西平南知县，数年后，也辞职回乡。他们比较了解社会基层的实况，诗篇中也较多地反映了当时的民生疾苦。

乾、嘉之际，四川人才辈出，在散文、诗歌和文学评论方面，都取得了不少的成就。

散文以彭端淑（1699—1779）为代表。端淑字仪一，号乐斋，丹棱人，雍正十一年进士，由吏部郎中擢广东肇罗道，"以清慎自矢，舆论翕然"[②]，后告归回川，着有《白鹤堂诗文集》。他的文风清畅，平易近人，善于深入浅出。弟彭肇洙、彭遵泗，皆名重一时，遵泗关心明末史事，又熟悉四川的风土人情，着有《蜀碧》四卷，《蜀故》二十七卷，并参加《丹棱县志》的编纂，这些著述都有一定的参考价值。

乾隆时期，重要的诗歌作者有罗江李化楠、李调元父子。化楠字廷玉，号石亭，乾隆七年进士，先后出任浙江余姚知县和顺天府同知，有《石亭诗集》十卷。李调元（1734—1802），号羹堂，字雨村，乾隆二十八年进士，"由翰林历官直隶通永道，好读书，博学多闻，才气豪放不羁，诗文亦如其人"。后因事落职，于乾隆五十年回川，"啸傲山水，以著述自娱"[③]。有《童山文集》二十卷，《诗集》四十二卷。他们的诗歌多为记事之作，接触的社会生活面比较广泛，而且敢于正视矛盾，针砭时弊。李化楠的《欠粮民》《种田户》等篇，谴责了统治者的横征暴敛，真实地反映了农民群众"不敢言兮焉敢怒"的痛苦遭遇。李调元的《石匠行》《担炭行》，通过这些小手工业者的自我倾诉，辛辣地嘲讽了清代官场中弄虚作假的腐败现象。他的《清江行》，矛头直指豪门权贵，笔锋犀利而无所顾忌，充分显示他在诗歌创作中的人民性和战斗性。

李调元的著述很多，属于文学批评方面的有《蜀雅》二十卷，《赋话》《诗话》《曲话》《剧话》各两卷。《诗话》杂论古代诗歌流派。《曲话》主要介绍元明两代戏曲作家。《蜀雅》辑录四川诗人的作品，并缀以评语。最有价值的是《剧话》。当时，地方剧种蓬勃兴

① 沈德潜《清诗别裁》卷二五。
② 嘉庆《四川通志》卷一五四。
③ 嘉庆《四川通志》卷一五四。

起，但一些保守的封建文人推崇昆腔，奉为“雅部”，他们鄙视民间艺术，把地方戏贬称为“花部”或者“乱弹”，“花”“雅”之争，十分激烈。李调元不受传统观念的束缚，十分关心这些民间戏剧的成长和传播，在《剧话》一书中，肯定了它们的艺术价值，并扼要地介绍了它们的声腔特点和流行剧目，从而为清代戏剧史的研究提供了宝贵的参考材料。此外，调元藏书甚富，又热心于整理古籍和地方文献，不仅纂有《罗江县志》，还辑刊了大型丛书《函海》，这些都是很有意义的工作。

乾隆、嘉庆时期，四川的著名诗人还有遂宁的张问安、张问陶兄弟，特别是张问陶（1764—1814），在清代诗坛上占有重要地位。他们的高祖父张鹏翮，于康、雍两朝历官吏部尚书武英殿大学士，为人清廉正直，曾长期担任河道总督，是颇有才干的治河专家。问安字亥白，“诗才超逸”，著有《小琅嬛诗集》四卷。问陶字仲冶，号船山，乾隆五十五年进士，以翰林院检讨出为山东莱州府知府，与上司龃龉，辞官，游吴越间，卒于苏州。有《船山诗草》二十卷，《船山诗草补遗》六卷。

问陶出身名门，但家境清寒；不事趋奉，但勤奋写作，留下了大量诗篇。在创作态度上，他反对墨守“律例”，强调“生面重开”，尤其强调要有真情实感。他的《论诗十二绝句》反复说明要“写出此身真阅历，强于饤饾古人书”。但真实必须自然，而不能刻意为之，“想到空灵笔有神，每从游戏得天真。笑他正色谈风雅，戎服朝冠对美人。”这种天真，就是性情的自然流露，所以他把自己的创作经验概括为“天籁自鸣天趣足，好诗不过近人情”。这些主张和袁枚的观点近似，因此，他的作品也很受袁枚的赏识。

问陶工于近体，长于描摹景物。他曾东出三峡，西涉剑门，行踪所至，纵情山水，有丰富的实际生活的体会。《诗草》中留存的山水诗，大多情景交融，生趣盎然，可谓美不胜收。例如《嘉定舟中》：“凌云西岸古嘉州，江水潺潺抱郭流，彩影一堆漂不去，推船三面见乌尤。”又如《阳湖道中》：“风回五两月逢三，双桨平拖水蔚蓝，百分桃花千分柳，冶红妖翠画江南。”七律也颇有风致，以《芦沟》为例：“芦沟南望尽尘埃，木脱霜寒大漠开。天海诗情驴背得，关山秋色雨中来。茫茫阅世无成局，碌碌因人是废才。往日英雄呼不起，放歌空吊古金台。”芦沟亦称卢沟，地处北京西南隅，和车水马龙的繁华帝都呼息相通，但诗人看到的却是另一派“木脱霜寒”的景象，惆怅和失望的情绪，溢于纸上，这就不是纯粹的山水诗，而是有所寄托的作品了。张问陶生活的时代，正值清王朝从雍乾盛世进入嘉道式微的转折关头，日益显露的社会危机同样冲击着诗人的内心世界，所以在《船山诗草》里，也有不少愤世嫉俗的篇章，它反映了诗人创作生涯的另一个侧面。

嘉庆三年二月，张问陶在旅途之中，以川楚陕白莲教起义为题材，写下了组诗《宿宝鸡县题壁》18 首。由于诗人对群众性的反抗斗争并不理解，也害怕事态的扩大，从这一点讲，他对清王朝的军事镇压是支持和赞成的；但他对生活的观察不抱成见，政治的腐败，清军的大肆烧杀，人民群众流离失所的惨状，同样激励了诗人触及时事的勇气。他通过组诗一再地大声疾呼："杀人敢恕民非盗"，"寇过惟从壁上观"；"贼有先声如唳鹤，官无奇策任亡羊"；"贼能退舍尊廉吏"，"连村无寇是谁焚"？这就含蓄地显示了起义军的声威和官逼民反的实况。组诗还集中地刻画了王聪儿的形象："嫠也横行起祸胎，桃花马上看重来。不贻巾帼先逢怒，欲辨雌雄已自猜。黄鹄特翻贞女调，白莲都为美人开。请缨便是秦良玉，可惜征苗失此材！"当诗人题壁之日，这位叱咤风云的女英雄尚未牺牲，在清王朝的心目中，她是一个十恶不赦的元凶，但在张问陶的笔下，却对她充满了惊叹和爱惜之情，这正是诗人难能可贵之处。

四、戏剧

现今四川流行的地方戏，称为川剧，它的渊源，应当追溯到清代前期。一方面，从康熙中叶开始，清代地方剧种发展到了蓬勃兴起和广泛流布的阶段；另一方面，当时大量外地人口向四川迁移，加强了四川与相关省区的经济联系与文化交往，因而各地不同声腔的剧种也伴随着移民的脚迹进入了四川。如果说，人口状况的特点是五方杂处，那么，欣赏习惯的特点自然是兼容并包，这就给不同的剧种提供了并行不悖的活动环境和生存条件。但入境随俗，经历了一段时间之后，它们又势必逐步地与四川本土方音相结合。兼有昆、高、弹、胡诸种声腔的川剧，就是在这样的历史过程中形成的。

在清初的戏剧舞台上，花部与雅部，互相竞争。雅部指昆腔，花部泛指昆腔以外的各种地方戏。昆腔历来受到士大夫阶层的爱好。乾隆时，四川文化界著名人士李调元便蓄有"家乐"一部，据其自述："先生实苏产，弟子尽川孩，书塾兼伶塾，英才杂俊才。"[①] 乾隆六十年，这部"家乐"上演过《红梅传奇》[②]。川籍伶童由苏州"先生"指导，演出昆腔传统剧目，为了让演员弄懂典雅的唱词，还要给他们补习文化，这些均可证明李调元的"家乐"是一个昆班。但昆腔的传播主要依靠文人，可是有的文人也指出"吴音繁缛，其曲虽极谐于律，而听者使未睹本文，无不茫然不知所谓"[③]。观众听不懂，这又给昆腔的推广带来了困难。因此，第一，为了争取观众，流入四川的昆腔也不得不变，这就为以后川昆的

① 李调元《童山诗集》卷二五《戏作》。
② 李调元《童山诗集》卷三四《红梅》。
③ 焦循《花部农谭》。

出现奠定了基础。第二，花部“曲文俚质”，“虽妇孺亦能解”①，深受市井群众的欢迎，所以在四川民间流行的应是花部，而不是昆腔。

清初四川的居民主要来自湖广、陕西，也包括江西、山西等地，所以花部诸腔在四川拥有大量观众。城镇的演出，多半由各省商民会馆主办。四川的会馆，不计其数，都是外省客民按照不同籍贯分别筹建，并根据乡里习俗供奉各自不同的神祇。嘉庆《金堂县志》卷一记载：会馆“岁以各神寿辰庆祝赛会演剧，用答神在②，会乡里。全省皆然，各乡镇亦多有之”。另据成书于乾隆十七年的《大邑县志》的材料，湖广会馆又名真武宫，每年三月初三演戏庆祝许真君生日，江西会馆又名萧公庙，四月初一为萧公诞辰，“豫章客民演传奇”；秦、晋会馆供奉关帝，每年五月，也要演戏庆贺。演出内容，没有直接的文献材料可供稽考，但会馆本身即为乡土观念的产物，因而山、陕客民欣赏梆子戏，湖广、江西客民欣赏皮黄戏，这种可能性是非常之大的。

农村的演出活动称为社戏。康熙末，绵竹知县陆箕永的《绵竹竹枝词》曾歌咏其事：“山村社戏赛神幢，铁钹檀槽柘作梆。一派秦声浑不断，有时低去说吹腔。”原诗自注：“俗尚乱谈（弹）。”③ 后来李调元在《河村戏场》诗序中又介绍：“村间以戏酬神，谓之戏场……时方五月，河村演青苗戏。”④ 地点在河村，估计应是一种露天剧场，但有时候也在寺庙内的戏台上进行演出。李调元另有七律一首就专门记述他在团堆坝梓潼宫看戏的情况，其中一联“古寺僧稀松叶少，戏场人散蔗皮多”，原诗自注：“甘蔗冬窖春卖，儿妇犹喜啖之，戏场为甚。”⑤ 农村儿妇不可能成为昆腔的观众，所以社戏和青苗戏也应当属于花部诸腔。

事实上，陆箕永的《竹枝词》已经把社戏演出的声腔说清楚了。所谓“秦声”和“柘作梆”，前者即指声腔，陆诗自注指明它就是乱弹，故后者即指乱弹所使用的打击乐器。李调元《剧话》卷上：“秦腔始于陕西，以梆为板……俗呼梆子腔，蜀谓之乱弹。”可见李、陆两家的记载完全吻合。在这里，“秦腔”“梆子腔”“乱弹”是同一声腔的不同名称，它在康、雍、乾时期广泛流行于四川各地，以后就逐渐演变成现代川剧的一个组成部分——弹戏。至于吹腔，《剧话》指出，它“与秦腔相等，亦无节奏，但不用梆而和以笛为异耳。此调蜀中盛行”。但吹腔源出徽调，和二黄腔的关系密切，按照李调元的说法：“胡琴腔起

---

① 焦循《花部农谭》。
② 原文似有误，疑当作“用答神贶”。
③ 引自王培荀《听雨楼随笔》卷一。
④ 《童山诗集》卷三四。
⑤ 《童山诗集》卷三四。

于江右，今世盛传其音……又名二簧腔。”① 它们之间相互渗透的具体情节，也没有直接的材料可供稽考，但大致可以推断，这和川剧的胡琴腔是一脉相承的。此外，《剧话》又说：“弋腔始弋阳，即今高腔……楚蜀之间谓之清戏，向无曲谱，只沿土俗，以一人唱而众和之。”高腔在清代是一个复杂的声腔系统，它起源于江西的弋阳腔，经湖北（清戏）流入四川。但早在明代，弋阳腔就有“错用乡语”② 的习惯，由此可见“只沿土俗”，本是弋腔艺人的特点，因而当它进入四川以后，就更容易同蜀中方音相结合。总之，川剧成为多声腔的地方剧种，是清初戏剧领域内诸腔竞起、百花争艳的产物，是广大戏曲演员相互学习，不断创新的结果。古典戏曲的继承性很强，所以清初弋腔、徽调演变分化的历史，还可以追溯到明代，反过来，从明代弋腔、徽调的演变分化中，同样可以找到产生川剧的早期“血缘”因素，例如明万历三十九年刊行的《摘锦奇音》所收录的徽调《同窗记》，就和川剧《柳荫记》的唱词非常相近③。这也证明，川剧和其他地方剧种之间的确存在着深厚的历史渊源。

另外，四川民间还有一种灯戏。乾隆末，南溪知县翁霔霖的《南广杂咏》写道：“唱灯随在作歌楼，曲子无腔易转喉。听说官班明日拢，开场先看小包头。”④“随在”为四川方言，意同随便，它说明灯戏的演出不择场地；“曲子无腔”，大概这种民间小戏也没有定型，还谈不上有什么成套的腔调。后来，灯戏未能独立发展，而是被吸收为川剧的一个组成部分。

关于演出的其他情况，比方戏班、演员、剧目等等，都因材料太少，无法深究。不过据现在所知，除李调元的“家乐”外，影响较大的还有杨潮观（1712—1788）在邛州组织的演出活动。杨，江苏金匮人，乾隆初，任河南固始知县，“性和易，而为政廉敏有声，人称为杨固始”⑤。乾隆三十三年，擢四川邛州知州，三十五年，在州署建吟风阁，取历史故事编为戏剧，计有《新丰店马周独酌》《寇莱公思亲罢宴》等 32 种，每剧一折，合称《吟风阁杂剧》（共四卷），并召集艺人串演，其中有的剧目至今仍在流传。此外，上文提到的

---

① 《剧话》卷上。

② 顾起元《客座赘语》卷九。王古鲁《明代徽调戏曲散出辑佚》引此文时，谓“错用”即“杂用”之意，甚是。杂用乡语，即弋腔流布时，不断同各地方言结合，故能分化出不同之新声腔。

③ 姑举一例，以供对照。《同窗记·山伯千里期约》一出，祝英台唱：“一路上见景生情，托物比兴，谁知你不解文君意，那识伯牙心！终朝顺望结朱陈，今日望，望不见青鸾信；明日盼，盼不见黄犬音。我曾把银河肃整，鹊桥架定，那曾见牛郎来会织女星！”这段唱词在《柳荫记》中是：“自从小弟回家庭，时时刻刻思念君。朝日里望，望不见青鸾传信；暮日里听，听不着黄犬之声。弟也曾鹊桥高架，银河候等，哪见你牛郎来会织女星！”后者脱胎于前者的痕迹是十分明显的。

④ 引自嘉庆《四川通志》卷二〇〇。包头，即旦角，见杨懋建《京尘杂录》卷四。

⑤ 嘉庆《无锡金匮县志》卷二二。

青苗戏和会馆的寿神赛会，许多地方是每年都要照例举行的，这种情况亦可说明，活跃在四川境内的戏班和职业演员，应当为数不少。而且外出搭班的现象也很值得注意。吴长元《燕兰小谱》记录乾隆后期在北京著名的乱弹艺人，有籍贯可考者共44名，他们来自13个省区，其中四川即占12人之多，仅次于北京（18人）。在这些演员中间，魏长生的地位，当推首屈一指。

魏长生（1750—1802）①，字婉卿，行三，又称魏三，或魏三儿，金堂人。幼习秦腔，工花旦。乾隆三十九年和四十四年，两度入京，在双庆部演出，誉满京城，致使“京腔以次销歇”② 观众寥落，京腔艺人纷纷“附入秦班觅食”③。他的精湛表演，为花部战胜京、昆雅部，促进“京秦不分”④ 并为以后综合性剧种的产生起到了积极的推动作用。不久他又转入南方戏剧活动的中心扬州和苏州演出，仍名噪一时。乾隆五十七年回成都，嘉庆五年又北上，即死于北京。

魏长生的才能是多方面的。他对旦角的台步、身段和扮相，都有很多独到之处，不仅发明了“梳水头”（戴假髻），而且对头饰花样也十分考究，从而大大提高了旦角的化妆技巧，使这一行当的舞台艺术形象更加美丽光彩，乾隆五十三年，著名学者赵翼在扬州欣赏过魏长生的表演，称赞他“演戏能随事自出新意，不专用旧本”⑤。敢于突破陈规，不断探索新路，魏长生在戏曲界的开拓之功，是不可埋没的。

五、科学技术

在农业方面，清代农产品的种类增多；但各地农业生产的发展状况极不平衡，一些新品种和新技术的传布，还有一个逐步习惯和掌握的问题，这都迫切需要加强农业生产知识的宣传和介绍，所以清代地方政府和民间学者都比较注意农学著作的编撰和刊印。

乾隆时，资州知州张文岚曾辑有《农书》一部，对选种、育种、播植、锄耘、粪壤等方面，皆有详细论列。什邡知县史进爵又编著《耕作之法》，针对本地土质特点，区分旱

---

① 参见屈守元《谈魏长生》，《四川师范学院学报》1979年第1期。

② 《京尘杂录》卷二，又参《啸亭杂录》卷八。

③ 《燕兰小谱》。

④ 李斗《扬州画舫录》卷五。

⑤ 赵翼《檐曝杂记》卷二。

地、山地、河坝地、水田的不同情况，介绍相宜的农作物品种及其耕作和施肥技术。史进爵还另有《修筑灌溉诸法》，重申古人的“深淘滩，低作堰，宽砌底，斜结面”十二字诀，后来绵竹知县安洪德又补续“泡冬田，作冬堰”两句，谓此乃预防干旱之有效措施。此外，罗江知县沈潜和荥经知县劳士沅的《蚕桑说》，达州知州陈庆门的《劝蚕桑条约》等等，对种桑养蚕的全过程，如辨桑、插条、科斫、采桑、择（蚕）种、饲蚕、治簇、蒸茧、缫丝，都有详细的论述。这类著作，篇幅不多，针对性强，并能借助官方力量刊刻传播，因而具有较大的实用价值。

民间学者的著作以张宗法《三农纪》的影响最大。宗法字师古，别号未了翁，什邡人。“性简傲，不可一世。工草书，人得尺幅珍之。博闻强记。”① 他的文化素养很高，但不求仕进，长期生活在农村，与农民的交往密切。《三农纪》就是他参考前代典籍，结合实地调查，于乾隆二十七年（1762）写成的一部系统的农业科学专著，全书二十四卷，举凡天时、土宜，农作物的名称、形态、栽培、储存，以及其他有关的农事活动，无不分门别类，条分缕析。试以清初引进四川的新品种玉米和红苕为例②，《三农纪》指出，玉米“植宜土山，三月点种。每科须三尺许，种二三粒。苗出六七寸，耨其草，去其苗弱者，留壮者一株，三月莳，八、九月获。获归，苞以木架透风令干，宜在室中闭户塞窗，敲之不致耗溅，再晒干收贮”。关于红苕，《三农纪》认为，“一亩种数十石，胜种谷二十倍”，因此书中逐一叙述了红苕的用地、栽种及其田间管理和窖藏方法，指出“艺宜高土砂地”，如土壤黏性较重，应加牛马粪与草木灰，使之疏松。早期东南各省的红苕栽培多为育苗扦插，但《三农纪》记述，“苗长一丈，留二尺作老根，余剪三节为一段，插入土中，大约二分入土，一分留外即生”，可见当时四川农村已普遍采用比较进步的剪蔓扦插法了。这类旱地高产作物在当时的四川只有很短的栽培历史，各州县地方志中虽曾作过某些记载，但内容非常简略，而《三农纪》第一次详尽地记录了它们在四川的种植实况，这就是一件很有意义的事情了。

在手工业方面，四川井盐生产的不断发展是和当时盐井钻凿工艺水平的迅速提高分不开的。盐业工人通过辛勤的劳动实践，创造了大量的新工具和新技术，但在清代前期，他们的宝贵经验却未能得到很好的总结，所以留存的材料极少。现据成书于同治十年的吴鼎立《自流井风物名实说》的有关内容，综述如下：

“捣井谓之锉，除泥谓之搧。”锉是钻凿盐井的主要工具，种类多样，用途各别。鱼尾

---

① 嘉庆《什邡县志》卷三八。

② 据万国鼎《五谷史话》，四川文献最早记录玉米和红苕的年代分别是康熙二十五年（1686）和雍正十一年（1733）。

锉“上锐中阔，其末斜而宽”，重200斤，长1丈，凿大口用。太平锉“末如银锭”，重100斤，长1丈2尺，凿小口用。此外还有财神锉、马蹄锉及各式列子（镊子），用以捣击井底岩渣。除泥工具为泥筒，用笔直楠竹做成，既可搧取井腔中的岩屑和泥砂，又可用来测试井眼是否圆直光滑。故“山匠之巧者，腔正井利；一有不正，改弦而更张之”。

治井工艺是对井腔本身自然事故的检修技术。“凡井之病四：有走岩，有崩腔，有流沙，有冒白。”走岩是井腔塌陷，崩腔是出现了裂缝，皆用“油灰作丸，以弥缝其阙，无不应者”。至于流沙，乃“水为沙闭遏，必下木窗以隔之。若冒白（渗漏），则成废井，法不可医”。但据稍后的记载，凡渗漏白水，工匠即“削木为杵，长可三四尺，半傅泥，外束以麻，大与井眼相若而稍缩”，称为“泥孩儿”，再“度绠悬而下，至走岩处，顿许时取出，视其湿即知其方，湿宽者即知其腔口大，湿深者即知其水力劲，然后据以补之”①。可见冒白也并非不治之症，不过“泥孩儿”之名不见于吴说，其产生时代的早晚也就颇难确切断定了。

打捞工艺是最复杂和最精巧的部分。在凿井、治井和取卤的过程中，都很难避免发生钻具、篾索、卤筒或其他异物落入井内的事故，造成停工、停产，为了排除故障，工匠们创造了成套的打捞工具和打捞技术。例如落筒，用提须子；落锉，用羊蹄子；落篾，用柳穿鱼；筒、锉并落，用双瓦口；索、篾并落，用单瓦口；筒、索并落，用连环提须；筒、篾并落，用月亮提须；筒、锉、索、篾俱落，用以上各器轮流取之。“此皆可以意会，不可言传。随其所落之物，思有以疗其病而制为器具。非天下之至巧，不足以语于斯。”

凿井、治井和打捞工艺的进步，不仅提高了工效，而且缩短了工期，道光十五年（1835）在自流井区凿成的燊海井，深度达1001.4米，是当时世界上第一口突破千米大关的深井，这个巨大的成就标志着我国盐井开凿的技术水平进入了一个新的历史阶段②。

（蒙默、刘琳、唐光沛、胡昭曦、柯建中：《四川古代史稿》第七章，
四川人民出版社，1988年，第417—540页）

① 《四川盐法志》卷三。

② 以上参看吴泽霖《旧法凿井》（《井盐史通讯》1983年第1期），钟杰《取难》（《井盐史通讯》1982年第1期），马宗瑶、聂成勋《自流井大坟堡岩盐体开发状态及开采历史解析》（《井盐史通讯》1983年第1期）。

清代前期四川的州县政权与水利建设

嘉庆《四川通志》有《堤堰》一卷，收录成都、叙州、夔州、龙安、雅州、嘉定、潼川、眉、邛、资、绵等11府州所属45个州县的大小堤堰共1148座。这个数字并不完备。例如同书卷一一六《政绩》载，黄藜于康熙42年知大邑，“邑旧有堤堰三十六座”，而《通志》仅录11座。又如遂宁、乾隆时堰多至130余座[①]，《通志》亦仅录5座。从地区上看，《通志》遗漏了重庆、顺庆、保宁、泸州等大片地区，但乾隆《巴县志》卷二称“巴之堰，指不胜屈”，较大者即有182座，均不在收录范围之内。从时间上看，嘉庆至道光中叶，各地陆续修筑者，《通志》亦不能预先计入。所以，清代前期四川堤堰总数，殊难推断，但大大超过嘉庆《四川通志》所载数字，则是肯定无疑的。

从总体上讲，水利工程的建设与维修，水资源的分配与管理，争水纠纷的协调与仲裁，都需要地方行政长官的干预，这是州县政权实现其政治职能的重要环节。四川地方官员督修水利，自李冰以来，历代相沿，早已成为传统章法，但不同时期取得的成绩并不一样。明代三百年间，除都江堰照常大修外，其余州县，建树甚微，而清代堤堰数量之多，正好表明当时的州县政权在兴修水利方面是卓有成效的。

① 乾隆《遂宁县志》卷三。

一

清朝初年，四川在长期战乱之后，当务之急是恢复农业生产，而农业又离不开水利。所以顺治十六年（1659），在军务倥偬之际，巡抚高民瞻等便捐银二千两整修都江堰。此为清朝四川水利建设之肇端。然而兴办水利需要大量投资，由于财力困乏，地方政府除都江堰之外，尚无暇他顾。例如，顺治十八年佟凤彩奏称："臣查看得蜀省川东、川南、川北皆崇山峻岭，并无应修应筑之塘堰，惟成都为省会平川之地，旧有都江大堰……"① 这种说法，显然与事实不符，它只能表明州县水利还没有提上当权者的议事日程。康熙二十年（1681），吴三桂叛乱失败，四川政局完全稳定，经济状况也日趋好转，这个时候，各地区水利事业才全面铺开，并成为一项经常性的任务。从现有资料分析，著名旧堰的修复和大型新堰的修建，多半是在康熙二十年至乾隆四十年（1775）间完成的。据此推定，在乾隆中叶应是四川水利建设的高潮期。

但是，自然经济的生产格局使农业个体经济营者很难在水利上把分散的力量自行集中起来，所以政府的干预不仅是有益的，而且是不可避免的。从四川的情况看，这种政治干预，基本上表现为官督民办。具体分析，又可以区别为两种不同的类型。

第一类主要指一般工程。四川民间中小型塘堰数量很多，州县官员不可能事必躬亲，所以各级地方政府对待一般水利工程的修建多半采取自上而下，普遍动员的方法。据《清史稿》记载，乾隆十八年（1753），川督黄廷桂"奏饬通省勘修塘堰"，"新都、芦山等小州县及青神莲花坝、乐山平江乡、三台南明镇，次第修举，悉成腴壤"②。由地方最高当局发布命令，再由州县政府向下属里甲布置任务，不仅可以形成较大的声势，而且可以保证水利工程收到较好的实际效果。例如永川一县，邑令单思迈便奉檄亲临四乡，指导当地民众修筑塘堰300余座③。又如道光五、六年间，四川布政使董淳也仿效黄廷桂的做法，在全省范围内再一次组织大规模兴修水利的统一行动，此时蓬州知州洪运开"督民创修堤堰。在东乡者百七十三，南乡六十三，西乡二十二，北乡百八十九，共为四百四十七"④。但是

---

① 康熙《成都府志》卷二八《水利》，嘉庆《四川通志》卷二三《堤堰》。

② 《清史稿》卷三二三《黄廷桂传》。

③ 道光《永川县志》卷二。

④ 道光《蓬溪县志》卷三。

这种自上而下的动员，如果仅仅是发布文告，很容易流于形式，徒劳无功。特别是州县政权，它们直接面向农村，各项事务非常具体，这就更有必要建立相应的制度，使工作有章可循和有法可依。巴县档案中保存了道光六年（1826）《巴县正堂劝谕筑堰开塘条规》，完整地反映了一个基层政权组织水利兴修方面的工作细则，颇具参考价值，故节录如下：

何处可以筑堰，何处可以开塘，何处可以安设筒车，吾民各自分别地宜，赶紧举兴。有此三件，不怕天干。该绅耆粮户除自己遵修外，务须劝令亲友及附近田邻，一体修筑。

绅耆粮户，各给簿一本，将新增之筒车若干，新开之堰塘若干，并旧有若干，分别新旧字样，填入簿内。自本年六月为始，每月十六日，或亲身或遣家丁来城，经入署内，将簿缴验一次。

开塘宜深，不宜太宽，宽则多占田土。倘一塘不敷灌溉，或开两塘三塘尤妙。

筒车堰塘，凡系公共朋修者，以出钱之多寡，定分水之多寡，勒碑永守，不至强争。

塘内堰内，蓄水既多，并可养鱼及栽种菱藕，其利甚广。

当业之户，田主倘无力赎取，准当户筑挖堰塘。其工资若干，凭中告知田主，载入当契内，以凭日后赎取补还。

自后堰塘内，如有失足落水及自行投水淹毙者，概不与地主相涉，并不要地主到官。倘有借故索诈，或移尸图赖等事，本县替尔作主，从严惩治。

绅耆粮户每位给予藩宪颁发防旱备荒条款一本，务须向各花户逐条讲解，使知堰塘之有益，并知堰塘之无害。因而家家开塘，处处筑堰及安设筒车，虽逢天旱，亦得丰收，功德无量。

各花户如能争先多开塘堰，多设筒车，该绅耆填入薄内。除本县赏给花红匾式外，并评请藩宪奖赏。①

上述条规，就是根据四川布政使董淳的指示而发布的。嘉庆十四年（1809），董淳曾任岳池知县，有《详请定案禁约》四条，与巴县条规大同小异②。由此可见，董淳在四川地

① 四川大学历史系、四川省档案馆主编：《清代乾嘉道巴县档案选编（上）》，四川大学出版社，1989年，第5页。
② 道光《岳池县志》卷九。

方官员中是一个兴修水利的积极倡导者。在他的影响下，巴县一年之内共补旧堰25条，修新堰9条，补旧塘27口，修新塘15口[①]。并且制订了有关条规，对保护塘堰投资，合理分配堰水等等，做了明确的规定。其中奖赏一节，还另有旁证可求。《崇宁县乡土志·耆旧录》载，康熙四十三年（1704），乡人钱继唐为万工堰另开新渠，藩司“奖以花红”。乾隆时，彭山人周文良倡修大佛堰，卢敬臣倡修通济堰，均给以“执照”，并“匾旌其门”[②]。“执照”亦见《巴档》，其内容即《条规》之第七条。行政命令与奖励相结合，再加上必要的政策措施，这就保证了官民双方的目标都能落到实处。

第二类主要指重点工程。例如：1. 绵竹火烧堰，明万历间，乡人于石亭江岸烧山凿石，引水入绵境，故名火烧堰。但江低堰高，进水不畅，每到汛期，洪水为灾。康熙三十七年至四十年间（1698—1701），绵竹知县王谦言多次查勘，而且“每至必溯上流，观形势，审江水变态，筹之既悉，慨然曰：‘水可顺引而不可逆制。’其涸也，宜有以聚之；其汛也，宜有以泄之，仿秦人六字曰‘深淘滩，低作堰’，更增以六字曰‘宽砌底，斜结面’”，并“念工费之繁，又捐数月俸为倡”[③]。此堰灌田近10万亩。2. 彭山通济堰，即章仇兼琼所筑，明朝堙废，雍正十一年（1733）川督黄廷桂重修，自新津修觉山下余波桥起，至彭山回龙寺下智远渠止，仅复古制十分之一。乾隆十八年，彭山知县张凤翥，新津知县徐莞据邑绅卢敬臣等人倡议，经过实地查勘，转详建南道核准，再次扩修，引灌县小海子水入堰，又开设智远渠下右沟80余里，共复彭山古堰渠28，眉州古渠14，溉新、彭眉眉州田73000余亩。嘉庆七年（1802），眉州知州赵来震又与新、彭两县邑令协商，由三属按亩摊买乡民吕超白鸡河沙地148亩，开河154丈，别引金马，平马诸河水入堰。至此，通济堰南起余波桥，北至白鸡河，堰全长11里，成为都江堰之外的另一重要跨县水利工程，总计灌田70000亩左右[④]。3. 遂宁永济堰。县境中贯涪江，但濒江之土，俱不成田，粮食仰给外地，乾隆八年（1743），田朝鼎任知县，据其自述：“公余巡郊外，东涉江，经杨渡坝……行十余里，地名射洪嘴，有大溪，询诸父老，云源自岩沟，距此五十里，左右小溪二十余，咸汇于兹，以达于江，经冬不涸。余跃然曰：是可堰而田也！”但地势高下，未可悬揣，恰好夏季水涨，淹没江岸，“居民测水以竿”，从而证实了筑堰的可行性。于是一方面“绘图上告”，一方面“身先捐劝”，“立堰长，度地亩，计财用，醵资兴筑”，乾隆九年（1744）动

① 四川大学历史系、四川省档案馆主编：《清代乾嘉道巴县档案选编（上）》，四川大学出版社，1989年，第58页。
② 嘉庆《彭山县志》卷三。
③ 嘉庆《四川通志》卷二三罗锦《火烧堰记》。
④ 嘉庆《眉州属志》卷八、卷一六，民国《彭山县志》卷三。

工，“七阅月而竣事”，“计灌田可籽种千石”①。4. 三台惠泽堰。在县之南明镇，乾隆十九年（1754），郡守费云龙，绵州牧罗克昌借支盐茶耗羡银2000两，详请兴修。上级曾多次委人查勘地形，拟定堰口，要求选派熟谙匠人分段施工，但公帑耗尽，历久未成。二十八年，乃由绵州诸生熊绣垫支一万两，商定堰成之后，按亩摊还，方于三十一年完工，计灌三台、绵州田16000余亩②。5. 射洪广寒堰。乾隆十五年（1750），杨冯二姓曾开凿广寒寺山洞引水，力匮而止。二十五年，邑令何辰又亲临勘视，召集当地绅耆，“擘画料佑”，而且“自初迄冬，屡次税驾，详晰指示。士民中拥跃捐资者，咸予奖励，以为众劝”。堰成，太和镇附近，改田2400亩，分其右支，凿石南引，另溉谢家田600亩③。6. 梓潼宏仁堰。乾隆三十一年，“罗江民王化隆概修河堰，众议堰成时，凡用水之户，每田十亩，抽一亩五分以偿兴修之费”。事经当时知县认可，并选定龙潭寺为堰址，但因其处近山，一到汛期，堰头即被山洪冲坏，故数载未成。三十七年，朱廉知梓潼，乃“亲诣查勘，相度形势”，改命邑监生曾玉山、唐英等捐资续修，于改堰口于上游老鸦洞，截流为堤，至四十年春，堰成，水户照原议“按亩抽一之五拨偿玉山等工费”，计灌田2500余亩④。

综上所述，州县官员对重点工程采取了直接介入的方法，而且是负责到底，善始善终的。他们调查研究，深入实际的作风，是值得肯定的。工期短者数月，长者数年，时间愈久，波折愈多，然而四川不少堤堰都经历了一个初创，改建和扩大的过程，是历任州县官员长期经营的结果。他们这种坚持不懈的精神，更是难能可贵的。

二

农田水利事业是一项系统工程，在修筑塘堰，完成基础建设之后，还有复杂的管理任务。它主要包括堤堰维修和水资源的分配。事实证明，要解决好这两大课题，同样是十分艰巨的。

这里首先谈一谈都江堰的维修情况。据史记载，清初照田粮签派人夫，轻重不一。雍正八年（1730），丈田事竣，巡抚宪德题请受益州县按用水迟早多寡计亩均摊价计银1280

① 嘉庆《四川通志》卷三田朝鼎《射洪嘴筑堰述》，民国《遂宁县志》卷一。
② 嘉庆《三台县志》卷一。
③ 嘉庆《射洪县志》卷二。
④ 咸丰《梓潼县志》卷四《兴修容仁堰碑记》。

两，解交水利同知承办。乾隆二年（1737）复准："岁修都江堰，自人字堤起，至省城西门外金沙新堰，温江县江安堰，新繁、彭二县通济堰，疏浚省城二江支河，乾隆二年为始，于该省盐茶项内动支修筑。"① 乾隆十三年（1748），又议准岁修经费为2512两，于是都江堰全部改由官办。

但是，在四川动用公帑，列入地方财政预算的例子，严格地讲，只有都江堰一处。尽管通济堰也包括在支用盐茶公项范围之内，但实际预算只有52两，入不敷出，因此乾隆二十年（1755）由彭山知县张凤翥拟定的《通济堰善后事宜》仍规定"应于新彭县各堰户按亩均派备料，公同经理"。具体办法，仿照雍正时都江堰事例，按水源先后，筒口高下，得水远近，酌定数目。自新津至彭山土堰，为上则；彭山西支堰至眉州界，为中则；自向家筒至白鹤湃，为下则。大修，上则亩派银二分五厘，其余为二分和一分五厘。岁修，上则亩派银一分五厘，其余为一分和五厘。筒车系高田，准下则派办。每堰分段设堰长一人，修堰之钱，曰水亩钱，由州县政府饬役征收，然后交付堰长鸠工支用。堰沟亦每岁疏竣，修沟之钱曰沟亩钱，另设沟长负责办理。凡受益农户，都必须承担维修经费，如有"新开旱地，改为水田，随时报明，核实加派。隐匿田亩者罚款"②。

维修是长期行为，不能指望政府官员年年捐俸，而地方财政又没有这笔预算，所以只能取之于民。通济堰的维修章程比较充分地体现了权利与义务的一致性，即谁受益，谁承担，受益多少，便承担多少，力求公平合理，这就避免了不必要的矛盾和冲突。其他堤堰也照此办理，只不过在具体方式上略有变通。

古佛堰亦为张凤翥主持修成，灌彭山、华阳、仁寿三县田，仍分上中下三则，岁修上则派银一分五厘，其余为一分和五厘，"车戽之田准下则"，"新垦之田报加派"，三县各设汇长一人，经费"堰长责之沟长，沟长责之水户"，统由彭山经管③。

铁溪河堰水，上段崇庆州用，中段大邑县用，下段新津县用，乾隆二十一年（1756）断案，崇庆州得水最近，每年出竹篓扎堰，然后大邑淘上游十分之七，新津淘下游十分之三④。

以上都是跨县水利工程，两三个县管辖同一个灌溉系统，但维修问题并非县际之间利害冲突的热点，步调比较一致。县属工程，以宏仁堰为例。乾隆时，"设立堰长四名，轮流

① 《皇朝政典类纂》卷四七引《会典事例》。
② 嘉庆《四川通志》卷二三，民国《彭山县志》卷三。
③ 嘉庆《四川通志》卷二三，民国《彭山县志》卷三。
④ 同治《大邑县志》卷四。

接替，经理修筑疏浚之事，一切费用，于用水各户照亩均摊出备，并设催头八名，开单分催，交纳应用”①。维修办法与跨县工程大体相同，但管理集中，县际之间的纠纷当然就不会产生了。

堤堰的经济效益是和水资源的利用密切联系在一起的，农业生产的季节性很强，这就是要求堰水保证来源，供应及时，分配合理，以上几方面常常发生矛盾，所以用水比维修更复杂。

分配堰水方式，大约有以下几种：

首先是确定筒口（支渠分水口）大小。例如通济堰仿照都江堰则例，每千亩分筒口三寸五分，赢缩皆以此为准。筒口用石凿孔，以垂永久，分水处皆立平水石，俾水量均衡。新、彭筒车四十余架，经两县邑令会同堰长，沿沟查看地势，以济高田，漫流之处，严禁安设筒车，拦沟截水②。

其次是定时引水。绵江河口为官渠、硼砂、宋家三堰分水总口，乾隆二十五年，绵竹知县陈天德定案，照田粮分水，按十二时燃香启闭。官渠堰分寅卯辰巳午，交未时上四刻止，燃香六尺六寸；硼砂堰分未时下四刻至申酉戌，燃香四尺二寸；宋家堰分亥子丑，燃香三尺六寸，周而复始。三堰各公举一人为看香堰总，负责经办③。又如乾隆四十八年（1783）巴县《分水石碑记》规定，将使用同一堰水的丘田分为六股，每股一天一晚，轮流灌放④，亦属定时引水之例证。

最后是分段引水，宏仁堰修成后，知县朱簾定案“每年栽插时，堰水分东西中三沟使水，从下而上，灌溉田亩”。道光时又将“引水沟渠宽窄深浅，注明尺寸”，分五股，仍“由下而上，次第灌放”⑤。

筒口引水适用于大型堤堰。分段引水，由远而近，中小型堤堰均可采用，但必须水源充足。定时引水，则不拘大小，适用性最强。不过实际情况比这种归纳要复杂得多，正如嘉庆《什邡县志》卷九所指出：民间用水，有宜用平梁分定尺寸者；有宜于拦河截闸者；有宜于截闸而酌留缺口者；有上拦下挖，两听其便者；有人字平流者；有轮期昼夜递放者；有计亩分水者；凡此种种，只能因地制宜，区别对待。根据什邡政府官员的经验，“大约视沟口之高低，验水性之流状，较河段之长短，察田土之松实，考其旧规，不可更张，稽其

① 咸丰《梓潼县志》卷四。
② 嘉庆《四川通志》卷二三张凤翥《评议通济堰善后事宜》，民国《彭山县志》卷三。
③ 道光《绵竹县志》卷一〇。
④ 四川大学历史系、四川省档案馆主编：《清代乾嘉道巴县档案选编（上）》，四川大学出版社，1989年，第1、5页。
⑤ 咸丰《梓潼县志》卷四张香海《宏仁堰水规碑记》。

成案，勿遽翻异，民乃不至卒受其累”。

从这里已经不难看出，水资源的分配是一个非常棘手的问题。一方面，防患于未然，就必须制订合理的分配方案，以杜绝争端。另一方面，在大家都需要用水的时候，水源成为人们关注的焦点，如果供不应求，矛盾一触即发，不仅争端很难避免，而且往往是年年用水，年年争水。一波未平，一波又起。以上两者，州县政府都不能置之不理；特别是酿成讼案之后，政府官员就更加责无旁贷了。

跨县工程矛盾主要发生在县际之间，例如石亭江为绵竹、什邡两县界河，火烧堰自高景关引水入绵，另有朱堰、李堰亦引江水灌溉什邡农田，三堰拦江石堰同在一处，故又名朱李火堰，由于水少田多，火堰改建不久，两县便互相指控对方横江筑堤，拦截江水，直至乾隆十九年会勘，规定朱堰占水四分，李火二堰各占三分，并设立分水鱼嘴。乾隆二十一年至嘉庆元年，又因深挖宽挖，加陡河渠坡度，多次互控，并由崇庆州会同两县在分水处安设平梁，分别确定三堰制口尺寸，控制供水数量。嘉庆至道光初，矛盾更加尖锐，发展到彼此聚众霸闸，殴伤和打死放水人员。在这种情况下，什、绵两县只好委派汛捕二官于每年四月一日至七月一日轮流赴堰看守，实行现场监督①。

通济堰灌区地跨新、彭、眉三州县，彭山田亩各在新津筒口下游，而新津沟岸较高，例由筒车车灌。新津农户私加筒车数量，或用竹笆长木，拦切水口，或将车埂对扎，横截官沟，若遇水势缓弱，下游辄至断流。张凤翥致新津邑令徐荛书云：“前经足下乘筏沿流，德感所至，膏泽下沛，水势顿添四五尺，而彭、眉最下之区皆已见水，此筒车之阻，其明效大验也。”于是从乾隆至清末，新彭筒车之讼，前后八次，历时百年。川督李世杰、蒋攸铦都曾委员查勘，并批示严禁，然而屡禁不止。道光后，乃设巡河船只，仿火烧堰例，实行现场监督，始稍有好转②。

惠泽堰，分灌三台、绵州两地，而绵人熊绣曾垫支万金，堰成后由绵属水户每十亩抽一亩五分，以偿熊姓，又因绵州受水田亩多于三台，“出资者既按亩抽田，取水者亦当计亩而分灌”。所以绵民主张按田分水，而三台主张平均分水，于是“两造之讼成矣”。后经四川盐茶道林俊与潼绵府州官员审议决定：1. 于樊家沟立石平两道，潼属凿口六尺四寸，绵属凿口六尺；2. 绵属旧有山边沟一道，后改沟入堰，即于其地，另立石平，凿口八寸；3. 左家岩一处，因堰工挖毁左姓民人田地颇多，即以公裕之水，另立石平，口一尺一寸，偿

① 嘉庆《什邡县志》卷九《朱李火三堰讼案大略》，道光《绵竹县志》卷一〇。
② 民国《彭山县志》卷三。

其独损之田，“由是而水与田皆均矣”[①]。这个案例说明，只要不损害投资者利益，尽量做到权利和义务的一致，县区之间的矛盾也是不难调解的。

在四川农村的许多地方，只要条件允许，河流、溪涧与山泉均可设法利用，引水灌溉。然而沟渠纵横，塘堰棋布，“势若瓜瓞之蔓，延如柳枝之分，出左之右，不可枚举。每年早春浚治沟渠，季春拨水归田，一遇天时偶旸。水不敷溉，种莳难遍，相趋争夺者，无日无之”[②]。这些小型塘堰，如果属于一姓所有，兄弟分家时，分地不分水，塘堰各房公用，并在分关文书上注明。因而兄弟叔侄之间的争水纠纷层出不穷[③]。如果异姓各有塘堰而又地界相连，上流下接，乃是民间通行的习惯[④]。如果发生争执，而又不愿诉诸法律，可经族邻调解，双方订立合约，各执一纸，以昭信守。土地出卖，合约由卖方转付买方，以为凭证[⑤]。也可以在出卖田土文约上注明共用塘堰的位置，分水口和共用人姓名[⑥]。《清律》中没有处理争水纠纷的专条，于是民间的“合约”“分关”与“习惯”都获得官方的认可，具有法律效力。并且成为州县官审理这类案件的重要依据。例如道光二十四年（1844）黄宗贵与宋文兴争讼，审理结果，“仍照乾隆三十九年合约放水”[⑦]。七十年前的合约依就有效，这的确体现了“考其旧规，不可更张，稽其成案，勿遽翻异”的指导思想，争水纠纷毕竟是一种特殊的社会冲突，就个别讼案来讲，宜于息事宁人，因为就整个地区来讲，只有发展水利，才是解决矛盾的关键。

三

应当说明，州县政权通过行政手段介入水利事业，不是清代一个王朝，也不只是四川一个省区所特有的社会现象。当然，在不同的地区，政权机构干预的方式与途径，介入的

---

① 嘉庆《四川通志》卷二三。

② 道光《德阳县新志》卷四阚昌言《堰蓄水说》。

③ 四川大学历史系、四川省档案馆主编：《清代乾嘉道巴县档案选编（上）》，四川大学出版社，1989 年，第 2、3、12 页。

④ 四川大学历史系、四川省档案馆主编：《清代乾嘉道巴县档案选编（上）》之《判词》，四川大学出版社，1989 年，第 4 页。

⑤ 四川大学历史系、四川省档案馆主编：《清代乾嘉道巴县档案选编（上）》之道光二十四年《黄忠贵供状》，四川大学出版社，1989 年，第 14 页。

⑥ 四川大学历史系、四川省档案馆主编：《清代乾嘉道巴县档案选编（上）》之《何仲仑卖田文约》，四川大学出版社，1989 年，第 113 页。

⑦ 四川大学历史系、四川省档案馆主编：《清代乾嘉道巴县档案选编（上）》，四川大学出版社，1989 年，第 13 页。

深度与广度，也必须从当地实际情况出发，因地而异，这就形成了各自不同的地区特点。但是，归根结底，政治干预的普遍性是和当时全国普遍存在的封建小农经济结构分不开的。

清代前期的中国农村，包括四川在内，不管生产者是处于自给自足的状态，抑或是处于自然经济逐步向商品经济转化的状态，规模狭小，经营分散，都是他们的共同特征。一家一户就是一个独立的生产单位，在一般情况下，封建政权不必要，也不可能干预这些独立生产者的经营活动，比如规定生产的品种、数量及剩余产品的支配，等等。但是，为了维持农业的再生产和国家的赋税收入，政府和农民都希望年年有一个好收成。然而在很多地方，如果没有灌溉设施，天旱成灾，束手无策，土地减产，不仅影响农民生活，也影响国家赋税收入。所以水利是农业经济的命脉，这一点，政府和农民双方都有深刻的体会。问题在于，高度分散的个体生产者既没有单独举办水利工程的条件，又无法摆脱自身的孤立性，因而只有借助政治的力量，促使各种虽然相同但又绝非共同的利益，在发展水利这个大家都支持的目标之下联合起来。一些大中型灌溉设施正是这种联合行动的成果。人力物力，大半来自民间，而号召、动员和组织工作便落到了政府官员的身上。

四川地方文献指出："为政必本于农，农必资于谷，谷必利于水，而借人力以补天工之缺，则责在司牧。"① 所谓"人力"应包括官方和民间两个因素。但是，如果离开了政府，分散的个体生产者就失去了凝聚的核心，从这层意义上讲，官方的作用比民间更重要。而政府的干预和"为政之本"联系在一起，说明它不是一种权宜之计，而是作为一项长远的政治任务来对待的。因此在中国古代社会水利之兴衰，往往成为检验地方政府是否真正关心农业生产的一块试金石。中国古代的农民，从人与自然的关系看，他们收成的好坏取决于天气的好坏；而从人与人的关系看，他们收成的好坏还要取决于政府的好坏。所以民间百姓对于那些热心水利事业而又贡献卓著的政府官员总是存在一种怀念和感激之情，有的建祠，有的立碑，有的地区还出现了不少冠以"父母官"姓氏的堰名，诸如"刘公堰""江公堰""文公堰"，等等，应当看到，这些现象都有其深刻的社会根源，而不是偶然产生的。

按照通常的说法，地方官兴办水利就是修塘筑堰，然而塘堰只能解决基础工程的建设问题，在尔后的使用和管理等环节中还有一系列新的矛盾产生。水利工程多半属于集体性共同事业，四川民间或称为"官堰"。官堰者，"盖以其非一人一家之所能成，又非一人一

① 嘉庆《三台县志》卷一。

家之可私，故以‘官’名之也”①。它不像私人的土地财富，可以由自己任意支配；与此相反，这里必须遵守共同的规则，必须通过公认的方式来实现个人的利益，并且以不损害他人为前提。然而水利设施的社会公益性和小农经济的个体性之间总是有矛盾的。倘若冲突激化，不仅影响农村正常的生产秩序，而且已有的灌溉设施也将由于各种困扰而无法充分利用。这就决定了州县政权干预的范围必须扩大，即从水利工程的建设延伸到工程的维修和水资源的分配，其任务就是制订和认可具体方案，并通过官督民治的形式付诸实施。

在这里，官督民办与官督民治集中地体现了州县政权的政治职能，它是历史的产物，当然也包含着深刻的历史意义：一方面，政治干预有助于促进农业的发展和维护农村的安定繁荣；而另一方面，正如马克思所说“在印度，供水的管理是国家权力对互不相联系的小生产组织进行统治的物质基础之一”②。毫无疑问，这个结论对于中国清代社会也是完全适用的。

（与李映发合作，王戎笙主编：《清代的边疆开发》，西南师范大学出版社，1993 年，第 214—225 页）

① 彭镕《施明府修堰记》，民国《遂宁县志》卷一。
② 《资本论》第一卷，第 562 页。

成都人的祖先来自何方？

过襄汉，沿大江，穿三峡……

如果你是老成都或者老四川，在你的记忆里一定珍藏着一个美好的故事，它描述了我们最早入川的祖先是怎样从遥远的地方来到这天府之国的。

故事依靠口碑流传，大概很少形诸文字。最近我读到成都籍著名作家艾芜在 1948 年写的《我的幼年时代》，才发现那里边用十分细腻的笔墨，把口碑的内容完整地记录下来了。据说他的“第一个到四川的祖先，原来生长在湖北麻城县孝感乡的。读过书，却以种田为主要职业。但他失掉了土地，不能生活了，便强抑着悲哀，怀抱着雄图，带着妻子儿女，远离了自己家乡和族人，来到战乱之后人烟绝迹的四川西部。路程自然是经过襄汉流域，沿着大江，穿进三峡，再到成都……沿途没有什么好东西吃，同时也缺乏盐，一块泡得很久业已黄白不分的盐蛋，每顿饭取出来，拿筷子尖沾点咸味尝尝，就这么样一块盐蛋在路上吃了一个多月”。此后这位移民——即艾芜同志第一个来到四川的祖先，便在成都府的新繁县安家落户了。

论籍贯，我是上川北的中江人。这里清代属于潼川府。小时候，听婆婆摆龙门阵，说是我家的祖先也是从麻城县孝感乡来到四川的，在少得可怜的行李包中，也有一块小小的盐蛋，而且也是那么一丁点一丁点地从麻城一路吃进了四川。他们都是移民，姓氏不同，但地域来源完全一样；分布的州县不同，但流传的故事完全一样。情节虽然简单，人物的性格却非常鲜明，特别是那块盐蛋的吃法，让后世的儿孙们回想起来，更叫人别有一番滋味在心头。

在我们美丽遥远的故园

湖北的麻城，许许多多成都人乃至四川人老祖先的根，可惜我没有去过。从地图上看，这里是鄂东北低山丘陵地区，北界河南，耸立着巍峨的桐柏山，东邻安徽，横亘着雄伟的大别山。相传它是后赵石勒的部将麻秋所筑，故曰麻城。筑城之时，麻秋督工甚严，士卒们取石夯土，辛勤劳作，每至深夜，不得休息。麻秋的女儿麻姑，心地善良，便伪装鸡鸣之声，使父亲听见，误以为天快亮了，好早一点收工。不料被麻秋发觉，将女儿痛打一顿。麻姑乃弃家出走，隐居在一个山洞里，修身养性，终于成了神仙。所以麻城有个仙居乡，即是麻姑飞升之处。顺便说一句，麻姑的神话在葛洪的《神仙传》里还有记载，与此大相径庭，谁是谁非，我看就不必深究了。

成都人（包括四川大部分人）寻根，试问和麻姑有啥牵连？原来麻城县的确有个孝感乡，但在明朝的成化六年（1470），因户口耗减，就把它并入仙居乡了。川人讲麻城孝感，证之当地文献，凿凿有据，名不虚传。但是如果按图索骥，不仅要辨其方位，而且要考其沿革，既然孝感已经撤销，此后前往麻城寻求祖先遗迹，我们就只能在麻姑居住过的地方探幽索微了。

湖北另外还有个孝感县，在明清时期，它先属德安府，后属汉阳府。那时候，社会传说是不兴专利的，所以孝感同样流传着一个美丽的故事。据称董永的家乡，遭了天灾，被迫外出谋生，逃荒到了这里，不幸父亲病亡，于是卖身葬父。他的孝行感动了天帝，乃吩咐七仙女下凡，织锦偿债，并和他结为夫妻。这个县的名字也因此叫作孝感。我估计“天仙配”的神话最先流行于安徽，后来才进入湖北境内。但是，既然董永可以在孝感县安家，为啥又不能去麻城县落户呢？因此我们有理由怀疑在麻城县同样有一个董永和七仙女耳鬓厮磨的场所；否则，孝感乡的名字就没有什么意义了。

麻城孝感，我们许许多多成都人祖先的根，那真是神仙也为之倾心的好地方！

人才辈出的麻城入川移民

元朝末年，爆发了声势浩大的农民战争，湖北黄州是农民军的发祥地之一。这时，江淮和江汉流域，到处战火纷飞，然而长江上游的天府之国却比较安定，元末明初大量移民入川的现象正是在这样的社会背景之下产生的。

无巧不成书，在这批移民中间不仅出现了众多的著名家族，而且好些家族又来自同一个地方，不言而喻。那就是湖广的麻城县了。

例如今成都境内，新都的杨廷和，明代的政治活动家，在武宗死、世宗未即位之前，他以内阁首辅的身份总揽朝政一月有余。其子杨慎，号升庵，学者兼诗人，著述之宏富，号称明代第一。根据当时头面人物李东阳、赵贞吉、刘春、熊过撰写的墓志材料，表明杨氏家族的祖先原本江西吉安府庐陵县人，元末大乱，徙居麻城，然后再由麻城移家入蜀，始占籍新都。

又如梁山（今梁平）来知德，明朝嘉靖三十一年（1552）中举，不久父母双亡，发誓一不饮酒茹荤，二不拜见地方长官，隐居万县山中，潜心研究《周易》，著作甚多。万历时，四川的总督巡抚联名向皇帝推荐，朝廷特授翰林待诏，但是这位来先生视富贵如浮云，婉言谢绝了。据说他的祖辈是浙江绍兴肖山人，其中一支迁到了湖广麻城，元朝末年，也由麻城入蜀，行至下川东的夔州府，在梁山县插占为业了。

还有遂宁的张鹏翮，清初的政治活动家，宦海浮沉五十余载，深得康熙赏识，担任河道总督，与靳辅齐名，二人均是治河能手。他的玄孙张问陶，乾嘉时期著名诗人，抒情写景，独具风格，有清一代蜀中诗歌作者当推问陶首屈一指。陆燿《治河名臣小传》称张鹏翮“四川遂宁籍，湖广麻城人”，但没有说明具体年代。清初移民，一般来讲，是从康熙中叶开始的。据查，张鹏翮生于顺治六年（1649），康熙九年（1670）就中了进士，因此我估计遂宁张家很可能也是元末明初来到四川的。在清代，为了和清初移民相区别，元末明初的移民被称之为“老民”——老资格的土著四川人了。

在封建社会，名人死了，他的家属总是要去请一位活着的名人给死者写一篇墓志的。这些墓志材料，嘉庆《四川通志》卷四四至卷四七就收录了一小部分，其中可以考见死者或死者的先代系元末明初进入四川的，共 19 家，论其籍贯，江西和江南地区各 3 家，而来自湖广麻城或麻城县孝感乡的，竟高达 13 家。由此推断，第一，明初入川移民的确包括了相当数量的麻城人氏；第二，他们不仅数量较多，而且质量冒尖，世家望族，人文荟萃，这就大大提高了麻城县的知名度。

老祖先留下的难解之谜

大规模的人口移徙不可能只有一个地域来源。所谓“江西填湖广，湖广填四川”，它的含义，应指沿江一线人口流动的趋势，即从地狭人稠的长江下游向土旷人稀的长江上游转移，而不能把它理解为偌大一个四川省都是依靠湖广人口来填充的。

但是而今的老成都乃至老四川，几乎众口一词，都认为自己的根在湖广麻城县孝感乡。从历史上看，此种说法确有部分的真实性，但从传闻的普遍性来考察，它又的确存在着不少的难解之谜。就算是湖广，它包括湖北、湖南两省之地，为啥四川人心目中偏偏只有麻城县？就算是麻城，明初共有四乡，但孝感乡一枝独秀，而另外三乡在四川的乡土文献中竟然毫无反映，这是什么道理？如果明初入蜀，麻城孝感，尚可说也；但清初战乱，四川旧有土著人户大量流亡，所存无几，新移民始于清初，而孝感又于明朝的成化六年就撤销了，其时距清代移民高潮，已有两百余年，这期间还说什么麻城孝感，岂不成了“无稽之谈”吗？

谜之难解，原因之一，就是真伪混杂。口碑不一定都是信史，在它的流传过程中，容易使人产生错觉。首先是以偏概全，把知名度最高的麻城县当作外来移民的主导，而某些慕名之人，苦于无根可寻，也往往牵强附会，以麻城自居，于是虚虚实实，更加真伪莫辨。其次，在清朝初年，新移民和明初老移民之间还存在着比较明显的区别，时间久了，界限模糊了，于是社会传闻又把明初和清初两次移民运动混为一谈，所以尽管湖北的麻城已经没有了孝感，而在许多川人的观念里，这个老祖宗的根却依然如故。

应该还有别的原因，非我所知，也就不敢妄加臆测了。

（原载《成都晚报》1991 年 5 月 4 日）

论明律与清律

明律与清律皆以唐律为蓝本。唐律共 12 篇：名例为律之总则；卫禁、职制、户婚、厩库、擅兴、贼盗、斗讼、诈伪、杂律九篇，为实体法；捕亡与断狱两篇为程序法。明律草创于洪武元年（1366），更定于洪武六年（1373），整齐于二十二年至三十年（1389—1390），始颁示天下。在草创与更定阶段，明律之编次“一准于唐”（《明史》卷九三《刑法志》）。唐初实行中书、尚书、门下三省制。六部乃尚书属官，地位较低。明洪武十三年，废中书，升六部，中国古代宰相制与三省制相继退出历史舞台，六部成为最高职能机关，并直接向皇帝个人负责。为了配合这一重大变化，洪武三十年（1380）正式颁布之明律，组织结构也相应出现重大调整。名例仍第一，与唐律同，其余则按六部分类，依次为吏律、户律、礼律、兵律、刑律与工律，共七篇，各篇之内，又分为若干门。清律最早公布于顺治二年（1645），但其内容“多仍明代”（《永宪录》卷二下）。根据时人所见：清朝礼制，悉仿先朝。如“丧服，百官并依会典行事，会典仍旧刻，未尝另梓”（《北游录·记闻》下）。明代法规在清朝初年依旧行之有效，早期清律沿袭明律也就不足为奇了。此后清律又经历三次（康熙十八年、雍正五年、乾隆五年）修改，但其篇章结构仍与明律大同小异。

明律与清律继承唐律基本精神，但并非唐律翻版，两者既有共性，也有个性，今试从唐明律中选取若干条对比分析如下。

第一，《唐律·户婚》：诸占田过限者，一亩笞十，十亩加一等，过杖六十，二十亩加一等，罪止徒一年。

《明律·户律·田宅》：凡欺隐田粮，脱漏版籍者，一亩至五亩笞四十，每五亩加一等，罪止杖一百。（清律与明律全同，见《清会典事例》卷七五四。）

唐行均田制，所以唐律强调占田过限。此后土地制度发生重大变化，买卖自由，当质无禁。所以明律强调田粮欺隐。不同的法律条文分别反映了两个不同时代的社会经济状况。

第二，《唐律·户婚》：诸祖父母、父母在，而子孙别籍、异财者，徒三年。

《明律·户律·户役》：凡祖父母、父母在，而子孙别立户籍分异财产者，杖一百。（须祖父母父母亲告，乃坐。）若居父母丧，而兄弟别立户籍分异财产者，杖八十。（清律与明律全同，见《清会典事例》卷七五三。）

古代帝王标榜以孝治天下，严禁子孙别籍异财，所以唐律量刑很重。但同宗共财之大家庭，既限制个人发展，更不利于多种经营，在城乡商品经济浪潮冲击下，很难长期坚持。兄弟析产，诸子轮流供养父母，或者切割一份产业，作为赡田，此类现象，在明清两代已很普遍（参看《日知录》卷一三《分居》），绳之以法，势所难行。于是明律量刑减等，又规定亲告乃坐，意即不告不理。尺度放宽之后，禁止别籍异财的法律条规也就在客观现实面前基本上失去了约束力。

第三，《唐律·贼盗》：强盗不得财徒二年，一尺徒三年，二疋加一等，十疋及伤人者，绞；杀人者，斩。

《明律·刑部·强盗》：凡强盗已行而不得财者，皆杖一百，流三千里，但得财者，不分首从皆斩。

唐律重事实，衡轻重，讲区别，比较注意公平合理。明律一概从严，过分突出法典之镇压功能，此种倾向，应当和明初之重刑主义有密切联系。

第四，《唐律·贼盗》：诸谋反及大逆者，皆斩。父子年十六以上皆绞。十五以下及母女、妻妾（子妻妾亦同）、祖孙、兄弟、姊妹若部曲、资财、田宅并没官，男夫年八十及笃疾，妇人年六十及废疾者并免。（余条妇人应缘坐者，准此。）伯叔父、兄弟之子皆流三千里，不限籍之异同……即虽谋反，词理不能动众，威力不足率人者，亦皆斩；父子、母女、妻妾并流三千里，资财不在没限，其谋大逆者，绞。

《明律·盗贼》：凡谋反（谓谋危社稷）及大逆（谓谋毁宗庙、山陵及宫阙），但共谋者，不分首从，皆凌迟处死。祖父、父子孙、兄弟及同居之人，不分异姓及伯叔父兄弟之子，不限籍之同异。年十六以上，不论笃疾废疾皆斩。其十五以下，及母女、妻妾、姊妹，若子之妻妾，给付功臣之家为奴，财产入官，若女许嫁已定，归其夫，子孙过房与人，及聘妻未成者，俱不追坐。（下条准此。）

谋反乃十恶重罪，唐律仍区别对待，未遂者本人斩，株连免死。明律无此条，应无已遂、未遂之分。唐律死罪限于父子。明律上及于祖，下及于孙，旁及叔伯，包括直系血亲和旁系血亲全部成年人，统统斩尽杀绝。在明代，奴仆属于贱民，没有独立人格，其姓名附记于主人户籍之后，名曰同居。唐律部曲没官，是无死罪。明之同居皆斩，伤及大量无辜。（清律仍与明律同，见《清会典事例》卷七七九。）

第五，《唐律·职制》：诸官有员数，而署置过限及不应置而置，一人杖一百，三人加一等，十人徒二年。

《明律·刑部·职制》：凡除授官员，须从朝廷选用，若大臣专擅选用者斩。若大臣亲戚，非奉特旨，不许除授官职。违者罪亦如之。

官员署置，有章可循，违章即违法。唐律有明确之针对性，界限清楚，且可操作。明律措辞含混，专擅情节之轻重，选用数量之多少，都没有具体规定。中央集权乃明初政治基本走向，也是最高统治者之最大需求，一切不利于集权之行为，皆可视之为不赦之重罪，此即明律量刑之依据。

第六，唐代属于八议范围之特殊人物，若犯死罪，皆条所坐及应议之状，先奏请议。流罪以下减一等。官员直系亲属不分男女犯法，也可以请求减刑或赎罪，唐律为此专设议请减赎四章，对上述特殊照顾做了明确规定。与八议并行，还有官当，允许官员以官品抵罪。在八议和官当庇护下，唐代官员犯罪完全可以逍遥法外。与之相反，明律规定，凡八议者犯罪，实封奏闻取旨，不许擅自勾问，若奉旨推问者，开具所犯，及应议之状，先奏请议，取自上裁。唐律死罪奏闻，流罪例减，明律一概上报，审批权操控在皇帝个人手中。雍正六年（1728），清世宗上谕：八议“历代相沿之文，其来已久，我朝律例于此条虽仍载其文，而实未尝照此例行者，盖有深意存焉”（《清会典事例》卷七二五）。由此可见，唐之八议在明清两代实际上已经成为具文。唐代官当减赎之法，明律皆废而不用，同时另立新规。例如文官不许封公侯，凡文官非有大功勋于国家，而所司朦胧奏请辄封公侯爵者，当该官吏及受封之人皆斩。又如不许上言大臣德政。凡诸衙门官吏及庶人等若有上言宰执大臣美政才德者，即是奸党。再如不许结交近侍官员，凡诸衙门官吏，若与内官及近侍人员互相交结，漏泄事情，夤缘作弊，而符同奏启者，皆斩。以上各条，皆明律首创，清律仍之。唐律优待官僚无微不至，而明律处处设防，管控森严，可见唐明两代政治格局迥然不同。

前人曰：“律出于礼。”（孙星衍《重刻故〈唐律疏议〉序》）在中国古代，礼之起源甚早，内涵极其复杂。简而言之：人际交往是一种社会行为，倘若各随其便，互相抵牾，势必影响社会生活之正常运转。所以古代先民在长期交往过程中，依托于人类社会固有之凝聚力，不断舍异求同，逐步取得共识，在习以为常之后，终于出现某些稳定的仪式和规则。仪式可以实践，具有很强的操作性。规则乃约定俗成，必须共同遵守。这些规则和仪式，古人统称之为礼。人际交往总是由简到繁，门类越来越多，这些分门别类的行为都需要通过分门别类之规则——也就是礼——进行整合与约束，于是祭神祀祖，冠婚丧葬，饮射朝聘，君臣父子，衣食住行，无不有礼。礼存在于一切人际关系之中，已经事实上成为具有法律意义之社会行为规范，故曰“律出于礼”。

从历史上考察，礼与西周初年宗法制度联系密切。宗法严于大宗小宗和嫡庶长幼之分，等级色彩十分鲜明，礼则强调君臣父子亲疏贵贱，等级色彩也非常鲜明，于是礼通过宗法制度显示其社会功能，宗法制度又依靠礼之规定进行实际运作。周王是所有同姓宗族之最高族长，又是全国之最高政治领袖，一身二任，君父一体，双重身份皆由嫡长子世袭。次子分封为诸侯。周王是大宗，诸侯是小宗，但诸侯在自己的封地之内，同样一身二任，君父一体，双重身份也同样由嫡长子世袭。宗法制度使血缘亲属关系（“家”）与地缘政治关系（“国”）具有明显的同一性，家族成员的自然差别随之转化为社会差别，双重关系内部之君臣上下和男女长幼同时演变为不同之社会等级。等级不同，其社会地位、政治待遇和物质享受，也各不相同。一切与生俱来，按部就班，不争不让。此种模式理想成分太重，违背了人类社会发展变革的必然规律，很难长期墨守。春秋战国之际，礼坏乐崩，秦之统一标志着宗法制度最后瓦解，地方政区实行郡县流官制，取代了西周初年的宗法分封制。但是必须指出，分封并非分离，“普天之下，莫非王土，率土之滨，莫非王臣”（《诗经·北山》）。统一才是西周王朝政治格局的主要特征。小宗服从大宗，“礼乐征伐自天子出”（《论语·季氏》），君主专制和中央集权才是西周封建制度的本质属性。秦汉之后，以君主世袭为核心的中央统一集权体制一直相沿未改，而且不断加强，形成双重身份等级制度的社会政治基础依旧长期存在，维护双重身份等级制度的理论体系也依旧长期存在，而且这些理论又早已成为普遍认可之行为规范，这个特殊的历史背景对秦汉以后的法律编撰产生了极其深刻的影响。学者解读字义，法字从水，水者平也，因此认为平等乃法律之基本精神。但观念与事实并不相符。唐之八义源于周之八辟，故有刑不上大夫之说，可见王子犯法根本不可能与庶民同罪，维护等级特权才是历代法典之共性。以唐律为证，血缘关系内部之等级差别，通过服制入律之形式，仍旧长期保留在社会生活之中。服制即古之丧服制度，服分五等，亦称五服（斩衰、齐衰、大功、小功、缌麻）。亲属相犯应以服制亲疏作为量刑增减之依据，如果州县初审时，无法判定当事人之服制关系，必须申报礼部请求解释，方可定案，因自作主张而造成失误，初审者将按出入人罪论处，可见问题性质之严重。

中国古代亲属关系，层次多，范围广，但是重男轻女。从自身算起，上推四代至曾高，下推四代至曾玄，合称九族，皆为服亲。但从母系算起，上推至母之父母，旁推至母之兄弟姐妹，下推至母之兄弟姐妹之子女，皆为边际亲属，过此则无服。家庭实行父权制，父权包括家长权、主婚权和财产权等等，但同时也必须承担相应之法律责任。例如卑幼擅自使用财物，清律规定：十两笞二十，每十两加一等，罪止杖一百。但同时又规定，家长“应分家财不均平者，罪亦如之”（《清会典事例》卷七五三，参考《明会典》卷一六三）。法律严禁卑幼控告尊长，“凡子孙告祖父母、父母，妻妾告夫，及告夫之祖父母、父母者，（虽得实，亦）杖一百，徒三年”，“若告期亲尊长外祖父母，虽得实，杖一百。大功杖九十，小功杖八十，缌麻杖七十”（《清会典事例》卷八一九）。以上各条，唐律量刑更重。亲亲相隐，历代有法可依。尊长犯罪受审，卑幼出庭作证，同样属于“干名犯义”之违法行为。凡人相殴，要分辨故意或过失，有伤或无伤，致伤手段，以及伤之轻重，区别对待。子孙殴父母祖父母，上述区别完全失去法律意义，只要有此事实，罪名即可成立，而且属于十恶之一。明清律规定，殴缌麻兄妹，不问有伤无伤，皆杖一百，小功徒一年，大功徒一年半，重伤各加凡一等，至死者斩。殴欺亲兄妹，量刑更重，无伤徒二年，有伤徒三年，刃伤者绞，至死者斩。

妻乃另一宗族之女子，奉父母之命（父母不在，依次由祖父母或其他尊长主婚，律有明文），合二姓之好，通过婚前之纳采、问名、纳吉、纳征、请期、亲迎和婚后庙见等一系列仪式，使自己从父宗之成员转变为夫宗之成员，然后夫妻共同承担传宗接代之重要任务，这是古代婚姻唯一和最高目的。女子出嫁后，于本宗之父母降服一等，于夫之父母则与夫同服。在家从父，出嫁从夫，夫死从子，男主女从之实质就是男尊女卑，所以《唐律疏议》指出“夫者，妻之天也”（卷一）。在法律地位上，妻之于夫也就如同卑幼之于尊长。仍以斗殴为例，唐律妻殴夫者徒一年，伤重者加凡斗伤三等，明、清律但殴即杖一百，折伤以上加凡斗伤三等，至笃疾者绞。殴夫至死者斩。夫殴妻，唐律减凡二等，明、清律折伤以下勿论，折伤以上减凡人伤二等，妻殴夫但殴即成殴罪，不问有伤无伤。反之，夫殴妻无伤则不成罪。有了子女，夫权向外延伸，发展成为父权，中国古代社会家庭暴力之普遍与严重，则是上述两种权力恶性发展的必然结果。

夫妇乃五伦之一，名分极严，所以道德与法律都禁止重婚，但已婚男子仍有权与另外的女性共同生活，不过这些女性不能称之为妻，只能称之为妾。《唐律疏议》指出：“妻者，齐也，秦晋为匹。妾通买卖，等数相悬。”（卷一三）唐律规定，以妻为妾，徒二年，以妾为妻，徒一年半（卷一三）。明律以妻为妾杖一百，妻在以妾为妻者杖九十（《明会典》卷一六三），清律与明律同（《清会典事例》卷七五六）。仍以殴伤为例，仅据清律规定“若妾殴夫及正妻者，又各加（妻殴夫罪）一等……殴伤妾至折伤以上，减殴伤妻二等……妻殴伤妾，与夫殴妻罪同”（《清会典事例》卷八〇九）。至于妾之来源，一可买卖，二可转送。《红楼梦》书中赵姨娘原是王夫人年轻时候贴身丫头，王出嫁时赵作为陪嫁从王府转送至贾府，又被贾政收娶为妾，育子贾环，育女探春。贾环和丫头赌钱赖账，赵认为受了欺侮，在屋里啐骂：“谁叫你上高台盘去了？下流没脸的东西！那里玩不得？谁叫你跑了去讨没意思！”凤姐正好从窗外经过，听在耳内，便立即说道：“大正月又怎么了？环兄弟小孩子家，一半点儿错了，你只教导他，凭他怎么去，还有太太老爷管他呢，就大口啐他，他现在是主子，不好了，横竖有教导他的人，与你有什么相干！”贾环乃贾政后代，姨娘母以子贵，成了半个主子，另一半还是奴才，根本无权管教贾环，更何况出言不逊，所以受到凤姐申斥。（见《红楼梦》第二十回）赵姨娘之兄赵国基死，例给赏银，适逢探春主持家政，袭人母死，王夫人决定赏银四十两，探春认为属于破格，为了避嫌，坚持照规矩办事，只给二十两。赵不服，亲自出面与探春争论。李纨、探春见赵进屋，急忙让座，赵哭诉探春踩在她的头上，探春忙站起来说道：“我并不敢。”在弄清真实原因之后，向赵解释：赏银规格是祖宗定下的规矩，“讲不到有脸没脸的话上”，同时指出，姨娘每每生事，“令人寒心”。赵不仅不接受劝告，反而指责探春。“如今你舅舅死了”，也不额外照看是“忘了根本”，于是探春一面哭一面问道：“谁是我舅舅？我舅舅年下才升了九省检点，那里又跑出一个舅舅来？我倒素习按理尊敬，越发敬出这些亲戚来了，既这么说，环儿出去，为什么赵国基又站起来，又跟他上学？为什么不拿出舅舅的款来？何苦来，谁不知道我是姨娘养的……”（见《红楼梦》第五十五回）根据这些细节描述，可以看出：第一，赵姨娘在贾府地位与袭人相等。第二，娶妾既无父母之命，亦非二姓之好，不成为正式之婚姻关系，妾之亲属与夫家也不存在任何亲属关系，所以赵国基在贾环面前如同家奴。探春不承认他是舅舅，悖于情而合于礼。但是在这个问题上，合礼就等于合法。第三，探春对赵姨娘之态度颇有分寸，赵毕竟是生身之母，进屋让座，见其生气，站起来回话，都是为了表示恭敬，但是探春称王夫人为太太，称赵为姨娘，直呼赵国基之名。这些言谈举止，同样反映出赵姨娘在贾府，一半主子，一半奴才的真形实况。第四，探春性格刚直，抱负甚高，但对庶出身份极其敏感，舅舅二字触及内心隐痛，所以伤心痛哭。在宗法家族内部，妻之子为嫡，妾之子为庶，嫡庶之分甚严。清律规定：凡文武官员应合袭荫职事，并令嫡长子孙袭荫。如嫡长子孙有故，嫡次子孙袭荫。若无嫡次子孙，方许庶长子孙袭荫。（《清会典事例》卷七四七）另据清律：“嫡庶子男，除有官荫袭先尽嫡长孙，其分析家财田产，不问妻妾婢生，止依子数均分。”（《清会典事例》卷七五三）继承政治遗产，必须严守嫡庶等级差别；继承经济遗产，又一视同仁，不分嫡庶，采取平均主义。（婢生子平分家产，在明代话本中有例证。）由此不难看出，宗法等级制度之实质和意义，主要体现在政治方面，而不是体现在经济方面。

在社会关系中，从总体上看，人与人之间存在两大差别，一曰良贱之分，二曰官民之分。前者之基本情况，据《光绪会典》卷一七《户部》指出：“凡民之著于籍，其别有四：一曰民籍，二曰军籍，三曰商籍，四曰灶籍，察其祖寄，辨其宗系，区其良贱。”同上书又称：“四民为良，奴仆及倡优、隶卒为贱。”倡优、隶卒从事社会贱业，隶卒还包括皂隶、马快、步快、小马、禁卒、门子、弓兵、仵作、粮差及巡捕番役等等。奴仆多半属于家内奴隶，在《红楼梦》书中，袭人是因为父母没有饭吃，“就剩我还值几两银子”，于是卖到贾府（第十九回），先侍候贾母，后又成为宝玉之贴身丫头。鸳鸯是家生子，此种贱民由来已久，或称伴当，或称世仆。“雍正五年议准，凡汉人家生奴仆，印契所买奴仆，并雍正五年以前白契所买，及投靠养育年久，或婢女招配，生有子息者，俱系家奴，世世子孙，永远服役。婚配俱由家主。”（《清会典事例》卷七五二）在法律地位上，奴仆控告主人，要从重治罪，良人伤害贱民，其处分较凡人相犯为轻，贱民伤害良人，其处分则较凡人相犯为重。在实际生活中，袭人母亲病重，其兄“亲自来求恩典”，让袭人返家探视病情（第五十一回）。由此可见，未经主人同意，袭人没有行动自由。后来，贾母发现袭人未在宝玉身边，查问原因，王夫人回答：“她妈前日没了，因有热孝不便前头来。”贾母听了点头，又笑道：“跟主子却讲不起这孝与不孝。”（第四十五回）侍候主子重于孝敬父母，又说明奴才在主子面前没有独立人格。主子有尊卑，奴才同样有高低，在贾府内部，有贴身大丫头，还有听从大丫头使唤之小丫头，有奶过宝玉之李嬷嬷（旧传“八母”之说，乳母即八母之一。皇室乳母封夫人，不始于明末，唐代早有先例（可参看《通鉴》卷一九四）。受此影响，缙绅家乳母地位也颇为特殊。有救过主子性命，敢于高声叫骂之焦大，有经管菜园和花草的，有干粗活的，有当差的，有管事的。奴才也有出头之日。例如赖大之子赖尚荣就捐了知县。凤姐等人向其祖母赖嬷嬷道喜。嬷嬷笑道：“我也喜，主子们也喜。若不是主子们恩典，我们这喜从何来？”然后告诉凤姐们，他曾在家中教训赖尚荣：“哥哥儿，你别说你是官儿了，横行霸道的！你今年活了三十岁，虽然是人家的奴才，一落娘胎胞，主子恩典，放你出来，上托着主子的洪福，下托着你老子娘，也是公子哥儿似的读书认字，也是丫头老婆、奶子捧凤凰似的，长了这么大，你哪里知道那‘奴才’两字是怎么写的！”这位嬷嬷两个儿子分别担任荣、宁两府总管，他们是贾府之奴才，但是回到自己家中，同样呼奴使婢，奴才之下还有奴才。中国古代之等级关系，真可谓山重水复，源远流长。

明清时期，科甲为出仕正途，能否参加科举考试，成为当时最重要之政治待遇。清律规定："倡优隶卒，及其子孙，概不准入考捐监，如有变易姓名，蒙混应试报捐者，除斥革外，照违律杖一百。"（《清会典事例》卷七五二）又规定："安徽省徽州、宁国、池州三府，民间世仆，如现在主家服役者，应俟放出三代后，所生子孙，方准报捐考试。若早经放出，并非现在服役豢养，及现不与奴仆为婚者，虽曾葬田主之山，佃田主之田，均一体开豁为良，已历三代者，即准其报捐考试。"（《清会典事例》卷七五二）又如乾隆四十八年上谕："向来满汉官员人等家奴，在本主家服役三代，实在出力者，原有准其放出之例，此项人等，既经明立章程，于录用之中，仍令有所限制，嗣后此等旗民家奴，合例后经该家主放出者，满洲令该家主于本旗报明咨部存案。汉人则令家主于本籍地方报明咨部存案，准其与平民一例应考出仕。但京官不得至京堂。外官不得至三品，以示限制，著为令。"（《清会典事例》卷七五二）另一处又规定："旗民放出家奴，止许耕作营生，不许考试出仕。其放出入籍三代后所生之子孙，准其与平民一例应试出仕。京官不得至京堂，外官不得至三品。"（《清会典事例》卷七五二）贱民不准应试，改贱为良之后，在政治待遇上仍不能与良民一视同仁。三代后子孙虽可入仕，担任官品级还要受到严格限制，良贱等级观念，真可谓根深蒂固，积重难返。但是清朝政府顺应时代发展潮流，调整良贱关系，采取了一些积极措施。早在元明时期，由于各种原因，在个别地区，出现一批特殊贱民群体。如安徽世仆，山西、陕西乐户，江南丐户，浙江惰民，广东疍户，浙江九姓渔户，等等，这些群体，深受社会歧视，从事贱业，且不能与良民通婚。雍正、乾隆时期，清王朝先后颁布法令，准其改贱为良，在一定程度上缩小贱民阶层的范围与数量，收到良好的政治效益。

雇工人情况比较复杂。明律"干名犯义"条规定："若奴婢告家长，及家长缌麻以上亲者，与子孙卑幼罪同，若雇工人告家长，及家长之亲者，各减奴婢罪一等，诬告罪不减。"（《明会典》卷一六九）由此可见，明代雇工人法律地位低于凡人而又略高于奴婢。据《明史·刑法志》（卷九三），万历中，左都御史吴时来申明律例，指出"庶人之家，不许存养奴婢，盖谓功臣家方给赏奴婢，庶民当自服勤劳，故不得存养，有犯者皆称雇工人，初未言及缙绅之家也。缙绅之家，存养奴婢，势所不免。合令法司酌议，无论官民之家，立券用值，工作有年限者，以雇工人论；受值微少，工作计日月者，以凡人论"。另据史料记载："官民之家，凡倩工作之人，立有文卷，议有年限者，以雇工人论，只是短雇，受值不多者，以凡人论。"（《明神宗实录》卷一九四）于是立有文券和议有年限成为雇工人定性之两标准，从明代一直沿用到清代前期。但文券核心内容不详，年限时间概念不明，势必给案件审理带来很大困难，所以清律从实用出发，做了补充规定“雇倩工作之人，若立有文契年限，及虽无文契，而议有年限，或计工受值，已阅五年以上者，于家长有犯，均依雇工人定拟，其随时短雇受值无多者，仍同凡论”（《清会典事例》卷八一〇）。按照此律，文契之效力下降，甚至消失，定性重心已经转移，年限之效力升格，五年以上成为法定年限，同时也成为判定雇工人身份最明确之法律条文。但是五年以下，是否享有凡人待遇，只可推论，仍然找不到明确之法律依据。明清社会现实生活中一直存在着两种不同类型之雇佣劳动者，一是雇工人，属贱民阶层；二是计工受值之雇佣劳动者，属凡人。由于城乡商品经济不断发展，在城市和农村，从事生产经营型之雇佣工人，数量日益扩大，此种客观形势，迫切要求为上述两种不同性质之劳动者，在法律上进一步划清界限。于是在乾隆五十三年（1788），清政府制定了新的法律条文，“如系车夫厨役水火夫轿夫，及一切打杂受雇服役人等，平日起居不敢与共，饮食不敢与同，并不敢尔我相称，素有主仆名分者，无论其有无文契年限，俱以雇工论。若农民佃户，雇倩耕种工作之人，并店铺小郎之类，平日共坐共食，彼此平等相称，不为使唤服役，素无主仆名分者，亦无论其有无文契年限，俱依凡人科断”（《清会典事例》卷八一〇）。雇工人贱民身份并未取消，但是定性不再根据文契与年限，有无主仆名分，成为区别良贱唯一标准，这就为一切能够和雇主尔我相称，同坐共食之雇佣劳动者，享受凡人地位开了绿灯，并且为他们改善生存环境，提供了法律保障。社会良贱关系，又一次出现重大调整，积极意义当然不可低估。

良民也有尊卑上下。尊者曰官，卑者曰民。官民之分才是明清时期社会等级关系中最重要的组成部分。科举乃入仕之正途，参加科考也就成为普通良民改变社会身份之突破口。但科举之路崎岖漫长，读书人要依次通过县试、府试、院试、乡试、会试和殿试，在考中秀才之后，还要继续取得举人和进士出身，方可授职任官。《儒林外史》（第二回）之周进，年过六旬，“苦读了几十年的书，秀才也不曾做得一”，在省城贡院门口触景生悲，失声痛哭。后来周中了进士，升了御史，点了学道，主持考试，又碰上一位考生，“花白胡须”，名曰范进。明清两代应试生员未中者，无论年龄大小，一律称为童生。周问范之年龄，范答曰：“童生册上写的是三十岁，实年五十四岁。又问考了多少回?”范又答曰：“童生二十岁应考，到今考过二十余次了。”乾隆四十九年会试，赴考举人中年九十者一人，八十以上者二十人，七十以上五人（《清高宗实录》卷一二〇三）。可见老年考生有书为证。《外史》写实，不可斥之为捏造。俗称八股为科举之敲门砖，范进持砖应试，但此门却长期未曾敲开，可见功名并非唾手可得，不过一经得手，跃入龙门，便身价百倍。范进中了秀才，名籍正式列入本地官学，社会身份就开始发生了质变。范进岳父胡屠户认为，秀才高人一等，“若是家门口这些做田的、扒粪的，不过是平头百姓，你若同他们拱手作揖，平起平坐，这就坏了学校规矩”。中了举人，景况更加不同，报帖上写道“贵府老爷范讳进高中”，不称相公，而称老爷，名分又升一等，加一讳字，以示不敢直呼其名。范喜极发狂，有人建议胡屠户打范两个耳光，此时胡言道，他虽然是我女婿，如今却做了老爷，就是天上的星宿。打了天上的星宿，阎王就要拿去打一百铁棍，发在十八层地狱，永不得翻身。（见《儒林外史》第三回）视某些精英人物乃天上星宿下凡，此种观念，在中国古代社会颇为流行。例如李阳冰《草堂集序》称唐代诗人李白之母“惊姜之夕，长庚入梦，故生而名白，以太白字之”。《新唐书·文艺列传》亦采此说：“白之生，母梦长庚，因以命之。”《外史》又故意通过胡屠户之口，认定身边的老爷就是天上的星宿，从而使老爷这个特殊的形象变得更加神秘，也更加令人望而生畏。本地张乡绅在范进中举之后，立刻大红全帖拜访，轿子到达范家门口时，“胡屠户忙躲进女儿房里”不敢和张见面。乡绅同样是老爷，老爷可怕，乡绅不会例外，所以史称清代某些地区即有“举人阁老秀才尚书”之俗语，还有“畏乡绅如虎，畏士子如狼”之民谚。（见《东华录》卷三〇）胡屠户躲避张乡绅，事非偶然，《外史》反映社会生态，描摹细腻，不可嗤之为闲笔。“自此以后，果然有许多人来奉承他，有送田产的，有人送店房的，还有那些破落户，两口子来投身为仆图荫庇的。到两三个月，范进家奴仆、丫鬟都有了，钱、米不消说了。”（《儒林外史》第三回）范进敲开乡试之门，就等于拿到了进入官场的通行证，光大门庭势属必然。《儒林外史》形容夸张，但并不违背生活真实。

明清时期，取得功名出身者都可以通称之为“缙绅”。“绅衿”乃“缙绅”之同义词。《明神宗实录》卷一九四：“财买义男，恩养年久，配有室家者，同子孙论，恩养未久，不曾配合者，士庶家以雇工人论，缙绅家以奴婢论。”家长身份越高，家奴依附越强，地位越低。缙绅地位高于士庶，所以缙绅家义男同奴婢，士庶家义男同雇工人。缙绅或绅衿优于庶民之处甚多。在司法方面，笞杖案件州县有权终审，庶民犯罪，州县官可以直接使用刑具拷打。秀才犯罪，州县必须先将其犯罪情由转送学官，革去衣巾，方可笞杖。如果不按照程序办理，在未革功名之前，擅自用刑，州县官员违法。庶民涉讼，原告和被告都应亲自出庭，接受审讯，如果庶民与缙绅涉讼，后者有权委托他人代理，名曰报告。在基层管理方面，清代推行保甲制，“十户为牌，立牌长，十牌为甲，立甲长，十甲为保，立保长，限年更代，以均劳逸。士民公举诚实识字及有身家者，报官点充，地方官不得派办别差，以专责成”。但是清律规定“凡佥充保甲长，并轮直支更看棚等役，绅衿免充”（《清会典事例》卷一五八)。在清律“处分例”中，行文更加清晰，规定“身列仕籍，肄业胶庠”。编审保甲时“免其充役轮直”(《清会典事例》卷九九)。在日常生活方面，社交场所序齿，以年最长者为尊，若有绅衿在场，必须以等级高低为序。没有功名出身，年岁虽大，也只能“叨陪末座”。

明清时期“官”“绅”两大群体都有资格享受优免特权。顺治五年规定:“在京官，一品免粮三十石，人三十丁。二品粮二十四石，人二十四丁，至九品，各有差。外官减半，教官、举、贡、监生、生员各免粮二石，人二丁。致仕免十分之七，闲住免半。犯赃者不在免例。”(《东华录》卷六)明代条文基本上与清代相同。于是在经济领域，“绅衿户下，地亩不应差徭，遂有奸猾百姓，将地亩诡寄绅衿户下，因而衙役兵丁，效尤免差，更有绅衿包揽钱粮，将地丁银米包收代纳，耗羡尽入私囊，官民皆累”。(《大清会典则例》卷三六)另据雍正二年上谕:“百姓完纳钱粮，当令粮民户户到官，不许里长甲头巧立名色，希图侵蚀。闻有不肖生员监生，本身原无多粮，倚恃一衿，辄敢包揽同姓钱粮，以为己粮，秀才自称儒户，监生自称官户，每当地丁漕粮征收之时，迟延拖久，不即输纳。通都大邑固多，而山僻小邑尤甚。”(《大清会典则例》卷三六)利用身份特权，谋求经济利益，只要存在等级制度，此类现象，就根本无法避免。

官员社会身份高于绅衿，其法律地位更加特殊。官员犯罪可以不受普通司法程序之约束，明代“凡京官，及在外五品以上官有犯，奏闻请旨，不许擅问，六品以下，听分巡御史、按察司并分司，取问明白，议拟奏闻区处。若府州县官犯罪，所辖上司，不得擅自勾问，止许开具所犯事由，实封奏闻，若许准推问，依律议拟回奏，候委官审实，方许判决”(《明会典》卷一六〇)。清律基本上与明律相同(参看《清会典事例》卷七二六)。明代官吏犯公罪，笞刑照例收赎或罚俸，杖以上重罪，则分别轻重黜陟，俱不决罚。清代官吏犯笞刑者，仍分别罚俸，进士、举人、秀才犯笞杖罪者，皆可纳赎。官民有贵贱之分，百姓伤害官员，皆不以凡论，量刑一律加重，且与官品高低成正比例。明清两代流外官以下及庶民殴三品以上官者，无伤徒一年，有伤加一年，折伤流二千里。殴六品以下，九品以上官者，仍然各加凡斗伤二等治罪。州县一级亲理民事，百姓之顶斗上司，主从关系最明显，也最直接，所以称之为父母官。于是部民伤害知县知州等本属府主，从伦理道德上看，也就等同于卑幼之伤害父母，在法律关系上，比伤害其他官员，性质更加严重，历代法典皆另立专条，以示特殊。例如凡人相骂，口角纠纷，各笞一十。但部民骂直属长官，明清律皆杖一百。殴伤罪量刑更重，无伤皆徒三年，有伤皆流二千里，折伤者绞。如果谋杀本属府主，则列入十恶之一，称为“不义”。明律规定，已行者流二千里，已伤者绞，已死者斩。

在日常生活方面，无论衣食住行，都必须根据等级身份之高低，作为取舍标准。服舍违式，明清律各有专条，清律指出“凡官民房舍车服器物之类，各有等第”“服舍鞍马，贵贱各有等第，上可以兼下，下不可以僭上”（《清会典事例》卷七六八）。衣服之颜色、图案与质料；配饰金银珠玉之品种；住宅面积大小，间数多少，材料规格，装修式样，皆有法可依，无论官员或庶民，不准自作主张，违者违法，工匠连坐，首告有赏，法律条文相当烦琐。以皮毛为例：清制王公以下不得用黑狐皮，五品官以下不得用貂皮猞猁狲。至于奴仆、长随、优伶、皂隶，只许穿貉皮、羊皮。再以交通工具为例：法律规定，庶民只许乘二人轿，三品以上京官，在京用四人轿，出京用八人。四品以下用二人，出京用四人。直省督抚可以乘坐八人轿，司道乘四人轿。钦差官三品以上可乘八人轿。不同规矩和不同等级相联系，家财万贯，但身为庶民，也就没有资格乘坐八人大轿。等级制基本上属于政治范畴，物质享受和经济效益，属于身份特权之“附加值”。

明清两代官员，都有流内与流外之分，流外指九品以下，例如各地典史，驿丞皆称流外官。流内指品级官员，最低为九品，依次上升，最高为一品，每品又分正从，共有十八级。中央六部，皇帝直属办事机关，“大事上之，小事例行”，为六部运作之基本原则。六部之外，根据《光绪会典》之记述，皇帝“颁职于天下，凡京畿、盛京、吉林、黑龙江，及十九省之属，皆受治于将军、于尹，于总督、巡抚，而以达于部。将军与尹分其治于道，于府、厅、州县。总督、巡抚分其治于布政司，于按察司，于分守、分巡道。司道分其治于府，于直隶厅，于直隶州。府分其治于厅、州、县。直隶厅、直隶州，复分其治于县，而治其吏户礼兵刑工之事，佐贰而下，皆任其弹压”（《清会典（一）》卷四）。现代社会，在法律面前官民平等，民是主人，官是公仆，官之权来自民，故曰治权民授。古代中国，治事者曰官，供事者曰民，府分其治于县，县之治权就不是来自基层民众，而是来自顶头之上司，府道两司之治权，皆来自督抚。但地方属中央管辖。在中央最高一级，皇帝颁职于天下，各省之督抚皆由皇帝任命，经朝廷派出，督抚之权，归根到底又统统来自皇帝，故曰治权君授。古之帝王皆称天子，秉承天意，君临四方，天子之权来自天，故曰君权天授。证之史册，据称长白山下有仙女佛库伦，浴于池，有神鹊衔朱果置衣袂，吞之有身，寻产一男，生而能言，遂以爱新觉罗为姓（《东华录》卷一）。这个神话故事，并非清人首创，而是早已有之。《诗经·商颂》“天命玄鸟降而生商”，神鹊乃玄鸟之翻版。天授之说，源远流长，帝王之家，恒多异兆。明太祖少年时代奇闻怪事，有小说《英烈传》可供参读。另据记载，世祖之母临产时，有红光绕身，侍女惊以为火，梦神人抱子授之曰：“此统一天下之主也。”（《东华录》卷四）明清律只列条文，不讲理论，但《唐律疏议》有之。该书卷一指出："王者居宸极之至尊，奉上天之宝命，同二仪之覆载，作兆庶之父母。"这四句帝王定性辞，完全适用于明清两代。首句表明君主位于等级之最高层。次句即君权天授。三句形容帝王功德如同天地，滋长万物，养育众生，于是普天率土，理所当然。末句谓君父一体，家国同一，所以历代帝王皆视天下为一家一姓之私产。崇拜君权，是身份等级制度（包括等级观念）发展到最高阶段的必然结果。君权超越一切，君主个人就必然成为唯一的和绝对的政治权威。亲亲相隐，孔门圣训，历代法典，奉为圭臬，但是这条金科玉律偏偏不适用于谋反，可见，君权又高于亲权，大义灭亲，有法可依，但"灭君"却找不到任何法律根据。危害皇帝之政治地位与人身安全，称为谋反，列为十恶之首，损坏宗庙、山陵、宫阙，称之为谋大逆，盗窃或损伤皇帝祭祀用品及其他御用之物，称之为大不敬，皆属十恶重罪。皇帝个人行为，既不受法律监督，也不受法律惩处，凌驾于法律之上，是皇帝独享之最大特权。在中国古代，无论官民良贱，不同之社会身份就是不同之政治等级，权力与等级相联系，等级愈高，权力愈大，所以有等级就必然重特权，有特权就无法讲平等，等级制度壁垒重重，平等思潮要破门而出，真是难矣哉！

论清代地方政区建置

有清一代，以省为地方最高行政区域，以总督、巡抚为地方最高行政长官，政区的设置，大体上因明之旧，但略有变动。元代在中央设中书省，在全国各地设十一个行中书省，简称行省。明废中书，地方一级改设十三个承宣布政使司，即浙江、江西、湖广、福建、山东、山西、河南、陕西、四川、广东、广西、云南、贵州，另有南北二直隶。但在顺治初年，清王朝已改南北直隶为江南省和直隶省，康熙六年（1667），又析湖广省为湖北、湖南，析江南省为江苏、安徽，并以陕西一部，另置甘肃省，从而确立了清代前期内地十八行省的政区格局，这是元明以来地方行省制度发展到定型阶段之重要标志，意义不可低估。

明初推行君主集权，吸取前代藩镇骄横，中央失控之历史教训，有意避免在地方一级形成单一领导核心，于是各地都、布、按三司鼎立，使其群龙无首，互不统辖，如果地方发生特殊情况，则由中央临时派遣要员，以总督或巡抚名义奔赴出事地区，统筹安排，进行处理。一般认为正统六年（1441），麓川之役，王骥以兵部尚书总督军务，洪武二十四年（1391），敕遣皇太子巡抚陕西，为明代设置督抚的开端。不过终明之世督抚均非固定职称，皆因事而置，事毕即罢。明代督抚公文只行于司，再由司转发各府，无径下者。天启时奢安之乱，川湖云贵总督一差使至衡州催饷，郡守以其不先行藩司，乃仗其人而驱之。（见《茶香室续钞》卷九）据此可见，明代督抚与地方政区之间还没有形成统一的领属关系。但因设置日久，事权日重，领导核心的空白又亟待填补，所以清王朝建立之初，就已经在全国普遍实行督抚制，不过设置员数及其驻地与辖区，仍因事调整，变动频繁。以四川为例，顺治二年设湖广四川总督；十年，改陕西三边四川总督，十八年，单设四川总督；康熙七年又改为四川湖广总督，驻扎荆州，十三年，分设四川总督；十九年，又改为四川陕西总督，驻西安。巡抚初设于顺治五年，驻保宁，十六年，移成都。直到乾隆初年，清王朝才明确规定在全国设置直隶、两江（江苏、安徽、江西）、陕甘、湖广、两广、闽浙、四川、云贵八个地方总督。至于巡抚，除直隶、四川、甘肃不设外，其余各省，例设一员，而不设巡抚的省份，其总督则例兼巡抚衔。此外，不设总督之山东、山西、河南三省，其巡抚又例兼提督衔，以便于军政双方都能统一调度。清代总督还例加兵部尚书兼都察院右都御史衔，为从一品。巡抚例加兵部侍郎兼都察院右副都御史衔，为正二品。从历史上看，“魏晋以后，刺史益重，其兼都督带持节者，已如今日之督抚”（《历代职官表》卷五二，参看顾炎武《日知录》卷九《隋以后刺史》条），说明督抚制度与监察系统关系密切，所以清代督抚例兼宪衔，尚有其历史渊源。清代督抚成为定制，从形式上看，明代地方一级群龙无首的局面似乎已经结束；但从实际上看清代既设总督，又设巡抚，与州县一长制（单一领导核心）相比，仍有其不同之处。巡抚地位略低于总督，但前者并不是后者之副职。清代官书称总督掌“综治军民，统辖文武，考核官吏，修饬封疆”，巡抚掌“宣布德意，抚安齐民，修明政刑，兴革利弊”（《历代职官表》卷五〇），措辞原则性太强，实难区分两者之差异。也就无法说明督抚并设之必要性与合理性。明代额设之官用方印，也称正印，未入流者用条记，因事添设，则赐关防治事。关防俗称条印，明清两代督抚皆用之，所以他们在习惯上又往往通称之为条印官（参看《光绪会典》卷三四）。明代督抚使用关防，事出有因；清代督抚已经定编定额，但使用关防这个陈年旧规却一直都没有改变，临时差遣和京官外调之“印记”也就一直保存在这些督抚官员的身上。督抚介于中央和地方之间，乃承上启下之关键，当局者既要赋以重任，授以实权，但同时又必须留有余地，防其尾大不掉，所以清代督抚制度始终没有完全正规化。

明代卫所瓦解，都指挥使司一职已失去存在价值，入清之后，清王朝续设布政使司与按察使司，前者掌通省之钱粮，也称藩司，秩从二品。后者掌通省之刑名，也称臬司，秩正三品。乾隆二十五年（1760）上谕：“安徽布政使随督臣驻扎江宁，所办属上江事件，文移往返，不免需时，而亲临地方各员，又非其专辖，于封疆体制，尚未允协。”（《清会典事例》卷二四）清代官场称布政使为方伯，意即一方之长。封疆侧复位位，方伯侧复位性，在上层人物的心目中，藩司的个人身份与政区格局都是非常明确的。臬司在刑名之外，还要考核属官，振扬风纪，澄清吏治，这就把行政司法与监察三者之事权融为一体，汇于一身。藩司任务集中，重点突出，政区形态比较规范。臬司涉及面广，头绪纷杂，更像是一个综合性很强的职能部门。

道的演变：明代分全国为若干大监察区，由中央派遣巡按御史前往巡察，各省也分为若干小监察区，称之为道，巡察任务则由布、按二司的佐贰承担。由布政司参政、参议派出者，为分守道。由按察使副使、佥事派出者，为分巡道。某些专项事务，如督粮、盐茶等，也设专职道员。但省无定额，时废时置，所以明代的守、巡各道还没有成为固定的地方政区，道员本身也没有品级，“均视其升补之本职为差”（《历代职官表》卷五二）。清初仍沿袭明代的巡按制度，但很快停止。随着清代地方三司制度的变革和督抚制度的确立，清王朝裁省了布、按二司的副职，所以在乾隆十八年（1753），取消各道兼衔，一律定为正四品，于是道员成为实官。清高宗上谕：“外省知府向为正四品，而巡道各视兼衔为差等，则有三、四、五品之不同，今道员既经裁去兼衔，统为正四品，知府乃其所属，自应量为区别，著将各省知府改为从四品。”（《清朝文献通考》卷七八）这一调整，显然是为了理顺道与府之间的隶属关系。如果考其历史渊源，守、巡诸道乃布、按二司的派出机构，始设之初，其主要任务是考核吏治，治官之官，当然属于监察系统，和一般的行政区划不同，所以《清朝文献通考》卷八五称“各道职司风宪，综核官吏，为督抚布教令以率所属”。嘉庆四年（1799）上谕：“雍正年间，道府同知等员，俱准封章奏事，因思各省道员职司巡察，即与在京科道有言责者相等，况科道之条陈纠劾，尚多得自风闻，何如监司大员，身任地方，目击本省政务民情者，较为真知灼见耶。嗣后除知府以下等官，仍不准奏事外，其各省道员，均著照藩臬两司之例，准其密折封奏，以副兼听并观集思广益至意。”（《清会典事例》卷二五）但是道员也有守土之责，州县钱粮亏空，民刑失误，诸道与两司还要按照规定，“一例处分”（《清世宗实录》卷九三）。专职道也有辖区。例如道光二十五年（1820），张集馨补授陕西督粮道，清宣宗召见时问曰：“粮道自然管粮，不知管地方否？”张对曰：“西、乾、鄜三属地方，归粮道管辖。”（张集馨《道咸宦海见闻录》，第77页）而地方事务并不限于“盘查钱粮”和“审缉命盗案件”两项，例如乾隆三十二年（1767），奉节因山水陡发，冲陷旧城基地，四川总督就“批饬川东道履勘查报”，处理善后。（见《清高宗实录》卷七八九）又如乾隆三十五年（1770），甘肃大旱，顾光旭时任凉州兵备道，而总督文绶专任光旭赈灾，“一切钱粮，惟君支取，自府以下，惟君调遣，某帅以听，谁敢犯之”，光旭受命之后，“遂分八路，比户清查，用连三票填注极贫、次贫、大小口数，一付颁赈者，持票领赈，一贴灾户门首，一存本官核对……暨于讫事，无敢丝毫中饱，盖数十年所未有者”（《碑传集》卷八六王昶《甘肃凉庄道署四川按察司使顾君光旭墓志铭》）。在四川，乾隆二十九年（1764），将成都、绵州二属，改归驿盐道兼巡，松茂、龙安、杂谷厅所属，专令松茂道管辖，民族地区，“所需赏费颇繁”，因此规定本任廉俸不敷支用，则“于公项内量增给”（《清高宗实录》卷七一六）。

可见诸道之事权纷杂，并不单一。根据《历代职官表》（卷五二）的记述：“分守、分巡及粮储、盐法各道，或兼兵备，或兼河务，或兼水利，或兼学政，或兼茶马屯田，或以粮盐兼分巡之事，皆掌佐藩臬，核官吏，课农桑，兴贤能，砺风俗，简军实，固封守，以倡所属，而廉察其政治。”这就不难看出，清代诸道实际上具有监察区和行政区双重性质。前者是历史的延续。所以人们常常把布政使、按察使和道员统称监司，并和唐宋时期的观察使、转运使相联系，借以说明这个系统是由来已久的。后者则是入清之后道一级组织发生的新演变，只是这一演变过程还没有结束。陈道《官戒》一文指出：“分巡虽有察吏之责而无进退之权，稍一专擅，欲自见长，则上疑于僭，下嫌其侵矣。”（《清经世文编》卷二一）陈宏谋《谕各道府书》：“钱谷专任于藩，刑名专任于臬，与闻易至越俎，不闻又觉尸旷。”（《清经世文编》卷二二）这些论述不仅反映了清代道员进退失据之困境，而且还同时说明，诸道作为一级行政区划，其地位介于藩臬与各府之间，但上下关系还没有完全理顺，说明诸道的设置与事权还很不规范。

厅的创设：清代府的佐贰官有同知、通判，负责钱粮、捕盗、水利等事宜，每因地方繁剧，往往派到冲要处所，另驻分防，遂逐渐发展成为一个单独的行政单位，名之曰厅。乾隆十九年，于重庆府巴县江北镇，分置江北厅，移府同知管理厅务，便是一例。此外，从康熙中叶开始，清王朝积极经营四川西部民族地区，加强地方政权建设，但由于民族地区情况复杂，故设置厅一级政权机构，使其和内地州县有所区别。如康熙元年设叙永厅，雍正九年设松潘厅，乾隆二十二年设石砫厅等等，均与县相当。以上三例皆属散厅，分别隶属于叙州府、龙安府和夔州府，但以后又分别于雍正八年、乾隆二十五年和二十六年升格为直隶厅，就和府是同一级别的地方行政区域了。不过厅的设置，数量很少，而且直隶厅多无属县，与府仍有不同之处。

府州之制：散州与县相当，隶属于府，直隶州与府平行，隶属于布政司。府皆设倚郭县，而直隶州不设，其所治州，即以知州行知县之事，不过少数直隶州仍另有属县，这就和府的格局大同小异了。另据规定，清王朝以北京（首都）为顺天府，设府尹一人，秩正三品，列为京卿，地位高于外府。以大兴、宛平为京县，知县秩六品，地位高于外县。另以盛京（留都）为奉天府，亦置府尹，并以承德为京县。长官级别视它县加一等。其余州县，无论属府属州，级别相同，但省会所在之府曰首府，省治或府治所在之县曰首县，而首府所属之首县地位尤其特殊。

属于各省的普通府，根据乾隆年间的统计数据，直隶、山东、福建、湖北、广东各领府10，陕西领府7，江苏、安徽领府8，山西、河南、甘肃、湖南领府9，浙江、广西、四川领府11，江西、贵州领府13，云南领府14，两京府除外，全国共有普通府182。府设知府一人，秩从四品。其辅助官有同知、通判，皆各有专职，冠以职名，如掌督粮、捕盗、海防、江防、水利等等，属吏有经历、照磨、司狱、宣课司大使、仓大使、库大使等等。佐贰与属吏，各省额数不一，如陕西领7府，但仅设同知6人，通判3人，经历、照磨各4人，说明辅助官员并非每府必设，如其事务不多，同知通判之类，也就相应地裁省了。

按照清代的制度，州设知州一人，秩从五品。佐贰官为州同（从六品）、州判（从七品），分掌各州粮马巡捕之事。首领官为吏目（从九品），辅助各州之刑禁。下属官为巡检（从九品）、驿丞、库大使、闸官（以上均未入流）等等，各因所守而掌其职事。但除吏目每州一人外，州同、州判各官，皆因事之繁简而置，并无定员。例如四川有府属州11，但仅置州同1人，州判2人（《历代职官表》卷五四）。由此可见，州一级的官僚机构并不是非常完整而又齐全的。

县设知县一人，秩正七品。（清代散州多以县之地大而繁者，升而置之，故虽同为府属州县，而两者品秩却有高低之分。）其余各官，前人统称之为丞、簿、尉、巡、驿、使、仓、闸。丞指县丞。簿指主簿。尉即县尉，汉唐时期，地位颇高，明代废而不置，此处作为典史之别名。巡指巡检。驿指驿丞。使即税课大使。仓指仓库大使，实为各地督粮道之下属仓官，并非州县政权的组成部分。闸即闸官。这些低级官员也不是每县必设，据《历代职官表》卷五四，县属驿丞全国37人，州属驿丞仅有5人。闸官主要分布在江苏、山东，就更加微不足道了。县级政区，又以人口之多寡，办事之难易，分为四等：当道曰冲，政赜曰繁，民玩曰疲，事艰曰难，四字俱全者为最要缺，三字者为要缺，二字者为中缺，一字或无字者为简缺。选拔州县官员，必须考其年资能力是否与州县档次相称，然后量才录用。现任官员政绩显著，也可由简调繁，以示鼓励。倘若州县情况发生变化，等级可升可降，但是必须在省区之内进行调整。例如嘉庆十五年，蒋攸铦任浙江巡抚时奏称，温州乐清原为冲繁，二字中缺，乾隆四十三年改简，此后该县日趋富庶，而湖州长兴原为中缺，但近来民风淳朴，因请互易。嘉庆十六年，又以嘉善县接址松江，幅员辽阔，赋税繁多，百姓好讼，赋役疲玩，抚字催科均非初仕人员所能胜任，因奏请改为三字要缺，在外拣员调补，另将绍兴北塘通判一缺改简归选，以符定制。（蒋攸铦《绳枻斋年谱》卷上）一方面承认差别，另一方面又把全国一千五百多州县通通纳入预先设定的框架之内，只能在保持地区均衡的前提下个别微调，这种做法，从主观上讲，确乎反映了封建统治上层对州县一级求稳而不求变的心理状态。

综观清代地方政坛，督抚之下有两司，两司之下有诸道，诸道之下有府（直隶州厅），府之下有县（散州、散厅）共分五级。总督辖区大于巡抚，巡抚员数多于总督，某些地区，有督无抚，或者反之有抚无督。县属基层，设吏户礼兵刑工六房，既有分工，又能综合，条理最清晰，功能最完备。府乃县之顶头上司，但府级政区却没有与六房呼应之对口部门。从督抚直至州县，或有兼职，或有兼差，政区类型复杂，管理渠道分散，模式多种多样。州县亲民之官，其余各级均属治官之官。例如总督任务之一，是“考核官吏”，而巡抚也要“考群吏之治，会总督以诏废置”（《历代职官表》卷五〇）。布政使主管民政、财政，道府以下文官之任免，属于督抚，但“廉其称职不称职”，则由布政使审核，“报督抚以达于吏部”。按察使为一省之司法长官，而于刑名之外更兼“按劾之事”，外官正式考察，三年一次，称为大计，一省之内，则由按察使主之。（见《历代职官表》卷五二）州县倘有失误，这些治官之官都要承担一定的法律责任。《清律・处分例》规定：“捕役诬拿良民为盗，及诬良为窃，私用非刑致死者，将失察之州县印捕官革职，道府直隶州总捕厅官降二级调用，按察使降一级调用，督抚罚俸一年。诬良为盗未经致死者，州县印捕官降四级调用，道府等官降一级调用，按察使罚俸一年，督抚罚俸六月。诬良为窃未经致死者，州县印捕官降一级调用，道府等官降一级留任，按察使罚俸六月，督抚罚俸三月，上司查出揭参者免议。”（《清会典事例》卷一〇二）但是株连的范围越广，执行的难度越大，无法兑现，条文往往成为废纸。

至于州县数量，因政区建置，变动频繁，很难划一，大体上讲，清初裁省较多，经过康熙雍正两朝不断的恢复调整，到了乾隆年间，渐趋稳定，但其数字，仍时有增减。今据乾隆年间三部官书所载，列表如下，以供参考。

府属州

地区 数字资料来源	直隶	奉天	山东	山西	河南	江苏	安徽	江西	浙江	湖南	湖北	陕西	甘肃	四川	广东	广西	云南	贵州	合计
《乾隆会典》卷四	16	4	11	6	6	3	4	1	1	3	8	5	8	11	7	15	31	14	154
《清通考》卷七九	17	4	9	6	6	3	4	1	1	3	8	5	7	11	7	16	27	14	149
《历代职官表》卷五四	17	4	9	5	6	3	3	1	1	3	7	5	7	11	7	26	27	14	156

县

	直隶	奉天	山东	山西	河南	江苏	安徽	江西	浙江	湖南	湖北	陕西	甘肃	四川	广东	福建	广西	云南	贵州	合计
《乾隆会典》卷四	118	7	96	89	99	61	51	76	76	64	60	73	44	112	80	62	47	33	34	1282
《清通考》卷七九	112	8	96	88	98	62	51	75	76	64	60	77	52	111	80	62	47	39	34	1292
《历代职官表》卷五四	124	8	95	88	94	62	50	75	76	64	60	73	52	111	81	62	49	39	34	1297

《会典》成书于乾隆二十五年，取材下限至乾隆二十三年，《清通考》和《历代职官表》大约成书于乾隆五十年前后。综合这些材料可以看出，清代中后期州县基层政权组织一般都在一千五百个左右，它们是清王朝控制全国的最广泛的政治基础。（《明经世文编》卷一九七）

州县之下，或称都图，或称乡里，或称场镇，南北风土不一，皆各随其俗，并无定规。管理模式，各地大同小异。例如广东《民国开平县志》卷二记载："清制以都统图，以图统甲，以甲统户，而村里分焉……图甲之制沿自前明，每图有正，每甲有总。"再如江西道光《金溪县志》卷二五李绂《归政乡九都二图免役法记》（此文作于康熙五十九年）指出："县之区为若干乡，江以南皆然。乡区若干里为都，都区若干户为图，图有甲，凡十更迭，以供县之役，役必其里之长，曰里长，曰粮长，二长分任夏秋两赋之催输，终一岁而更。"又如河南涉县东西南北路有若干"乡约"下附若干村，嘉庆《涉县志》卷二载："按：涉旧制，乡置长一人，择有德望者为之，以约束一乡之人，兼平曲直。"又有保长"主县差发之事”，乡约与保长以岁更易。乾隆时茹敦和知直隶南乐，“择清白谨愿者充社长、里正，朔望令毕集，密陈其乡利弊，亲自检阅”（《碑传集补》卷二二沈元泰《茹敦和传》）。另据嘉、道时人李光庭所著《乡言解颐》卷三记载，其家乡河北宝坻四乡，南为广川，辖五里八保 149 庄，乡长、保正各六人，北为渠阳，辖五里十三保 234 庄，乡长 9 人，保正 8 人，东为海滨，辖五里十四保 313 庄，乡长 8 人，保正 11 人，乡保可以子孙接充，也可以易人。

上引材料，以《乡言解颐》所记最有参考价值。乡长与保长，前者代表乡里系统，后者代表保甲系统。乡里按地域划分，归州县管辖，所以乡里才是州县之下名副其实的基层政区。保甲按户口编制，是一个以户政为中心的社会管理组织，宋明两代早已行之。清仍其旧。州县运作，在城依靠六房，在乡依靠乡保，从管理模式上看，乡保如同网络，覆盖了整个辖区，通过乡保两个系统，州县官员完全可以总揽四乡全局。乡长与保长来自民间，其选用之途径，上引方志与私家文献，但云择有身家者为之，皆语焉不详。不过清代官书针对保甲制度还立有专条，规定“十户为牌，立牌长，十牌为甲，立甲长，十甲为保，立保长，限年更代，以均劳逸。士民公举诚实、识字及有身家者，报官点充，地方官不得派办别差，以专责成”（《清会典事例》卷一五八）。据其所述：第一，明确了充当保长应任具备的文化与政治条件。第二，明确了操作程序。先由士民推举，然后报官点充。推举之权掌控于士民之手，所谓士民实乃地方缙绅实力派。批准之权在州县，但州县人地生疏，不可能对呈报之名单逐一审核，所谓报官，多半属于例行公事。第三，明确了保长的社会地位与性质。点充不是礼聘，而是办差，所以出任保长，既无薪俸，亦无工食，不过是接受官方指派，执行特定任务供州县驱使而已。此处专论保长，但从情理推断，乡长之选用途径，应当与之相类，不可能另有新招。乡长与保长都不是法定的国家公职人员，出任乡保，不是求官，而是应役。清代社会等级森严，治事者通称之为官，办事者一律排斥在官僚体制之外，应役乃其共性。官与役不同，但两者区别的实质不在于职务有高低，而在于等级有贵贱。在庶民百姓面前，乡保依法催收钱粮，清点户口，俨然是一位实权人物，虽执行公务却又不能享受公职待遇。在缙绅面前，就难免自惭形秽，感到低人一等。所以清代私家著述一再强调：“斯役也，其稍有基业之人不肯为，即必不得已而为之，亦不能久，非小有才之人不能为而为之，终不免于徇私。”（《乡言解颐》卷三）“且州县之所用者，不过书办衙役、乡约保正等耳，奴隶使之，笞辱及之，衣冠之家及乡党稍知自爱者，皆不屑为。充此役者，非穷困无聊之徒，借此以谋口食，则狡悍无赖之辈，假此以遂阴私，此岂能分州县之忧，代州县之事者？”（徐栋《保甲书》卷四龚景瀚《请设立乡官乡铎议》）但是乡保两个系统的实用价值有大有小，州县对两者都要负责，承担的责任有重有轻。催征赋税钱粮，直接关系到清王朝的财政收入与州县官员的政治命运，缙绅之家又是纳税大户，所以州县与缙绅都不愿置身事外，双方的需求和取向比较一致，这就有助于排除干扰，推动乡里系统的建立与运转。保甲系统问题最多。或因宗族势力强大，乡保可以子孙接充，乡长保长变成了“土皇帝”。或因身家清白者刻意回避，于是保长甲长多由“市井无赖之徒充之”（《清高宗实录》卷五四八）。设立十家牌，缙绅态度冷漠。地区钱粮，数有定额，时有限期，虽然事多棘手，但是非办不可；户政管理毕竟没有硬性指标，能办则办；如果州县忙于催征而又无暇兼顾，搪塞之道，便是阳奉阴违。在这种情况之下，制度流于形式，法规如同“具文”（参看《清宣宗实录》卷二五一，黄六鸿《福惠全书》卷二三），所谓保甲系统，也就名存实亡了。

论清代州县职官

清代之散州亦设知州，掌一州之政治，例由外府通判、外县知县、布政司经历、盐运使运判、直隶州州同升任。（参看《清会典事例》卷一八）但是散州数量极少，所以下文论职官，重点在知县，府属知州从略。

按照清朝的制度，县设知县，秩正七品，"掌一县之政令，平赋役，听治讼，兴教化，厉风俗，凡养老祀神，贡士读法，皆躬亲厥职而勤理之"（《历代职官表》卷五四）。但京县视外县高一等，京县知县则由外县升任。其余普通知县，分别来自进士、举人、贡生、荫生议叙捐纳，进阶之途甚广。进士举人，谓之科甲，与贡生、监生和荫生，同为正途；捐纳、议叙，则为异途。不过议叙并不经常，而捐纳又有虚衔与实衔之分，所以普通知县出身仍以正途为主。兹逐项说明如下：

第一，进士。清代的制度，进士第一甲第一名授翰林院修撰，二、三名授编修，"二甲三甲进士，除简选庶吉士外，余均以知县用。其以部属用，以知县即用，以教职用，于引见时恭候钦定"（《大清会典则例》卷十），这是一个总的原则，但具体操作的方法、程序和选任数额，均时有变更。清代进士出任知县，精英荟萃。例如史学家马骕，顺治十六年（1659）进士，初授淮安府推官，后改灵璧县知县。又如理学家陆陇其，康熙九年（1670）进士，知江苏嘉定。诗人兼画家郑燮，自称康熙秀才，雍正举人，乾隆（元）进士，知山东范县。这一年，郑燮已经 44 岁了。作家桂馥，山东曲阜人，乾隆五十五年（1790）进士。这一年，桂也恰好 55 岁。后知云南永平，卒于官。（事见《碑传集》卷一〇九）另据记载道光二年（1822）壬午科，入庶常者 39 人，用部属者 17 人，用知县者 152 人。据称，引见时，以形貌为主，考试名次皆可前后更易，“朝考入选而年轻者，授庶吉士，其有须者，俱即用知县，盖以其岁长可外任也”。文学家张维屏也是在这一年考中进士。“张素善诗，殿试得二甲，朝考入选，自幸可冀庶吉士，及引见，张以知县用……盖亦为须累矣。”(以上据姚元之《竹叶亭杂记》卷二）另据陈澧《张南山先生墓碑铭》（《续碑传集》卷七九），张卒于咸丰九年（1859），年八十，上溯张之生年，当为乾隆四十五年（1780），道光二年中进士，张已四十三岁矣。至于知县即用，据陈宏谋《吴先生象宽墓志铭》，称吴于雍正元年“御试一等，奉命往湖广以知县用。榜后即膺民社，自是科始”（《碑传集》卷一〇一)。所谓即用，就是铨选优先，任官从速的意思。雍乾之际，仕途广阔，打破常规，也许并不太难；但是随着候缺人员的日益增多，铨政壅滞，这项制度的推行也就逐渐陷入了困境。文献记载，嘉庆六年（1796）的即用知县，到了嘉庆十年（1805），仍在候选之中(《清会典事例》卷七二)，而“光绪以来，其拥挤更不可问，即如进士分发知县，名曰即用，亦非一二十年不能补缺”（何刚德《客座偶谈》卷二)。书生们从县考到府，从各省考到中央，虽然名列优等，而求一七品知县，还如此狼狈不堪，其他非即用人员面临的重重困难，也就可想而知了。

第二，庶吉士。清代于每科新进士中，通过朝考，选录若干名，入庶常馆学习，称为庶吉士。学习期间，每人月给银四两五钱，器用什物，由工部支取。庶吉士意在深造，还不能视之为官。三年期满，称为散馆，方按其次第，或授编修、检讨，或以科道用，或以部属用，或以知县用，如经学家惠栋于康熙三十三年（1694）以庶吉士改授河北密云知县(《碑传集》卷一三三王昶《惠先生墓志铭》)，雍正时官至内阁大学士的朱轼于康熙三十六年（1697）以庶吉士改授湖广潜江知县（《清圣祖实录》卷一八四)，另一学者李兆洛也于嘉庆十三年（1808）以庶吉士改授安徽凤台知县（《续碑传集》卷七三包世臣《李凤台传》)，就是几个引人注目的事例。

第三，举人。清初规定，举人会试下第后，愿就选者，考授推官、知县、通判等官，谓之拣选。(见《清会典事例》卷七三）边远地方，不拘科分，直隶近省举人，则以会试五科为限，此后又统一规定以三科为限。乾隆三十年（1765），为了“体恤寒畯”，又于三科不中之举人中，量其年力才具，挑选录用，“以疏壅滞”，名曰“大挑”。每挑以十二年为一次，例于会试之前，派王公大臣在内阁验看，由吏部分班带见。每班二十人之内，先剔去八人不用，俗谓之“跳八仙”，其余十二人，再挑三人，作为一等，带领引见，以知县分省候补，余九人作为二等归部，以教谕、训导即选。（见何刚德《客座偶谈》卷二）乾隆三十一年（1766）又奏准：“大挑分发各省之一等举人，于到省后，该督抚通行甄别，分为两班。心地明白，试有成效者，即以知县补用；才识中平，尚堪学习者，先以佐贰借补，果能有志向上，留心吏治，再以知县调补。”（《清会典事例》卷六一）举人是清代知县的主要来源。以科考为标准，他们的档次低于进士，但是其中的某些人之所以在科举道路上半途而废，却往往是受了经济条件的限制，中举之后，因家境清贫，入京不易，就只好以举人的资格等候大挑了。廖寅，四川邻水人，乾隆四十四年（1779），中本省恩科举人，“蜀离京师数千里”，为了参加北京会试，廖“贳匹马，以一子自随，艰苦跋涉，世所未历”，仍不得如愿以偿，到了乾隆六十年（1795），“始以大挑一等分河南试用”，补叶县知县，这一年，廖寅已经四十五岁了。（见《续碑传集》卷三四姚文田《两淮都转运使廖公墓志铭》）另外还有一些人，不仅忙于生计，而且读书治学的路子与科举考试的框架格格不入，因此也很难在科考场中崭露头角。河北大名人崔述的经历是非常典型的。崔以史学名家，著作等身，乾隆二十七年（1762）中举，因考核古史，“举子业，置不复为”，但“读书时即悉心以究世务，若《救荒策》《漳水考》《漳河利弊策》《直隶水道记》，皆成于村居授徒感时触事之余。且家贫，无以养，故禄仕之念甚切，既数试礼部，无所遇，二亲又相继以逝，《考信录》亦未成，自分以著书老矣。会吏部截取文至，又念先人尝望我为陆清献，本欲其明道经世也，而四十年读书论世，数游四方，尝艰难，知情伪，亦宜发挥于政事，以自验其所得。故自奉文后，凡四如京师，乃以嘉庆元年正月选福建罗源县知县”（《碑传集补》卷三九陈履和《崔东壁先生行略》）。这一年，崔述已经五十七岁了。

第四，贡生与监生。清制，入国子监肄业者通称为监生。但入监之途径甚多：以举人资格入国子监读书者称为举监，府州县学生员，经考选升入国子监者，称为贡监，亦称贡生。成绩优良，堪膺保荐者，祭酒、司业随时保荐，再留三年期满，奏请钦派大臣试以经解一、策问一，进呈引见，以知县擢用。钮秀字玉樵，吴江人，以贡生任河南项城知县。康熙二十七年改授白水，性好游览，所至则采录风土轶事，名曰《觚胜》，其《秦觚》一篇，则掌白水时笔也。（见乾隆《白水县志》卷三）贡生又因考选方式与年限之不同，还可以区分为优贡、拔贡等各种类型。嘉庆初，被誉为“青天”而名噪一时的刘清，即以拔贡身份出任四川南充知县，便是一例。

第五，荫生。根据《清会典事例》卷七四记载，清王朝沿袭了前代的“任子”制度，规定文职京官四品以上，外官三品以上，武职二品以上，俱准送一子入监读书，称为恩荫。凡先代因殉职而录用的，称为难荫。荫生经考试后，即按其先世任官品级之大小，分别授职。如一品官荫生以同知用，二品官荫生以通判用，三品官荫生以知县用。难荫生三品以上荫知州，四品以下则荫知县。施世伦之父施琅助清王朝经营台湾有功，封靖海侯。康熙时，世伦以荫生授江苏泰州知州，审理词讼，敢于维护庶民百姓之正当权利，在社会上声誉颇有声誉。嘉道之际，民间流传之长篇小说《施公案》即以施世伦其人为创作原型。

第六，教习。康熙七年（1668）议准“国子监教习，由贡生考补者，三年期满，国子监咨送到部，以知县注册，入于本年拣选举人之后选用”（《清会典事例》卷四六）。另有举人教习、进士教习，地位高于贡生，当然也可以选授知县之职。乾隆年间，《说文解字注》的作者段玉裁即以教习得贵州玉屏县知县，不久入川，还先后担任过富顺、南溪、巫山等县知县之职。（见《碑传集补》卷三九缪荃孙《段玉裁传》）教习的任务是辅导入监肄业生之经书文艺，由教习出任知县之数量，当然也就不会太多。

第七，议叙。一曰修书。《清会典》卷七称：“各馆修书议叙，进士、举人除知县，恩、拔、副贡生除州同、州判、县丞，其余贡生、监生、生员除县主薄、州吏目，供事除从九品、未入流。”这是一个总的原则。具体言之，如康熙时《佩文韵府》修成后，监生六年满者，以知县即用，“其中勤敏贡监生，不必限定年数，遇缺以知县即用”（《大清会典事例》卷五九）。雍正初，纂修《古今图书集成》人员，已满六年者，进士、举人以知县即用，贡生、监生、候选州同，以知县用。（见《清会典事例》卷七七）长洲人吴士端，其父廷桢，“方领书局”，康熙五十四年（1715），卒于官，特命士端于服阕后“入武英殿行走，预修《韵府拾遗》《子史精华》，书成，授顺天玉田县知县。定例：生员议叙，授县尉，得县令，盖出特恩”（《碑传集》卷八五陆燿《四川布政使吴公士端墓志铭》）。这种照顾显然是和康、雍、乾三朝借修书以昌明文教的做法分不开的。二曰幕宾。“如果效力年久，勤慎无过”，经督抚保题，可以“量给职衔”，官书记载，以保举除者，有孝廉方正与幕友两项，皆“由部引见，除知县、佐杂；孝廉方正并除教职”（《清会典》卷七，《清会典事例》卷七五）。清代由名幕起家，出任知县亦颇有政绩者，莫过于汪辉祖与严如煜二人。汪“练习吏事，前后入诸州县幕，佐人为治，疑难纷淆，一览得要领，尤善治狱，平情静虑，侔境揣形，多所全活”（《碑传集》卷一〇八阮元《循吏汪辉祖传》）。但汪辉祖毕竟是中了进士之后才担任湖南宁远知县的，论其出身，也算是正途了。相形之下，严如煜的事例更典型。严乃湖南溆浦人，嘉庆初，贵州苗民起义，严入湖南巡抚姜晟幕，草平苗议十二则，嘉庆五年（1795），以孝廉方正科赴京应试。此时川陕楚的白莲教起义正进入高潮，如煜熟谙三省边区之地势物情，建议广招流民，开荒屯垦，以缓解矛盾，平息事端。特命入军机处畅陈所言，乃上《屯政方略》十二则。召对后，即以知县发往陕西，补授洵阳知县，并历任汉中知府、贵州臬司等职。（见陶澍《陶文毅公集》卷四五《乐园严公墓志铭》）不过清代的幕友是一个特殊的社会群体，鱼龙混杂，良莠不齐。

第八，捐纳。报捐的范围包括军需、河工、赈灾、营田等方面。凡出资者，即可得官，或为虚衔，(方浚师《蕉轩随录》卷三称：咸、同“军兴以来，捐例日增，各官有准捐虚衔之条。近则知县无不捐戴同知、知州衔，顶七品官服，十百中不过二三人矣”。) 或为实授。康熙十六年（1677)，宋德宜上疏称“开例三载，得捐知县者五百余人”（《清史列传·宋德宜传》)。有时候，捐纳、议叙还可以结合进行。例如嘉庆初万廉山以副贡生入姜晟幕，因军功议叙州同，“援例加捐知县”(《续碑传集》卷四〇陈文述《万廉山司马传》)，便于嘉庆四年（1799）往江苏江浦、丹徒等县上任去了。但在人们的心目之中，捐纳也是一种钱权交易。道光十六年（1836)，张集馨外任山西朔平知府，召对时，宣宗告张曰：“捐班我总不放心。彼等将本求利，其心可知。”（张集馨《道咸宦海见闻录》，第22页）而从另一方面看：有一程某，以贡生由衡工例捐纳知县，嘉庆二十年（1815)，分发陕西，直至道光七年（1827)，仍然未得实缺，年已六十，就被“勒令休致”了。正途尚且壅塞不通，捐班候补，那又谈何容易！

知县的出身是我们考察知县素质的依据之一，所以有必要尽可能地做一点分类统计。先看上文提到的介休和云梦两县的情况：

嘉庆《介休县志》卷五

进士	举人	贡生	监生	生员	吏员	合计
12	12	15	11	1	1	52

道光《云梦县志略》卷六

进士	举人	贡生	监生	笔帖式	不详	合计
23	13	8	9	1	11	65

另外，我们还统计了两个府：

嘉庆《四川通志》卷一〇四“成都府”

类别 州县	进士	举人	贡生	监生	荫生	其他	不详	合计
成都	7	7	4	15	1	1	5	40
华阳	3	9	8	2			3	25
双流	5	6	2				1	14
温江	5	8	8	7	1		3	32

续表

州县\类别	进士	举人	贡生	监生	荫生	其他	不详	合计
新繁	5	12	3	4			1	25
金堂	8	8	3	5		3	1	28
新都	3	9	6	7	1		1	27
郫	6	6	3	13			3	31
崇宁	2	5	3					10
灌	10	10	1	7	2		3	33
彭	4	13	2	1				20
简州	4	7	7	9	2	2	2	33
崇庆州	3	5	7	10	1	2	2	30
新津	7	11	5	3			3	29
汉		2	10	9	2		5	28
什邡	5	12	3	3			4	27
合计	77	130	75	95	10	8	37	432

乾隆《江南通志》卷一〇七“江宁府”

州县\类别	进士	举人	贡生	监生	荫生	其他	不详	合计
上元	4	9	11	1		2	3	30
江宁	4	10	6	6	2		8	36
句容	6	7	7	5		2		27
溧水	3	8	6	4		1	6	28
江浦	4	6	7	3			1	21
六合	8	7	6	1			1	23
高淳	5	4	5	1	1	2		18
合计	34	51	48	21	3	7	19	183

如上表，江宁府领县7，总计183人，平均26人，成都府领州县16，总计432人，平均27人，数字偏低，这是通志题名收录未全的结果。表中“其他”一项，包括副榜、附

生、吏员等，他们必须借助另外的途径（如议叙、捐纳）才能出任知县之职，但因材料均无说明，只好存而不论了。不过它所显示的基本倾向仍然是比较清楚的：第一，知县出身多元化，这种态势反映了知县群体社会构成的复杂性。第二，在各类出身中，举人数量最多，贡生或监生次之。进士占第二位，或者进士超过举人，但为数甚少。举人和贡、监生员是清代知县的主体。

研究清代知县，黄六鸿《福惠全书》和徐栋编纂的《牧令书》《保甲书》，都很有参考价值。黄氏所著，适用性很强。该书目录分14部，反映了知县任职的全过程及其职守的各方面，今不妨列举如下：1. 筮仕（包括谒选、投供、拜客、聘幕友、募家丁、查全书、访风俗等等）；2. 莅任（包括入境、受印、谒庙、出堂规、发告示、考经承、参谒上司、接待绅士等等）；3. 钱谷（包括催征、比较、解运等等）；4. 杂课（包括田房、牙、盐、鱼税等等）；5. 编审；6. 清丈；7. 刑名（包括词讼、问拟、命、盗、奸案等等）；8. 保甲；9. 典礼（包括春秋祭、修理文庙、崇祀乡贤、迎春祈雨等等）；10. 教养（包括立义学、劝农功、修水利、恤孤贫等等）；11. 荒政；12. 邮政；13. 庶政（包括平治道路、禁杀耕牛、缉拿私贩、条陈兴革等等）；14. 升迁（包括交代、辞行等等）。其中，第一部分是初入仕途的必经阶段。第二部分是办理公务（也包括安排家务）的各项准备工作。第3、4、5、6部分，以钱谷为核心，集中体现了基层政权的经济职能。第7部分共有十卷，约占全书三十二卷的三分之一，它的内容集中体现了基层政权的司法职能。综合其余各部分（如文化教育、生产建设、社会治安与公益事业等等），这就从整体上反映了知县职责的全貌。但是黄六鸿指出“有司以钱谷刑名为重”（黄六鸿《福惠全书·凡例》），征解钱粮和审理词讼是知县官员两项首要任务，别的事情，不妨少做，甚至不做，而钱谷与刑名却是非做不可的，只有在这里不发生任何纰缪，目录的最后一部分才会从可能转化为现实，设若不然，升迁的希望也就非常的渺茫了。

知县是政府官员，所以政府必须对其职责做出明确规定，并且利用这些规定来指导和约束知县的政治行为。例如：“州县授任之初，必先由部引见，以简其才否。其在任者，阅俸五年以上，始许题升，三年以上，始许题调，莅任三年，政绩卓著者，保题注册，又阅三年，始加衔注册即用。间有因事引对，书名存记，特用为同知、知府，以示鼓励，而才猷卓越者，或用至督抚，所以激扬之者备至。其有旷职者，督抚劾奏，立从黜退，以收锄莠扶良之效。”（《历代职官表》卷五四）其中特用一说，如雍正时蓝鼎元令广东潮阳，因上司诬陷而革职，平反之后，骤升广州知府，便是一例。（见《碑传集》卷一〇〇陈寿祺《蓝鼎元传》）至于引见，据顺治十二年（1655）上谕称，州县官员的任命，应斟酌地方繁简，区别录用，因此规定今后将州县分为三等，“应选官员，考其身言书判，精加拣择，亦分三等具奏。上等者列名引见，候朕面定，方将上等之缺从公掣签。其考居二等者授二等地方，三等者授三等地方，不必引见，俱从公掣签，务使州县各官，人地相称”（《清世祖实录》卷八八，又参看《清会典事例》卷四四）。但是县分三等的规定大约在康熙初年已经取消，据此估计，上等州县引见授职的做法也就同时废而不行。所以康熙三十七年（1698）七月云南道御史荆元实上奏：“州县官有牧民之责，为任甚重，请嗣后每月州县官掣签之后，令其随本引见。”（《清圣祖实录》卷一八九）尔后遂成定制，于是候选之州县官员，无论繁简各缺，都可以受此“殊荣”了。

清代全国一千三百多个县级政区，便有一千三百多位现任的知县官员。我们随意抽查了几部地方志书，例如山西《介休县志》的知县题名止于嘉庆十八年（1813），共计知县53人。湖北《云梦县志略》的知县题名止于道光二十年（1840），共计知县65人。（见道光《云梦县志略》卷六）原书自注：“县卷征烂无存，经手吏屡易，无可查询。藩署科房亦因乾隆年间回禄，无凭检核。今自康熙十年以前，皆本旧志，十年以后，皆缘采访记忆编辑。”以上两个数据基本上符合三年俸满的原则。如果以云梦为准，全国县级政区按照1327个来计算，清代前期（1644—1840）196年间，知县总数就高达86255人了。实际情况比较复杂，例如有些知县任职甲地，再调乙地，又调丙地，如按各县题名计算，这就重复了。数字仅供参考。

县之属官，前人统称之为丞、簿、尉、巡、驿、使、仓、闸。丞指县丞。簿指主簿。尉即县尉，汉唐时期，地位颇高，明代废而不置，此处作为典史之别名。巡指巡检。驿指驿丞。使即税课大使。仓指仓库大使，实为各地督粮道之下属仓官，并非州县政权的组成部分。闸即闸官。这些低级官员也不是每县必设，据《历代职官表》卷五四，县属驿丞全国37人，州属驿丞仅有5人。闸官主要分布在江苏、山东，就更加微不足道了。

清朝制度，县丞正八品，主簿正九品，分掌粮马、征税、户籍、巡捕之事，以佐其县。但是丞簿的设置具有很大的灵活性。“国初，每县置县丞各官，因事多寡无定员。惟典史每县一人，嗣后因时裁设，并因各县之升改分并，而定其员额焉。”（《历代职官表》卷五四）丞簿缺编非常普遍。根据《历代职官表》卷五四提供的数字，乾隆年间，全国县丞：顺天府3人，直隶18人，江苏59人，安徽17人，山东35人，山西5人，河南33人，陕西15人，甘肃、广西各6人，浙江46人，福建29人，江西55人，湖北22人，湖南13人，广东20人，四川21人，云南4人，贵州7人，总计414人。全国主簿：顺天府2人，直隶5人，江苏37人，安徽、陕西、甘肃各3人，山东、河南各13人，山西、福建、湖北、湖南、广东、广西各1人，浙江11人，江西2人，总计98人。但是《清会典》卷五提供清末的数字，当时县丞（包括京县）全国仅347人，主簿仅55人，乾隆以后清代社会经济在发展，户口在增加，但丞簿各官设置的数量不仅没有上升，反而大大地下降了。但典史每县例设一员。《历代职官表》追溯典史沿革，以县尉比之。县尉在唐代，颇受青睐，取得进士资格的读书人，入仕之初，多半以县尉为选择之最佳目标。清代地位下降，“例由考职吏员出身遂咸卑贱目之”（《沈端恪年谱》卷下）。官书记载，不设县丞主簿，其掌管之事宜，则由典史兼领。但等级有大小尊卑之分，上可以兼下，下不能犯上。丞簿八、九品官，典史尚未入流，其名不正，其言不顺，焉能兼领？乾隆七年（1742），四川巡抚硕色奏称，绵州魏城驿地当要冲，应设驿丞员，“州属绵竹县同城主薄，所管盐茶事物，知县可以兼管，请即裁改为魏城驿驿丞”（《清高宗实录》卷一六〇）。此例说明，兼领主薄事权者，仍是知县，而不是典史。乾隆十一年（1746），检讨程恂借讲解经书的机会，“请重县尉之选，欲以士人初任是官而重其秩”。但是这个请求遭到清高宗的批评：“是一县又增一令也，成何政体？”（《清高宗实录》卷二七七）

清代官书论丞、簿职守并未区分两者之差异，各地实际运作也同样具有很大的随意性。某些地区出现了“专司水利”的主簿与“管河县丞”的头衔，丞簿之名未改，但是工作的性质变了。又如雍正九年（1731），“析江苏山阳县地置阜宁县，以庙湾镇为县治，仍隶淮安府，设知县、典史等官，县丞一人，管理河务”（《清会典事例》卷三〇）。乾隆二十九年（1764），四川叙州府属屏山等地，招徕日广，乃以叙州通判移驻马边，“其马边县丞，调驻富顺县邓井关，管理盐引事宜，该县丞，即归富顺县管辖，衙署毋庸另建”（《清高宗实录》卷七一八）。雍正七年（1729），“甘肃裁凉州府平番县西大通驿驿丞，添设县丞一人，兼管驿务”。乾隆八年（1730），福建裁古田县水口驿、邵武县拏口驿驿丞各一人，乃“移古田县县丞驻水口，邵武县县丞驻拏口，兼管驿务”（《清会典事例》卷三〇、卷三一）。但是有的地方，驿丞还兼领巡检职衔；或者反过来，驿务又由巡检代行。另如记载：乾隆八年，清政府批准四川裁汰绵竹县主薄、西充县仙林场盐大使、三台县石板滩盐大使、乐至县县丞、剑州州判、富顺县主薄、井研县盐井湾大使、合州州同、奉节县县丞，以上各官“所管事务，各归本州县兼管”，又将犍为县红壁山等处井灶关隘事务，分归乐山县知县兼管，将五通桥等处井灶关隘事务，分归犍为县知县兼管。（见《清高宗实录》卷一九九）佐杂官员，员无定额，事无专责，裁省改移，变化无常。全国一千三百多个县级政区，不设丞簿之处，约占三分之二，另外三分之一，虽设丞簿，但又极不规范，所谓以佐其县，形同虚文。知县既无副职也无助手，于是县级政区通通实行了一长制。

论清代州县六房

清代州县政府办事人员包括书吏、衙差、家人与幕友四个类型。幕友侧重刑名、钱粮，属于顾问性质，例由州县自行礼聘。家人主要在同乡及亲族子弟中雇觅，负责账房，掌管出纳，安排生活，形同奴仆。官员升调卸任，幕友家人皆随之离去，无滞留者。衙差亦称衙役，名目繁多，皂隶、马快、捕快、小马、禁卒、门子、马兵、仵作、粮差及巡捕等等，基本上属于贱民阶层，其子弟既不能入学读书，更不能应试求官。清代大小衙门直接经管公务活动之办事人员都可以通称之为“书吏”，但具体言之，仍各有专名。中央机关有供事（内阁、翰林院及修书各馆之吏）、儒士（礼部之吏）、经承（各部院有堂吏、门吏、都吏、书吏、知印、火房、狱典之别，统名曰“经承”）。地方政府部门，则有书吏（督抚学政之吏）、承差（督抚于书吏之外，另设承差）、典吏（司道府州县之吏）、攒典（首领佐杂各官之吏）等等，详见《光绪会典》卷一二。州县之上，书吏承管之公务比较单一，然而州县乃基层政区，涉及面广，综合性强，所以州县书吏皆据其承管公务之不同内容，分别组成吏房、户房、礼房、兵房、刑房与工房，通称州县六房，在这个固定框架之外，另外还有承发房，办理公文收转、仓房，办理仓库积蓄，盐茶房，办理盐茶税课和有关引、岸事宜，州县可从实际需求出发或置或不置，允许因地而异，并无统一规划。

从历史上考察，地方基层政府按照六房体制建立办事机构，是唐宋时期中央政务部门六曹分署办公制度向外延伸的结果。称之为房，一指办理公务的具体场所。“六房”就是六个不同的办公“室”。二曰：“房者，防也。”（元徐元瑞《吏学指南》）此即办公重地，内外有别，闲人免进之意。元代作家孟汉卿《张孔目智勘魔合罗》杂剧中，戏曲人物张鼎自报家门，“在这河南府做着个六案都孔目，掌管六房事务”。案指案牍，亦称公文。案牍（公文）的运转必须和中央六曹（明清时期便是中央六部）接轨，所以才把进行操作的办事机构称之为“六案”或“六房”。其编排序列和内部分工，元人陈元靓《新编群书类要事林广记》卷一〇《告状新式》有详细介绍：“吏案：掌官吏名籍、选举、考课、假使等事；户案：掌户籍、土田、婚姻、族姓、禄廪、支用、权衡、度量、仓库、租税、差科、征役、米粟等事；礼案：掌礼仪、音乐、祭祀、祯祥、学校、贡举、医卜、释道、表疏、陈设等事；兵案：掌兵籍、军器、郡邑图志、铺驿、烽堠、镇戍、险要等事；刑案：掌鞠狱刑法、督捕盗贼、纠察非违、财估没入、奴婢死隶、门户管籥等事；工案：掌百工众艺、启塞役使、公廨、碾硙、山泽、津梁等事。”由此可以认为，元代基层政府六案和六房体制已经基本定型。到了明代，洪武十八年，颁布外官到任仪注，规定赴任者“至城一舍而止，先令礼房吏告示官属父老相率出城来会”。（《明太祖实录》卷一七〇）洪武永乐年间，又先后御制《到任须知》，规定：“凡新官到任，其先任、首领官、六房吏典，限十日以里，将各房承管应有事务，逐一分豁，依式攒造文册，从实开报。如有隐漏不实，及故不依式，繁文紊乱，并十日以里，迁延不报者，该吏各以违制律论罪。”（《万历会典》卷九）这里虽然提到了先任和首领官，但是攒造文册实际上是六房书吏的责任。永乐年间的《到任须知》即按吏、户、礼、兵、刑、工序列，逐一标明开报件数，并附有公文格式。由皇帝为州县六房制定文案写作的范本，这在中国历史上的确是一件非常稀罕的事情。但是迄今为止，我们没有看到“须知”的任何原件，幸好在黄六鸿的《福惠全书》（卷二）中还保留了一个提纲，虽然条目琐细，文字冗长，但是内容丰富，值得一读，因此抄录如下，以供参考。

吏房经管吏书，管属及本治候选官员等项。如本衙门吏若干名，书手若干名，某某于某年报纳著役。所属官、攒若干名，某官于某年月日到任，任内有无荐、罚、委署及升迁空缺；某攒典于某年月日报纳著役，有无役满出缺、悬缺。监、贡、举、进，某年中式、援纳，曾否考职，于某年月起文赴部，有无在籍丁忧事故，曾否申报。僧、道、阴阳、医官若干名。

户房经管应征解给夏税秋粮、丁差徭役、杂课等项（原注：亦有户房止经管田粮丁口，其杂课另设户杂科者）。如地亩若干，应征银粮若干，有无某年蠲增。人丁若干，内除优免，应征额银若干。地丁应起运若干，存留若干，应支款若干，某年起运支给若干，有无未解、未结，及有无未完民欠。每岁额销盐引若干，牛驴牙杂、田房契税、当铺等税若干。自某年起，及卸事止，某某年月日征收起解若干，有无未完若干。每年捐积谷若干，有无动支，实存仓若干，及每年经收钱粮总书、里长、仓书、收役、花户等册。

礼房经管春秋祭祀、宾兴、考试、乡绅、学校、庆贺、旌表、先贤祠墓、古迹等项。如文庙社坛额编两季祭祀银若干，岁科盘费银若干，举、进牌坊银若干，修理龙亭、历日、榜纸银若干，各项有无支领起解。每年学租若干，有无支动，现存若干。名宦、乡贤几位，先贤某某祠墓几处，坐落何所，系某朝人，有无出仕何官，有无后裔，系何色目人。义夫、节妇、孝子、顺孙几人，系某某朝，有无现在，于某时旌表。乡宦现任几人，致仕几人，系何出身，历任某某官。现在封君几人，是某乡宦之父，系何出身。举人、贡、监若干，有无考职候选。文武生员若干。境内寺观若干，坐落何处，僧道若干人。

兵房经管门军、皂快、民壮、铺司兵、驿递、夫马等项。如门军若干名，某某派守某门，是否经制，支给何项工食。皂快民壮若干名，某某系经制，有无重役、过犯、革逐。铺司兵若干名，某某系经制，某某在某地方送某处公文，道里远近。管驿驿书开造驿递夫马，本治共有几驿，某驿额设马若干匹，牌子、马夫若干名，现在行差马有无缺额。轿扛青白夫若干名，有无经制。本治有无水驿，额设某某船若干只，水手若干名，有无额设工食，供应何路何项差使。每年额设买马银若干，工料银若干，每马支给若干，马牌夫等每名支给若干，兽医药材每年支给若干，动支何项钱粮。船只打造修理是何年限，工价作何支给，何项动用开销，勘合火牌每员各廪给口粮若干。自到任之日止，某项支过若干，有无透冒未支。

刑房经管人命、盗逃、词讼、保甲、捕役、监仓、禁卒等项。如某命案为某事，某人打死某人，原告某人，或谋或殴，有无审报具题完结。某盗案为某事，失主某人，呈报某年月日被打劫，强盗某某人，伙党有无拿获，真赃有无起认，申报某衙门曾否具题完结。某逃案为某事，于某年月日，或逃人自首，或地方禀报，或捕壮拿获，于某年月日申报某衙门，有无批示。或又有某案奉某衙门行提，曾否起解。某词讼或钦件，或宪件，为某事，于某年月日奉某衙门批审，曾否详覆批示。本治四乡共几保，每保所管乡长某人，保长某人，某镇集村长庄头某人，壮丁某人，共若干名，捕役若干名，禁卒、仓夫若干名，经制几名，从前有无过犯革逐。现今在监命犯若干名，盗犯若干名，逃犯若干名，在仓人犯若干名，每年罪赎银谷若干，现贮某仓某库，应解某衙门，曾否报解，有无完欠。

> 工房经管修造及置办军需等项。如察院公馆几所，坐落某处，椅桌铺陈执事扛箱等件，见存若干，旧例作何置办。铺舍桥梁津渡几处，坐落何地方，系何孔道，有无毁坏坍塌。本治正佐衙门作何修理，监仓作何补葺，置办军需槽剿车船等物，于某年月日奉某处明文，动何项钱粮，应付过若干，有无开销领给未完。

这里应该说明，《福惠全书》自序作于康熙三十三年（1694），清王朝督捕逃人之势尚未减弱，于是提纲在命案、盗案之外另增逃案一项，但康熙中叶以后，逃人法已逐渐废弛，所谓逃案也就失去继续呈报的意义了。提纲作者曾任山东郯城和直隶东光知县，供职于中国北方，如果到了南方各省，开列项目，或增或删，当然不会一成不变。

新官初任，入境问俗，六房呈送须知，一方面汇总县情，另一方面条理政务，考其目的，就是为了让新任州县能对辖区城乡全貌以及六房经管范围有所了解。州县实行一长制，不采用多层领导（局以下设若干处，处以下分设若干科）的管理模式。长官意图可以直达六房，六房书吏也直接向长官个人负责，只接受长官个人的指挥与调度，其余佐贰均无权干预。领导体制的单一与过分集中，导致办事机构的平列与多元化，所以六房就是六个独立的职能部门，六房内部也只设书吏。衙差属于另外一个系统。书吏与衙差都在州县的领导之下执行公务，但是大小衙门之书吏（包括衙役）都不是国家正规的公职人员。衙役出身低贱，书吏比较复杂。先秦时期，吏乃百官之通称，官与吏可以互训，而且通称的习惯一直延续到了清代。但是另一方面，吏又专指微小官员。秦汉以后，吏之身份进一步降低，官吏双方之差距日益扩大，终于演变成为两个不同的政治等级。《唐律疏议》卷一称："吏、卒"杀本部五品以上官长属于"不义"，乃十恶重罪之九。值得注意的是，此条吏、卒并列，而且专门解释"'吏'谓流外官以下"，可见吏不是官，法律定性非常明确。洪武时，成都府有吏诉其知府受贿。太祖曰："吏胥之于官长犹子弟之于父兄，下讦其上，有乖名义，不足听也。"（《明太祖实录》卷一六七）子弟即卑幼，父兄即尊长，在法律面前，尊长之等级高于卑幼，卑幼控告尊长，无论虚实皆系违法。书吏控告知府比之于卑幼（子弟）控告尊长（父兄），由此看来，知府之等级高于书吏，也就成为不言而喻的事情了。书吏、衙役与官员共处于一个政治实体之内，但是他们的身份和工作性质各不相同。简而言之，治事者曰官，办事者曰吏，供驱使者曰衙役。官员身份高于书吏，两者有贵贱之分，书吏身份高于衙役，两者有良贱之别。官员居高临下，发号施令，一切大小事务，必须另外有人奔走应承，才能落到实处。《清通考》卷二一《职役考》指出：古代社会"以士大夫治其乡之事为职，以民供事于官为役"。从形式上看，书吏、衙役人在官府，执行公务；

但从实质上看，他们不过是以庶民和贱民的身份奔走应承，供事于官，所以他们执行公务的行为只能定性为役。役者，劳役也。其特征有三：一曰身不由己，录用和期满交代，都有一定的强制性；二曰不领薪俸，只给工食，甚至无酬；三曰服役期满有绩效者，可出任九品杂职官员，发展前途受到限制。

清代官书记载："国初沿前明之例，吏典由各处佥拨充役，后改为考取，或由召募投充。凡在内各衙门书役投充，必取原籍地方官印结，方准著役，不准有冒籍、冒姓、顶替之弊，各衙门各派一官专门司稽察。在外府州县书役，必取邻佑亲族甘结，地方官印结，方准著役。其有无弊端，责令道员、按察司查察之。"（《清通考》卷二一，又参考《清会典事例》卷一四六）明代规定："凡佥充吏役，例于农民身家无过，年三十以下能书者选用。"（《万历会典》卷八）这些措辞表明，从基层签拨书吏，是有一定的强制性。但从明代中叶开始，调整役法，雇役制已逐渐取代了签役制，所以清代书吏"皆选于民而充之"（《光绪会典》卷一二），与明代相较，强制意味也似乎有所削弱。但是官书仍旧规定，书吏必须出具亲供，并取具邻佑亲族保结，地方官加具印结，然后汇造役册，申报该管稽查衙门备案。亲供是书吏本人向地方当局呈送的一份自我保证，其格式如下："实供得某于某年某月某日投充某（州县）衙门清书，于某年某月某日，拣选某房典吏，顶补上首役满吏某人名缺，实非宦仆，身家清白，并无过犯。更名复充，暨投充旗下，亦非文武生员，父子兄弟朋充，并顶冒抗粮，缘事违碍等弊。理合出具亲供是实。"（刚毅《牧令须知》卷二）这些内容肯定反映了官方的要求，也可以说，这就是书吏应当具备的政治条件。至于业务素质，谢金銮指出："六房科吏必由考选而得，他日尚令考选入仕，所以然者，为正经紧要之人，官之所以赖也。盖书吏必世守法例，博通案情，又明于本处风俗，乃可以承充。"但是另一方面，书吏等级低于缙绅，读书入仕之家，皆不屑为之，刑名钱粮，事多棘手，忠厚老实之人，又不敢为之，其内部成员，肯定良莠不齐。

清代中央以及各省大小衙门之书吏皆有定额，其编制细目可查看《清会典事例》卷一四八至一五二。但是这些法定数字和实际情况相去甚远。以直隶为例，根据上引书卷一四八提供的数字，全省各类衙门书吏和攒典总计为 2050 人，而道光七年（1827）那彦成清理该省挂名白役已高达 23900 余名之多，超过定额约 10 倍。"直隶如此，他省谅亦不免。"（《清宣宗实录》卷一二四）再以四川为例，清初，达州"冗书以数百计"（《民国达县志》卷六），道光时，巴县衙役甚至增加到六七千人之多（《牧令书》卷一七）。形成这种局面之原因颇为复杂。第一，州县书吏法定数量，一般都在 12 名左右，但很多地区已经突破了六房格局，机构增加，而且差多事繁。掌管诉讼和钱粮之刑房与户房，即使各得两名也显然无法应对。雍正七年（1729）田文镜称其督府衙门经制书吏20人，分上下两班，而现在上班已有百余人之多，由此推论“各衙门书吏以一正一副留用，乃万万不能之事”（《清经世文编》卷二四田文镜《覆陈书役不必定额疏》）。官方书吏定编普遍脱离实际，理应因时因地不断调整，才是解决问题之正常途径，清朝统治者仍基于求稳不求变之心态，墨守成规，三令五申，裁革挂名白役。熟悉内情者指出：“革役大非易事，官虽革役，而役不自革，是以有瞒上不瞒下之说。”（《牧令书》卷一七刘衡《理讼十条》）经承之外有贴写，正役之外有白役，乃书吏与差衙内部的私人交易，禁革难收实效，所以清代大小衙门书吏与差役的数量问题基本上处于失控状态。第二，书吏执行公务需要专业知识，刑房掌管民刑诉讼，必须熟悉法律条文，了解司法程序，户房收解钱粮，也必须掌握一定核算知识与管理技能。但政府从不组织培训，于是书吏自行传授，随师学艺，称为贴写。（见《清通考》卷二一）乾隆元年上谕：“朕访闻直省州县衙门，经承之外，必有贴写，正役之外，每多白役。”（《清会典事例》卷一四六）于是在经制（书吏定额）之外，又出现一支由贴写组成之后补队伍，而后补者之数量，无疑超过前者数倍。第三，按照官方规定，书吏五年役满，必须另外招募，但是清代书吏早已成为一个特殊的社会群体，在其长期的活动过程中形成了一整套约束自我行为的潜规则，不仅行之有效，而且相沿成习，牢不可破。这些潜规则已经成为清代官场陋规的组成部分。于是经承和贴写之间，往往自行顶替，下届向上届承顶时，还要支付顶银数百两至数千两不等。（参见《灌志掌故》卷一，民国《长宁县志》卷四）顶银之事早已有之，明嘉靖二十五年，吏部奏呈时弊，其一即为不许书吏私顶，也不准交代顶头。（见《明世宗实录》卷七一四）康熙五十八年，唐执玉奏称，户部之缺主“或一人占一司，或数人共一省，占为世业”（《清史稿》卷二九二《唐执玉传》）。雍正元年上谕，特别提到缺主一词，称其“独掌一司之事，盘踞其中，事无大小，一手握定，而不肖司官，交通贿赂，倚为心腹，上下朋奸，莫可查究，书办尚有更换，缺主总无改移，子孙相承，竟成世业”。最高当局在强调禁革缺主的同时，重申“书役年满缺出，遵例另募，取具邻佑亲族保结，方准取录，如有暗行顶买，索取租银之处，缺主及顶缺之人照律治罪”（《清会典事例》卷一四六）。由此可见，缺主既能世袭，亦可顶买。顶钱又称租银。另据何刚德《春明梦录》卷下：吏部之经承如同铺户之东家，贴写如同伙计。前者“专管纸张及贴写之工食”，官中工食纸张之费，每科每季十余金，而每科之经承必雇数十人，费用不足由经承赔补。经承缺出，必须由贴写掣签顶替，一旦得手，车马衣服宫室均有人代备。考其原因，经承可以写信索贿。这些情节，出自吏部，但是大（中央）小（州县）衙门之书吏，既有个性，也有共性，上行下效，势所难免，何书所记对研究州县六房仍然具有一定的参照价值。此外还要说明在前引何书中，吏部贴写与经承的互相关系，实际上并非随师学艺，而是雇觅帮工，应为贴写之另一模式。（参看《清仁宗实录》卷二三九）这种情况，不仅书吏有之，根据《清宣宗实录》卷一八四，州县之中，总差雇替散差，后者替前者应事，可见差役之中也有雇觅帮工者，总而言之，治事之权在官，管事之权在吏，清代大小衙门书吏手中，皆握有某些特殊权力，借此谋利，生财有道，甚至奇货可居，因而熙熙攘攘，队伍日益壮大，这就不足为怪了。

明代书吏皆有工食。清初战事频仍，为了满足军费需求，清政府压缩行政开支，在全国范围内裁撤了书吏工食银两。嘉庆《三水县志》卷三：正堂吏书十二名，每名工食银，10 两 8 钱，共编银 129 两 6 钱，闰加银 10 两 8 钱。顺治九年奉裁银 50 两 6 钱，康熙元年奉文全裁充饷。康熙《城固县志》卷三：吏书十二名，工食 72 两，仓库书吏两名工食 12 两，康熙元年照数全裁。工食无论多寡，毕竟是书吏通过合法途径，领取劳动报酬之重要标志，取消之后，执行公务的办事人员与政府官员双方的等级差别更加鲜明。有劳而不付酬，驱其自谋生路，但其经济收入，不问之于官，必取之于民，于是靠山吃山，靠水吃水，书吏（也包括衙差）以权谋私之风，更加无法遏止。

催收赋税钱粮，在正项之外，又巧设名目，敛取民财，已成常态。康熙中期称兴国州知州张辉祖听信经承余德昌捏称饷差不足，与里书串通，秋粮每石加派 2 钱 5 分，名曰乐输共七千两。又假手保户包揽正银每两加耗 1 钱 7 分，扣斛 1 钱 1 分，耗扣两者共计九千余两“官蠹朋分”（郭琇《郭华野先生疏稿》卷二《会参污吏》）。清高宗承认：“凡征解钱粮，上司书吏辄向州县书吏索取费用，因而县吏假借司费纸张名色，派索花户。又如征解漕粮时，粮道衙门书吏需索县吏规礼，因而县吏遂勾通本县家人，盘踞仓廒，于正额处多收耗米，稍不遂意，百般留难。远乡小民，以得收为幸，守候为难，不得不饱其贪壑。”（《清会典事例》卷一四六）另据记载：“各州县起解钱粮，例有两文一批，一文投巡抚衙门挂发，一文同批，投藩司衙门兑收，并同钱粮交与解役，解役与库书一气，多有压匿文批，将钱粮不归藩库，径交库书之家，拆分挪用，及放债图利等弊。”（《东华录》卷二九）为了开拓财源，“房吏陋规有一事而两三费者，如税契过割本一事也，而印税归一房，过割与副单又归一房。渔课等类，造册征比，本一事也，而造册归一房，征比又另一房，不知在官多一房，经管即在民多一层需索”（《牧令书》卷四）。民间词讼获准后，原告诉状副本例发刑房，“被告必由房抄状，该房居为奇货，故意刁难，视事之大小为需索之多寡”（《福惠全书》卷一一）。

姚莹《复方本府求言札子》称：“讼师非他，即各衙门之书役也。”（《清经世文编》卷二三）书役操控诉讼，勒索钱财已成常态。“故有讼狱尚未审结，而耗财于若辈之手，两造已经坐困者矣”（《清会典事例》卷一四六）。更有甚者，“漳浦最健讼，胥吏能以一讼破中人产”（《结埼亭集》卷一六《大理悔庐陈公神道碑铭》）。

《宦游记略》卷上称：高廷瑶知六安，发现其地命案验尸毕，即入古庙设席盛丰，乃里长所备，费用由附近花户分摊。高重惩禁革，此后亲临看验十余次，皆自带菜肴，随往之刑仵胥役“由官给资”，“数常加厚”，以防其苛索。这是一个正面之例证。但高之经费来源，书中并未说明，可以肯定六安以及其余州县都没有此项预算。事实证明查勘命案已经成为各地书役重要的生财之道。以四川为例，“遇命案，官即事所详验，名曰下厂，则摊厂费于邻里，远或至十里外。黠役往往勾奸人婪索，至覆其家。虽丐者毙于道，必有无赖出首为尸亲，兴大狱”（光绪《井研县志》卷二九）。

盗案各地皆有，捕盗也就成为书役之重要财源。嘉道时有御史揭露川中积弊称民间窃案，失主报呈后，差役将邻近殷实之家板指为窝户，拘押索钱名曰“贼开花”。有典史题联于堂上曰：“若要子孙能结果；除非贼案不开花。”（姚元之《竹叶亭杂记》卷二）于成龙《政书》卷七《弭盗安民条稿》指出州县缉捕盗贼，于正捕一名之下，又指盗指赃，百般索诈。或报案后反诬失主，报赃不实，失事不真，因而失主不愿报案。于成龙指出“两江捕快人等，每于初获盗犯未经到官，辄私带荒郊惨拷酷吊”（《政书》卷七《兴利除弊条约》）一为索诈，二为授意指板。私设监狱，广东名曰“伙房”（李士桢《抚粤政略》卷四），湖南则有外班房、自新所、中公所等名目。内设每种非刑，例以绳系右手足大拇指悬空，曰钓半边猪。酷刑尚有好汉架、对面笑、魁点斗等。（见《清宣宗实录》卷二六五）乾隆时，四川合州有总役十二名，号称“十二牌当家头”，新官上任，每名照例向上司致送“到任规”白银200两。（见民国《合川县志》卷五）道光时，据称湖南郡阳其衙役有周捷等四人，名曰四大寇，有鲁宾等十八人名曰十八路诸侯。（见《清宣宗实录》卷二六五）某些地区，“县差遍满于里图，府差遍满于郡邑，不论事情之大小缓急，钱粮之多少远近，无日不差”，书吏差役借此索取船桥夫马差钱饭钱，“多至百余两，少亦不下五六十两之数，何异纵千百虎狼飞噬于阀阅阛阓之间也”（李士桢《抚江政略》卷一）。所以民谚有云“岁患莫如水，民患莫如盗，官患莫如吏”（咸丰《邳州志》卷一二）。庞大的书吏（差役）队伍在清代州县政治运作过程中造成之负面影响的确不可低估。

论清代州县政治

清代官书称，知县“治其吏、户、礼、兵、刑、工之事，佐贰而下，皆任其弹压”(《光绪会典》卷四)。此即前人所谓得百里之地而君之，于是州县长官在其辖境之内也就仿佛成为君临一方的最高统治人物了。时人指出，朝廷庶政，条分缕析，门类繁多，但“考其事之所由起，则莫不肇端于州县”（刚毅《牧令须知序》)。州县具体而微，麻雀虽小，肝胆俱全，表明州县并不是一个单独的职能部门，而是一个综合性很强的政治实体。如果从纵的方面看，州县好像是一座“宝塔”的基础，但是如果从横的方面看，每一州县便是全省乃至全国的一个有机的组成部分。所以时人又指出：“州邑者，天下之分也，分天下之疆土以为州邑，即分天下之州邑以任牧宰。”（黄六鸿《福惠全书·自序》）州县是局部，天下是整体，“天下至大，郡县至小，然其势以相积而成。比县皆治，郡有不治者乎？比郡皆治，天下有不治者乎？”这个推论至少在逻辑上无懈可击。所以“天下之治乱，视郡县而已矣，视守令而已矣”（王柏心《宦游纪略序》)。国家之安危，取决于州县之良窳，这就把州县政权的重要性强调到无以复加的程度了。而州县政务运作又离不开州县长官。嘉庆年间，有一位谢金銮，此人担任过福建邵武安溪两县教谕，平日留心时务，“讲求利病，尤致意于政俗”(《碑传集》卷一一二陈寿祺《谢君金銮墓志铭》)。他是研究州县政治的著名学者之一。按照他的看法，“天下真实紧要之官只有两员，在内则宰相，在外则县令”(谢金銮《居官致用》，引自《牧令书》卷一)。梁章钜长期在军机处供职，道光十六年至二十一年（1836—1841)，又任广西巡抚，论其履历，他对清代官场内情，应当非常了解。他和谢金銮是朋友，因而在自己的著作中引用了谢的上述观点，并且还进一步指出，宰相作为政府首脑，总揽全局，高高在上，与庶民百姓仍有很长的间隔，而知县乃亲民之官，相形之下，“目击生民之疾苦，实能为之兴利而除害，则宰相有不及州县者矣”（梁章钜《退庵随笔》卷五）。这就把州县长官的重要性也强调到无以复加的程度了。

论者器重州县，着眼于基层亲民之官可以直接为百姓谋福利，但是州县要把兴利除害的主观愿望转化为客观现实，任何举措都离不开一个“权”字。乾隆年间，湖南湘潭知县张云璈写过一首述怀诗，题曰《杂感》：“谓官为有权，举动触功令；谓官为无权，适又持其柄。有权无权间，颇不易为政，我意欲有为，难动大府听，我意不欲为，又承大府命。百里古诸侯，居位亦云正，如何束缚之，先自违厥性。设施既不可，何以言利病，一身不自持，强颜对百姓。”（引自《清诗铎》卷一八）州县乃政治实体，当然有权，但是矛盾太多，干扰太大，关系复杂，形格势禁，无所作为，于是有权也就变成了无权。由此看来，基层确有基层的难处。先论用人：六房乃州县直属之办事机构，长官有权对六房书吏进行考核与管理。但是，根据清朝的回避制度，州县官员不能在本省任职。“南人使之治北，山人使之治泽，其土俗固非素悉也。”（《清经世文编》卷二一张惠言《吏难》）实行回避，是为了防止徇私，有利于执行公务，然而跋涉数百里，乃至千余里，人地生疏，往往官不知民，民不知官，好事又反而变成了坏事。官员任职，短者两三年，长者四五年，或升或调，变动频繁，而久任者极少，居官犹如过客。知县新来乍到，掌握“县情”，书吏成为唯一的信息来源。刑名钱谷，具有很强的技术性，知县缺乏经验，必须依靠书吏操作。书吏来自本乡本土，长年供职，又自谋生计，在其内部的运作过程中形成了各种各样的潜规则，官场通称之为陋规。高廷瑶《宦游记略》卷下总结自身经验，强调知县不可只图清名，擅裁陋规，“盖地方相沿陋规正以襄办公事，其益不小，每见地方有应办事尝苦力不能给，遂置不办，若得陋规添办，官之便亦民之福也”。州县官员不可能完全摆脱陋规约束，这就决定了他们在依法管控六房书吏这个问题上必然存在着很大的局限性。次论理财：征收赋税钱粮，数有定额，小部分名曰“存留”，主要包括知县年俸银45两，其余全部名曰“起运”，一律上缴藩库。幕友家人，知县自费，薪俸入不敷出，于是另有养廉，视县之大小繁简，低者六百，高者千两，例向藩库支取。养廉具有劳务费与工务费双重性质，“而养廉摊扣，又多不能全领”（《清仁宗实录》卷二三六）。钱粮取之于民，用之于官，整治堤堰，修建桥梁，兴办学校，都没有国家预算。水利、交通、文化教育，民间常有需求，成为社会公益事业，多由当地缙绅自行集资办理。也可以采取官助民办的形式，例如乾隆二十四年（1759），四川南溪重新修城，知县捐廉三百两，由绅士刘文远等十人掌其事，共享银五千余两。城高一丈二尺，周围约六里。（见嘉庆《南溪县志》卷二）县境之内一切成就都可以记在知县的功劳簿上，不过经济是基础，而财源之多寡和有无，不是取决于知县的意愿，而是取决于缙绅的态度。所以时人指出“绅士为一方领袖，官之毁誉，多以若辈为转移”（《牧令书》卷一六何耿绳《绅士》）。再论司法：县为第一审级，笞杖案件有权审断，笞杖以上则报请复审，定性量刑，如有失误，初审官员仍然要承担法律责任。命案盗案皆有期限，逾期不结，知县还要受到处分。据称施世伦任职州县时，“百姓与生员讼，彼必护庇百姓，生员与缙绅讼，彼必护庇生员”（《东华录》卷一八）。生员等级高于百姓，缙绅又高于生员，等级愈高，特权优势愈大。所以民间有百姓畏生员如狼，畏缙绅如虎之谚，且有秀才尚书举人阁老之说。施世伦敢于突破身份等级之壁垒，公开站在弱者一边，的确难能可贵。但是清圣祖批评施“遇事偏执”，可见最高当局并没有正面肯定这位清官的治讼“经验”，而且一时一地之个别事例，人留政举，人去政息，引不起共鸣，其实际效果当然也就微不足道了。

吏事必历而后知，人才必试而后见。汉唐之世，郎官出宰，郡守入相，此中深意，不难领悟。林则徐巡抚江苏时，常谓僚属曰，吾恨不从牧令出身，事事由实践。（见陈康祺《郎潜纪闻初笔》卷八）林则徐嘉庆十六年（1811）进士，选庶吉士，授编修，故有不从牧令出身之说。但是明清两代最高统治者重内轻外的政治倾向直接影响到州县一级的人事安排。例如明代非进士不入翰林，非翰林不入内阁，入不了翰林，也要供职于中央六部，只有“疏俊少检者，则授之州县长，若谪官然”（马中锡《东田文集》卷二《送张宏仁尹郏县序》）。顾炎武批评：“明代纶扉之地，必取词林，名在丙科，始分铜墨，于是字人之职轻而薄书钱谷之司，一归之俗吏矣。”（顾炎武《日知录》卷九《京官必用守令》条）但是明代翰林，号称“储相”，还多少有一点政治气味，而清代竟不许翰林上折言事，与明代相较，那就更加脱离实际了。顺治初规定，进士三甲五十名以后，才外授知县。康熙初又规定，二甲授推官，三甲授知县。此后又有变更，但除一甲三人列入翰林外，二、三甲进士中，仍以成绩优良者为庶吉士，稍次者选送内阁、六部，或留京充教习，更次者始分发各省，用为知县。所以清代“士人通籍，多以翰林为荣选，次亦望为六部曹郎，以升迁较外吏捷耳”（陈康祺《郎潜纪闻初笔》卷八）。道光十五年（1835）六月，清宣宗召见张集馨，张以进士入庶常，又以教馆一等授编修，但是皇帝没有褒奖，反而劝告这位翰林学士多读有用之书，无为词章所困，并称：“汝试思之，词章何补国家，但官翰林者，不得不为此耳!”（张集馨《道咸宦海见闻录》，第20页）稍后不久，即同年十月，浙江道御史易镜清奏请科考三场试策改用律例，竟遭礼部反驳：“若于进身之始，先责以名法之学，无论剿说雷同，无裨实用，即真心讲贯者，亦必荒其本业。”（《清宣宗实录》卷二七三）清末学者文廷式指出：“以国律之重而专指为理刑，且视为名法之学；其所谓本业者，殆专就八股文、试帖诗而言，当时礼臣措辞如此，可谓荒陋之甚矣。”（文廷式《纯常子枝语》卷三五）当时学校为科举服务，“其所以课督士子者，时艺而外，竟若无事者然”（尹会一《健余先生文集》卷二《江苏学约序》）。清代士子，凡于科考无用之书，皆束之高阁，弃而不读，已成风气，士子以八股应举，“各占一经，每经拟题多者不过百余，少者仅止数十，古人毕生治之而不足，今则数月为之而有余”（余金《熙朝新语》卷一一），表判仍可预拟，策论就题敷衍，废话连篇，不切实用。所以有人称科考为“敲门砖”（语见焦循《雕菰集》卷二三《先考事略》），把门敲开之后，这“砖头”既不能用来治学，也不能用来理政。初任州县，刑名钱谷之事一无所知，学非所用的现实矛盾非常突出。雍正八年（1730），清世宗指出：“惟是地方事务，皆发端于州县，头绪纷繁，情伪百出。而膺斯任者，类皆初登仕籍之人，未练习于平时，而欲措施于一旦，无怪乎彷徨瞻顾，心志茫然。”（《清世宗实录》卷九二）所以雍正二年（1724），世宗即委派大学士朱轼、左都御史沈近思草拟州县条规，作为新任官员的工作指南。朱、沈二人均以知县起家，对基层状况比较熟悉，但因朱多病，沈逝世，任务并未完成。七年，世宗复命田文镜、李卫“各抒所见”，乃拟定条规两份，由世宗“钦定”之后，颁行天下。河东总督田文镜《条列州县事宜》依次为到任，交盘，关防，宣讲圣谕，放告，催科，借粜仓谷，弭盗，验伤，听断，堂事（指早午晚坐堂理事），防胥吏，慎选幕宾，待绅士，免行户，谨差下乡，劝农桑，严禁狱，讲读律例，操守，共二十条。浙江总督李卫《条列州县事宜》：第一论民社之官应有守有为，不能偷安旷职；第二论州县所司刑名钱谷，其中尤以人命为重，勘验审理，不可稽迟；第三、第四论催征之法；第五论弭盗兼论保甲与社仓；第六论救荒；第七论严禁吏蠹营私舞弊；第八论田土丈量与平均赋役负担；第九论严禁徒罪犯人私逃。田李二人虽然担任过督抚要职，但是他们都没有基层理财司法的实践经验。条规内容虽然面面俱到，但是清代官场形式主义之风甚浓，上司自我标榜手法之一，就是对下属求全责备，故作高深。例如田文境《条列州县事宜》中，有一项名曰“讲读律例”，要求“初任牧令，其于办事之暇，即应将《大清律例》逐篇熟读，逐段细讲，务必晓畅精意，而于轻重疏密之间，以会其仁至义尽之理，然后胸有定见，遇事可决，而民无冤狱”（《皇朝政典类纂》卷二四七）。州县是执法者，刑名之轻重，应以事实为依据，与仁义道德有何关系？牵强附会，卖弄玄虚，毫无意义。清律共436条，附例1409条，门类如此繁多，即使田文镜以身作则，带头钻研，也未必能够达到既熟且精的程度。州县学非所用，源于陈旧落后的学校与科举制度，最高当局求助于两个纸上条规，药不对症。条规作者又哗众取宠，夸夸其谈，这就更加无济于事了。

国家财政收入主要来自州县，但是州县面临很多具体问题，又基本上得不到国家的财政支持。某些地区如果出现特殊任务，凡涉及州县者，一律交付州县承办，但其所需费用，既没有预算，亦无法报销，例由承办州县自行筹措。雍正初湖广总督杨宗仁奏称“从前公事，无一不令州县分捐”（《东华录》卷二五），所谓分捐，实际上就是一种硬性摊派。嘉庆十四年密云修路，肥乡摊银两千两。仁宗巡视天津，又令该县“大戏十番”摊银三千两。（事见《清仁宗实录》卷二一二）康熙六十一年十月上谕指出，部队往返，调动频繁，也是加重州县经济负担的根源之一。“盖自用兵以来，大兵经行地方，资助马匹盘费衣服食物甚多……及撤兵时，又给马匹银两，即如自藏回之将军兵丁，沿途所得，反多于正项，是以各官费用，动辄万金。”（《东华录》卷二四）摊派负担沉重，州县应对之策，一是扣留杂税。清仁宗指出“川省州县税契盈余未能尽征尽解，陋习相沿已非一日”，“征多报少，比比皆是”。知情者解释：“该州县除养廉之外别无得项，而养廉摊扣，又多不能全领，以致各项办公之费，多有未敷，不能不借此贴补。”（《清仁宗实录》卷二三六）二是借口民欠未完，挪用起运钱粮，以救摊派燃眉之急。扣留杂税可以敷衍了事，但钱粮属于正项，挪用形成亏空，必须事后弥补，否则州县无法交代。例如：“大兴宛平二县，近在辇谷之下，常有速办之公事，不得不挪移库银以济用，而上司察知，每以亏空题参。”（《清仁宗实录》卷九九）京县之遭遇尚且如此，其余普通州县之处境也就不言而喻了。康熙四十八年（1709）清圣祖指出：“凡言亏空者，或谓官吏侵蚀，或谓馈送上司，此固事所时有，然地方有清正之督抚，而所属官员亏空更以，则又何说？朕听政日久，历事甚多，于各州县亏空根源，知之最悉。从前各省钱粮，除地丁正项外，杂项不解京者尚多，自三逆变乱以后，军需浩繁，遂将一切存留款项尽数解部，其留地方者，惟俸工等项必不可省之经费，又经节次裁减，为数甚少。此外则一丝一粒，无不陆续解送京师，虽有尾欠，部中必令起解。州县有司无纤毫余剩可以动支，因而挪移正项，此乃亏空之大根源也。”（《东华录》卷二一）但是最高当局讲了根源之后没有提出解决办法，所以问题依旧存在。康熙六十一年上谕“天下钱粮各省皆有亏空”（《东华录》卷二四），可见此时州县债台高筑已经成为传播全国之通病。根据张集馨披露，即使本人尚未大亏，惟接前任漏卮，派摊名目，处处皆有。地方官为逃避请参，向以完全造报，此后挪新掩旧，迨至交卸，即公议按年递折，因而无任不亏。（见《道咸宦海见闻录》，第44页）摊派与亏空，两者互为因果，恶性循环，在这种状态之下，州县财政危机不仅是全国之通病，而且旷日持久，便成了顽症，无可救药了。

官场应酬是导致州县亏空的另一个重要因素。康熙时，于成龙指出“两江官员专事弥缝，惟尚交际，司道府厅州县生辰令节，到任署任，卸事，自下而上，无不递相馈送，视地方大小区别等差……此等馈送不出于钱粮之加征火耗，则出于词讼之婪取脏私”（于成龙

《政书》卷七《兴利除弊条稿》)。咸丰初年，何绍基入川，询问川中利弊，据称，要缺州县每年向总督、藩、臬、本管道、府三节两寿所送规礼，高达二万数千余两，“等于正供，不能短少”(何绍基《东洲草堂集》卷二《请旨饬裁陋规折》)。迎来送往，官品愈高，排场愈大。嘉庆时，川省冲途州县按粮科派夫马，“以为供应大员往来差使杂费，其实本官衙门一切费用俱出于此。每丁银一两或派制钱八百文不等”(光绪《长寿县志》卷一〇韩鼎晋《奏陈四川应除积弊六条疏》)。据吴振棫《养吉斋余录》卷四记载，雍正时，川陕总督年羹尧政治上已经失势，调任杭州将军，其随从仍有一千余人。乾隆时，福康安路过绵州“公馆之盛，亘古所无”，李调元曾作长诗《清江行》讥之。

各地还有某些例行公务，但事无专职，常因工作需要，也往往面向基层，抽调现任州县，听候临时差遣。例如张本麟，湖南湘潭举人，乾隆三十四年授四川太平知县，三十七年奉调赴省，三十九年返任，四十二年又奉调充当乡试官，四十三年返任，四十五年再次奉调参与乡试，四十六年，以境内啯噜子案件失误，部议戍边。(见光绪《太平县志》卷六)查《太平县志》，在乾隆四十七年至五十九年期间，共有知县八任，平均任期大约一年零七个月，而张任知县历经十一二年，算是久任了，但他至少有三分之一的时间不在任所供职，而是忙于上司交付的临时差遣。黄宣之的情况与张不同，但似乎比张更为典型。宣之由幕入官，嘉庆四年，委署新城县典史，十二年，典史俸满，又承办千里长堤大工，十三年九月，遂委新城县知县之职。十五年，因永定河办工出力，又委署房山县知县，同时承办西陵大差，伺候皇上打虎，十六年，乃题署新城知县，承办兵差，因军功加级。十八年，调补玉田知县。二十二年，升署大兴京县知县。二十三年，承办东巡大差。二十五年奏升滦州知州，任内承办兵差两次。道光三年，又办理永定河工，此后又承办兵差一次，派勘万全县堤工差务一次，题升定州知州。不久告病还乡。黄“历任三十余年，所至以干才称”(《续碑传集》卷四一黄怀孝《宣之三兄家传》)。但是他的精力主要用于承办兵差河工，即使这些任务非常重要，也远离了州县的本分，并使州县的正常工作得不到应有的保证。县不可一日无长，知县奉调离任，必须即刻委员代理。但是委署并非实授，同样可以视之为临时差遣，因为没有严格的规章制度，于是委署知县往往来自佐贰杂职。例如嘉庆十五年，黄宣之就以新城(属直隶保定府)典史的身份，代理过新城知县的职务。道光十五年，有人对顺天府进行调查，据称武清县知县一职便经常由良乡县县丞代理(见《清宣宗实录》卷二七五)，京畿附近，尚且如此，其余省区之境况，也就可想而知了。一份道光二十八年的材料指出，浙江各厅州县共总77缺，“多系署事之员，本缺本人者，竟不及其半”(吴文镕《吴文节公遗集》卷一九《州县调署太多核实办理折》)。署职虽非实授，但也有利可图。时人形容“既图越俎以代庖，安能洁身而爰鼎”，所以“署事方始，先敛贺仪，揭债酬情”，然后“借侵库帑，陋规火耗，无减而有增，词讼追呼，恣刑而苛罚，凡属构蠹殃民之事，靡一不为”（李士桢《抚江政略》卷一《禁滥委署》）。有些地方，甚至部选知县到省，上司故意令其学习，“不肯遽使到任”，借以照顾署职人员的利益。而候补人员已补本班者，又“因缺瘠苦”，“暗求调剂”，不受实缺而宁愿去富饶之处，“署理州县，剥民利己”（刘锦藻《清续文献通考》卷一三五）。

当然应该看到，清代知县队伍内部成员千差万别，从好的一面讲，在州县这个政治领域中，也可谓群星灿烂，人才济济。但是必须指出，这些人都有两套学问，一套用来应付科考，另一套则是自己的专业和特长。他们对中国历史的卓越贡献，主要表现在学术研究和文学创作等方面，并非州县出人才，而是这些经学家、史学家和文学家在州县的政治舞台上扮演了一名“匆匆的过客”。按照封建社会发展的一般规律，新王朝建立之初，刚刚上台的统治者，易于接受新陈代谢的历史教训，比较注意整顿吏治，中央和地方官员也比较洁身自重。因而州县政治也多半处于良性状态。例如顺、康、雍、乾时期，不少州县在恢复生产、安定秩序、招抚流亡、厘定赋役等方面都是做了大量工作，收到了很好的社会与政治效益。但日久弊生——旧体制固有的各种矛盾随着政权稳定和经济发展而得到了重新暴露的机会，州县政治状况也从良性逐渐地转化为恶性。嘉道时期，州县官员昏庸贪婪，已经成为一种相当普遍的现象了。例如道光十四年，山东省城州县挟妓包娼，妓女投靠府县，差役包庇，曰包家子，州县令差役引线，曰拉红纤，妓女与官员结纳，关说公事，曰阔瓜，“省城因有一个官儿一个瓜之谚”。道光十五年，龙阳（属湖南常德府）知县灵秀，见捕役周某之女，欲买为妾，但女已许傅姓，灵秀令周诡称王某出名婚娶，威逼傅姓立约，以钱十八千文，将周女卖与王某为妻。因强娶部民妇女为妻妾，丑声四播，灵秀乃将该女转卖另一王姓男子，并得钱三十三千文。道光十六年，四川大竹县民入京控知县贪污不法，原告反而坐诬治罪。广东香山知县吸食鸦片，修选停云馆，招引娼妇。四川华阳知县舒翼，“每遇讯案，奄然鼾睡，物议纷腾，有舒酱子之号”。（以上见《清宣宗实录》卷二五一、卷二六二、卷二八一、卷二八四）道光十九年，山西介休知县林某，因讳盗被参，部议斥革。林愤而反噬，遂胪列藩司摊派多款，以及知府宿妓挟优诸劣迹。林执有摊派手信，以为切据。因牵连多人，且事涉中央大员，道、府各官不得不出面通融。林“亏空巨万”，无从交代，道、府允诺，悉数由继任承担，不予追问，双方始达成妥协，两全其美了。继任知县多瑞，又因案降调，多瑞将介邑已征地丁钱粮二万金，由后墙运出，并重演林某故技，要挟上司，结果原亏分毫未补，自盗钱粮也全部席卷而去，“上司亦无如何也”。道光二十八年，四川遂宁蒋姓，素患痨症，一夜，盗入其室，窃取衣物，蒋妻胡氏，起而视之，见蒋坠地身亡，报官后，知县徐某“恐得四参处分”，遂授意捕役，谓其非盗，并捏造尸伤，而以胡氏谋杀亲夫定案。须知谋杀亲夫，按律应凌迟处死，徐某身为知县，为了保住自己的前程，竟不惜陷人以重罪，真是丧尽天良。另如犍为知县朱某，亏短正杂款项九万余两，命案犯人自正月至冬月，未问一堂，民间词讼，一概高阁，署前贩卖熟食，及小经纪人，日落云集，通宵灯火，徐亦彻夜不眠，邑人呼为鬼市。道光二十九年，仁寿知县刘某，因境内连报窃案，司中督捕甚急，遂将盗犯十五人解省，后邻境拿获正盗，所供无十五人姓名，十五人彼此不相识，盗亦不识此十五人，调刘来省，亲提群盗环质，乃真相大白，十五人皆良民，盖为捕役所愚弄也，不料刘恼羞成怒，竟将发回之十五人概行监毙。（以上见张集馨《道咸宦海见闻录》，第48、51、98、104、114页）官员们贪赃枉法，玩忽职守，草菅民命，如此胡作非为，令人触目惊心。

首府首县，是了解清代地方官场政治的重要“窗口”。

清人称“首府即候补知县之上官，首县则通省领袖”（《牧令书》卷二何士祁《候补》）。“无论新选及分发到省州县，皆先谒之，察其才具，以告于上，或留省学习，或入发审司谳，皆以首府、县之言为断。”（金安清《水窗春呓》卷下）雍正七年规定，今科外用进士掣签后，交与督抚分派藩臬衙门，令其学习。（见《清通考》卷四九）但据《道咸宦海见闻录》（42页）记载，道光十八年，张集馨署太原府，“分发县令廿余员到省，皆书生不知吏事”，张即派十人在县学习，派十人在府学习，夜读律例，次日令其互相讲求。这个例证表明，分派候补知县学习，安排之权在督抚与藩臬，而主其事者仍是首府与首县。当时省内人事工作由藩司分管，通省文官，除道员缺出应由督抚于候补道员中委署外，其余府、厅、州、县，若有应更换或应迁调者，藩司必先传首府、县至署，加以商酌，并就人地相宜或者有劳资人员中，每缺拟具两三名，然后会同臬司诣督抚请示，督抚就所拟名单圈出一人，即为定案。但州县有肥瘠之分，候缺有快慢之别，因此很多事情都必须疏通关系才能妥善解决。而擅威福，通贿赂，长官不会亲自露面，为了掩人耳目，首当其冲的首府首县就成为供求双方进行幕后交易最理想的中介场所。根据同光时期张之洞描述，清代官场“故事”，“省会知府知县，不治狱讼，舆马称娖，候伺诸大吏，接宾客，为僚属关说而已”（《碑传集补》卷二四张之洞《贵阳府知府刘君墓碑》）。不过其中“不治狱讼”的说法，还应该做一点具体分析。当时臬司为一省刑名总汇，但各地案件，解送到司之后，照例分发首府和首县复审，因其数量较多，而且往往案情曲折，审理任务非常繁重。仍以张集馨所记为例：道光十八年，张署太原府，提问灵石县（属平阳府）伏张氏案，介休县（属汾州府）吴龙图案，平定直隶州郭嗣宗案，都超越了自己的管辖范围，应当都是臬司发府覆讯之旧案。而前任知府“积案数百起，拖累动辄数年”，说明这些案件都是从前的遗留问题。此后张任四川臬司，同样发现“首府衙门案件积压甚多，屡催不结”（《道咸宦海见闻录》，第37—96页）从实际情况看，首县是否审理狱讼，亦因人而异，不可一概而论。但从体制上看，首县既介入人事安排，又承办刑案复审，从而与藩臬两司分别都建立了密切的工作联系，并且同时又成为督抚身边接待下属州县之关键人物，其活动能量，的确与众不同。一位不知姓名的作者专门创作了一篇《首县十字令》：“一曰红；二曰圆融；三曰路路通；四曰认识古董；五曰不怕大亏空；六曰围棋马钓中中；七曰梨园子弟殷勤奉；八曰衣服齐整，言语从容；九曰主恩宪德满口常称颂；十曰座上客常满，樽中酒不空。”（梁章钜《归田琐记》卷七）以“红”字开头，表明首县承上启下，既是督抚之心腹，又是通省之领袖，身份特殊。候缺与交代是一般州县任职过程的前后两端，前者已详上文，至于后者，据称“南中各大省州县交代，全凭首县核算，有不能不以重物交抵者”（梁章钜《归田琐记》卷七），所谓“认识古董”和“不怕大亏空”就是指的这一类事情。省会乃一省之政治中心，迎来送往，冠盖相望，趋承应酬，异常繁忙，其中特别是备办酒（吃喝第十条）戏（玩乐第六、七两条），成了首县的独家任务。嘉庆二十一年，清仁宗批评“向来督抚大吏专以浮华便捷，工于周旋应酬之人”（《清仁宗实录》卷三一六），充任首县之职。如果把政府组织看成是一台“机器”，官场应酬就如同“润滑剂”，机器生了锈不能正常运转，于是请客送礼就等于给机器“加油”。所以应酬之风愈炽，腐败之程度愈高。《十字令》第二、三、八、九诸条，完全可以和仁宗之上谕相互印证。张之洞称首县为“故事”，意即相沿成习之惯例。清代官场通称之为陋规。乾隆六年（1741）清高宗指出：“督抚营私，州县钻营，皆自首邑始。”（《清高宗实录》卷一四八）张之洞同治二年（1863）始中进士，光绪七年（1881）初任巡抚，仅据引文提供的具体年代（1741—1881）进行推算，首县专工应酬之惯例在清代各省政治舞台上至少已经流传了一百多年，早就根深蒂固了。官场应酬范围甚广。川省总督藩臬向州县索取规礼，照例由首府、首县“代出知单，敛凑公分”，每年此种知单大约有10余次之多。（见光绪《长寿县志》卷一〇韩鼎晋《奏陈四川应除积弊六条疏》）下属向上司祝寿、贺节，敬送财物，官场名之曰规礼。此乃督抚藩臬常年固定的经济收入，首县照章办事，既不会因人而异，也用不着讨价还价，无论多少，皆有例可援，有规可循。由官方亲自出面，于是腐败直接变成了政府行为。按情理测之，索取规礼应当囊括省内一切州县，于是腐败又直接变成了官场内部的集体行动。首县营私，一有后台撑腰，二有组织保证，三有集体附合，故能长期坚持腐而不败。这个特殊的政治窗口，的确不可等闲视之。

论曾静案

曾静（1679—1736），湖南永兴县生员，在乡讲学，号称蒲潭先生。雍正六年（1728）派门人张熙入陕劝说川陕总督岳钟琪反清，岳佯应之，诱张供出曾静，于是曾、张被捕入狱。其后又在曾家搜得《知几录》、《知新录》两书，查出大量反清言论，触及当时两大政治要害，一曰清人得天下是否合理，二曰世宗继君位是否合法。曾供后者来自传闻，前者系受吕留良之影响。此案内容敏感，情况复杂，审理方式也颇为特殊。一方面世宗迁怒于湖南民风浇薄，特置观风整俗使衙门，并将曾静“免罪释放”（《大义觉迷录》，《清史资料》第4集，第127页）（以下只注明页数），送曾静回湖南听用。另一方面又将曾张供词与有关上谕编印成《大义觉迷录》，颁布各府州县，并命府州县学各存一部，使将来后学新进之士，人人观览知悉。世宗引经据典，解释不杀曾静之原因：“《虞书》曰：‘宥过无大，刑故无小。’昔我皇考时时训诲子臣曰：‘凡人孰能无过？若过能改，自新迁善之机，故人以改过为贵。但实能改过者，无论所犯之大小皆不当在罪也。’朕祗承圣训，日以改过望天下之人……朕赦曾静，正欲使天下之臣民，知朕于改过之人，无不可赦之罪，相率而趋于自新之路也。”（127页）曾静呼之即出，一再表示，穷乡愚民误信谣言，愿意痛改前非，现身说法。世宗利用曾静供词，正面肯定清王朝统治者的丰功伟绩，营造舆论优势，进行自我辩解，为两大要害定性定调，政治意图非常明显。此案全程由世宗一手操控。审者皆奉旨意提问，如同世宗亲鞫，但在关键与紧要之处，供者或答非所问，或避实就虚，供词有真有假。如果事涉机密，官方还要刻意隐瞒。所以此案疑点甚多，但又因其无法查证，这些疑点一直处于“朦胧”状态，已经没有公开“亮相”的任何希望了。

第一，根据《大义觉迷录》提供的材料，曾静在其撰写的两部书稿中，多次辱骂夷狄，反清意识浓厚。记述世宗谋父、逼母、弑兄、屠弟种种传闻，对统治上层内部矛盾很有兴味。而且关注时局认为“到处呼号怨恨，切‘日丧偕亡’之愿”（32 页），又留意祥瑞，自称“五星聚，黄河清，某当此时，如何死得！天不欲开治则止，天欲开治，某当此机会，毕竟也算里面一个，求人于吴楚东南之隅，舍某其谁”（42 页）。书中又称曾静有“济世之德，宰相之量”（67 页），又称“敬卿、景叔（曾静门人）语言文字推崇过量，把某看作莫大的人物。心心念念望世变事革，想某乘运起来复三代”，并有“天亶聪明，乾位九五”（51 页）之语。据此判断曾静其人既自命不凡，又不甘寂寞，策反岳钟琪应当不是偶然的。但是他向往三代，主张复封建，行井田，好高骛远，脱离实际。综观曾静之言行，空想臆断者多，深思熟虑者少，轻举妄动，失败也同样不是偶然的。

第二，吕留良（1629—1683），浙江崇德人，明清之际著名学者，入清不仕，以遗民自居。与余姚黄宗羲、桐乡张履祥、平湖陆陇其交往，曾劝陆不仕清朝，但陆婉言拒之，又与黄先友后仇。钱穆《中国近三百年学术史》对以上两事皆有论述，可供参读。论学主程朱，重义理，轻功利。清初遗民通过各种方式参加抗清活动，但事多隐秘，留良也不例外。南都弘光时、张煌言掌军事，留良暗中筹办粮饷赞助煌言抗清。张失败牺牲后，又为之营葬于南屏山下。《大义觉迷录》摘引留良行状“有故人死于西湖，为位以哭，坏墙裂竹，拟于西台之恸”（136 页）。私家著作不敢书其真名实姓，但此“故人”应是煌言无疑。张墓清初犹存，李暾有拜张大司马墓诗：“赫奕于坟与岳坟，谁将司马足三分。游人杂沓雷峰下，冷满南屏一片云。”于指唐人于頔，开西湖灌田有功于后世，岳指岳飞，岳张并举，意在宣扬煌言抗清。前引吕氏行状，还另有“西台”一句，用词隐晦，所指不明。南宋末，文天祥抗阻元军，曾任右丞相之职。据查，唐代天宝年间改中书令为右丞相，中书令乃中书省长官，而唐代之中书省又别称为西台。文天祥抗元，张煌言抗清，二人皆被俘不屈死，境况相类，于是留良借西台暗喻天祥，又借天祥拟于煌言。是否如此，尚待研究。或谓留良散万金集客，世宗也曾亲口提到此事（140 页），但语焉不详。《大义觉迷录》称留良“自附明代王府仪宾之孙，追思旧国，愤懑诋讥”（136 页）。顺治十年，始赴科考，为邑诸生。“康熙六年，因考校失利，妄为大言，弃去青衿。”（136 页）荐宏博，以死拒。荐山林隐逸，又出家为僧，号耐可。同时选刻《天盖楼时文》，据称颇为流行。世宗曾斥责留良借选评谋利，但曾供“因应试州城，得见吕留良所选本朝程墨及大小题房书诸评，见其论题理根本传注文法规矩，先进大家，遂据僻性服膺，妄以为此人是本朝第一等人物”（37 页）。同案者又供，称吕选时文“适值昭代右文之隆会，得以风行宇内。一时传习举业者，悉为其所惑，遂多奉为八股之金科，讲章之宗匠”（148 页）。供词造句工整，蓄意夸张。留良卒于康熙二十二年（1683），选评康熙早期墨卷，焉能在其身后左右八股文风长达四十余年之久？吕书风行天下，畅销全国，曾静又何必派遣张熙专程入浙访求？张熙见严鸿逵，一方有何请益，一方有何指授，皆无从查考，难道千里尘埃，仅仅为了寒暄数语耶？张熙雍正五年（1727）入浙，六年入陕，按情理推之，两事应有前因后果之联系，但在《大义觉迷录》中又找不到联系之证据。曾案两要害，吕仅居其一，且属“历史”，曾为“现行”，吕轻曾重，情节昭然。但世宗出于特殊之政治目的认定曾静还有保存价值，于是屠刀所向，非吕莫属。留良与长子葆中已先死，皆戮尸。次子毅中立斩。吕之门人严鸿逵已先死亦戮尸。严之门人沈在宽立斩。子孙遣戍，妇女入官。罗继祖《枫窗脞语》称，吕之后人先戍宁古塔，又改发黑龙江，隶水师营。民国元年章太炎至齐齐哈尔，曾释奠晚村后人影堂。又谓吕氏后人多以塾师医药商贩为业，土人称为“老吕家”，虽为台隶，然求师者唯于吕氏，诸犯官遣戍必履其庭，以故土人不敢轻。此类传闻，或实或虚，都在一定程度上体现了民间舆情关切吕氏儿孙之不幸遭遇，从而反证世宗对吕案之处置不得人心。

第三，岳钟琪（1686—1754），据传乃岳飞之 21 代孙，明万历时其高祖徙家兰州，其祖又移居河西，清康熙时，其父官四川提督，后因乞养，于康熙末年蒙恩赐四川籍（《清史资料》第 4 集《岳襄勤公行略》），遂为成都人。康熙五十年（1711），钟琪由捐纳授同知，后改武职。康熙末率军入藏平乱。雍正时随年羹尧破罗卜藏丹津于青海，后又率军进攻准噶尔部，官至川陕总督，任宁远大将军。曾静有反清图谋，但无反清实力，钟琪以汉人手握重兵，又为宋代抗金名将之后，此两者完全适合曾静之需求。尤可注意者，雍正初年已有钟琪与世宗抵牾之传言。曾静供称“口传有个本章，谏议皇上如此不好，那上本的臣子姓岳名钟琪”（40 页）。又供称“传说陕西有个总督，甚肯尽忠爱民，当今皇帝每每过疑他，防他权重，屡次召他进京，要削夺他的兵权，杀戮他，那总督畏惧，连召几次不敢进京，皇上见得他死守不肯进京，转疑得深了”（106 页）。另据《清史列传》卷十七《岳钟琪传》记载：时成都有谣言钟琪以川陕兵谋反者，钟琪疏闻。上谕曰：“数年以来，在朕前谗潜岳钟琪者甚多，不但谤书一箧而已。甚至有谓岳钟琪系岳飞后裔，意欲修宋、金之报复者，其荒唐悖谬，至于此极！”世宗亲口否认，应当查无实据，但事出有因，说明此人确实树大招风，于是曾静张熙又闻风而动，不请自来。《清史列传》描述，曾静潜遣其徒张熙诡名报书于钟琪，劝以同谋举事。钟琪拘熙询主使者，坚不吐，乃诱置密室中，许迎其师，佯与设誓，得静逆状，且以闻。张熙供词与清史大同小异，但曾静投书，对岳钟琪有何诉求，密室设誓，岳钟琪对张熙有何承诺，这些重大情节，官方文献皆略而不记，一概讳莫如深，曾静的主观意愿当然是劝说岳钟琪取代清王朝，并且自立为君。但从客观上看，大量事实表明，在判断形势和评估岳钟琪这两个关键问题上，曾静都犯了严重错误。清初各地反清武装斗争，早在康熙前期已先后失败，经过顺康两朝休整，社会经济逐步好转，清王朝统治基础已经牢固。科举日益正规，文教事业发达，吸引了大批汉族精英，清王朝软硬兼施，效果明显，满汉对立情绪，由强转弱。世宗继位之事，主要行之于幕后，内中隐秘，外人不得其详，社会传闻，真假难辨，高层政局并未失控。《清史稿·岳钟琪传》（296页）也指出“终清世，汉大臣拜大将军，满洲士卒隶麾下受节制，钟琪一人而已”。但是清朝初年的大将军与总督完全不同于唐末五代的藩镇。八旗军政合一，军事编制与社会组织联系非常密切。岳钟琪可以遵循清王朝的命令，统率满洲士卒驰骋于疆场之上，但是这位汉人将领根本不可能把这支满族部队转化为反清武装。康雍之际，清王朝国运方隆，八旗兵军威日盛。企图在此时此刻借助岳钟琪指挥八旗兵推翻清王朝，纯属异想天开。曾静不懂政治，闭门造车，铤而走险，肯定事与愿违。但和曾静毫无瓜葛之岳钟琪却被迫沦为曾案之“同盟者”。先有谋反之谣言，后成策反之对象，以汉人握重兵，系岳飞之后代，受曾案之牵连，置身于曾静与世宗之间，处境微妙。即使岳钟琪对清王朝忠贞不贰，清世宗也不可能对岳钟琪深信不疑。雍正七年（1729）十月，世宗指出“上年张熙投书与岳钟琪，不肯供出真姓名，岳钟琪与之盟誓，始一一供出。彼时具奏前来，朕为之动容”。但九年三月，岳奏军机事宜十六条，世宗态度骤变，指岳氏所奏，“竟无一可采之处”。十年三月，又削去公爵并宫保衔，降为三等侯。同年七月，命岳回京，宁远大将军印务着查郎阿署理。十月，革岳钟琪职，交兵部拘禁，以其军务废弛，防御追击屡失机宜也。（详见蒋良骐《东华录》）直到乾隆初年，岳钟琪才被重新启用，继续为清王朝建功立业，可谓大难不死，必有后福。

第四，清人得天下是否合理，乃曾案两要害之一。供称雍正五—六年读留良四书讲义，“中间有论管仲九合一匡处，他人皆以为，仁，只在不用兵车，而吕评大义，独谓仁在尊攘”（37页）。又供“吕留良论孔子称管仲之仁处，有‘华夷之分，大过于君臣之伦’”。曾静完全赞同吕留良之观点，认为“华之与夷，乃人与物之分界，为域中第一义。所以圣人许管仲之功”，并且指出“人与夷狄无君臣之分”（53页）。今按春秋初年，齐国内乱，襄公之弟公子纠，由召忽、管仲辅佐，逃往鲁国，另一弟公子小白，由鲍叔牙辅佐，逃往莒国。襄公被杀后，小白先返齐执政，是为桓公。起兵伐鲁，逼死公子纠，召忽自杀。管仲则因鲍叔牙之荐，助桓公“尊王攘夷”使齐国成为春秋五霸之首。在《论语·宪问》中子路曰：“桓公杀公子纠，召忽死之，管仲不死。”曰：“未仁乎？”子曰：“桓公九合诸侯，不以兵车，管仲之力也。如其仁，如其仁。”同上另一章，子贡曰：“管仲非仁者与？桓公杀公子纠，不能死，又相之。”子曰：“管仲相桓公，霸诸侯，一匡天下，民到于今受其赐。微管仲，吾其被发左衽矣。岂若匹夫匹妇之为谅也，自经于沟渎而莫之知也？”留良借题发挥，认为管仲违背君臣之道，孔子反而以“仁”赞之，可见“攘夷”大于“忠君”。但孔子在《论语》中并未正面论述尊王攘夷，兄弟内讧之时，公子纠也不是齐国之君。子路和子贡以杀身成仁许召忽，但是孔子认为若与管仲利国惠民相比较，召忽之死微不足道。留良之推论是否符合孔子原意，尚待研究。

甲申乙酉（1644—1645），李自成进京，明思宗自缢，清军入关建立清王朝，经历了一系列重大事变，政治队伍的重新组合，乃势所必然。明季政坛有党，文坛有社，东林讲学标榜气节，甲申乙酉之后，明朝虽亡，社盟声势犹存，其中一大批代表人物以遗民自居，成为一个特殊之政治群体，潜在力量不可低估。但是改朝换代已成历史变革常规，行为准则之核心（忠）可以不变，而服务之对象（君）又必须从实际出发，有所调整。吕留良坚不仕清，其长子葆中在康熙四十五年（1706）以高第入翰林，遗民不世袭，亦大势所趋。世宗因此质问：“践我朝之土，应我朝之试，评我朝之文，尚谓非我臣民，而不忠于我朝之君，有此理乎？”清王朝一统天下，君臣关系已在事实上无法逃避，这是清初遗民面临之最大困境。于是吕留良借古讽今：昔之管仲可以不忠于公子纠，因“攘夷”有功也；今之遗民也可以不忠于清王朝，因“夷夏之防高于君臣之伦”也，这就为清初遗民在清王朝统治之下，继续坚守岗位找到了理论依据。

但在清朝初年鼓吹华夷之防，显然具有更加深远之政治意图。按照传统认识，在古代民族关系中汉族是主体，只有主体民族才有资格君临天下，忠于汉族之君，天经地义，忠于非汉族之君，就是变节，为什么？“华夷之分高于君臣之伦”也。“人与夷狄无君臣之分”，这就直接否定了满族建立统一中央王朝之合理性与正当性。世宗全力批驳，引证孟子“舜，为东夷之人，文王为西夷之人”。指出夷狄与满洲如同汉人之籍贯，内外一统，华夷一家，天下应为满汉华夷所共有，明初官修元史，已经承认蒙古族建立统一王朝之历史地位。世宗持论之主旨，与统一多民族国家观念之基本精神比较接近确有高明之处。但勇于务虚，怯于务实，依旧美中不足。颁布剃发令，强制汉人改服满人衣冠，是清王朝建立之初惊动全国之重大政治举措。据陈舜系《乱离见闻录》卷上：“顺治三年十二月，大清兵入广州……一旦满城皆剃头绕辫，戴红缨帽，家家贴大清顺民于门，先示晓谕：留发不留头，留袖不留手，留裙不留足等语。”其他城市景况，应当大同小异。汉人视剃发为奇耻大辱。江南地区反抗清武装此起彼伏，剃发令实为导火线。一批汉族精英，宁可遁入空门，也不愿改服满装。时人有句云，“三千珠履迎新主，十万袈裟哭旧居”，就是上述政治潮流的真实写照。例如方以智，“明末四公子”（陈贞慧、冒襄、侯方域）之一，弃家为僧，名弘智，字无可，别号药地和尚。又如吴梅村卒于康熙十年（1671），遗命以僧服殓。由此证明，改服满人衣冠使汉族精英长期心存隐痛。世宗引证民间流传“孔雀翎，马蹄袖，衣冠禽兽”（67页）之语。可见清朝统治者也深知此举颇遭物议。世宗反复辩解，但又屡出破绽。如谓“衣冠之制度，自古随地异宜，随时异制，不能强而同之，亦各就其服习便安者用之耳”。所论平实，但恰好反证，剃发改衣冠完全多此一举。世宗又一再声明，衣冠之制与国家兴亡，毫无关系。既然如此，强推剃发令岂非徒劳无益？世宗最后指出：“曾静以山野穷僻，冥顽无知之人，尚因妄逆之见，心念故明之衣冠，况我朝席祖宗之鸿业，奉列圣之成规，历世祖承已有百余年，岂有舍己而从人，屈尊而就卑，改易衣冠之理乎！”（68页）清朝初年，并无满人改汉装之说，所谓“屈尊而就卑”实乃文不对题。

第五，世宗继君位是否合法，乃曾案两要害之二。在《大义觉迷录》中有关此事之正面论述，完全出自世宗亲笔，很有参考价值，不可等闲视之。圣祖共有大小阿哥二十三名济济一堂，但长期以来物色接班人，举棋难定，诸皇子继位之争，早已是公开秘密。世宗承认：“从前储位未定时，朕之兄弟六、七人，各怀觊觎之心，彼此戕害，各树私人，以图侥幸。而大奸大恶之人，遂乘机结党，要结朝臣，收罗群小，内外连属，以成牢不可破之局。公然以建储一事，为操权于己，唾手可成，不能出其范围。”（129页）但世宗所述代表官方，不过是一面之词。另一面来自民间，曾静供称传说圣祖属意胤禵，诏其来京，诏书被隆科多隐去。又称圣祖遗诏传位十四子，世宗在“十”之上加“一”改成传位于四子。此说最无稽。按照清代规矩，如果继位者真是胤禵，书面遗诏肯定会写成传位皇十四子，如果“十”字之上加“一”显然文理不通。但此类极不可信之小道消息，居然不胫而走，更有甚者称世宗在畅春园进参汤，圣祖就崩了驾。（121页）真是危言耸听。这些情况表明，世宗得君位之政治背景，的确相当混乱。至于传承之具体细节，据蒋良骐《东华录》（卷二四）康熙六十一年（1722）“十一月初七日戊子，上不豫，自南苑回驻畅春园。十三日甲午丑刻，上疾大渐，命趋召皇四子于南郊齐所。寅刻，召皇三子诚亲王胤祉、皇七子淳郡王胤佑、皇八子贝勒胤禩、皇九子贝子胤禟、皇十子敦郡王胤䄉、皇十二子贝子胤祹、皇十三子胤祥，理藩院尚书隆科多至御榻前曰：‘皇四子人品贵重，深肖朕躬，必能克承大统，着继朕登基，即皇帝位。’”《大义觉迷录》所记与《东华录》基本相同，但“曰”上多一个“谕”字。诸王子名单胤禩、胤䄉改写为阿其那、塞思黑。另据世宗亲身经历。又补充指出：“其夜戌时，龙驭上宾，朕哀恸号呼，实不欲生，隆科多乃述皇考遗诏。朕闻之惊恸，昏仆于地。诚亲王等向朕叩首，劝朕节哀。朕始强起办理大事。”（11 页）新旧交替属于自然规律，所以君位传承，康熙末年有之，雍正末也同样有之，前者之情形已如上述，为了便于推敲，试将后者之有关文献也摘引如下。《东华录》卷三二：雍正十三年（1735）八月，“丁亥，上不豫，戊子大渐，召庄亲王允禄、果亲王允礼、大学士鄂尔泰、张廷玉、内大臣丰（成）（盛）额、讷亲、海望至寝宫前，鄂尔泰同张廷玉恭捧上御笔亲书密旨，命皇四子宝亲王为皇太子，即皇帝位，以明年为乾隆元年。皇太子传旨：‘着庄亲王、果亲王、鄂尔泰、张廷玉辅政。’二十三日己丑子刻，上崩。”两相对照，不难看出，世宗传位于高宗有“御笔密旨”为证，文献措辞清晰，无懈可击。康雍之际，圣祖传位于世宗，御笔密旨这个关键词，在《大义觉迷录》与《东华录》中都没有出现。根据《大义觉迷录》所记，“谕”乃口授之辞，圣祖并未形诸笔墨，述乃转达之意，隆科多手中也没有可供宣读之文本。传承君位而无书面遗诏不合常规，当时被召见之有关人士，理应出面说明原委，释疑解惑方可服众。但《大义觉迷录》并未出现其他任何旁证材料。知情者一律缄口，岂非咄咄怪事？世宗出示传位密旨，事关国政，应诏者以满汉官员为主，规格甚高。圣祖诏见之人除了隆科多，便是诸皇子，天伦相聚料理家务之色彩很重。两组被召人员，身份与性质迥然不同，直接反映出雍正末年和康熙末年在传承问题上确实存在着“正常”与“反常”两种不同之政治气氛。世宗从不豫到大渐，仅隔一日，但早有预定方案，所以在上崩之前，皇太子已经传旨着鄂尔泰等人辅政。按部就班程序井然。圣祖从不豫到大渐，历经六、七日，但毫无动静。拖延时间愈长，悬念愈多，滋生猜疑，也就不足为怪了。

康雍传承有无书面遗诏实为此案症结所在。《大义觉迷录》确有隆科多“乃述皇考遗诏”之文，而且出至世宗手笔。但是必须指出，联系上文之“曰”字与“谕”字，综合分析此处之遗诏，显系泛指，不能由此证明，确有书面实物。另据世宗介绍：“当日大阿哥残暴横肆”，“二阿哥昏乱失德”。圣祖“比时曾有朱笔谕旨：‘朕若不讳，二人断不可留。’此广集诸王大臣特降之谕旨，现存宗人府”（12 页）。如果圣祖也有传位之“朱笔谕旨”，现存何处，世宗焉能不知？亮出这张“王牌”，一切谣传自然消失。但是问题恰好在于，“王牌”之或有或无，皆成疑团。所以世宗对日后风波迭起，早有思想准备。自陈：“朕即位以来，深知外间逆党甚众，自然散布讹言，惑乱人之心志。”（143 页）世宗有不得不进行自我辩解之苦衷，但又苦于不能自圆其说，于是一方面特意安排曾静撰写《归仁说》（“归仁”一词见《论语·颜渊》一篇），附刊于《大义觉迷录》正文之后，企图通过曾静之口，塑造克己复礼和宽仁厚爱之崇高形象，提升自我辩解之说服力。另一方面又挟圣祖以自重，借助圣祖威望增强辩解之权威信。世宗即位之初，曾于养心殿痛哭流涕，告诫诸兄弟："朕之于皇考，则是非得失，实为一体。朕躬若是，则皇考之付托为是，朕躬若非，则皇考之付托为非"。照此一说，朕躬与皇考已经合二为一，反对朕躬，就是反对皇考。气势虽然霸道，推论不合逻辑，不能令人心悦诚服，于是又改变口吻，吁请诸兄弟共同维护皇考六十余年之圣德，"于朕所错误者，规之谏之；朕便有过失，亦当谅之隐之。同心匡弼，让朕一个是字"（129 页）。以退为进，进退两难，前倨后恭，理不直，气不壮也。世宗又垂涕谕全朝大臣曰："朕原欲十全之令主，以报答我君父之恩。今有二人（阿其那、塞思黑）之事，便黾勉十分之善，亦减去其半矣，此朕所遭之不幸，岂非朕父子前因夙劫之冤孽耶。"（133 页）归咎于因果报应，无可奈何之心态，流露得非常充分。

帝王之家父子兄弟争夺最高权位，史多前例。明则兵戎相见，暗则烛影斧声，唯求既成事实，切忌公开宣扬。世宗当局急于自辩，竟忘欲盖弥彰之古训。高宗子承父业，但身在局外，明察曾静与《大义觉迷录》留一日，即一日贻人以话柄，于是掌权伊始，就另出新招。首先决定杀曾静，然后收缴《大义觉迷录》，从而尘封此案，使其不了了之。语云：旁观者清，真乃言之不谬也。

论陋规

行政费用严重短缺，乃清代官场通病。何刚德《春明梦录》卷下：中央吏部公费不及十分之一，每届京察，事务繁多，部费只有300两，缺口由书吏垫赔，等到各省大祭，索取贿赂，不仅垫款悉数追回，而且还额外有利可图。此种行为，官场统称之曰陋规。低预算（或者低收入）与高支出之间的现实矛盾就是诱发这些陋规的直接原因。当权者明知其中“弊窦”但“势之所迫”心照不宣，“意同默许”了。

在地方基层，知县年俸45两，月薪少于4两。赴任者不仅要携带眷属，而且还必须同时雇佣数名亲信家人，料理生活，主管账房。解决上述众多人员食宿问题，理应求助于薪俸，可惜薪俸太低，即使全部投入，也肯定入不敷出。按照当时惯例，不能得之于官，势必取之于民，于是州县采购日用食物布帛等项，值实权者只给二分，或三、四分，称为官价。另据记载：广东惠州地方日辰柴薪夫役，一皆民间供应，有六行八科之名，有纸张饭食之费，有里排承服之苦。（见《光绪惠州府志》卷一八）又如陕西洛川日供四鸡二鸭，还有鱼肉蔬果薪等项。当地流行民谣曰：“鱼龙凤鸭菜灵芝。”这个系列比喻，就是供应负担沉重的真实写照（《清碑传集》卷四三莫有芝《夏辅堂墓志铭》）。

政府官员，皆有养廉。一般州县每年600两，个别大县（例如四川的成都县）每年1000两。养廉既是劳务费，又是公务费，“原为各牧令食用办公之需”（钱宝琛《存素堂集》续编《奏疏》卷二）。但大量事实表明，州县支出情况非常复杂。例如赈灾救荒，平抑物价，调动军队等皆无专项预算，活动经费概由相关州县分摊。清代官场应酬已经成为“制度”，外官馈送京官，夏有冰敬，冬有炭敬，出京则有别敬，且不明言数目，奉献礼金

300 两，则曰赠送毛诗一部。（见何刚德《春明梦录》卷下）在两江地区“司道府厅州县生辰令节，到任署印卸事，自下而上无不递相馈送，视地方大小等差”（于成龙《政书》卷七《兴利除弊条稿》）。在广东惠州“县主生辰例有祝寿屏金每图五两”（光绪《惠州府志》卷一八“郡事”下）。

官员或因升调，或出公差，从甲地到乙地车船食宿所用，事前无计划，事后不报销，概由沿途州县负责。迎来送往，公私不分，官员之眷属，随行之仆役，通通成为接待对象，品级愈高，排场愈大，负担愈重。例如道光十六年（1836）蒲州荣和县接待祭陵官员摊银二万余两。（见《道光实录》卷二七九）又如嘉庆十三年（1808），广兴与周廷栋审案，通省摊派差费数万两，在东昌起身各送程仪，聊城县摊银 1000 两，公馆日用高达 200 余两。（见《仁宗实录》卷二〇四）仁宗因此指出：“钦差之差费竟成贪官要钱之一巧法。”（《仁宗实录》卷二〇七）

徐赓陛《不慊斋漫存》卷二载《到任地方情形禀》：同治十三年署遂溪县“查遂邑僻处海际……从前民气颇纯，治理颇易，地方官以海米出口，收陋规以津贴办公，是以上下相安，初无秕政。道光二十年以来，水利不修，民间产米渐少，出口渐稀，降至近年米船绝无出口，陋规无所取盈，而往来交际，以及支应差使役食捐赔，历任亏空岁计不敷银一万三千有奇”。

高廷瑶《宦游记略》卷下：“不可博清名擅裁陋规，盖地方相沿陋规正以襄办公事其益不小，每见地方有应办事，常苦力不能给，遂置不办，若得陋规添办，官之便亦民之福也。”总结经验，谨言慎行，不当泄漏者要守密。同侪相聚，说要事，不如说闲事。盛名不可居，为人所忌。办好事，如系委办则曰上官之意也。同办，则曰此某某之力也。专办则曰职分之事也。“不可情清名擅裁陋规”。

论“县官印，不如归家信”

明代著名作家归有光，江苏昆山人，嘉靖四十四年（1565）进士，官南京太仆丞。有光自述，归氏家族在昆山“县城东南，列第相望”，颇受乡里推重，所以时人为之语云：“县官印，不如归家信”（《震川集》卷二八《归氏世谱后》）。另据费密《荒书》，成都各衙门书吏工食来自附近州县钱粮，明末经济萧条，钱粮收缴迟缓，官方允许书吏下乡催征，从而引发大规模民变。书吏逃入新繁，群众追捕书吏，包围了新繁县城，县官张贴文告，要求群众立刻解围，尽快返乡回家，同时宣称肇事书吏也将全部押送成都依法处理。但是围城者曰，不可只凭县官文告，还需费乡绅出面承诺，我等方能信服。费乡绅即费密之父费经虞；父子二人皆新繁著名学者。

州县隔省为官，任期较短，很多农村百姓往往终身不入城市，不见官府，官不知民和民不识官的现象十分普遍。缙绅乃乡土人物，与周围群众的政治经济联系非常密切。官绅双方的社会影响都不应抹杀，但在庶民百姓的心目中，“官如河水流，绅士石头在”（《东华录》卷三〇）。流水稍停即逝，去而不回，石头基础牢固，稳定不移，衡量两者之轻重虚实，百姓信赖缙绅当然胜于信赖官府。据此推论，所谓“县官印，不如归家信”，完全事出有因。缙绅这个特殊群体在州县政治运作过程中的地位的确不可等闲视之。

论歇家

明清时期，乡民因事涉讼，入城告状，既不懂法律，又无所依托，四顾茫然；于是在州县城区出现了一个非常特殊的“行业”，名之曰歇家。黄六鸿自述，康熙年间，任职州县，署前酒肆饭馆馐肴丰列，樽榼横陈，“乃有势缙绅所升，凡乡人讼事无论原被俱必寓此，其内外关厢惧忤绅绔意，竟无留止者，乡人舍此无他驻足，并为张罗讼事”（《福惠全书》卷一一）。歇家专门接待争讼当事人，成为入城告状者必经之地。无论原被，只要借宿此处，就等于找到了内行作“靠山”。道光初有记载指出，“凡民一入歇家之门，其讼立成，且有官府之印票，不如歇家之片纸者”（夏炘《景紫堂文集》卷六《讲约余说》）。讼案获准后为了防止冒名顶替，同时也为了传递信息原被两造应寻觅保人，于是歇家担保责无旁贷，所以歇家又称为歇保。“两造不责保人，虽枸摄不听也。保人各为其主，不减自讼，如愿息，亦惟二保人为政。”（冯梦龙《寿宁待志》卷上）歇家插手诉讼事务，从始至终，包揽一切，操控能力不可低估。

诉讼有法定格式。当事人可以自写，如果有困难，则由本人口述，委托代书执笔。代书乃撰写诉状专业人员。写状之初，“必先向歇家查询，明确果系本人告状，即立本人名目，如有多人联名告状，亦必查明俱来郡，始准开列，词内若无其人不得混行开列”（《牧令全书》卷一八）。

针对庶民百姓不熟悉法律条文的现实矛盾，歇家与代书为原被双方充当法律顾问，规范诉讼行为，并且使其顺利进入司法程序，这些活动显然具有一定的积极意义，但是另一方面歇家与代书都没有取得官方正式认可，他们的所作所为完全属于商业性质，以赚钱为目的，所以社会舆论把歇家与代书都贬为“讼棍”（参看赵中乔《赵恭毅公剩稿》卷六）；又“状不准不止”（《碑传集》卷一〇一《吴先生象宽墓志铭》），诉状写得愈多，代书愈有利可图。“讼不胜不休”，诉讼持续时间越长，歇家收益越丰厚。于是诉讼成本越来越高，涉讼者经济负担越来越重，也就成一件无法避免的事情了。

论满人染汉习

清初统治者在强迫汉人改满装的同时，又三令五申，严禁满人染汉习，但是应当看到汉习涉及范围甚广，清王朝建立之后，满汉双方交往日益密切，满人入乡问俗，汉习随之向满人渗透，两种趋向皆势所必然，无法遏止。顺治十四年（1657），方文入北京，写有《都下竹枝词》数首，其中之一称“自昔旃裘与酪浆，而今啜茗又焚香。雄心尽向蛾眉老，争肯捐躯入战场”，可见满人染汉习，不但出现时间很早，而且进展速度甚快，如果没有形成风气，不会引起诗人关注，诗人也不可能根据个人事例就萌发出八旗由强变弱之预感。纳兰性德，字容若，满洲正黄旗人，大学士明珠长子。别号楞伽山人。在姓氏之外，另取别号，早已成为汉族士大夫标榜风雅和突出个性的传统习惯。楞伽乃佛教禅宗经典，纳兰以此为号，表明自己虽然在官场，但心向佛门，淡漠富贵，崇尚清高。所著《饮水词》，在清代词坛颇负圣誉。内有《台城路·塞外七夕》一首：“白狼河北秋偏早，星桥又迎河鼓。”（下略）白狼河即辽宁之大凌河，故曰塞外。七夕佳期，庭前陈设瓜果，遥祝天上双星，抒发人间男女相思之苦，文化内涵丰富，楼上穿针乞巧，象征意味深长。入关以前之满人，没有这种闲情逸趣，所以“塞外七夕”这个标题出现在《饮水词》中，就特别引人注目，说明康熙年间，满人染汉习已经发展到高品位和深层次阶段。武力同化往往招致逆反心理，自然融合，陶冶性灵，影响更加深远。所以既要看到汉人改满装，又要看到满人染汉习，综合两者，方能窥求当时民族关系之全貌。

论清代社会风俗习惯

风俗习惯，因地而异，且时有变动，情态复杂。本篇所述，主要取材于四川方志，挂一漏万，仅供参考。

（一）论过年

腊月三十日辞旧，正月初一迎新，俗称过年，这是中国古代最重的传统节令，历史久远，内容丰富。本篇仅据清代四川方志材料，取其可供参证者，简述于下：

腊月初八，吃腊八粥，揭开过年序幕，然后进行各项准备，包括剪裁新衣，熏制腊肉，炒做米花糖等等。成都地区“人家”以米粉和糖入木范成饼，用小铁锤击之曰打米酥。据称比户皆然，声震闾巷，此风相沿最久（同治《成都县志》卷二）。二十三或二十四日，祭灶。“扫舍宇”，从屋顶至地面整体大扫除。二十四又称过小年。

除夕，换春联及门神春帖等物，日间聚餔曰食年饭，夜分祀祖先毕，聚饮曰团年酒。卑幼叩尊长曰辞年，庖湢井厕燃灯烛曰照耗，家人围炉通夕不寐曰守岁，比邻锣鼓爆竹达旦声不绝曰闹年（见同治《成都县志》卷二）。正月元旦具香烛祀天地祖宗，即向喜神方各庙上香谓之出行。男女卑幼以次叩贺尊长朋友，各以名帖相往来，有亲往者则至戚也。初一至初四禁扫除，初五又名破五，开始扫滓滓竹灰倾于途谓之送五穷，九日谓之上九，男女赴玉皇观武侯祠烧香者络绎不绝。

从是日开始沿街扎彩棚悬挂各色花灯，子弟巧扮女妆携灯唱采茶或童稚作傀儡扮各色故事，至十六夜止，街市放花灯谓之闹元宵。十六日成都儿童妇女上城周历谓之游百病。

从十五日始邑西北土地堂，乡人于此市农器蚕器三日始散。集中交易生产工具，标志着过年庆典圆满结束，此后又开始进入春耕大忙季节了（参看同治《成都县志》卷二，嘉庆《华阳县志》卷一八，嘉庆《温江县志》卷一四）。

俗传腊月二十五灶神上天奏事，人家提前一、二日燃香烛设饴饧酒酺祭之、（见同治《成都县志》卷二）。饴饧乃祀灶必设之祭品，此物黏性极强，灶君食之唇齿不能启动，只好闭口不说人间是非（参看嘉庆《西充县志·舆地志》）。这个举措很幽默。另据道光《江油县志》卷三："二十四祀灶爆竹至夜半"，"乡村于二十三四两日祭，有绅三民四之谣"。所以祭灶又称送灶，三十日接灶。

簪缨之族，祝贺新春，锦衣玉食，不影响清寒之家插了梅花便过年，消费档次虽有高低之分，令节日期并无贵贱之别，唯独祭灶直接与政治身份相联系，出现了绅三民四之不同，而且东南省区例证尚多，但是所见各书都没有说明原因，无法深求，只好存疑，略而不论了。

（二）庙会之俗

中国古代城乡寺庙建筑质量远远胜过官府衙署，不少庙宇大殿前后有广场，两廊房宿甚多，寺庙向社会开放，于是庙会成为举行群众集体活动的重要方式。庙会结合了经济文化娱乐多重社会功能，其中演戏一项已经成为面向普通群（包括妇女儿童）传授历史知识和灌输伦理道德的重要途径，影响不可低估。在四川地区二月十三日起至十九日止成都青羊宫花会，二月十九，观音大士诞辰，庙会"妇女无论老少素食洁衣，巨烛大香膜拜"（道光《乐至县志》卷三），"百货咸集，农器蚕器尤多"（同治《成都县志》卷二）。五月二十八城隍会，"此会极盛，必择梨园各部演唱，妇女看戏，凡二十有四日"（道光《乐至县志》卷三）。六月二十四，城隍诞辰，演剧"各乡民醵金结社入城与会"，作画船抬城隍出游，扮诸杂剧，妇女燃巨烛长跪，凡十日乃止，此会蜀中郡县多有之。（见道光《蓬溪县志》卷一五，同治《成都县志》卷二）

（三）关帝庙会

关羽，字云长，三国时蜀汉名将，河东郡解县（今山西运城盐湖区解州镇）人。初亡命涿郡，与刘备、张飞在桃园结义。刘备起兵命为别部司马。建安五年（200）为曹操所执，斩颜良，曹操重其才，封汉亭侯。旋复归刘备，英勇善战，威震华夏。关羽去世后，民间尊为"关公"，历朝历代多有褒封。明万历四十二年（1614）封关羽为"三界伏魔大帝，神威镇远天尊关帝圣君"，自此相沿有关帝之称。清顺治元年（1644）又封为"忠义神武关圣大帝"。每年五月十三日遣太宰致祭。民间传说这天是制造旱灾的怪物旱魃经过的日子，祭祀关帝祈其显灵，驱邪避灾，普降甘霖，以解农忧。关帝庙会酬神演戏、杂耍等，香客贡奉猪首、猪蹄，虔诚跪拜，香火极盛。

在北京关帝庙有左忠毅楹联：“汉封侯晋封王有明封帝圣天子可谓厚矣；内有奸外有敌中原有贼大将军何以待之。”在马来西亚吉隆坡关帝庙有国民党元老于右任撰写的一副对联：“忠义二字团结了中华儿女；春秋一书代表着民族精神。”由此可见对关帝的崇敬。世界各地的关公庙会用不同的语言赞颂关公的忠义精神，给关公文化赋予了新的时代内涵。

（四）婚嫁之俗

父母主婚，媒人引线，在认可门户高低与年龄大小等基本情况之后，男方便邀媒至女家传言，旋备礼填庚换帖行纳彩礼，俗谓拜亲，亦谓插戴，婚期既定，先日纳币，俗称过礼。娶期定备礼，请媒氏报知女家，临期婿家仍请媒氏偕族属将礼往迎，以香烛牲酒告于女家之祖。女家兄弟戚谊送女升彩舆来婿家，婿家候彩舆至大门外三揖迎彩舆入堂内，女出舆与婿行交拜礼，既婚拜祖先、父母及尊辈，乃入洞房（以上参见道光《荣县志》卷一八，乾隆《巴县志》卷一〇，另据道光《綦江县志》卷九）。新妇次日庙见后，拜舅姑及诸尊长，三日入厨谓之下厨。婚姻和二姓之好，但同姓不婚，习以为常。同姓未必同宗，据此推断，同姓为婚亦并不违法（见嘉庆《东乡县志》卷二九）。

夫婿亡故，道德和舆论力倡寡妇守节，但是妇女没有独立的经济能力，如果生计艰难，改嫁势所难免。俗语云：“先嫁由爹娘，后嫁由自身。”（《歧路灯》五十回）可见妇女改嫁还能够受到一定的自主权。

（五）丧葬之俗

父母逝世，民间鲜知，招僧道立灵，亲友备香往吊，有力之家“破白布与缠头，谓之散孝”。是夜聚守成丧家，备酒食谓之坐夜。送葬后孝子往送火烟，三日再往谓之复三，七日满曰烧七，二三七则亲友醵金以助，七七毕，有百期、周年、三载，服满焚灵谓之除灵（见道光《綦江县志》卷九）。

墓葬历史悠久，早已成为重要的传统习惯。至于火葬明代文献偶有记载（参看李昌祺《剪灯余话》卷五，《海瑞集》上编《兴革条例》）。社会舆论视为异端。清明扫墓，根据四川方志，新坟于清明前祭之，男女同去，痛哭乃已，旧坟于清明日祭之，则家长去之。（见咸丰《云阳县志》卷二，同治《万县志》卷一二）

另据杨恩寿《坦园日记》卷六：楚俗，七月中旬供祖，写包用纸包椿帛，上书祖考名讳，在野焚之。四川各地行之，民间称为七月半烧袱子。

春节的历史

一年一度的春节，庆贺农历新年，是我国最隆重的传统节日。

正月是农历的岁首，正月初一就是一年的开始。古人常在这万象更新的时候举行朝拜，迎神祭祖，占卜气候，祈禳丰收，也进行各种娱乐，这就逐渐形成了传统的新春佳节。在丰富多彩的节日内容中，起源最早的大概要数放爆竹、挂年画和贴春联了。爆竹是要在除夕和元旦才放的。春联和年画，明清人往往在祭灶之后就渐次粘贴，朱笺彩缯，使千门万户，焕然一新。

古人还有除夕守岁的风俗，对过去的一年，依依惜别；对未来的一年，又充满期待之情。杜甫有《杜位宅守岁》一诗，但在杜甫之前，《初学记》卷四就收有唐太宗李世民的守岁诗："冬尽今宵促，年开明日长。""共欢新故岁，迎送一宵中。"那么，守岁是不是开始于唐初呢？《玉台新咏》有梁朝徐君蒨《共内人夜坐守岁》诗。君蒨乃徐孝嗣的孙子，《南史》卷十五有传。南朝的肖梁在公元557年为陈所灭，这时李世民还没有出生。但徐君蒨的守岁诗，从题目看，是明白的，从内容看，就比较模糊。特别是其中有"酒中挑喜子（丁福保转录此诗，这三字又作喜桃子），粽里觅杨梅"两句，使人很难断定，这里的守岁究竟是在除夕，还是在别的什么月份。因为粽字使人联想起端午，但端午又怎么守岁呢？我们过去对风俗（民俗）史的研究似乎注意不够，一些习以为常的事情，如果追究其历史渊源，也许还一下子说不清楚哩。

（原载《成都晚报》1983年2月13日）

弘扬传统文化的基础工程

读了张岂之教授《大学生与传统文化》一文，很有感触，也很想凑合几句。

传统文化是在历史上形成的，有些同志似乎因此而产生了一种误解，认为历史传统非常古老，所以弘扬传统文化主要是老年人的事情，好像和青年人无关。其实，中国优秀的传统文化已经成了全民族的共同财富，每一个中华儿女都有责任弘扬而光大之。按照我的看法，这句话的着重点还应该打在“儿女”这两个字的下面。前不见古人，便叫作数典忘祖；但是，如果后不见来者呢？不见了来者，还讲什么传统的世代传承？这个道理，我想是不辩自明的。而在滔滔不绝的历史长河中，来者永远是年轻的儿女们。不培养和教育青年一代，不提高儿女的整体文化素质，往圣先哲开拓的文化业绩，难道就不会出现中断和夭折的危险吗？也许我把问题说得过分的严重了。

但是，毋庸讳言，由于形形色色的外域文明和内部拜金主义浪潮的冲击，再加上各种非理性和无规则状态的影响，不少青年人冷落和鄙弃民族传统的现象的确是存在的。这里必须特别关注一下我们的大学生，因为他们在青年人中间处于十分重要的地位。和中学生相比，他们的思维能力已趋成熟。和一般的社会青年相比，他们掌握了更多的专业知识。毕业以后，他们遍布党、政、商、学各界，是经济建设和文化建设的骨干力量。毫无疑问，中国传统文化的历史命运也将寄托在他们的身上。然而，当他们还是大学生的时候，即使攻读文科，也未必都能真正理解传统文化的内涵和意义，其他专业，恐怕就更加疏远，更加隔膜了。况且学校并非世外桃源，大学生同样要受到某些庸俗的社会思潮的干扰，在如何看待历史遗产和民族精神等诸多方面，他们的思想情绪，同样是比较复杂的。怎么办呢？

“凡事预则立，不预则废”，这句古话，今天重温起来，格外地令人警觉，因为它促使我们不能不引出这样一个结论：在高等学校开展传统文化教育，提高大学生的整体文化素质，乃是弘扬民族传统文化的一项前期性的基础工程，准备得越早，抓得越扎实，尔后我们也就越主动。

高等学校是培养人才的场所，让学生学一点传统文化知识，有利于他们的全面发展，绝不是什么额外的负担。具体做法，既可以设置“中国文化”“中国哲学”等专门课程，列入教学计划，也可以采取课外的形式，灵活安排。高校专业门类甚多，利用课外活动进行传统文化教育，我个人认为，最切实的途径是同校园文化的建设紧密地结合起来。校园文化是学校内部的大众文化，它以学生为主体，覆盖面广，吸引力强，容易收到文理咸宜、雅俗共赏的实际效果。例如青年人喜爱音乐，举办歌咏竞赛，不要排斥流行歌曲，但同时不妨组织学生吟唱几首谱了曲的古典诗词，不仅有益身心健康，而且还能逐步扩大听众的文化视野。又如书法和国画是中国传统文化精神孕育出来的两支艺术奇葩，高等学校应当给学生提供必要的条件，成立几个业余的书画小组，适当的时候，办一期展览，请几位研究美学和文化史的教师，讲一讲书画艺术的情趣和意蕴。这些活动，对增强学生的审美能力和抽象思维能力，都是很有裨益的。另一项经常性的内容就是开展课外阅读，引导学生有选择地读一批古典文学名著，包括诗词、戏剧、小说等，然后安排讲座，对作品进行赏析；如有争议，也不妨在教师的帮助下，组织一些小型的辩论会。这些文学作品往往涉及许多古代风物民俗，既有知识性，又有趣味性，办法是围绕书中的细节描写，安排一定的专题介绍，这不仅会提高学生的阅读兴趣，而且还能使他们了解，中华民族的社会文化生活的确是有血有肉、丰富多彩的。此外，在美化学校环境、树立优良学风等方面，传统文化和校园文化也是可以互相配合的。

总而言之，校园文化的建设，目前尚无固定的模式，但其基本任务仍然是提高学生的整体文化素质，这和传统文化教育的目标一致，所以两者殊途同归。开设专门的文化课程，内容应有较严密的系统性，与校园文化结合，则不拘一格，可深可浅。无论什么方式，都必须持之以恒，只要我们锲而不舍，就一定能够收到显著的实效。

（原载《中华文化》1993 年第 5 期）

漫谈诗史互证

——柯建中教授之讲座

5 月 16 日下午，我们有幸聆听了柯建中教授讲演诗史互证，现介绍给大家，期与共勉。

柯教授建议历史系的同学多读些文学作品，尤其应多读些古代诗歌。他提出了三点理由：第一，诗歌是诗人心灵的写照，多读之，可以陶冶性情，提高文化修养和素质；第二，近体诗遣词造句非常讲究。由于它的声韵格式死板，如果写作者没有很高的文字技巧，就无法使诗歌精炼多变。故多读诗，可以提高文字表达能力，使文章写得更加精炼；第三，诗歌可大量扩充历史资料范围，诗歌是社会生活的反映，是时代的一面镜子，通过它可以看到当时的社会真实面貌，而这往往是正史记载所不足的。柯教授认为诗的数量之大足可称为“汪洋大海”，如：计有功《唐诗纪事》中收录唐代诗人 1150 家；厉鹗所编的《宋诗纪事》中收录诗人 8600 家；陈衍《元诗纪事》中收录诗人 800 家；陈田《明诗纪事》中收录诗人 4000 家；而《清诗纪事》中据说就收录了诗人 15000 多家。可见，诗的资料非常可观。同时，诗的内容在整体上有很大的实用性，涉及社会各领域各方面。如清张应昌选编《清诗铎》，收了 911 位诗人的作品，只看它的分类目录就包括了岁时、舆地、漕运、海运、战法、盐法、河功、水利、蚕桑、纺织、赋税钱粮、科派、刑狱、盗贼、边防、水灾、旱灾、地震、流民、家训、风俗习惯等诸多项目，可以想见其内容之繁富。

柯教授谈到写景抒情的诗艺术性很高，对研究诗人本身极有用；而感时记事之作则具有很强的社会性，史料价值更甚于前者。而这，则正是这次讲座的主题所在。

柯教授指出，以诗证史难度非常之大，因为古代诗歌是特殊的文学形式。比如，在古代诗歌中常见典故。吴殳所作《雪夜感怀》中间两联写道："驰来北马多骄气，歌到南风尽死声。海外更无奇事报，国中唯有旅葵生。"其中"歌到南风尽死声"一句中用了前人所托舜之名作的《南风歌》这个典故①。"国中唯有旅葵生"一句用了《古诗十九首》中一典②。深究以上两典，联系当时时局，可知其诗实际上是反映清军的骄横跋扈、省政府对百姓的高压。另外，因为避讳等一些政治原因，古代诗人写诗多旁敲侧击，这就要求阅读者对古代诗歌的写作手法有所掌握。还以《雪夜感怀》为例，"海外更无奇事报"一句，实际上是反映当时已退至海外的郑成功等人的抗清势力在清军的追剿下，节节败退，不再有令遗民③期待的好消息传来。故，要做好以诗证史，必须在平日多看多读、勤查工具书，靠日积月累的知识解决之。同时，在这一过程中，还要注意双向的证明。即，以诗证史，又以史证诗，以验证可靠性。

接着，柯教授强调，研究诗的风格、意境，目的是研究诗本身；而我们研究诗的目的则是研究历史。以诗证史最重要的功能是透过某些诗歌作品，纠正某些历史记载的错误。正史记载是我们研究历史的主要资料之一，但正史记载并非完全可信，故需纠误。正史记载的错误一般有两种情况：

第一，属无意造成的。这是由于资料不足，或整理资料时粗心大意造成的，一般无政治因素和利害关系。《明史·神宗本纪》记载，万历十七年（1589）春正月，太湖爆发了一小股农民武装起义，"二月讨平之"。对于此事，其他有关史书也有如此记载。但在汤显祖同年所作《喜麦》诗下有一注曰"时皖贼初散，南都解严"，而诗曰"滔滔春雨过，时入孟夏月"，可见，此次农民起义在四月而非二月被镇压。除此之外，这个注还为我们提供了一重要信息：此次农民起义规模不小，声势浩大，否则南京也不会戒严。这种错误是无意的。也足见诗可补正史之不足，纠史之误。

第二，属故意造成的。是有意识掩盖历史真实，歪曲历史。清代编年史《东华录》上记载了这样一件事：顺治十二年（1655）七月，给事中季开生上奏称，他的家人自通州来京，告诉他，有皇帝派的使者封船到扬州买汉族女子。他认为这件事做得不对，应纠正过来，此奏交于六部讨论。结果认定，这些人是被派去为刚修成的乾清宫购买器皿的，季开生乃道听途说、沽名钓誉，交六部议处，最后被流放。后季开生在流放地被人打死，当地

---

① 《南风之歌》，是假托舜名所作，其大意是讲要让百姓无忧无虑的生活。这里用此典，是为了指出当时百姓生活的艰难。

② 《十五从军征》："十五从军征，八十始来归、道逢乡里人：'家中有阿谁？''遥望是君家，松柏冢累累。'兔从狗窦入，雉从梁上飞，中庭生旅各，井上生旅葵……"旅葵，是一种野生的植物。

③ 遗民，指清初怀念故国之人。这些人大多抱有反清复明的思想，对清廷多采取不合作的态度。

地方官对此不予过问。《清史稿·季开生传》的记载也与《东华录》如出一辙。实际上这件事是绝不可信的，清初确有清王朝到江南搜罗汉族女子之事，有大量诗文材料为证，如：尤侗《咏史》云："黄金不惜买良家，敕使先封系臂纱。燕支岂是无颜色，为爱莲歌出若耶。""天子瑶池奏玉笙，只教阿母唤双成。闲来海上探仙籍，又问飞琼小玉名。"以及孙枝蔚《难妇词》中的："何关出塞始风流？生长江边不解愁。自到前旗认姊妹，笑声一半是扬州。"但正史对此一概不记，千方百计加以掩盖。

其次，柯教授告诉我们，将诗歌作为史料看待，还可以发现许多新问题。对此他举了两个例子：一是，关于明末清初著名的文学家、画家陈洪绶的死因。据其传记材料记载，顺治九年（1652），他从杭州归到故里诸暨，趺坐念佛而逝。但观丁耀亢的《哀浙士陈章侯》曰："到处看君画图游，每从兰社问陈侯。西湖未隐林逋鹤，北海难同郭泰舟。鼓就三挝仍作赋，名高百尺莫登楼。惊看溺影山鸡舞，始信才多不自谋。"一诗，对陈洪绶之死，的确可以提出很多疑问，且陈洪绶是清初遗民，结合其传记材料，可以看出一些蛛丝马迹，顺治六年晋王到舟山，就在这一年，并一直住在杭州。顺治八年，舟山失陷，鲁王走厦门之后，顺治九年，陈洪绶忽然从杭州回到老家。不久就死了，是否陈洪绶与南面政权的鲁王有瓜葛、有牵连，或者被人抓住了把柄，或者受人诬陷，从"惊看溺影山鸡舞"一诗来看，陈洪绶很可能是投水自杀的。

他举的第二个例子是有关于农民起义问题。明初诗人张宪《胜广》一诗云："胜广起田亩，一呼天下同。虽然不成事，亦足号英雄。"清初诗人王余祐《陈涉词》："楼阁重重凌紫烟，楚王至此尚明禅。可怜燕雀蓬蒿下，那晓鸿飞不纪年。"不同时代的诗人都涉及一个非常敏感的问题，即历史上的农民起义，统治者都称之为"盗贼"。而张宪称其为英雄，王余祐亦表示出极大敬意。同在清初，顾炎武《不其山》："荒山书院有人耕，不记山名与县名。为问黄巾满天下，可能容得郑康成？"显然，他对明末农民大起义寄予希望，并表示了同情。刘基《分赃台》："突兀高台垒土成，人道暴客此分赢。吹泉清节今寥落，可但梁山独擅名。"也显示出他对农民起义的态度，是正面的、肯定的，不是仇视的、谩骂的。元明之际，明清之际是阶级矛盾非常尖锐，农民起义高涨的时候。孤证不立，合这些材料，似乎可以感受到，明清之际，在一部分知识分子中间，出现了一种新的思想动向，即对历史上农民起义的态度已发生了微妙变化，这个问题值得深入下去。

除此之外，柯教授讲道，诗歌作为历史资料来看待，可以扩大史料。这样的例子就多得很了。如杜甫诗中有"负盐出井此溪女，打鼓发船何郡郎"，可见唐代川东妇女是参加重体力劳动的。又如陆箕永《绵竹竹枝词》："村墟零落旧遗民，课雨占晴半楚人。几处青林茅作屋，相离一埧即比邻。”杨国栋《峨边竹枝词》：“乱猿啼彻晚烟沉，茅屋山村带水浔。楚语吴歌相遇处，五方人各异乡音。”这对于研究四川人口史是很有用的资料。最后，柯教授做了如下之总结。以诗证史可以纠史之误，可以发现很多新的历史问题，很多诗歌对于研究社会史、研究风土人情、社会经济等问题都有很高的史料价值。但是也需特别注意，不是所有的诗歌都可当作史料用。诗首先是文学作品，其次才是历史资料。因为首先是文学作品，故诗歌中有很多诗人的想象夸张，或者为遣词造句而表达出来的内容，甚至即使诗人写得很具体，也不是每一句都可信，而要有一个鉴别，柯教授强调，这又是一个复杂的问题，不能一语尽之。如杜甫在草堂就写了一首诗，诗中讲“城中十万户，此地两三家”。但是任何研究人口史的人不会用这句诗来讲唐代安史之乱时成都城中有十万户。诗是大约言之，是不能坐实的，这就需要多读，才能鉴别。又比如，《长恨歌》中曾说到玄宗幸蜀，曾路过峨眉。但是史书上很多人证明这是不可信的，关于这一事件的路线记载非常清晰，玄宗并无绕道之可能。而且白居易诗中还有“孤灯挑尽未成眠”，实际唐代富贵人家是点蜡烛，而不是油灯。安史之乱平定之后，玄宗虽退位了，毕竟是帝王之家，哪会那样寒酸呢？这只能是诗人的想象之词。故诗歌有很高的史料价值，但要加以周密的推敲，加以鉴别。而且要从诗歌这种文学体裁的特殊性出发，从字面上要了解到它深层的含意，字面是一层意思，背面还蕴藏了一层意思，要把背面蕴藏的这层意思找出来。

（四川大学历史学专业1998级本科生唐秋雅、吴莹整理，原载《天健》第10期［2001年］）

《宜宾市志·建置沿革》读后

从总体上看，《宜宾市志·建置沿革》（以下简称《志稿》）是写得比较好的，现在谈几点读后的感想。

第一，地方志的建置沿革包括历史和现状两部分，而历史部分首先要碰到一个材料问题。粗略言之，材料的来源有三：一是常见的古代文献。《志稿》引用的《汉书》《华阳国志》以及杜甫、苏轼等各家诗文，都属于这一类。这些材料，一般的研究工作者都能读到，故曰常见。二是不常见的地方性文献。我加了不常见和地方性两个限制词，主要是指乡邦人士的未刊手稿（如24页所引《宜宾冯氏家谱》），以及各种碑刻、告示和其他文字资料。它们极少流传，外人罕见，一旦披露，更觉珍贵。三是实地查勘的新收获。前人著述，所记山川方位，道路远近，多半抄袭旧籍，很少亲临现场，脚踏实地，倘有错误，不经查勘，便无从匡正。清人郑珍甚至痛惜“唐以后地理之书，皆凭虚揣拟，绝无确见，递相仿据，愈失本原”（《巢经巢集》卷一）。究其根由，多半还是以书证书的结果。因此我主张进行一点社会调查。搞方志的同志承担这项任务，轻车熟路，简便易行。据闻东山尚有登高城古墙遗址，假若仔细搜求，也许还可以找到更多的线索。我们不指望每个地区都会硕果累累，但是，即使一县只有一个收获，汇集全省所得，岂不也是洋洋大观？以上三个资料来源都很重要，不过人们往往热心于钻研古代文献，而忽略“就地取材”，所以我想借此机会特别强调一下开展社会调查的必要性。

第二，古代州县建置，头绪繁杂，某些问题，又因记载不详，遂使后世学者，众说纷纭，莫衷一是。针对这种状况，有的同志在新编方志中附列一定的考证题目，发表自己的学术见解，是应当受到欢迎的。然而，考证的目的，不仅是发现问题，更重要的是为了解决问题，所以，有了考证的题目，还应当衡量一下究竟能不能考出新的结果。

例如，僰道建县年代，史无明文，《志稿》有《僰道建县时间考》一篇，所引《华阳国志》中“高后六年（前182），城僰道”以及“武帝初，欲开南中，令蜀通僰、青衣道。建元中，僰道令通之，费功无成”，就是最早的记载。据此可知，僰道建县时间当不晚于建元六年（前135），但它究竟建于何时，仍旧无法断定。今有秦县和汉县两说，但两种说法都是推论，都缺少直接证据。因而《志稿》对秦县说的诘难，也就同样缺少说服力。《汉书·地理志》记“长安县”：“高帝四年（前203）置。惠帝元年（前194）初城，六年成。”此即“先县后城”之例。据此看来，僰道建县时间也未必不可能发生在高后六年之前。总之，没有新材料，这个问题很难考出新结果。怎么办呢？我主张方志作者有权按照自己的理解做出抉择，现在《志稿》把建县时间定为高后六年至建元六年间，这个意见可以写入正文，但另外不妨附加一条小注，说明还有不同看法。两说并存而无须辩驳，这样处理，似乎较为妥帖。

第三，讲建置，必然牵涉到地方行政系统。例如宜宾归叙州府管辖，这是隶属关系，而叙州府又下领若干厅、县，这是领属关系。宜宾作为府治，两重关系便具有同一性，所以两个方面都要讲。隶属关系比较单纯，而领属关系则比较复杂。因此我曾经向有的同志建议：第一，写领属关系，只讲它是某州州治，某府府治，下领州县，一概从略。这些情况在正史《地理志》和明清旧志中基础上都有记录，新编方志略而不论，也算不得什么太大的缺陷。第二，如果要写，就应该力求准确。《志稿》25页说“马湖府并入叙州府后，宜宾城为府，属11县（宜宾，以下略）、2厅（雷波、马边）和4个长官司（即沐川，以下略）的首县和府治所在”，然而宜宾作为首县和府治并不是“马湖府并入叙州府后”的事情，况且，马湖府的建制撤销了，其原属之屏山县和4个土司却依旧存在，不交代明白，《志稿》的叙述就失去了着落。所以，准确地讲，应该说成是雍正五年（1727），裁马湖府，所属屏山县及沐川等4个长官司，均改隶叙州府。此外，乾隆二十六年（1761），改雷波卫为雷波厅，二十九年，改马边营为马边厅，也先后隶属叙州府。清代的叙府比明代扩大了，扩大的过程就是沿革，既然要写，就应该把基本线条勾画清楚。

还有两个小问题：首先，《志稿》把隶属关系和领属关系分置两章，难免顾此失彼。我建议把两重关系集中在第一章叙述，第二章专讲宜宾城，这样安排，也许更加紧凑，而且可以节省笔墨。其次，关于领属关系，《志稿》从犍为郡一直写到民国二十四年（1935）第六行政区，但在中华人民共和国成立以后，宜宾仍是专区行署所在地，它的领属，要不要古今一视同仁，也宜斟酌。

第四，讲沿革，必然牵涉到地方政区的变化过程。《志稿》第一章第三节《行政区划演变》对宜宾市的政区沿革做了纵的叙述，又在第三章中按照区、乡建置做了横的考察，这种安排，既符合方志体例，也便于读者索检。无论古今，地方政区的废置盈缩，都非常复杂，但是应当注意，这些复杂的变化并非杂乱无章，而是大多在其政治的和经济的原因，并通过若干次大的变动显示出它的发展阶段性。《志稿》1 页指出，宜宾“建市后，市境经三次重大调整”，但作者并没有认定，这三次调整就是三个主要的发展阶段。与此相反，在《行政区划演变》一节，从 1951 年至 1985 年，又分为六个时期。这样一来，政区沿革的阶段性就模糊不清了。究竟是三个，还是六个，必须从实际出发，认真探讨，明确回答，而且区分要经得起论证，不同的阶段要有不同的个性特征，还要适当的说明形成这些不同阶段的历史背景。否则，单纯的过程叙述就很容易变成一篇流水账。

第五，现在方志负担太重，主观上和客观上都有一种“求全责备”的思想，总以为写得愈多，质量愈高，动辄数十万言，好像写少了就显得仓促似的。其实，篇幅太长，对作者和读者都是一种负担。所以我主张精益求精，不赞成多多益善。

求精之道，首先要言必切题。《志稿》21 页叙述唐代戎州时说：“永泰元年（765），诗人杜甫路经此地，尽管也为眼前边境不靖，戍兵众多而愁绪万千，但却对在僰道城参与的豪华宴会而忘情发兴，叹为‘胜绝’。”今按：杜甫有《宴戎州杨使君东楼》诗，原文如下：“胜绝惊身老，情忘发兴奇。座从歌妓密，乐任主人为。重碧拈春酒，轻红擘荔枝。楼高欲愁思，横笛未休吹。”诗篇不过表明，杜甫离蜀途中路经此地，在杨使君的东楼品尝了戎州特产重碧酒和荔枝，但它对这座古城的建置沿革和具体面貌却毫无参考价值。我不是贬低杜诗，而是说它对我们写的题目没有可用之处。离题太远，不如割爱，以省篇幅。其次要观照全局。方志分门别类，各有侧重，但又相互联系，汇成一个整体，行文之时，为了彼此呼应，重复是很难避免的。《志稿》19—31 页，介绍宜宾城的历史，便提到有关战乱、人口、交通、工商业等等，这些内容，市志中另有专章，严格讲来，它们并不是建置沿革的描述对象。当然，把它们统统删掉，也不合适，但不妨稍加筛选，取其精粹，略其枝蔓。我还建议，凡是别的章节该写的，我就少写，或者不写；凡是属于我写的范围而别的章节又不该写的，我就多写，而且写得具体一些。比如，宜宾的城市布局有没有特点，作为一座历史古城，它有没有特殊风貌，这类问题，别的章节照管不了，也是《建置沿革篇》不应该避而不谈的。

以上所云，皆姑妄言之，聊供参考。言而不当之处，请大家批评指正。

（原载《戎城史志》1989 年第 2 期）

新编《中江县志》读后感言

新编《中江县志》出版了，我是中江人，当然感到十分高兴。

据我所知，在四川省内，中江是方志工作启动较早的县份之一。1983 年 2 月，县委和县政府就把修志提上了议事日程，组建了机构，配备了人员，制订了规划，迈开了纂辑新县志的第一步。盛世修志的热潮，给方志部门带来了机遇，这个有利条件，是应该充分肯定的。但同时我们又不能不看到，如果从 1930 年中江最后一部旧志，即民国《中江县志》刊印成书的时候算起，到了八十年代初期，中江的修志工作也已经中断五十年了，方志反映地方实况，而客观事物总是不断变化和不断发展的，人事沧桑，往往时过境迁，重新爬梳整理，任务艰巨，困难很多，这是不言而喻的。在既无足够的实践经验，又无现成体例可资遵循的情况下，要写出一部社会主义的新县志，那就只好边干边学了。个中甘苦，大凡参与过纂辑工作的，都会有深切的感受。而今这部志书，集众人之力，历十年之工，终于脱稿问世了，作为一项方志成果，它的确是来之不易的。

在志书的编纂过程中，我和县志办的同志们曾经有过一定的联系，比较了解他们的工作进程，所以我想借此机会，向他们表示衷心的祝贺，同时也围绕这部志书谈一点自己的看法。

首先，我觉得《中江县志》以马克思主义、毛泽东思想为指导，明确提出坚持求实精神，弘扬爱国主义，突出地方特色，为社会主义的物质文明与精神文明建设服务，这就从整体上把握住了编纂新方志的基本目标。当然，按照目标的要求，做到尽善尽美，那是很不容易的。但是我们的态度应该积极，应该力图把目标所包含的各项原则落到实处。原则并不神秘。例如志书上限为1912年，下限为1985年，1949年前一段，运用历史唯物主义理论，对具体问题进行具体分析，1949年后一段，以中共中央《关于建国以来党的若干历史问题的决议》为准绳，紧密联系中江的实际，使观点和材料有机地统一起来，就能保证我们在指导思想和政治方向上不会出现明显的失误。又如，少讲（或不讲）空话和套话，征引材料，务必认真核查，搞不清楚的，宁可存疑，不留破绽，对人对事，当衰则衰，当贬则贬，都是求实精神的一种体现。只有实事求是地分清是非，辨明得失，才可能给我们的建设事业提供有益的历史经验和科学的现实依据。

古人修志，讲究发凡起例。刘知几在《史通·序例》中论述体例之重要性，称“史之有例，犹国之有法。国无法，则上下靡定；史无例，则是非莫准”。编纂志书，也不例外。志书的体例是一个完整的系统，仅就篇章结构而论，它如同建筑的蓝图，工程的设计，因此更为学者所关注。区分门类，设置篇章，在方志定稿之前，它是归纳材料的基本框架，定稿之后，它就成为志书最主要的表现形式。现在我们看到的《中江县志》，它包括概述、大事记、专志和附录，其中，把概述和大事记放在开卷的位置上，这似乎已经成为新编县志的惯例了。概述提纲挈领，综括一县之全貌。大事记按年月先后为序，通过时间连续的记载来反映地区的历史发展过程。新编方志，内容日趋丰富，篇幅多半长达数十万言；而概述和大事记，一“横”一“纵”，言简意赅，就好比一部皇皇巨著的简明“提要”，使人一目了然，对于一般读者，先读“提要”，还可以起到一定的导读作用。专志是志书的主体。这一部分，《中江县志》按照行政建置、自然地理、人口、经济（农、工、商）、政治、文教、民俗、人物的顺序排列，与其他新编县志相比，或同或异，因此我认为也有必要议论几句。在我看来，建置第一，这是地方志本身的特性所决定的。它具有双重意义：一是标明县区四方疆界及其内部的行政区划（包括历史沿革）；二是给方志的编纂奠立了一个取材的基准，即以下各类，无论是自然环境、人口状况，或者是经济、政治、社会民俗，都要言必有“方”，不允许也不应该超越行政建置所规定的管辖范围。所以，从方志的内部结构出发，明确了行政建置，我们才便于分门别类地进行叙述。在这里，《中江县志》紧接着安排了自然地理和人口两个部分，我认为这是比较合适的。大家知道，人类的一切活动都离不开周围的自然界，各种自然条件，如土壤、气候等等，通常总称之为自然环境或地理环境，我们需要的一切物品，归根到底，都是周围的自然界即一定的地理环境所提供的，因此它是人类社会存在和发展的自然基础。而人是社会生活和社会生产的主体，任何人类社会都是由一定数量的人口构成的，所以人口数量及其密度、增长率和地区分布，对社会的发展必然产生直接的影响。地理环境和人口状况并不能决定社会的性质，但两者都是人们开展各种社会活动的最基本的物质前提，从这个意义上讲，志书排列的顺序应该是符合实际的。方志篇章结构究竟怎样逐步走向规范化，使之更科学，更有逻辑性，还是一个值得探讨的问题，上面这些意见，不过是自己的一点理解而已。

新编《中江县志》记述了1912年至1985年中江境内各方面的发展变化，时间跨度较长，头绪纷繁，工程浩大，如果没有丰富的素材，那是很难完成这一艰巨任务的。编者深明此义，重视资料搜集，不仅充分利用旧志文献，而且还查考了大量图书报刊和原始档案。方志乃记实之书，某一地区，变化有多大，发展有多快，这些问题，倘若由方志来回答，就只能凭事实，不能靠推理，事实俱在，问题就一清二楚了。举一个小例证。《中江县志》介绍了本县清朝末年、民国时期和中华人民共和国成立以后三个不同历史阶段中主要粮食作物和经济作物的亩产量，如水稻在1910年为106公斤，1941年为88公斤，1949年为175公斤，1985年为510公斤，棉花在上述年代依次为7.6、5、9.4、49.3公斤，数字既准确，又有可比性，这就把农业生产水平不断提高的过程比较清楚地显示出来了。我们搞经济史，总希望加强计量研究，但计量离不开数据，《中江县志》提供了不同历史阶段的数据材料。对于研究工作，是很有参考价值的。又如人口，根据1926年的统计，当时全省尚无百万人口县，但中江人口已高达92万。1985年，增至130万，居全省第九位。人口密度，据志书介绍，1939年平均每平方公里为377人，1985年为633人，在全省范围内，无论1949年前后，中江的数字大概都是“名列前茅”的。从现实看，人口数据属于“县情”的重要内容之一。从历史上看，中江经济以农业生产为主，旧志称其形势，“连二州五邑，界西北两川”，不过严格讲来，此地并非水陆要冲，然而近代中江的人口却一直处于居高不下的状态，这种现象也是很值得进一步研究的。

最后，我还想指出，我国的方志源远流长，编修志书早已成为中华民族独特的文化传统。仅以中江而论，清代康、乾、嘉、道、同五朝，相继纂辑，加上民国《中江县志》，三百年间，一共六部，正是因为有了上述方志，中江的乡土文献，才存而不亡，信而有征。方志是有连续性的。因此我们殷切期望桑梓有识之士，在新编《中江县志》大功告成之后，仍能锲而不舍，为了推动中江的建设事业，继续弘扬修志的优良传统。我们的工作，服务当代，惠及子孙，意义深远，这是毫无疑问的。

（原载《巴蜀史志》1994年总第76期）

缅怀蒙文通先生

蒙文通先生离开我们已经36年了，但是今天在这里举行纪念先生诞辰110周年活动，重温先生的治学精神，仍然感到十分亲切，同时也感到很有现实意义。

记得是1968年上半年，正值“文化大革命”喧嚷甚嚣之际，先生被诬指为反动学术权威，我也成了走资派，两人先后进了“牛棚”，地点在旧文史楼二楼过道。当时规定“专政对象”每日上午都要进“牛棚”集中学习。去的时候，要带了《毛选》和《毛主席语录》，先生也带了，这是必不可少的，但先生同时还带来了一本稿纸和一支钢笔。过道很寂静。先生一坐下来就专心致志，埋头疾书。快到十二点，红卫兵宣布可以回家了，这时我才悄悄陪先生下楼。不料一走到楼门口，他就滔滔不绝地对我讲述说，越南个别史学家故意歪曲古越历史，信口雌黄，而越史研究又是国内一个薄弱环节，所以他要根据大量文献，详细考订古代越族的分布及其迁徙情况，撰写一本专著，用以批驳个别史学家别有用心的谬论。我一边听一边陪他走，一直从旧文史楼走到荷花池，才分手告别。第二天，蒙老依然如故，陪他下楼时，他依然滔滔不绝，讲述刚才写了些什么，明天还准备写什么。这样日复一日，大约经历了二十天左右，蒙老忽然缺席。开初没有引起注意，几天之后，我才警觉到，老先生可能出了事故，不久便噩耗传来，先生在身心备受摧折之后不幸逝世了。这件事情告诉我们，先生最后一部传世之作《越史丛考》的很多章节都是在“牛棚”之内完成的。回想起来，我当时的心情十分矛盾。一方面，我不敢鼓励他，因为在那种政治气氛之下，进行学术研究，是凶多吉少的。但是另一方面，我又实在不忍心阻止他。我觉得在我面前的这位蒙先生对学术事业坚韧不拔的精神和意志，已经涵养到了不以个人得失荣辱为转移的程度。身陷“牛棚”，斯文扫地，然而先生却泰然处之。人皆视学术为畏途，然而先生却一如既往，求索不倦。从先生天天对我讲论越史，谈吐自若的神态来看，他对学术的忠贞和赤诚简直出于天性，或者说，它已成为蒙老品格的组成部分，因此无论是顺境抑或是逆境，他都会朝着既定的崇高目标顽强地走下去。

现在学校领导一再强调，大学要有大师，当年的蒙老就是一位名副其实的学术大师。而他之所以成为大师，在我看来，这又是和他对学术事业坚韧不拔的精神和意志分不开的。像“文化大革命”那样的得失荣辱，早已不存在了，但不同时期有不同的问题和干扰。我们看到，学校的学科和专业，林林总总，虽无高低之分，但确有冷热之别。有的学科，门庭若市，车水马龙，相比之下，历史学却处于灯火阑珊之处。社会上有的人日进斗金，相比之下，史学家却比较清贫。急功可以近利，但要出精品，又必须耐得住寂寞。所有这些，对于年青的史学家来讲，都是非常实际的考验。如果你没有蒙老那种对学术的忠贞和赤诚，你就很难抵挡各种诱惑，你就会因个人得失而产生动摇，甚至退缩。所以我们呼唤大师，首先就应当呼唤体现在蒙老身上对学术事业坚韧不拔的精神和意志，只有继承了这种精神和意志，我们才可能在蒙老身后造就出一个又一个新的学术大师。薪尽火传，后继有人，这才是我们对蒙文通先生最好的怀念与纪念。

2004 年 10 月

（四川大学历史文化学院编：《蒙文通先生诞辰 110 周年纪念文集》，线装书局，2005 年，第 15—16 页）

缅怀缪钺先生

1951 年，我考入四川大学历史系。一、二年级时，徐中舒先生、蒙文通先生和缪钺先生共同给我们讲授中国古代史，但是缪钺先生在中国古代史课程结束之后，还另外开设一门中国文学史选修课，从先秦一直讲到明清，所以我早在学生年代，和缪钺先生的接触就特别多，对先生的印象也就特别深刻。不过，先生的学术造诣，还非我所知，我只是从感性上觉得，隔行如隔山，史学和文学是两种不同的行当，犹如两座不同的高山，攀登一座已经很不容易，缪先生却能由此及彼，出入于两山之间，真是一件了不起的事情。现在认真地想一想，我以为应该理解到，缪钺先生兼精文史而不受行当的限制，这实际上正是目前学术界和教育界都大力提倡的不同学科或不同学术领域相互间的渗透、融合与贯通；而这种渗透、融合和贯通又正是缪钺先生——也包括徐中舒、蒙文通和冯汉骥先生治学道路最显著的优点与特点。

缪钺先生长期从事史学研究，又长期从事文学研究，涉及两个不同的学科。缪钺先生不仅研究魏晋南北朝史，也研究唐史，研究宋代，还经常向我纵论明清史事，此外，他还研究唐诗，研究宋词，创作了大量才情并茂的诗词作品，涉及多种不同的文化学术领域。应该指出，不拘一格，把不同学科或多种学术领域融会贯通的治学道路，其具体形态也是因人而异的，例如徐中舒、蒙文通和冯汉骥先生，会通的内容和范围就各不相同，但是他们又有一个明显的相同之处，那就是专与博的统一。缪钺先生生前多次教诲青年教师，做学问不可太泛，也不可太窄，应把博与专紧密地结合起来。为什么要结合呢？记得鲁迅曾经说过，博识家之言多浅，专门家之言多悖，就分别指明了双方内在的局限性，博识而不深入，失之太泛，故其言多浅。至于专门家，他可以在某一局部钻研得非常之深，然而圈子太窄，如同坐井观天，虽深入而视野不广，井口之外，便不甚了了，故其言多悖。由此可见，片面地求博，或片面地求专，都是有缺陷的。缪钺先生主张通过融会贯通，实现博专结合，在几十年的学术生涯中，躬行不倦，不仅避免了专而不博或博而不专的不足，而且还在博与专高度统一的基础上使自己的学术事业进入了一个更高的境界。这个境界，一言以蔽之，就是博大精深。

学校领导一再强调，大学要有大师；但大师又必须具备一定的规格。如果剖析一下历史系徐中舒、蒙文通、缪钺和冯汉骥四位大师级学术人物，我们就不难发现，这些前辈学者既是很有深度的博识家，又是很有广度的专门家。他们的实践经验清楚地表明：大师级学术人物是同博大精深联系在一起的；热衷于浮光掠影，或画地为牢，是成不了大师的；从这个意义上讲，呼唤大师，首先就必须呼唤学术上的博大精深。今天我们在这里隆重举行纪念缪钺先生百年诞辰座谈会，追思先生的学术业绩，是为了更好地继承先生的学术风范，做到后继有人。我们是不会辜负前辈的殷切期望的。在我看来，只要我们力戒烦躁，拒绝平庸，坚持走融会贯通之路，走博专结合之路，始终朝着博大精深的目标不断地开拓进取，就肯定能够在缪钺先生身后涌现出一个又一个新的学术大师。薪尽火传，就是我们对缪钺学术最珍贵的纪念。

（中国魏晋南北朝学会、四川大学历史文化学院编：《魏晋南北朝史论文集——中国魏晋南北朝史学会第八届年会暨缪钺先生百年诞辰国际学术研讨会文集》，巴蜀书社，2006 年，第 44—45 页）

附　录

卢杨村印象

何　平

他有学问，有思想，文笔洗练老到，正是杂文高手。

——曾彦修谈卢杨村

他在一张大沙发上坐下——确切地说，是沙发轻轻托起他绝瘦的身子——抓住一截香烟，慢慢地吸着。

“您写一篇杂文抽掉多少烟?”我问。他顿一下，烟雾散去，露出一张清癯的脸。有三根细指在我眼前晃一晃：“三包。”

听人讲，好文章大抵是由香烟烧出来的，何况他写一笔美文。自鲁迅时代以降，杂文多“杂”而鲜“美文”者久矣。而它却苦求于杂文的谋篇布局之美，气韵之美，尤其是行文简洁之美。一篇杂文，他批阅增删，长者四五天，短亦三四日，这还不算打腹稿的时间。所以我觉着，其一，有出息的杂文家必不合时俗且苦于其心；其二，“三包”双位数的零头罢了。

但他到底是值得的。为杂文者，我以为，唯微言可以传大义，唯简洁可以载大道；唯持“大道”者可以辨史实，察古今。他写道：“八股秀才奉孔子之宗师，但依我看来，孔夫子的《论语》就没有八股味道。可见，代圣贤立言的人，未必能读懂圣贤的书，而且远离圣贤很远。”寥寥数行，已经机锋四射。

他的杂文，总是回过头去剖析我们的古人。我想，在他做那样的剖析时，他那双近视的眼睛一定是冷漠而尖刻的。

不，他不仅仅是冷漠和尖刻。“英国的工业革命开始于18世纪的60年代，恰好碰上了中国的乾隆盛世。据查，清朝从顺治三年开科举，到光绪三十一年兴学校，凡殿试112科，考出了一大堆状元，但又怎么样呢?”两组干巴巴的年代和数据的叠合，道出了一种激愤和浩叹。

这种激愤源自他渊博的历史知识、中西文化比较分析的眼光和中国知识分子的忧患意识。“卢杨村”只属于他写杂文时的笔名。他是以“柯建中”的本名在人间生活了半个多世纪，他是四川大学历史研究所副所长、教授。他体味人生，每一个人身上都活跃着历史的基因；他参悟历史，每一段历史中折映出现实的影子，他的杂文多在说古人，但篇篇杂文恰恰击在了现实生活中敏感而又特别坚固的问题板块上。我们可以和他一道思索：历史有几多相似？历史到底有多大惯性？

他掐灭一颗烟头，对我说，杂文要议政。

他的眼睛淡淡地平视着前方。

（原载《成都晚报》1988年3月20日）

导师柯公

谭　红

当我想着能用这篇文字作为今年教师节的礼物送给我的老师柯建中，心里有着别样的快乐和感动。

记得读研修生的时候，柯公做了我的导师。我是以“同等学力”入学的大龄学生，基础欠缺，资质平庸，是一只“笨鸟”。记得所学的第一门专业课是“明清史料学”，那是真正的“小班授课”，听课的只二三人而已，现在想来极为奢侈。柯公上课的第一天说的第一句就是：做学问是一件辛苦的事。我当时对学问由衷地向往，并不知道通往学问的路会有多么艰辛，老师的这句话的分量是在多年以后才一点点体会出个中滋味的。

修读明清史期间，虽颇多挫折，但老师不管寒暑，总是不厌其烦地教我这只“笨鸟”，从手把手教我查资料开始，踏进学术的门槛。在学校图书馆的古籍书室、港台书室和工具书室，都有老师引导我走过的足迹。记得有一次在港台书室，寥寥数人，书声悉悉，柯公正在指导我如何检索查阅《四库全书》，碰到原图书馆馆长胡昭曦教授，他踱步过来问道：柯公在此做何？柯公答曰：陪太子攻书！我面带几分腼腆的微笑侍立在侧，听着两位教授的对话，内心充满了一种幸福的感动。柯公是严谨的，也是严格的。我的一位师弟曾悄悄告诉我，柯公是会来图书馆“查岗”的，如果“读者登记本”上看不到我们应有的签名，说明我们不够“用功”，是要受到批评的。

记得10年前，我遇贵人相助，成功申请了一个社科课题，是当年学校立项的最大横向课题，所谓最大，是以科研经费总额作为唯一标准的，和学问大小无关。当我获得课题的

“兴奋期”过了，开始着手进行研究工作时，我发现自己有点心有余而力不足，自己那点疏浅的才学即使摸到石头恐怕也过不了河。惶惑中去见柯公，柯公开宗明义，说“学术是公器”，谁都可以做，只要肯下功夫收集整理第一手史料，只要言之成理，文通字顺，都可以写文章搞研究，有多大能耐就做多大学问，他没有把学问说得高不可攀，但他早已告诫过我，攀登求学的道路且艰且长。坐了一年图书馆的“冷板凳”，因为少于走动，我的脚板皮肤竟如婴儿般细滑，感觉到了一点“坐功”的能量。

只要是“学问”上的事，任何时候有求于柯公，他从不推迟，或指点迷津，或具体建议，或循循诱导。记得课题评审会要在山城重庆进行，体弱多病的柯公早已是家中“重点保护对象”，平时除了在校园散散步，去食堂买买馒头，几乎不怎么外出，但为了我的课题，柯公几乎没有什么犹豫，在师母的陪同下参会，鼎力相助之情令我无法言谢。

柯公身体十分羸弱，瘦弱的人一般怕冷，一到冬天，柯公就成了一个“装在套子里的人”，各种防寒衣帽叠加在身，几乎相当于他身体的两倍，再加上眼耳均不灵敏，这一切都会让不了解的人误以为他木讷老朽，其实不然，他虽耳不聪目不明，但头脑永远都是清明的，明了一切是非，智慧深藏其中。每次遇到难题，柯公总能用不多的言语给予我明确的指导，这种指导包括学术、人生和事理。

据一份校史资料中记录，柯公当年可是学校知名的“笔杆子”，是在任校长的“智囊团”成员，有一次校长急招柯公，柯公却去了春熙路的古籍书店淘书，校长遂命人四处寻找，将柯公接回学校议事撰文。我还听说，已是“高参”级别的柯公，当年也是要给学校校报和成都的报刊写文章的，原来，如此有才学有见识的老师也是不吝给报刊赐稿的。

柯公看似不苟言笑，但我听历史系的老师讲过他的诙谐。有一天系里聚会，三五个当年的女生见到柯公，知道柯公眼力不逮，偏要他说出她们是谁，柯公佯装仔细辨认，然后煞有介事地说：哦，原来是四大美女！一群头发花白的退休女生开心得如同少女一般。

近20年的岁月就这么不急不缓地过去了，柯公也早已过了古稀之年，我也人到中年，而听柯公的第一堂课仿佛还在昨天，那如沐春风的感觉至今萦绕心头。柯公是我最为敬重爱戴的一位授业老师，他的学问我可能永远不能企及，但拥有这份师生情谊，已使我心满意足，他让我体会到了“一日为师，终身为父”的一份古意和美好。

（原载《成都日报》2012年9月10日“天下成都”副刊）

道德学问　垂范后人

——悼念明清史专家柯建中老师

徐　君

五一假期，在家闲居，微信群突传柯建中老师去世消息。想到不久前还有人向我打听起柯老是否安好的消息，网上查询，没有什么特别消息那就是好消息。5 月 4 日晚 6 时许，五一期间还与家人外出旅游的柯老在家吃完晚饭闲坐时，平静、安然地仙逝了。没有遭受病痛之灾，悄然驾鹤西去，这是何等的福气！然而作为生者的我们，听闻后，内心还是悲伤不已，不忍柯老的离去。

我虽然没有荣幸能亲获柯老授课教导，更没有得到过柯老耳提面命的机会。然而从我硕士和博士指导老师冉光荣教授处多次听闻柯老先生令人钦佩的处世为人。看到引我入门、指导我本科毕业论文的江玉祥教授在群里表达计划乘地铁前往悼念柯老的信息，毫不犹豫地给江老师电话，“我开车送您去”。我也想亲自去悼念下这位虽然没有亲为我们授课，但在心目中一直敬仰的柯老先生。放下电话，犹豫着要不要给冉老师也打电话问问，过去多次听冉老师谈起柯老的道德学问，也了解他们曾经一起带过明清史研究生，我猜想他们之间的情谊肯定更不比别人。然而刚刚大病初愈的冉老师也已是 80 多岁高龄，会不会面对师长的离世勾起伤悲，对身体不宜？犹豫中还是拨通了冉师的电话，冉师吃惊之余，却毫不犹豫：“我肯定要去”。

敲开柯老家门，冉师大步走向正从沙发上起身的柯老先生遗孀杨老师，紧握住杨老师的手，一声“师母”，瞬间，两人眼里同时泪花泛起。一旁的我震惊于老辈人之间的情谊与恭谦有礼。今天是我第一次知道柯老还真正做过冉老师的老师，柯老1955年8月毕业留校，给1956年入校的冉老师上过课。而冉师人前人后口中心里都一直恭尊只比其年长几岁的柯老及其夫人为老师和师母。想到刚刚接冉老师时，曾为冉师学生的江老师，远远见到冉老师和冉师母时，立即下车恭恭敬敬地向冉师和师母致礼的情形已令我讶异不已。

幸听冉老师和柯老师遗孀杨老师，谈柯老在世时，备受学生同事爱戴的种种事情：曾为冉师的调资问题仗义执言，柯老却从未向冉师提起。冉师多次感叹，他曾经与柯老一起整理巴县档案，前后几年面对面地密切合作与接触，也从未听柯老提起过片言只语。还是时隔多年之后，才偶然从当年参加系工作会的其他老领导处听闻此事。说起柯老做系主任时对年轻后学的提携与帮助，现年也已退休的70多岁的江玉祥老师也是感恩不已，但“柯老从来不会向他仗义执言或暗中提携帮助过的人提起他做的事”；“柯老最令人钦佩之处是他以公心待人，却从不以私人获恩”；“这就是我特别钦佩柯老之处，从来没有向我们透露过，这些都是经年累月之后其他参与决策时的系领导不经意透漏”。

从柯老的讣告履历中，得知柯老是1955年8月本科毕业留校，直到1987才升任教授，前后32年。而在其升教授之前，做了20多年副系主任（系主任是徐中舒先生）、还只有副教授职称的柯老，在其真正教授过的学生——冉师先于他评教授职称时，不仅毫无嫉妒之心，也从未因此抱怨过。从副系主任到研究所所长，为系上工作辛苦付出30多年，何等的气量与胸怀！冉师每每谈起此事时赞叹钦佩的神情都让我震撼不已，这在被整整耽误了30多年后的80年代是多么宝贵的精神。

冉师与杨老师一起回忆着柯老的过去与为人，说起特殊时代心酸与磨难的往事旧闻，语气里虽有遗憾，但早超越了委屈怨恨。言谈中杨老师的豁达与智慧，折射出柯老在世时的为人。渐渐地，杨老师忧伤的情绪逐渐纾解，脸上不自觉地浮起一股为柯老一辈子正直为人而骄傲的神情；原本为柯老突然离世难过揪紧心的冉师和江老师似乎也慢慢缓过了劲。

回来的路上，冉师和江老师谈起那段特殊的“有冤报冤，有仇报仇，无冤无仇，就打魃头”的动乱时期，“柯老师居然没有受到造反派学生的冲击，而且最早被学生平反，进入三结合的系级领导班子，可见他深孚众望，人品学问之好，有口皆碑”。柯老早年曾因写魏徵问题被批评。而当年四川的5篇被批文章中，作为重点的2篇文章都是出自柯老之手，可见柯老的文笔与功夫之深。

我1988年进校时，柯老没有给我们亲自上过课，不过常常在校园里看到身材清瘦却精神矍铄的柯老。在多次路遇时一声“柯老师好”，似乎都会惊吓到高度近视的柯老后，渐渐地，只要远远看见柯老，我都会绕着走。

连夜拜读柯老杂文《灯下集》，被柯老看似轻松直白却透着真知灼见、力透纸背的文笔与功夫折服，后悔没有早一点趁柯老在世时认真拜读其文章，错失向其直接请教学习的机会。

学院微信群里，早年有机会亲得柯老教诲的师长同事们纷纷发出纪念文字：

柯老师给我们年级开设“明清史专题研究”，先生授课，高亢而略带沙哑的嗓音，翔实严谨，具有相关史实，也有相关理论思考，更有研究方法传授，生动有趣，先生高度近视，板书需要贴紧黑板，但先生仍一丝不苟地书写着，往往一堂课下来，满身的粉笔灰，一代大师形象栩栩如生，发自内心崇拜历史系柯老师这一代所有的老师们！(李原)

我们79级的入学专业教育报告也是柯老师主讲的，其逻辑之严密、思想之深邃，至今难忘。他关于《红楼梦》的精彩讲座，融通文史，77、78、79三个年级学生掌声雷动的场景犹如昨日。(彭邦本)

柯老师当年给我们上《古汉语》，情形完全如（李原）兄所言。当年历史系如此之牛，是因为有一批如柯公一样的大师级学者，他们的学问、人品及学术精神均令我们无限景仰！但当年少不更事，体会不深。随着年龄增长，才深刻体会到当年我们有多幸运，才愈加感受到我们受惠于柯老之学识、智慧、治学精神与人格风采之多。一代学界与世人楷模离世！(石硕)

柯老虽然离我们而去，但柯老的治学为人风范，在冉师和江老师等师长辈的言传身教中，在众多师长同事的纪念文字里，依然闪着光，并将会一代代传承下去。

谨以此深切悼念柯建中老师！

2021年5月6日于文科楼

永远的思念

2021 年 5 月 4 日 18 时许，你在家中书桌前坐着安详离世。

我和你相识于 1951 年 9 月四川大学历史系。四年来我们一起走进教室聆听老师传道授业解惑，一起走进图书馆学习，整理笔记，怀着青春梦想，憧憬美好未来。

1954 年我患眼疾和胃病，胃痉挛痛得难以进食，你觅医问药找来良方，使我病体康复能坚持完成学业。难忘的大学时代，在我记忆深处保留着深刻的印迹，同学情，情真意切，思念永远。

1958 年春节大年初一师生团拜时，由缪钺先生主婚，徐中舒先生证婚，我俩结为连理。六十三年相濡以沫，相敬相扶，共同抚育子女成才，夫妻情，情深意重。时光飞逝，年复一年，七十年往事如视频重映，不断展现。

你爱党爱国，敬业爱生，诚以待人，谨以处事，尽职尽力，为民奉献。

你博览诗书，勤奋攻读，撰写书文，出版问世。

你和睦从善，勤俭持家，教育子女，自强自律，自立奉献，清白做人。

杨宗英

2021 年 5 月 11 日

柯建中论著系年目录

1957 年

《试论明代商业资本与资本主义萌芽的关系》，《四川大学学报》（社会科学版）1957 年第 3 期

1958 年

《从元末农民起义与明初社会状况论朱元璋的历史地位》（与郭厚安合作），《四川大学学报》1958 年第 2 期；后收入历史研究编辑部编：《明清人物论集》，成都：四川人民出版社，1983 年，第 1—40 页

1961 年

《攻山采铜和收买旧钱——从顾炎武著作〈日知录〉谈起》，《四川日报》1961 年 4 月 13 日

《读孟郊诗札记》，《成都晚报》1961 年 11 月 29 日

1962 年

《读顾炎武〈广师〉——夜读杂抄》，《成都晚报》1962 年 4 月 7 日

《吕蒙正的度量》，《成都晚报》1962 年 8 月 16 日

《初唐杰出的政治批评家魏徵》，《成都晚报》1962 年 8 月 23 日

《吕蒙正遇事敢言》，《成都晚报》1962 年 8 月 24 日

《切莫等闲相看》，《成都晚报》1962 年 10 月 5 日

1964 年

《莫等闲白了少年头——夜读杂抄》，《成都晚报》1964 年 5 月 27 日

1979 年

《创作与“出处”》，《成都日报》1979 年 6 月 24 日

《名家以多为贵》，《成都日报》1979 年 7 月 12 日

《读〈董宣传〉有感》，《成都晚报》1979 年 8 月 9 日

《要提倡讲道理》，《成都晚报》1979 年 8 月 28 日

《八股焚书论》，《成都晚报》1979 年 10 月 23 日

《唯名与唯实》，《成都晚报》1979 年 11 月 5 日

1981 年

《明清农业经济关系的变化与资本主义因素的萌芽》，《社会科学研究》1981 年第 6 期

1982 年

《艺术家的高尚品格》，《成都日报》1982 年 2 月 1 日

《也从杜甫说起》，《成都日报》1982 年 3 月 15 日

《“文”“人”并重》，《成都日报》1982 年 7 月 15 日

《还是要讲一点谦逊》，《成都日报》1982 年 7 月 29 日

《论阿斗之成为阿斗》，《成都晚报》1979 年 10 月 16 日

《明清农业经济关系的变化与资本主义因素的萌芽（续完）》，《社会科学研究》1982 年第 1 期

《明清封建专制特权与超经济强制》，《四川大学学报》1982 年第 4 期

1983 年

《古人与活人》，《成都晚报》1983 年 1 月 3 日

《春节的历史》，《成都晚报》1983 年 2 月 13 日

《冒尖和翘尾巴》，《成都晚报》1983 年 2 月 21 日

《两亿和一千》，《成都晚报》1983 年 3 月 21 日

《行内与行外》，《成都晚报》1983 年 4 月 29 日

《名家要惜名》，《成都晚报》1983 年 6 月 6 日

《话说杨志》，《成都晚报》1983 年 8 月 31 日

《略论明清时期小农自然经济向商品经济的转化》，《四川大学学报》1983 年第 4 期

参加《郭沫若全集》“历史编”的整理工作（承担《李白与杜甫》等约 40 万字），写成 3 万多字的校记

1984 年

《多讲点实感》，《当代文坛》1984 年 3 月

《文章与钱》，《现代作家》1984 年 3 月

《说话“飞空”》，《成都晚报》1984 年 4 月 2 日

《论文人相争》，《人民日报》1984 年 5 月 10 日

《从“头”说起》，《成都晚报》1984 年 7 月 16 日

《也从状元说起》，《成都晚报》1984 年 8 月 27 日

《少而精》，《当代文坛》1984 年 10 月

《“不是这个汉，怎地打得这个虎”》，《当代文坛》1984 年 11 月

《长短录》，《成都晚报》1984 年 11 月 1 日

《要善识未显之才》，《四川工人日报》1984 年 12 月 22 日

《略论明清时期封建地主阶级的变化》，《社会科学研究》1984 年第 3 期

《四川郡县志》，成都古籍书店，1983 年（点校第十、十一卷）

1985 年

《论“繁处愈繁”》，《当代文坛》1985 年 1 月

《也谈诸葛亮》，《成都晚报》1985 年 1 月 18 日

《话说样子》，《四川工人日报》1985 年 2 月 16 日

《话说“风趣”》，《当代文坛》1985 年 4 月

《话说“成堆”》，《成都晚报》1985 年 6 月 7 日

《“不畏省中省，只要省中实”》，《当代文坛》1985 年 7 月

《藏书与读书》，《成都晚报》1985 年 7 月 18 日

《“背后”杂谈》，《成都晚报》1985 年 10 月 4 日
《谈水涨船高》，《中国青年报》1985 年 10 月 6 日
《忙个什么》，《成都晚报》1985 年 12 月 27 日

1986 年

《话说水平》，《四川工人日报》1986 年 2 月 2 日
《要有照镜子的勇气》，《成都晚报》1986 年 4 月 10 日
《论“兼而有之”》，《人民日报》1986 年 4 月 16 日
《闲话“称呼”》，《四川工人日报》1986 年 6 月 14 日
《面子问题》，《现代作家》1986 年 11 月
《中国大百科全书・民族》卷，北京：中国大百科全书出版社，1986 年，撰写其中的“春节”“元宵节”“清明节”“端午节”“中秋节”5 个词条（第 74—75、105—106、375、514、580 页）

1988 年

《清高的闲话》，《成都晚报》1988 年 1 月 11 日
《谈古论今说杂文》，赵元惠编《杂文创作百家谈》，郑州：河南教育出版社，1988 年，第 223—226 页
《无用的闲话》，《教育导报》1988 年 7 月 30 日
《论瞎子摸象》，《四川政协报》1988 年 8 月 6 日
《教师节有感》，《教育导报》1988 年 9 月 10 日
《求神忧思录》，《四川政协报》1988 年 10 月 29 日
《明代的四川》，蒙默、刘琳、唐光沛、胡昭曦、柯建中撰《四川古代史稿》第六章，成都：四川人民出版社，1988 年，第 343—416 页
《清代的四川》，蒙默、刘琳、唐光沛、胡昭曦、柯建中撰《四川古代史稿》第七章，成都：四川人民出版社，1988 年，第 417—540 页

1989 年

《题外的闲话》，《成都晚报》1989 年 5 月 17 日
《〈宜宾市志・建置沿革〉读后》，《戎城史志》1989 年第 2 期

四川省档案馆、四川大学历史系主编《清代乾嘉道巴县档案选编》上册，成都：四川大学出版社，1989 年（冉光荣、柯建中、李映发等参加编写）

1990 年

《行得与行不得》，《四川政协报》1990 年 10 月 6 日

《纸外吹赵括》，《四川政协报》1990 年 12 月 15 日

1991 年

《试从皮匠说武侯》，《四川政协报》1991 年 4 月 13 日

《成都人的祖先来自何方?》，《成都晚报》1991 年 5 月 4 日

《杂家和杂文》，邵建华、刘集贤、范国华、聂定华编《杂文创作论》，重庆：重庆出版社，1991 年，第 30—32 页

《要有点事业心》，《四川工人日报》1991 年 9 月 5 日

1992 年

《钻一回牛角尖》，《当代杂文》1992 年 5 月 18 日

《村中札记（一）》，《当代杂文》1992 年 10 月 18 日

《村中札记（二）》，《当代杂文》1992 年 11 月 18 日

《清官思辨录》，《民主法制建设》1992 年 12 月

1993 年

《人怕出名，猪怕壮——村中札记》，《当代杂文》1993 年 3 月 18 日

《上梁不正下梁歪——读报有感》，《四川通信报》1993 年 5 月 2 日

《真有真的难处》，《当代杂文》1993 年 5 月 18 日

《从前的官司炒不得》，《成都晚报》1993 年 6 月 30 日

《弘扬传统文化的基础工程》，《中华文化》1993 年第 5 期

《清代前期四川的州县政权与水利建设》（与李映发合作），王戎笙主编《清代的边疆开发》，重庆：西南师范大学出版社，1993 年，第 214—225 页

明代部分，陈世松主编《四川通史》第 5 册，成都：四川大学出版社，1993 年

1994 年

《赚心为上》，《天府商报》1994 年 3 月 8 日

《我读〈甲申三百年祭〉》，《成都晚报》1994 年 3 月 21 日

《为啥“弄不来”——我看〈西游记〉》，《四川政协报》1994 年 5 月 27 日

《新编〈中江县志〉读后感言》，《巴蜀史志》1994 年总第 76 期

1995 年

《无奈的闲话》，《当代杂文》1995 年 11 月 18 日

1996 年

《商人和商业》，白寿彝总主编，周远廉、孙文良主编《中国通史》第十卷《中古时代·清时期》上册，第六章第一节，上海：上海人民出版社，1996 年，第 601—618 页

四川省档案馆、四川大学历史系主编《清代乾嘉道巴县档案选编》下册，成都：四川大学出版社，1996 年（冉光荣、柯建中、李映发等参加编写）

1997 年

《纸上说盈亏》，《成都晚报》1997 年 6 月 11 日

《谁管谁有权》，《四川政协报》1997 年 10 月 17 日

《下梁不正，上梁歪不?》，《成都晚报》1997 年 11 月 7 日

《村中闲话》，《四川政协报》1997 年 12 月 16 日

1998 年

柯建中主编：《中国古代历史概论》，成都：四川大学出版社，1998 年

2000 年

《新时期杂文有用吗？——一次仅供参考的发言》，《当代杂文》2000 年 9 月 8 日

2001 年

《漫谈诗史互证》，1998 级历史学本科生唐秋雅、吴莹根据讲座内容整理，《天健》第 10 期（2001 年）

2005 年

《缅怀蒙文通先生》，四川大学历史文化学院编《蒙文通先生诞辰 110 周年纪念文集》，线装书局，2005 年，第 15—16 页

2006 年

《缅怀缪钺先生》，中国魏晋南北朝史学会、四川大学历史文化学院编《魏晋南北朝史论文集——中国魏晋南北朝史学会第八届年会暨缪钺先生百年诞辰国际学术研讨会文集》，成都：巴蜀书社，2006 年，第 44—45 页

2016 年

《论曾静案》

2017 年

《灯下集》，成都：四川人民出版社，2017 年

《论清代州县职官》

2018 年

《论清代州县政治》

《论陋规》

2019 年

《论明律与清律》

《论清代地方政区建置》

《论清代州县六房》

2020 年

《论“县官印，不如归家信”》

《论歇家》

《论满人染汉习》

2021 年

《论清代社会风俗习惯》

后　记

从记事起，就看到父亲一杯茶、一根烟坐在书桌旁看书、写作，浓烈刺鼻的烟味弥漫着整个房间。

到了晚年，父亲萌生了把他多年所写杂文汇集成册的想法，于是在我母亲和姐姐的全力协助下，把《灯下集》整理出版。看到疾病缠身的父亲翻阅《灯下集》时脸上露出的欣慰，我的心里百感交集！

《灯下集》出版后，父亲开始着手撰写有关明清时期政治、经济、历史、地理、法律、职官、社会风俗等方面的论文。他说，体力不支写不出长篇就写几篇专题吧！于是我母亲和姐姐再次协助。此时父亲的眼疾耳疾已不能阅读，健康状况越来越差，全靠我母亲每天大声地把卡片资料朗读给他听，父亲思考后口述，由我姐姐记录下来，然后我母亲又读给他听。就这样反复朗读、反复口述、反复记录、反复思考、反复修改，陆续撰写了《论曾静案》等 11 篇论文。为了尽可能完整地体现父亲的史学研究成果，我们把他公开发表过的《从元末农民起义与明初社会状况论朱元璋的历史地位》《明清农业经济关系的变化与资本主义因素的萌芽》等 18 篇论文收入文集。由四川大学 1998 级历史专业本科生唐秋雅、吴莹同学记录整理的《漫谈诗史互证：柯建中教授之讲座》一文，虽不是父亲本人所撰，但大致体现了父亲对文史结合的一些认识和思考，故亦收入文集。何平教授（四川大学历史文化学院）、谭红副研究员（四川大学校史馆，父亲早年指导的研究生）、徐君教授（四川大学历史文化学院）和我母亲撰写的回忆和纪念我父亲的 4 篇文章，亦作为附录收入文集。

父亲喜好写作，但终因疾病而事未竟，故我们家人给这本书取名《残翁集》，以此纪念父亲。

承蒙四川大学历史文化学院领导的大力支持，将《残翁集》列入四川大学 2035 先导计划——“区域历史与考古文明”项目，予以资助出版。父亲的挚友张勋燎先生（四川大学考古文博学院教授）拨冗为本书作序；白彬教授（四川大学考古文博学院）负责统编和联系出版事宜，《柯建中论著系年目录》也是他编写的；王彦新女士（四川大学人事处）协助查阅父亲的档案材料；谭红副研究员、缪元朗教授、徐君教授、许清玉女士、张新宇博士（四川大学历史文化学院）、谈北平和杨凤武博士（四川大学考古文博学院）或提供资料，或提供照片，或协助查阅目录、下载论文、录入文字、核对资料，出力不少；四川大学历史文化学院古代史系的李晓宇、郭硕、钱云、徐法言、尹航、董嘉渝、张循老师，在繁忙的教学和科研工作之余抽出时间校对文稿，纠正了文集的若干疏漏；本书责任编辑马兰女士，为本书顺利出版出力尤多。对各位领导、老师和同学的辛勤劳动和付出，我们全家在此一并致以崇高的敬意和衷心的感谢！

柯　宁

2022 年 2 月 16 日